『租税法概説〔第4版〕』補遺

ISBN：978-4-641-22819-1
2021 年 9 月

　新型コロナウイルス感染症の蔓延は，わが国の経済活動に甚大な被害をもたらした。そこで，令和 2（2020）年 4 月 20 日に，感染症及びその蔓延防止のための措置の影響により相当な収入の減少という厳しい状況に置かれている納税者への対応として，新型コロナウイルス感染症緊急経済対策における税制上の措置が閣議決定され，同月 30 日に「新型コロナウイルス感染症等の影響に対応するための国税関係法律の臨時特例に関する法律」（令和 2 年法律第 25 号。以下，「新型コロナ税特法」という）が成立した。本書の内容に関連する範囲について，同措置について補足する。

第2章　租税をめぐる立法・行政

◆ 51 頁 「第 3 節 2（3）徴収手続」について

　新型コロナウイルス感染症及びそのまん延防止のための措置の影響により相当な収入の減少を被った事業者等が，納税猶予の制度（税通 46 条）を利用できるようにするための読替え規定が置かれた（新型コロナ税特法 3 条）。すなわち，①令和 2 年 2 月以降の任意の期間（1 か月以上）において，事業等に係る収入が前年同期に比べて概ね 20% 以上減少しており，かつ，②一時に納税を行うことが困難である，という要件を満たす事業者は，令和 2 年 2 月 1 日以前に納税義務の成立した国税であって令和 2 年 2 月 1 日以後に納期限が到

来するもののうち「一時に納付することが困難であると認められる」部分を対象に，最大1年間の納税猶予を税務署長に対して申請することができる。税務署長は要件を満たす場合に，国税の納税を猶予することができる（税通46条2項）。その際，担保の提供（同条5項）を要求せず，延滞税（税通63条1項）も賦課しないこととされており，通常の納税猶予制度よりも有利な扱いが認められている。なお，本特例は，猶予申請期限である令和3年2月1日をもってすでに終了している。

第7章　資産税

第2節　固定資産税

◆ 282頁　「**6　課税標準**」について

　令和3年度分の固定資産税に限り，中小事業者等が所有する事業用家屋及び償却資産に係る固定資産税の負担が軽減された。具体的には，令和2年2月から10月までの任意の連続した3か月間における当該中小事業者等の全ての事業に係る収入の合計額が，前年同期間と比べ30%以上50%未満減少している場合には課税標準を2分の1とし，50%以上減少している場合には課税標準をゼロとすることとされた（地税附則63条1項）

◆ 282頁　「**(1) 土地・家屋**」について

　納税者の負担感に配慮する観点から，令和3年度分の固定資産税に限り，負担調整措置等により課税標準額が増加する土地について令和2年度の課税標準額に据え置く特別な措置が講じられた（地税附則18条1項第2かっこ書）。

◆279頁 「**COLUMN 7-2　償却資産に対する固定資産税**」につ
　　　いて

　償却資産に対する固定資産税の特例措置の適用期限の2年延長は，新型コロナウイルス感染症の影響を受けながらも新規に設備投資を行う中小事業者等を支援するために決定されたものである。また，適用期限の延長とともに，適用対象に一定の事業用家屋および構築物が加えられた。

第8章　国際課税

◆327頁 「**第4節2　移転価格税制**」について

　新型コロナウイルス感染症の影響により経済状況が著しく変動する最中にあって，移転価格税制をどのように運用すべきかは重要な課題である。例えば，納税者は，移転価格税制に基づき，新型コロナウイルス感染症の影響の深刻化（2020年1月頃）以降に行われた国外関連取引についても，独立企業間価格で取引がなされたものとして，その課税所得を計算して申告しなければならない。しかしながら，2021年中に行う申告については，申告期限までに，新型コロナウイルス感染症の影響が現れる前になされた比較対象取引の情報しか入手できないケースも少なくないと推測される。このような情報から妥当な独立企業間価格を算定するためには，様々な工夫が求められることになる（既に多数の文献があるが，法実務的観点からのまとまった解説として，井上康一「コロナ禍と移転価格対応――外国子会社に係る TNMM 検証の問題点とその対応策」国際税務 40 巻 12 号〔2020 年〕12 頁参照）。

　この点，実務上は，OECD が 2020 年 12 月 18 日付けで公表した「新型コロナウイルス感染症の世界的感染拡大に関する移転価格執

行ガイダンス」が一定の指針となると考えられる。日本の国税庁も，
自らのウェブサイト《https://www.nta.go.jp/taxes/shiraberu/
kokusai/oecd/kansensho/a.htm》において「このガイダンスは，
OECD 移転価格ガイドライン 2017 年版（以下「OECD 移転価格ガ
イドライン」という。）を超える特別なガイダンスではなく，新型
コロナウイルス感染症の世界的感染拡大により生じた，または悪化
した問題に対し，独立企業間原則及び OECD 移転価格ガイドライ
ンをどのように適用するかという点に焦点を当て，重要性の高い(i)
比較可能性分析，(ii)損失及び新型コロナウイルス感染症特有の費用
の配分，(iii)政府支援プログラム，(iv)事前確認の4つの問題について
まとめられています」との紹介文とともに仮訳を公表しており，当
該ガイダンスを参考にしていることが窺われる。

TREATISE ON JAPANESE TAXATION

租税法概説

第4版

中里 実

弘中聡浩

渕 圭吾

伊藤剛志

吉村政穂

編

有斐閣

第4版はしがき

　本書は，租税法学者と弁護士のコラボレーションによる，租税法の概説書である。2011年の初版刊行後，2015年に第2版，2018年に第3版を刊行したが，幸い幅広い読者の支持を得たことから，税制改正と判例・裁判例の進展を踏まえ，第4版を刊行することとした。第4版では令和3年度税制改正までをフォローしている。

　租税は生活の隅々にまで浸透しており，租税法に関する知識は現代生活やビジネスにとって不可欠のものであり，学生のみならず一般の関心も高い。他方でその仕組みは年々複雑さを増し，理解が困難なものとなっている。本書の狙いの詳細は初版はしがきに譲るが，各分野の一線で活躍する租税法学者と弁護士が，国際租税法までカバーした広い範囲につき，それぞれの得意分野で簡潔でありながら分かり易い解説を心がけた概説書としての特徴は，第4版まで一貫して維持されている。

　本書のこのような特徴を失わせることがないよう，各執筆者には，解説の分かり易さに心がけながら，第3版までのコンパクトな分量を維持するという，難しい改訂作業に当たっていただいた。コラムを活用し，最新の議論までカバーすることで読者の興味を刺激しつつ，基礎的な内容については理論的な骨組みを中心にバランスの取れた説明を心がけるという点は第3版までと変わりないが，個別の問題についてさらに追究したい読者の欲求に応えるため，各章末に読書ガイドを追加することとした。

　また，昨年発生した新型コロナウィルスのパンデミックに伴い，税制上も各種の対応が取られたが，状況は日々刻々と変化することから，本書の内容を少しでもアップデイトされたものとするため，これについては補遺の形で解説することとした。

　本書の内容をさらに掘り下げたい読者には，上記の読書ガイド記載の書籍および論文と，初版はしがきに掲げた金子宏編『租税法の基本問題』および『租税法の発展』（順に2007年，2010年。いずれも有斐閣）に加え，金子宏＝中里

実＝J. マーク・ラムザイヤー編『租税法と市場』，金子宏＝中里実編『租税法と民法』（順に 2014 年，2018 年。いずれも有斐閣），金子宏監修・中里実＝米田隆＝岡村忠生編集代表『現代租税法講座』（第 1 巻「理論・歴史」，第 2 巻「家族・社会」，第 3 巻「企業・市場」，第 4 巻「国際課税」，日本評論社，2017 年）所収の各論文を参照することを薦めたい。

　最後に，新型コロナウィルスのパンデミックに伴う緊急事態宣言が繰り返し出される中で，本書の改訂に当たって献身的かつ困難な作業に当たっていただいた小野美由紀氏に御礼を申し上げる。

　2021 年 11 月 1 日

編 著 者

初版はしがき

　租税法研究の方法論として，租税法を民法や商法と並ぶ取引法の一部として位置付けるという視点を示されたのは金子宏名誉教授であった。金子名誉教授が示されたこの視点は，同時に学生が租税法を学ぶ意味と重要性も示唆している。民法や商法を学ぶだけでは，実社会で生きている法の学習は完成しない。租税は取引を実行するにあたり不可欠のコストであり，企業や個人はこれを考慮することなく，取引を実行するか否か，取引の形態をどのようにするかという意思決定をすることは不可能である。弁護士も，大規模なクロスボーダー取引から個人の相続の分野に至るまで，所属する法律事務所の規模や取り扱う法律事務の内容を問わず，租税法の知識なく（あるいは租税法の専門家の力を借りることなく），法律事務の処理を全うすることはできない。

　このように租税法学習の重要性は明らかであっても，租税法分野は広範であり，かつ，各税目にも奥深い理論的問題が潜んでいる。研究をすればするほど，興味深くかつ難しい問題が次々に目の前に提示される。新たな研究テーマを見つけるには事欠かないが，学生にとっては，この科目は気楽に取り組むには心理的にはややハードルが高かったと言えるであろう。租税法といえば，税額の計算ばかりをしている，退屈な学問という誤解や先入観もあるかもしれない。本書は，このような状況を踏まえ，租税法という大海原に漕ぎ出そうとしている学生，大学院生，受験生，司法修習生，若い世代の法律・税務実務家を対象に，日本の租税法全体の海図を提供することを意図したものである。本書を通じて，租税法という学問がいかに知的な刺激に満ちた分野であるかということを，少しでも多くの若い読者に伝えることができればと願っている。

　本書の特徴を挙げれば以下のとおりである。

　まず第一に，比較的コンパクトな中に，（むろん完全にカバーすることは不可能ではあるが）できるだけ租税法の広い範囲をカバーするように努めたことである。教科書である以上，たとえば新司法試験の受験等に役立つことも重要であり，編集にあたってはこの点についても留意したが，教科書として何よりも重要なことは，試験に合格した後に実務を処理するための基礎体力（未解決の問題に対処する能力）を付けることであるとの考え方から，新司法試験の範囲外の分野であっても十分な記述を試みた。項目によっては「法と経済学」のような新たなアプローチを取り入れた箇所もある。

　第二に，多数の研究者と弁護士が共同して執筆と編集にあたったことである。理論と

実務が相互に影響を及ぼし合うことが，租税法という実践的な学問の発展においては重要な意味を持つ。裁判所に持ち込まれる租税事件においては先例のない難しい法律問題が含まれていることも多く，このような場合には，租税法学者の鑑定意見書が当事者双方から提出され，裁判所がこれを検討して判断を下し，このようにして創造された新たな法規範の射程範囲がまた次の事件で問われるということが，短いサイクルで現実に行われている。本書の執筆と編集の態勢は，租税法のこのようなダイナミックな現実の姿を描き出すにあたり有効であったように思われる。

　第三に，執筆者の多くに，教育・実務の第一線にあたっている比較的若手の研究者・実務家をあてたことである。本書の執筆は，研究者はもちろん，実務家も，その多くは実務家教員として法科大学院等で租税法を教えた経験を持っている。本書には，このような租税法の教育現場における経験から生まれた工夫が織り込まれている。

　第四に，国際租税法に十分な頁数を割いたことである。近時は課税庁も国際課税の分野での税の執行を強化しており，実務上の重要性を増しているが，それだけでなく，この分野は複数の国家の課税権と納税者の利害が衝突する興味深い分野であることから，若い読者にこの分野の魅力を感じてほしいとの願いをこめてのことである。大学や大学院で「国際租税法」という科目が独立して設けられることもあるが，本書はその場合にも教科書として利用可能であろう。

　本書を読み進めるにあたっては，税法六法と租税判例百選〔第5版〕（有斐閣・近刊）を座右に置かれることをお薦めする。また，本書で取り上げた個別のテーマを掘り下げるためには，金子宏編『租税法の基本問題』・同編『租税法の発展』（いずれも有斐閣）に収録された論考を読まれることをお薦めしたい。

　本書においては，平成23年度税制改正のうち，「現下の厳しい経済状況及び雇用情勢に対応して税制の整備を図るための所得税法（地方税法）等の一部を改正する法律」（平成23年6月22日可決・成立）の内容を踏まえたが，「経済社会の構造の変化に対応した税制の構築を図るための所得税法（地方税法）等の一部を改正する法律案」（同月10日国会提出）の内容を織り込むことは見送った。

　平成23年度税制改正の行方が不透明であっただけでなく，3月11日には未曾有の災害が東日本を襲った中，厳しいスケジュールで執筆にあたられた先生方に御礼を申し上げたい。

　また，本書を予定どおり刊行するにあたって，原稿の整理・校正，索引の作成等につ

いては，西村あさひ法律事務所の多数の弁護士およびスタッフの有能な助力を得た。ここで全員の氏名を記すことは不可能であるが，特に次の者についてはここに氏名を記して謝意を述べたい（敬称略）。生方紀裕，齊藤怜香，松井博昭，中村真由子，緒方健太，酒井貴徳，八景万希子，保知亜弓，平野紗希子。

　最後に，本書の編集と刊行につき，周到なご配慮と献身的なご助力を頂いた，有斐閣書籍編集第一部部長・土肥賢氏，および同部柳澤雅俊氏に，御礼を申し上げたい。

　　　平成 23 年 10 月 5 日

日本の明るい未来を信じて

編 著 者

COLUMN

凡　例

本書中で用いる略号は，下記の例によるほか，慣例にならった。

1　法令・通達

所　税	所得税法
法　税	法人税法
消　税	消費税法
相　税	相続税法
地　税	地方税法
租　特	租税特別措置法
租税約特	租税条約等の実施に伴う所得税法，法人税法及び地方税法の特例等に関する法律
税　通	国税通則法
税　徴	国税徴収法
税理士	税理士法
憲	日本国憲法
行　審	行政不服審査法
行　訴	行政事件訴訟法
行　手	行政手続法
法務大臣権限	国の利害に関係のある訴訟についての法務大臣の権限等に関する法律
民	民法
一般法人	一般社団法人及び一般財団法人に関する法律
公益認定	公益社団法人及び公益財団法人の認定等に関する法律
非営利活動	特定非営利活動促進法
会　社	会社法
計　規	会社計算規則
財　規	財務諸表等の用語，様式及び作成方法に関する規則
金　商	金融商品取引法
民　訴	民事訴訟法
民　執	民事執行法
破	破産法
民　再	民事再生法

会　更	会社更生法
刑　訴	刑事訴訟法
特　許	特許法
著　作	著作権法
不　競	不正競争防止法
所税令	所得税法施行令
法税令	法人税法施行令
消税令	消費税法施行令
相税令	相続税法施行令
地税令	地方税法施行令
租特令	租税特別措置法施行令
税通令	国税通則法施行令
所税則	所得税法施行規則
法税則	法人税法施行規則
租特則	租税特別措置法施行規則
所基通	所得税基本通達
法基通	法人税基本通達
消基通	消費税法基本通達
相基通	相続税法基本通達
租特通	租税特別措置法通達

　　＊　本書の記述は，令和3年10月1日時点の内容に基づく。

2　判例・裁判例

裁判例の表示

例／最大判昭和60年3月27日（民集39巻2号247頁〔百選1，大嶋訴訟〕）

　＊　最高裁の法廷名は，大法廷判決（決定）は「最大判（決)」として，小法廷については，単に「最判（決)」として示す。引用頁の表示は，その判例集の通し頁とする。

　＊　高判（決）は高等裁判所判決（決定）を，地判（決）は地方裁判所判決（決定）を示す。

　＊　裁判例の後にある〔百選1〕は後掲『租税判例百選〔第7版〕』における1事件に掲載のあることを示す。また，事件通称のあるものについてはそれも付した。

3　判例集・雑誌

民　集	最高裁判所民事判例集
刑　集	最高裁判所刑事判例集
判　時	判例時報
判　タ	判例タイムズ
裁　時	裁判所時報
行　集	行政事件裁判例集
訟　月	訟務月報
税　資	税務訴訟資料
金　判	金融・商事判例
金　法	金融法務事情
LEX/DB	TKC 法律情報データベース

4　体系書・判例解説・論文集

金　子	金子宏『租税法〔第 23 版〕』（弘文堂，2019 年）
百　選	中里実＝佐藤英明＝増井良啓＝渋谷雅弘＝渕圭吾編『租税判例百選〔第 7 版〕』（有斐閣，2021 年） なお，同書の旧版については，「百選 6 版」「百選 5 版」のように表記した。
基本問題	金子宏編『租税法の基本問題』（有斐閣，2007 年）
発　展	金子宏編『租税法の発展』（有斐閣，2010 年）

5　本書における引用

　判決文・条文を「　」で引用してある場合は，原則として原典どおりの表記とするが，以下の点を変更している。また，「　」を用いて判決文・条文の趣旨を書いているものもある。なお，「　」内の〔　〕表記は執筆者による注であることを表す。

＊　漢数字は，成句や固有名詞などに使われているものを除き算用数字に改める。

＊　漢字の旧字体は新字体に改める。

＊　カタカナ表記で濁点・句読点の用いられていない判決文・条文について，執筆者によってひらがな表記に改められたものや濁点・句読点が補われているものがある。

編著者紹介

中 里　実（なかざと　みのる）

東京大学名誉教授，西村高等法務研究所理事

執筆担当：第1章

主要著作：『国際取引と課税——課税権の配分と国際的租税回避』（有斐閣，1994年），『金融取引と課税——金融革命下の租税法』（有斐閣，1998年），『タックスシェルター』（有斐閣，2002年），『財政と金融の法的構造』（有斐閣，2018年），『法人税の研究　租税法論集Ⅰ』（有斐閣，2021年），Japanese Law: An Economic Approach（with Mark Ramseyer, 2001, University of Chicago Press）

弘 中 聡 浩（ひろなか　あきひろ）

弁護士・ニューヨーク州弁護士（西村あさひ法律事務所）

執筆担当：第3章第2節

主要著作：『国際租税訴訟の最前線』（共編著，有斐閣，2010年），『移転価格税制のフロンティア』（共編著，有斐閣，2011年），「租税訴訟における法創造と租税法律主義」金子宏＝中里実＝J. マーク・ラムザイヤー編『租税法と市場』（有斐閣，2014年）所収

渕　圭 吾（ふち　けいご）

神戸大学大学院法学研究科教授

執筆担当：第8章第1節～第3節，第4節**1**，第5節**1～3**

主要著作：『所得課税の国際的側面』（有斐閣，2016年），「適正所得算出説を読む」金子宏編『租税法の発展』（有斐閣，2010年）所収，「政策税制と憲法」海外住宅・不動産税制研究会編著『欧米4か国における政策税制の研究』（日本住宅総合センター，2014年）所収，「日本の納税者番号制度」日税研論集67号（2016年）

伊 藤 剛 志（いとう　つよし）

弁護士・ニューヨーク州弁護士（西村あさひ法律事務所）

執筆担当：第8章第4節**3**，第5節**4**

主要著作：「国家間の課税目的の情報交換の発展——on demand から automatic へ」，「外国投資信託に係る課税上の問題」『クロスボーダー取引課税のフロンティア』（共編著，有斐閣，2014年）所収，「ハイブリッド・ミスマッチ・アレンジメントの

無効化」『BEPS とグローバル経済活動』（共編著，有斐閣，2017 年）所収

吉 村 政 穂（よしむら まさお）

一橋大学大学院法学研究科教授

執筆担当：第 5 章

主要著作：「出資者課税——『法人税』という課税方式 (1)～(4・完)」法学協会雑誌
120 巻 1 号・3 号・5 号・7 号（2003 年），「地方団体の課税権と統一市場」金子宏編
『租税法の基本問題』（有斐閣，2007 年）所収

執筆者紹介（執筆順）

藤 谷 武 史（ふじたに たけし）

東京大学社会科学研究所教授

執筆担当：第 2 章

主要著作：『グローバル化と公法・私法関係の再編』（共編著，弘文堂，2015 年），『政
策実現過程のグローバル化』（共編著，弘文堂，2019 年），「非営利公益団体課税の
機能的分析——政策税制の租税法学的考察 (1)～(4・完)」国家学会雑誌 117 巻
11＝12 号（2004 年），118 巻 1 ＝ 2 号・3 ＝ 4 号・5 ＝ 6 号（2005 年），「租税法と財政
法」金子宏監修『現代租税法講座第 1 巻』（日本評論社，2017 年）所収

増 井 良 啓（ますい よしひろ）

東京大学大学院法学政治学研究科教授

執筆担当：第 3 章第 1 節

主要著作：『結合企業課税の理論』（東京大学出版会，2002 年），『国際租税法〔第 4
版〕』（共著，東京大学出版会，2019 年），『ケースブック租税法〔第 5 版〕』（共編著，
弘文堂，2017 年），『租税法入門〔第 2 版〕』（有斐閣，2018 年）

錦 織 康 高（にしこり やすたか）

弁護士・ニューヨーク州弁護士（西村あさひ法律事務所）

執筆担当：第 3 章第 3 節

主要著作：「金融商品の時価主義課税」金子宏ほか編『租税法と市場』（有斐閣，2014
年）所収，「〔対談〕これからの租税実務」ジュリスト 1500 号（2016 年），「移転価

格税制における比較対象取引としての適格性（東京地判平成 29 年 4 月 11 日）」ジュリスト 1516 号（2018 年）

浅妻章如（あさつま　あきゆき）

立教大学法学部教授

執筆担当：第 4 章

主要著作：「所得源泉の基準，及び net と gross との関係（1）〜（3・完）」法学協会雑誌 121 巻 8 号・9 号・10 号（2004 年），『ホームラン・ボールを拾って売ったら二回課税されるのか』（中央経済社，2020 年）

神山弘行（こうやま　ひろゆき）

東京大学大学院法学政治学研究科教授

執筆担当：第 6 章第 1 節・第 2 節，第 4 節

主要著作：「物価変動と租税に関する一考察——インフレ・インデックスの観点から」金子宏編『租税法の基本問題』（有斐閣，2007 年），「租税法と『法の経済分析』——行動経済学による新たな理解の可能性」金子宏編『租税法の発展』（有斐閣，2010 年）所収，『所得課税における時間軸とリスク——課税のタイミングの理論と法的構造』（有斐閣，2019 年）

長戸貴之（ながと　たかゆき）

学習院大学法学部教授

執筆担当：第 6 章第 3 節

主要著作：『事業再生と課税——コーポレート・ファイナンスと法政策論の日米比較』（東京大学出版会，2017 年），"*Tax Losses and Excessive Risk Taking under Limited Liability: A Case Study of the TEPCO Bailout after the Fukushima Nuclear Disaster*", Columbia Journal of Asian Law, Vol. 32 No. 2, pp. 137–178（2019）.

渋谷雅弘（しぶや　まさひろ）

中央大学法学部教授

執筆担当：第 7 章第 1 節

主要著作：『ケースブック租税法〔第 5 版〕』（共編著，弘文堂，2017 年），「資産移転課税（遺産税，相続税，贈与税）と資産評価——アメリカ連邦遺産贈与税上の株式評価を素材として（1）〜（5・完）」法学協会雑誌 110 巻 9 号・10 号（1993 年），111 巻 1 号・4 号・6 号（1994 年），「時効と課税」金子宏＝中里実編『租税法と民法』（有斐閣，2018 年）所収

藤 岡 祐 治（ふじおか　ゆうじ）

一橋大学大学院法学研究科准教授

執筆担当：第 7 章第 2 節

主要著作：「為替差損益に対する課税——貨幣価値の変動と租税法（1）〜（6・完）」国家学会雑誌 130 巻 9 = 10 号（2017 年），131 巻 1 = 2 号・3 = 4 号・7 = 8 号・11 = 12 号（2018 年），132 巻 1 = 2 号（2019 年）

太 田　洋（おおた　よう）

弁護士・ニューヨーク州弁護士（西村あさひ法律事務所）

執筆担当：第 8 章第 4 節 **2**

主要著作：『デジタルエコノミーと課税のフロンティア』（共編著，有斐閣，2020 年），『M&A・企業組織再編のスキームと税務——M&A を巡る戦略的税務プランニングの最先端〔第 4 版〕』（編著，大蔵財務協会，2019 年），『BEPS とグローバル経済活動』（共編著，有斐閣，2017 年），『企業取引と税務否認の実務——税務否認を巡る重要裁判例の分析』（共編著，大蔵財務協会，2015 年）

水 島　淳（みずしま　あつし）

弁護士（西村あさひ法律事務所）

執筆担当：第 8 章第 4 節 **4，5**

主要著作：「グローバル・トレーディング事件国税不服審判所裁決」中里実ほか編著『移転価格税制のフロンティア』（共同執筆，有斐閣，2011 年）所収，「擬似 DES に基づく新株の高額引受けとその額面超過分についての寄附金認定——法人税法 132 条の適用（3）」太田洋 = 伊藤剛志編著『企業取引と税務否認の実務』（大蔵財務協会，2015 年）所収，「移転価格の帰結と価値創造との整合」中里実ほか編著『BEPS とグローバル経済活動』（有斐閣，2017 年）所収

第 1 章

租税法の位置付け

第 1 節　租税の概念とその歴史的背景

　租税とは，国や地方公共団体が，その様々な支出にあてるための収入を獲得する目的（これを財政目的という）で，直接の対価なしに，法律に基づいて強制的に，私人に対して課すところの金銭給付である。したがって，納税義務（国側からみれば，租税債権）は，そのような金銭給付をもたらす法定の金銭債権であるということになるから，納税義務（租税債権）の概念は，終局的には金銭債権を規律する私法に依拠することになるという点に留意しなければならない。租税および納税義務（租税債権）に関する法の総体，および，それについて研究する学問分野を租税法という。

　そもそも，主権概念が成立する以前の中世ヨーロッパにおいては，現代におけるような公法と私法の区分というものは必ずしも存在せず，封建制度下の領邦領主は，その土地について有する財産権（それはまた，支配権の側面も有していた）に基づいて各種の賦課を課していた。この時代の租税は，いわば土地の賃料のごときものであった。しかし，理論的には 16 世紀にジャン・ボーダンの学説により，また実定法的には 1648 年のウェストファリア条約により，主権概念が確立されると，君主は，公権力に基づいて強制的な金銭賦課を課すようになった。ここに，もともと私法的・賃料的な性格の租税が，現代の公権力に基づく強制的・一方的な賦課（すなわち，現代の租税）へと性格を変えたのであ

る。そのような歴史的経緯のためか，現代においても，租税には，もとは賃料類似の金銭債権であることからくる私法的な性格の残存が見られるのである。しかも，租税は，私法により規律される経済取引に対して課されるから，その点からも，租税は私法と切り離すことのできない性格を有している。

　このような主権概念の成立による課税権の変容という点をも考えると，租税法の概説書を，単に，租税法規の解釈や租税制度の解説のみを目的として執筆すべきではないというのが，ここでの考え方である。課税という現象が，市場において行われる経済活動を対象として国家により行われるものである以上，租税法の分析は，①市場経済取引を規律する私法に対して租税法の及ぼす法的影響（租税法と私法の関係），②市場経済活動に対して租税制度の有する経済的効果（租税法と経済学の関係），③市場経済取引・活動における租税に関する実務の理解（租税に関する法務と税務の関係）を，常に念頭に置いて行われなければならない。以下においては，この三つの視点を統合した複合的視座からの租税法の把握の重要性について，簡単に述べることとする。

第2節　公法としての租税法と取引法としての租税法

　私法により規律される経済取引を対象として課税が行われる以上，租税法は，不可避的に私法と密接な関係を有するという点において複層的な存在たらざるをえない宿命の下にある。すなわち，租税法は，課税庁の側から見ると，課税権の行使に関する法であるという意味においてまぎれもなく公法であるが，納税者の側から見ると，経済取引を行う際に私法と同時に考慮しなければならない（納税義務・租税債権という）金銭債権に関する重要なルールであるという意味において，取引法としての側面も有している。

　このうち，公法としての租税法が，課税庁による課税権の行使とそのコントロールのためのものであることはいうまでもない。恣意的な課税からの解放こそが市民革命のエネルギーであり近代以降の国家制度確立の礎であったことを考えれば，それ以降，課税権の議会によるコントロールを目的とする法律に基づいて行われる課税という原則と，租税訴訟を通じた課税権の司法によるコントロールの下に保障される恣意的な課税の排除という原則の，二つの重要性に

ついては，ここであらためて述べるまでもない。

　他方，取引法としての租税法も，現代の資本主義の下においてはきわめて重要な意義を有している。課税は基本的に経済取引を対象として行われるものであるから，取引の課税上の効果を考えなければ，いかなる経済活動も安心して行うことはできない。このように，経済取引を行う際に常に課税上の効果を考えながらそれを行う必要があるところから，租税法は，民法や商法と同様に，取引法としての性格を有していると考えることができる。これは，特段，驚くべきことではない。実際のところ，租税債権も私債権と同様の金銭債権としての性格を有しているところから考えて，また，課税の対象が基本的に私法により規律されているところの経済取引であるという点から考えて，租税法の基本は私法にあるといっても過言ではないからである。

　この公法としての租税法と，取引法としての租税法の，いずれの場合についても，納税者にとっての予測可能性の確保という租税法律の役割が重要な意味を有することになる。なぜならば，予測可能性の確保こそが市場経済活動が円滑に行われるための基本だからである。それ故に，公法としての租税法と，取引法としての租税法は，予測可能性の確保という観点において相互に密接な関係に立っている。納税者にとってみれば，取引を行う際に必ず考慮しなければならない要素として租税制度が存在する以上，課税に関するルールは明確でなければならず，また，租税法の果たす役割に関する正確な理解が重要なのである。

第 3 節　法的分析と経済分析の統合——租税政策と租税法

　租税法の研究において解釈論とともに政策論が重要な位置を占めることはうまでもないが，そのいずれにおいても，経済分析が大きな意味を有している点に留意しなければならない。第一に，租税法について検討する際には，たとえそれが純粋に法的な解釈論的検討であっても，その対象となる取引等の経済的構造や，それらの取引等が納税者の行動に対して及ぼす経済的効果を十分に念頭に置かなければならない。すなわち，租税法上の個別的な取扱いについて考える際には，その前提として，ある課税上の取扱いの有する経済的効果やそ

の果たす経済的機能を考えた上で解釈論を展開する必要がある。たとえば，なぜ所得税法9条1項17号が相続・遺贈・個人からの贈与による財産の取得を非課税にしているか（最判平成22年7月6日民集64巻5号1277頁〔百選34，年金払い生命保険金二重課税事件〕参照⇨**COLUMN 4-3**）という点を考えることなしに，単にその文言のみに注目しても，その意味するところを正確に理解して的確な解釈論を展開することは困難であろう。また，たとえば，金融取引に対する課税について考える際には，その前提として，課税の対象となる取引（例えば，デリバティブ取引）の経済的メカニズムに関する正確な理解が必須であることはいうまでもない。

　第二に，経済的効果を考慮した租税法の検討方法としては，解釈論のほかに政策論をも視野に入れた租税制度の検討という方向性が，重要な意味を有するものとして存在する。ここで，政策論に立ち入るということは，あえて解釈論のみならず立法の領域に立ち入るということである。実際のところ，法律改正が頻繁に（毎年）行われる租税法の分野においては，立法論の検討も，法律学者の重要な使命の一つとならざるをえない。なぜなら，経済学的な観点のみからなされる立法論の提案は，しばしば執行可能性を考慮せずに行われることがあり，そのような場合に，経済学の専門家と法律家との間の共同作業が必須と思われるからである。政策論として経済理論的にどれほど精緻であっても，現実に執行可能でない制度は，制度として存立しえないといわざるをえないから，経済学の理論を租税立法に取り入れる際には，執行可能性に目を配ることがきわめて重要となるという点に留意しなければならない。

　要するに，租税法においては，解釈論と政策論・立法論が密接に関連しており，法律学の中に経済学の成果を正面から取り入れることを求められることが不可避である。したがって，租税法は，必然的に学際的な性格を帯びることとなる。この点については，第5節でふれる。

第4節　理論と実務の融合と，関連法分野の統合的考察の必要性

　租税法の理論，課税に関する経済理論等の理論が重要であるという点は当然であるとしても，現実の納税者の行動が租税法によってどのような影響を被っ

ているかという点に留意するならば，常に実務を念頭に置いて租税法の議論を行わなければならないことはいうまでもない。

　租税法や租税制度に関するいかなる理論も，立法・行政・司法の実務において制度的に採用されてはじめて現実的な意味を有するのであり，実定租税法の研究において，実務を前提としない理論はむなしいものである。理論的な研究においては，時に制度の運用可能性を軽視するかのごとき傾向がないわけではないが，特に，租税法のように，日々の実務の中から法的問題が浮かび上がってくる領域においては，現実の運用可能性を無視した議論はありえないといえよう。逆に，理論に裏づけられた実務こそ長続きするものであり，理論を無視した実務もまたむなしいものである。租税法の研究という名の下に単に実務における取扱いを記述するだけで，法的紛争が解決するわけでは決してない。したがって，理論と実務の融合こそ，法律学としての租税法においてあるべき姿である。

　ところで，第2節で述べた事情を反映して，租税事件に関しては，租税法のみならず，ある経済取引について関連する法分野全体の総合的把握に基礎を置くケーススタディーが必須である。現実の課税問題の法的解決においては，当該課税問題を引き起こした経済取引と関連する法分野全体の統合的考察が必要なのである。しかも，課税の対象となる経済取引を規律する（租税法以外の）法分野としては，民法や商法や知的財産法や国際私法等々，実に様々なものが存在するので，理論と実務の融合といっても，（租税法以外の）一つの法分野に対象が限定されるわけではない。

　また，租税法については，一口に実務といっても，課税に関する税務の実務と広範な広がりを有する法務との融合が必要である。すなわち，基本的に会計的な発想に立つ税務の世界と，私法的感覚の濃厚な法務の世界の融合を図るのが，租税法の役割ということになるであろう。

第5節　まとめ——課税問題の特色としての総合性

　以上の議論から明らかなように，租税法は，必然的に，総合科目としての性格を有していると結論づけることができる。租税法の議論においては，学際的

な検討が不可欠なのである。そうであるにもかかわらず，租税法規の解釈のみで租税法の研究が完結していると考えることは，悲しい誤解にすぎないということができよう。

　日本における 20 世紀後半以降の租税法の研究においては，金子宏東京大学名誉教授が，包括的所得概念の理論を提唱することによって経済学と法律学の架橋が作り出され，また，私法関係を尊重した租税法解釈論を提唱することによって私法と租税法との架橋が作り出された。このように複合的かつ統合的な租税法の研究が通説的地位を占めていることは，日本にとって幸運なことといってよい。ドグマティッシュな条文の解釈論が重要なことは論をまたないとしても，それのみに終始していたならば，租税法研究は，会計的思考の席巻する実務からも見放され，また，経済学の支配する税制改革をめぐる議論からも取り残されていたであろう。

　具体的には，租税法は，以下のような様々な分野と密接に関連している。現実の課税問題の解決や，具体的な税制改革の提案に際しては，これらの分野を統合的に検討して，問題解決を図る必要がある。

①主として，租税制度の運用と，そのコントロールに関連する分野
　　　憲法・行政法・民事訴訟法
　　　刑事法
　　　国際法・国際私法
②主として，課税の対象となる経済取引に関するルールや理論
　　　民法・商法・知的財産法
　　　ファイナンス理論
③主として，法人税の課税所得の計算に関するルール
　　　商法・会計学
④主として，租税制度の及ぼす効果の分析に関連する学問
　　　財政学・公共経済学
　　　ミクロ経済学
　　　統計学

　現実の裁判においては，関連法領域の複合的検討がなされるのみならず，会

計学の観点が重視される場合もある。また，前掲最判平成22年7月6日における
けるように，現在価値というファイナンスの概念が用いられる場合もある。さ
らには，政府税制調査会等における税制改革の議論においては，まず，主とし
て経済学的視点から政策的に望ましいと考えられる改革が提案されるが，それ
を法制度に翻訳し，かつそれに執行可能性を確保するという重要な役割を法律
学が担っている。

　いずれにせよ，このように多方面に及ぶリッチな素材を駆使して法解釈論・
政策論・立法論を繰り広げることのできる租税法の面白さを，読者の方々に味
わっていただきたい。

読書ガイド
○中里実「財政と金融の法的構造」（有斐閣，2018年）
○中里実「租税史回廊」（税務経理協会，2019年）

第2章

租税をめぐる立法・行政

第1節　現代国家と租税制度

1　現代国家における租税

　有史以来，統治団体の存立に必要な経済的負担が被治者に対して強制的に課される現象は，ほぼ普遍的に観察されてきた。この意味での「租税」は国家の歴史とともに古い。しかし，現代国家における租税制度は，より本質的な意味で，国家のあり方と密接に関わる。

（1）　資本主義経済体制と租税

　わが国を含む現代の国家の多くは，私有財産制と契約の自由を基礎とする資本主義経済体制を選択している。そのような国家は，市場で十分に提供されない財やサービス（経済学的意味における公共財）を供給するにあたり，国家自身の生産手段の保有や，公共のための財やサービスの提供を私人に強制するという手段に拠るのではなく，私的経済部門（企業・家計）で生産・保有される経済的価値の一部を，一方的・強制的な金銭給付すなわち租税の形式で自らの手に移し，その金銭を対価として用いて，公共財の生産・供給に必要な人的・物的要素を私的経済部門から，市場すなわち価格による資源配分メカニズムを通じて調達すること，を原則とする。

　租税は，一方的・強制的な賦課という側面から見れば確かに財産権や経済的自由とは対極の存在と言えそうであるが，これは一面的に過ぎる見方である。第一に，現代の高度に発展した経済社会では，租税によって支えられる公共サービスがなければ，財産権や経済的自由を十全に享受することは難しい。第二に，他の手段（たとえば規制による資源配分の強制）による「公益」の実現と比較すれば，租税すなわち**金銭給付**による財源調達は，国家による公共財供給を（金銭を媒介として行われる）市場取引に依らしめることで，国家と市民の距離を保ち経済的自由を保障する側面があることも見逃されてはならない（国家形式としての**租税国家**）。第三に，租税は，如上の性質に由来する内在的制約に服する。仮に，租税が賦課対象とされた経済活動をおよそ抑圧するような極端な態様をとる場合（たとえば，会社経営者の報酬が 10 億円を超える部分に 100% の課税を行うといったことを考えてみよう），これは金銭による収入を得ることを目的とする「租税」とは言えず，もはや国家主権の構成要素たる課税権によって正当化することはできない（この場合，経済的規制としてその目的と手段の妥当性・比例性が検討されることになろう）。

(2)　福祉国家と租税

　現代国家の特徴の一つは，自由主義経済を前提としつつも，その結果生じる社会構成員間の経済力の偏りを一定程度平準化する役割（**所得再分配機能**）を積極的に担う点に見出されるが，租税制度はここでも不可欠の役割を果たしてきた。租税制度は，第一に，各人の経済力の差に応じてその税負担割合に差異を設ける税制上の仕組み（**累進税率**構造⇨第 4 章第 1 節 **2(6)**）を通じて，第二に，国家が行う金銭的な所得再分配（生活保護等）・様々な現物給付による公共サービス（公衆一般に廉価で供給される医療・教育等）の財源を供給することによって，国家の所得再分配機能を支える。近年では特に第二の側面の重要性が増している（参照，OECD 編著〔小島克久 = 金子能宏訳〕『格差は拡大しているか —— OECD 加盟国における所得分布と貧困』〔明石書店，2010 年〕）。つまり，現行消費税法のように原則として比例税率をとる税制であっても（⇨第 6 章第 2 節 **3(3)**），所得再分配に貢献することが可能である。福祉国家の所得再分配機能は，税制とそれによって可能になる分配のメカニズムの全体を通じて評価されなければならない（参照，増井良啓「税制の公平から分配の公平へ」江頭憲治郎 = 碓井光明編『法の

再構築 I 国家と社会』63〜80 頁〔東京大学出版会，2007 年〕）。

　租税が上記二つの側面において所得再分配機能を担いうるのは，租税がその本質において，**反対給付を伴わない金銭給付であり**（負担と受益の対応関係の切断），また各私人の行為（たとえば不法行為や原因行為）への帰責も必要とせず（前提関係からの切断），専ら各人の経済力に応じて一般的に賦課され，「公益」のために使用可能な財源をもたらす国家作用であるためである。しかし，福祉国家における「公益」実現のための財源調達手段として極めて好都合なこの租税の性質は，デメリットも伴う。すなわち，社会全体としてみれば租税負担が公共サービス提供に対応しているにもかかわらず，課税を受ける個々の私人の観点からは，租税は対価的利益から切り離された純粋な経済的負担として認識されるから，可能な限りこれを回避しようとするインセンティブが生じるからである（⇨第 3 章第 1 節 **3(1)**）。

(3)　デモクラシー・「公益」・租税

　租税が，それを負担する者の受益や行為等とは無関係に，ただその経済的能力等の指標に基づき一方的に課されることが正当化されるのは，租税が「公益」実現に必要であるからにほかならない（参照，フランス人権宣言 13 条第 1 文）。しかし，国家が租税財源を用いて実現すべき「公益」の内容は自明ではない。そこで租税については，他の統治作用以上に，統治者が租税賦課の根拠となる「公益」の重要性を訴え，被治者（の代表たる議会）がそれを審議し同意する手続が重要となる。西洋の国制史上，国王（のちに政府）に対する議会の課税同意権が議会制民主主義と法治主義の確立の先駆けとなったことには，相応の理由があったと言えよう。かような近代デモクラシーにおける議会が，制限選挙制に立脚し，租税を負担する能力を持った市民＝有産階級の代表者であったことは，議会による財政の統制の機能を考える上で看過されてはならない。租税の賦課・徴収は議会の承認がなければなしえないとの原則は現代もなお堅持されている（⇨第 2 節）が，その機能・性質は，現代デモクラシーの下で一定の変容を被っている。

　すなわち，第二次世界大戦後，先進各国で普通選挙制が一般化するにつれて，議会も，かつての有産階級の代表から，財政を通じた分配の受益者たる国民の代表へと変容を遂げる。これに戦後の経済成長を背景として，国家財政は次第

にその範囲を拡大し，経済全体に占める租税負担の割合も膨張してきた。ところが，1970年代以降，低経済成長の時代に入り，経済・社会内部での利害や価値の多様化も進むと，代表民主制を通じた「公益」選択への信頼が揺らぎ始め，それを財源面で支える租税にも厳しい目が注がれるようになる。租税へのさらなる依存が困難となった現代国家は，1980年代以降，公共サービスの削減や民間化，公共サービスとの間に一定の対価関係を帯びた金銭賦課（特に社会保険料）への傾斜，さらに，（特にわが国に顕著な特徴として）公債収入への依存を強めつつある。租税が引き続き現代国家の存立を支える最重要の財源であることに変わりはないが，その現実のあり方や位置付けは，民主的政治過程を通じて表現される国民の政治的意思と離れては存在しえない。

2　日本の租税制度の現状

各税目については，第4章以下で詳細に論じられるが，予めわが国税制の全体像を俯瞰しておくことが便宜であろう。

(1)　国税と地方税（地方税総論）

わが国の法秩序においては，国とともに，統治団体としての地方公共団体が，憲法上の課税権を有する課税主体として存在する。**図表2-1**が示すように，地方税収は全体の4割近くを占め，経済主体の観点からは国税に比肩しうる重要性を持つ。本書第4章以下の叙述は基本的に国税の体系に沿って構成されているため，ここでは地方税制の全体像を俯瞰しておくことが有益であろう（法的側面については⇨第2節**1**(3)）。

第一に，地方税として課される税目のうち，国税と課税標準を共通にするもの（個人住民税所得割〔⇨第4章第7節〕，法人事業税の所得割〔⇨第5章第5節**2**〕，地方消費税）または国税の税額に連動して税額が決定されるもの（法人住民税の法人税割⇨第5章第5節**1**）が，税収の大きな部分を占めている。これらの税目についての納税義務の成立その他の実体法的な側面は，基本的に国税の対応する税目と同様に考えることになる。そのため，地方税に固有の法的論点の多くは，国税に対応する税目が存在しない，固定資産税（⇨第7章第2節）や法人事業税のうちの外形標準課税部分（⇨第5章第5節**2**）をめぐって生じることにな

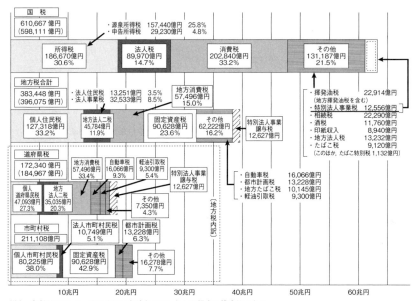

図表 2-1　国と地方の税収構造（令和 3 年度予算・地方財政計画額）

(注)・各税目の % は，それぞれの合計を 100% とした場合の構成比である。
　　・国税は特別会計を含み，地方税には，超過課税および法定外税等を含まない。
　　・国税は特別法人事業税を含み，地方税は特別法人事業譲与税を含まない。（ ）内は，国税は特別法人事業税を除き，地方税は特別法人事業譲与税を含めた金額である。
出典：グラフは総務省「国税・地方税の税収内訳（令和 3 年度地方財政計画額）」，源泉所得税と申告所得税の内訳については財務省主税局「令和 3 年度 租税及び印紙収入予算の説明」

る。

　第二に，各地方公共団体が賦課徴収する地方税収は，当該団体の固有財源となるが，税収の源泉となる経済力（税源）は，人口や企業が集積する都市部の地方公共団体に偏在している。税収の偏在度は，法人関係二税（法人住民税・法人事業税）において最も大きく，地方消費税において最も小さい。このため，税源（税目）を国と地方の間でどのように配分するかについては，国と地方の関係のみならず，地方間の利害対立にも関わる，地方税制の難問であり続けている。例えば，地方法人税の創設（⇨第 5 章第 5 節 **1**）は，そうした経緯の中で行われたものである。

　第三に，国と地方の税収比率は，**図表 2-1** が示すように，ほぼ 6 対 4 となっているが，国・地方を通じた純計歳出規模における比率は，おおよそ 4 対 6 と

逆転する（令和 3 年版地方財政白書第 2 図参照）。これは，わが国における公共サービス供給の主たる担い手が地方公共団体であることを反映している。国・地方とも，歳入の相当部分を公債収入に依存している（→(3)）ため，両者を単純に比べることはできないが，地方税収が地方の財政需要を満たす水準にほど遠い（令和元年度決算で歳出の約 4 割。令和 3 年版地方財政白書第 1 表および第 5 表参照）ことは明らかであろう。現状，このギャップを埋めているのが，国から地方への財政移転であり，地方譲与税（2.5%），地方交付税（16.2%），国庫補助金および国庫負担金（15.3%）からなる（かっこ内はそれぞれ地方の全歳入に占める割合〔令和元年度決算〕）。こうした財政移転は，上述した財政力較差を前提とするとやむを得ない面がある一方で，地方公共団体において，国の財源への依存をもたらし，国の政策に追随しがちとなる点，負担と受益の乖離から財政規律が弛緩する点で，問題があると指摘されてきた。

COLUMN 2-1　地方譲与税・地方交付税は「税」か？

　　地方譲与税・地方交付税はいずれも「税」の名称が付いているが，そのような固有の租税が存在するわけではないことに注意しよう。

　　まず，地方譲与税は，法律の定めに基づき，特定の国税の税収の一部または全部が，特定の行政需要を示す客観的基準に基づいて地方公共団体へと配分されたものである。例えば，自動車重量税法に基づく国税である自動車重量税の税収の 34.8% が，交付税及び譲与税配付金特別会計の歳入とされた上で（特別会計法 23 条 1 号ニ），各地方公共団体の道路延長・面積を基準に，「自動車重量譲与税」として各団体に配分されている（自動車重量譲与税法 1 条・2 条）。最近の例では，平成 31 年度税制改正で導入された森林環境税（国税）の税収の全部が地方公共団体に配分される森林環境譲与税となっている。

　　次に，地方交付税は，主要な国税（所得税・法人税・酒税・消費税）の税収の一部分および地方法人税の税収が，国の一般会計から交付税及び譲与税配付金特別会計に繰り入れられた上で，財政指標に基づいて算定された額が地方公共団体に配分されるものである。これは，財政力が不足する地方公共団体であっても標準的な住民サービスを提供できるよう，財源を保障することを目的とする財政移転であり（地方交付税法 2 条 1 号），国の政策に基づいて交付される国庫補助金・国庫負担金とは異なる地方の「自主財源」であると言われるが，実際には交付額の算定基礎となる財政指標（基準財政需要額）の設定において国の政策的判断が介在することが多く，事実上補助金化していると指摘されている（宇賀克也『地方自治法概説〔第 9 版〕』〔有斐閣，2021 年〕187～188 頁）。

図表 2-2 一般会計税収・主要 3 税目の推移

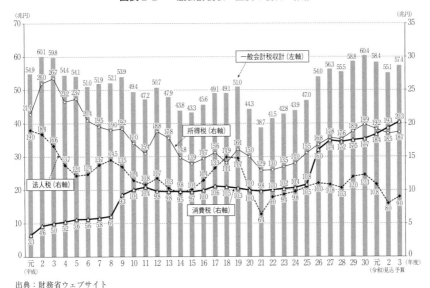

出典：財務省ウェブサイト

　このような背景の下，地方公共団体は自主財源の強化を目指して，新たな租税の創設や，近年ではふるさと納税制度（⇨第2節 **1**(3)(c)）を活用した寄附金獲得の努力など，様々な試みを展開している。こうした地方の自主的な努力は自主財政権の活用として意義深いものがある反面，新たな法的紛争の原因ともなっている（⇨第2節 **1**(3)）。

(2) 国の税収構造

　第二次世界大戦後のわが国の税制は，シャウプ勧告（「シャウプ使節団日本税制報告書」）が提示した公平な租税制度の考え方の影響を受け，所得課税（所得税・法人税）を中心とする体系を長く維持してきた。しかし，昭和60年前後には，①所得課税における特別措置の増殖によって複雑化した税制の簡素化・明確化の必要性，②税制の公平および経済活動への中立性の確保，③来るべき高齢化社会下での社会保障費の膨張に耐えうる安定的税収の確保，④税制の国際的調和，が意識されるようになり，いわゆる抜本的税制改革が推進された。一つの画期をなすのが，消費税の導入（昭和63年）と所得税の税率構造の簡素

図表 2-3　歳入・歳出の構造（令和 3 年度・国の一般会計当初予算）

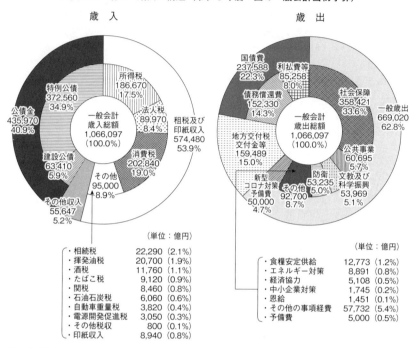

歳　入

特例公債
372,560
34.9%

公債金
435,970
40.9%

建設公債
63,410
5.9%

その他収入
55,647
5.2%

所得税
186,670
17.5%

法人税
89,970
8.4%

一般会計
歳入総額
1,066,097
(100.0%)

租税及び
印紙収入
574,480
53.9%

消費税
202,840
19.0%

その他
95,000
8.9%

（単位：億円）

・相続税　　　　22,290　(2.1%)
・揮発油税　　　20,700　(1.9%)
・酒税　　　　　11,760　(1.1%)
・たばこ税　　　 9,120　(0.9%)
・関税　　　　　 8,460　(0.8%)
・石油石炭税　　 6,060　(0.6%)
・自動車重量税　 3,820　(0.4%)
・電源開発促進税　3,050　(0.3%)
・その他税収　　　 800　(0.1%)
・印紙収入　　　 8,940　(0.8%)

歳　出

国債費
237,588
22.3%

利払費等
85,258
8.0%

債務償還費
152,330
14.3%

社会保障
358,421
33.6%

一般歳出
669,020
62.8%

地方交付税
交付金等
159,489
15.0%

公共事業
60,695
5.7%

一般会計
歳出総額
1,066,097
(100.0%)

新型
コロナ対策
予備費
50,000
4.7%

その他
92,700
8.7%

防衛
53,235
5.0%

文教及び
科学振興
53,969
5.1%

（単位：億円）

・食糧安定供給　12,773　(1.2%)
・エネルギー対策　8,891　(0.8%)
・経済協力　　　 5,108　(0.5%)
・中小企業対策　 1,745　(0.2%)
・恩給　　　　　 1,451　(0.1%)
・その他の事項経費 57,732　(5.4%)
・予備費　　　　 5,000　(0.5%)

出典：財務省「日本の財政関係資料（令和 3 年 4 月）」

化・フラット化である。その後も，経済構造の国際化・金融化・情報化に対応
すべく様々な税制改正が行われてきた。その個別の内容については第 4 章以下
の各税目の解説で適宜論じられるが，抜本的税制改革後の主要国税の推移を示
した**図表 2-2** からは，消費税収の占める地位の着実な増大，および法人税率の
継続的な引下げを背景とした法人税収の地位の相対的低下，を見て取ることが
できる。

(3)　歳入構造——「租税国家」の現状

国の一般会計予算の構造は，**図表 2-3** に示した通りである。一見して明らか
なように，歳入の 3 分の 1 強を，国の借金である公債金収入が占めている。毎
年度の税収は景気変動等の影響で増減するが，同じ年度の政策経費に充てられ
る歳出である基礎的財政収支対象経費（一般会計予算歳出から国債の償還費・利払

費を除いた金額）を大幅に下回る状況が続いており，国家の公共サービス提供に要する費用を現在の税収のみで賄うことができない構造が定着している。

　公債発行は国の信用力を基礎に行われるが，原則として自ら富を生み出す資産を持たない国家の信用力の源泉は，将来に亘って公債の利払い・償還に必要な税収を確保する課税権である。つまり，公債収入とは将来の税収の先取りであり，その分，将来世代が利用可能な財源，ひいては財政政策の選択肢を制約してしまう側面がある。国・地方を合わせて総額で 1200 兆円を突破（令和 3〔2021〕年度末見込額）する累積債務の解消は一朝一夕にはなしえないが，国・地方を合わせた基礎的財政収支を令和 7（2025）年度までに黒字化すると同時に，債務残高対 GDP 比の安定的な引下げを目指すことが，現在政府が掲げる財政健全化目標とされている。財政再建に必要な税収の確保に加えて，経済の活力の維持と，グローバル経済の下で国民の間に広がる経済格差への対応も，現代の税制に課された重要な課題であり，こうした難しい課題に答えつつ，必要な税収を公平に確保するための税制改革が求められている。

3　課税権の法的構成としての租税法

（1）　国家の課税権とその法的統制

　国際法の平面では，国家はその主権的権能の中核としての課税権を享有し（参照，最判平成 21 年 10 月 29 日民集 63 巻 8 号 1881 頁〔百選 74，グラクソ事件〕），課税管轄権（⇨第 8 章第 1 節）の範囲で課税を行うことが認められる。これに加えて，近代以降の立憲主義国家においては，国家の課税権の発動は，国内法なかんずく憲法の規律の下で行われてはじめて適法なものとされる。国内法の平面における国家の課税権の規律のうち最重要のものが，租税の賦課徴収は国民の民主的代表たる議会が制定する法律形式での承認に拠らねばならない（政府の裁量によって課税を行うことはできない）という原則すなわち**租税法律主義**（憲法 84 条⇨第 2 節 **1(1)**）であり，現代では多くの国の憲法が，その旨の明文規定を有しまたは当然の前提としている。加えて，20 世紀以降，憲法が保障する基本的人権のカタログが充実するにつれて，国家の課税権は，議会承認という手続面の統制のみならず，実体的規範による統制にも服するようになってい

る。さらに，連邦制国家において顕著であるが，ある統治団体による課税権行使が，他の統治団体との権限配分に抵触し無効とされる場面もある。もっとも，諸外国に比して，わが国租税法では，第二，第三の契機をめぐる議論はあまり活発とは言えないのが現状である（⇨第 2 節 **1**(2)(3)）。

（2）　議会の課税承認と租税法律の位置付け

　議会による課税承認の制度は，西欧中世に遡る歴史を有する。当初は，国王の家産からの収入を基本的な財源とする国家（家産国家）に対し，（対外戦争等による）臨時の財源を必要とするその都度，貴族等の代表である議会が，税収の使途（財政支出）の承認と同時に課税の承認を与えるという仕組みであった（支出と課税の同時承認）。しかし，時代が下り，政府の機能が恒常化・拡大するのに合わせて，次第に課税の承認は恒久法律たる租税法律の制定に拠りつつ（永久税制度），財政支出の統制については毎年度の予算議決で行うという仕組みが一般化した（租税収入と財政支出の分離）。わが国も明治 22（1889）年制定の明治憲法以来，永久税制度を採る（他方，現在でも，たとえばイギリス・フランスは，既存の租税法律に基づいて租税を徴収する権限を毎年度の予算法律において政府に授権する仕組みを残している。ただし，毎年度新たに課税要件法を設定し直しているわけではないし，毎年度の租税と財政支出が個別に結びついているわけでもない）。永久税制度は国家財政の安定に好都合であるのみならず，租税法律の制改定がない限り現状の課税が継続するため，経済主体の予測可能性確保に資する面もある。他方，課税承認が専ら法律形式で行われるようになった結果，近時の公法学では，租税法律主義と「法律による行政の原理」の区別は見失われつつある。しかし，租税法律の淵源が議会の課税承認にあったことは，いまなお看過できない重要性を有する（参照，中里実『財政と金融の法的構造』第 5 章〔有斐閣，2018年〕）。

　すなわち，以上の歴史的淵源を **1** で触れた現代国家における租税の特徴と併せて考えるならば，租税法律主義は，課税を私的領域への侵害と捉えて他の規制行政と同様の侵害留保原則に服さしめるという自由主義の原理である以上に，まずは，（元来は）財政支出の承認と表裏一体の関係にある課税承認を特に議会の統制の下に置くという民主政原理の表明として位置づけられる必要がある。特に，現代的意味での租税がそれを課される私人と国家の間の一切の前提

関係（反対給付や帰責関係）から切断された（voraussetzungslos）金銭給付である
（⇨**1(2)**）ことは，立法者が与えた政策指針の下で行政の専門性を発揮させる
ことが期待される規制行政とは異なり，国家の課税権行使において政府・行政
の裁量を認めることには消極的に働く。議会が制定した租税法律の文言のみが
課税の根拠であり，行政裁量や柔軟な司法解釈を容れる余地はない，とする租
税法の伝統的な考え方は，国家作用としての租税の特徴に照らして，なお無視
できない面がある。他方，現代の高度に複雑化した経済社会においては，事前
の法律制定のみによって租税政策の目的を実現することは困難であり，立法者
が指針を与えた「公平な課税」の実現を課税行政に委ねるべきだとの考え方も
ありえないではなく，わが国および諸外国の租税法研究者の間でも様々な立場
が見られる。このような「租税法における法の継続形成」の契機が無視できな
いとすれば，国家の課税権行使が「法律」形式に羈束されており，司法による
統制に服すること，がますます重要な意味を持つことになろう（参照，中里・
前掲書）。

（3） 日本の租税法の体系と特徴

　租税法律主義の下では，租税の賦課・徴収は必ず法律の根拠に基づかねばな
らない。わが国においては日本国憲法84条がこの原則を確認する。したがっ
て，国家と市民の間の租税をめぐる関係は，むき出しの権力関係ではなく，あ
くまでも法律上の関係（**租税法律関係**）として構成される。租税法の中核は，
課税要件規定を中心に，納税義務の内容や，成立・承継・消滅を定める租税実
体法であり，この租税実体法の適正な実現のために，課税行政庁が介在する納
税義務の確定と租税の徴収の手続を定める租税手続法，租税法律関係に関する
納税者と国家との間の争訟を規律する租税争訟法，および脱税などの問題に対
処する租税処罰法が存在し，わが国の租税法の総体を形作っている。

　国家の公権力たる課税権の発動を法的に構成し規律するという性質上，租税
法は公法・行政法の一分野に位置づけられる。しかし，既に述べたように，わ
が国の租税法においては，租税法律形式での課税要件規定の設定に重きが置か
れ，租税行政庁の行政行為による租税法律関係の確定・形成は（少なくとも数
の上では）例外的位置付けに留まる。むしろ，主要な税目については，私人が
自ら選択した経済活動が租税実体法に定められた課税要件を充足することを以

て納税義務（国家の租税債権）が成立し，私人の行為（申告）によってこれを確定させる仕組みを原則とする（⇨第3節）。このため，わが国の法秩序においては，国家の課税権行使の大部分は議会の租税法律制定に尽きる，という理解も可能である。こうした理解が直ちに実定法解釈上の実益を持つわけではないが，次節以降で詳論する，わが国租税法の定立および実現の過程における，国家機関および納税者の権限や権利義務の配分のあり方を理解する上で有益である。

第2節　租税法の定立過程

　前節で述べたように，租税法の規範体系においては，国会の制定する法律が中心的な地位を占めるはずである。しかし，現代の税制は高度に複雑化しており，税制の企画・立案・法案作成と法律制定後の運用の両面において，専門性・継続性を有する政府・行政が主導的役割を担うことは避けがたい。かような現実を，国家の課税権の法的統制の理念に可能な限り調和させる上で重要な役割を担ってきたのが，憲法上の諸原則である。確かに，わが国の司法府が租税法分野で明示的な憲法（違憲）判断を行った例は多くないが，学説・判例が示した憲法上の原則が，租税立法の担い手（政府・国会）の実践を枠づけていることもまた事実である（⇨**1**）。現代国家が私人に金銭給付を義務づける局面は租税に限られない。その中で「租税」にいかなる特徴があり，いかなるメルクマールによって他と区別されるのかという問題は，単に講学上の「租税法」の領域画定を超えた意味を持つ（⇨**2**）。さらに，本書第1章が強調するように，租税法を理解する上では経済学的な視点が極めて重要であるが，それは現実の租税立法者が法的な思考に加えて経済学的な発想に基づいて租税政策を遂行しているからにほかならない（⇨**3**）。これらを踏まえた上で，本節では最後に租税法の存在形式と基本構造を示す（⇨**4**）。

1　憲法上の原則

（1）　租税法律主義
日本国憲法84条は，「あらたに租税を課し，又は現行の租税を変更するには，

法律又は法律の定める条件によることを必要とする」と規定する。これは，国民の選挙で選ばれた代表である国会が制定する法律の根拠に基づくことなく国家は租税を賦課・徴収することはできず，国民は租税の納付を要求されることはない，という租税法律主義の原則を表明したものである。前節でも述べたように，この原則は立憲主義諸国に共通するが，現代において特に租税について明文規定を置く憲法は必ずしも多くない。わが国の判例・通説は，憲法84条の存在を手掛かりに，租税法律主義の概念をめぐる議論を充実させてきたが，これは，次項で触れる租税公平主義の法的影響力の小ささと相俟って，比較法的に見たわが国租税法の特色の一つである。

　第1節 **3 (2)** での議論からも明らかなように，租税法律主義の中核は，私人に納税義務を生じさせる課税要件および租税の賦課・徴収の手続のすべては，国会の制定した法律によって規定されなければならない，とする原則（**課税要件法定主義**）である。加えてわが国の学説・判例では，課税要件明確主義，合法性の原則，適正手続の保障，遡及立法の禁止，司法的救済の保障，さらには，裁判所が従うべき租税法の解釈原則としての厳格解釈（文理解釈）の原則までもが，租税法律主義の概念の下に包摂して論じられてきた。以下では各原則の内容を説明した上で，最近の学説による再検討の動きについても紹介する。

　（a）　課税要件法定主義　　課税要件のすべてと租税の賦課・徴収の手続は法律によって規定されなければならない，という原則である（最大判昭和30年3月23日民集9巻3号336頁）。その実質的意義は，租税法律が具体的内容の定めを行政立法に委任すること（委任立法）に制限を設けることにある。あくまでも国民自らの代表たる国会が，民主的正統性を背景に，法律という形式で積極的に示した政策判断に，課税の根拠が直接に求められなければならない（国会の「黙認」では足りない），という考え方に基づく。

　とはいえ，複雑で変化の激しい経済社会に対応して適正な課税を実現するために，課税要件規定は詳細であると同時に迅速に変更されなければならず，これらすべてにつき法律で対応することは困難であるから，委任立法を全面的に排除することは現実的でない。そこで通説は，課税要件法定主義の趣旨に照らして，行政立法への委任は具体的・個別的でなければならず，少なくとも委任の目的・内容および程度が法律によって明確にされていることが要求され，これを満たさない一般的・白紙的な委任規定は無効であり，これに基づく政省令

の規定も無効となる，との考え方に拠ってきた（金子 82 頁）。

　もっとも，近時の研究が明らかにしたところによると，下級審裁判例はこの判断枠組みを受容しているものの，実際に委任規定を違憲無効とした確定裁判例は存在せず，むしろこの憲法原則の下では無限定の委任がなされえないことを前提として租税法律の委任文言を限定解釈し（あるいは課税要件等の委任ではないと解釈し），委任立法が限定解釈された委任の内容を逸脱する場合にはその政省令等を無効とする，という手法が定着している（佐藤英明「租税法律による命令への委任の司法統制のあり方——現状と評価」中里実 = 藤谷武史編『租税法律主義の総合的検討』〔有斐閣，2021 年〕11 頁）。たとえば，「租税条約等の実施に伴う所得税法，法人税法及び地方税法の特例等に関する法律」（実特法）12 条の規定が一般的・包括的であるため，課税要件法定主義の下でこれが課税要件等の定めを省令に委ねたものと解することはできない，として，同法の施行に関する省令 9 条の 2 による届出書の提出は，日米租税条約 7 条 1 項による税の軽減等を受けるための手続要件ではないとした裁判例（東京地判平成 27 年 5 月 28 日税資 265 号順号 12672）をその例として挙げることができる。

　(b)　課税要件明確主義　　法律またはその委任の下に政省令において課税要件および租税の賦課・徴収の手続に関する定めをなす場合に，その定めはなるべく一義的で明確でなければならない，という原則であり，同じく憲法 84 条から導かれる（仙台高秋田支判昭和 57 年 7 月 23 日行集 33 巻 7 号 1616 頁）。この原則は，課税要件法定主義と表裏一体の関係に立つが（不明確な法令の定めを許容するとそれを適用する租税行政庁に一般的・白紙的委任を行ったのと同じ結果になりかねない），租税法律主義の現代的機能としての法的安定性と予測可能性の保障の観点からも正当化される。租税負担が大きな割合を占めるに至った現代において，自らの取引や行動の選択がいかなる租税負担をもたらすかは，経済活動を行う主体にとって不可欠の考慮要素であるからである。

　もっとも，複雑で動態的な経済社会のあらゆる事象の下で適正な課税を実現しうる課税要件を一義的で明確なやり方で設定することは，租税立法者には極めて困難である。そこで現実には，課税要件規定において抽象的・多義的な不確定概念が用いられる例も少なくない。たとえば，同族会社の行為計算否認規定（⇨**COLUMN 5-1**）における「税の負担を不当に減少させる結果となると認められるもの」（所税 157 条 1 項，法税 132 条 1 項など）や，役員給与等に関す

る「不相当に高額」(法税34条2項・36条)という規定は,その典型であるとされる。では,これらは課税要件明確主義に反する規定として違憲無効とされるのであろうか。これが,「不確定概念の許容性」として論じられてきた問題である。

　ここで注意すべきは,不確定概念にも2種類のものがあるということである。第一の類型は,当該規定の終局目的や価値概念を内容とする不確定概念(例:「公益上必要のあるとき」)である。この場合,租税法律主義の下で国会が責任を負うべき租税政策上の判断自体が解釈者に委ねられてしまっており,憲法違反とされる。これに対して,中間目的ないし経験概念を内容とする不確定概念というもう一つの類型(たとえば,前述の同族会社の文脈での税負担を「不当に減少させる」は,これに含まれる)については,このような問題は生じない。なぜならば,こうした概念については,一見不明確で多義的に思われても,法の趣旨・目的(国会が行った租税政策判断)に照らしてその意義を明確になしうるため(上記の例で言えば,純経済人の行為として合理性を欠く行為による税負担の減少を指す,と解されている),租税行政庁に自由裁量を与えるものではなく,裁判所の法解釈によって決着をつけることができると考えられるからである。このような不確定概念は(ruleに対する意味での)standardであり,立法段階で予測困難な個別具体的な状況を織り込んで,立法の趣旨目的に整合的な判断を下しうる点では望ましいが,個別事案ごとの法内容の予測・判断コストを高める(予測可能性の低下)ため,税負担の公平の実現のための必要性と合理性が認められる場合に限って,租税立法における不確定概念の利用を認めるべき,というのが通説の考え方である(金子85～86頁)。

　(c)　合法性の原則　　租税法の強行法規性に鑑みて,課税要件が充足されている限り,租税行政庁が任意に租税の減免・不徴収を行う裁量はなく,法律で定められた通りの税額を徴収しなければならない,という原則が伝統的に認められてきた。これを合法性の原則という。従来の通説は,この原則を租税法律主義の一内容と位置づけてきた(金子87頁)。その実質的な機能は,租税法の執行にあたって税務職員の買収等の不正が介在する可能性や,納税者によって取扱いがまちまちとなることで税負担の公平が害される可能性を予め排除することにあり,むしろ後述する平等取扱原則(⇨(2)(b))に奉仕するものと言える。このような観点から,近年の有力な学説は,合法性の原則をむしろ租税

公平主義の系統に属するものとして位置づけ，少なくとも租税法律主義の中核的価値である課税要件法定主義からは区別し，他の価値との比較衡量に途を開く可能性を提唱している（佐藤英明「租税法律主義と租税公平主義」基本問題 55 頁）。かような概念的な再定位は，以下の三点において，現実の制度をよりよく説明すると同時に実効的な統制への道を拓くものである。

　第一に，現行の行政実務においては，実定法上の根拠がないにもかかわらず，課税することが酷と思われるような場合や，執行コストに見合わない場合等に関して，「課税しなくて差し支えない」とする，いわゆる「緩和通達」が多数存在するが，これを合法性の原則とどう整合的に説明するか，という問題が存する。この原則を租税法律主義ではなく，租税公平主義に奉仕するものと理解することで，租税法律主義の原則をいたずらに枉げることなく，現実的な合理性をもった課税上の取扱いを説明することが可能となる。

　第二に，租税法の強行法規性を根拠に，租税行政庁と納税義務者の間で納税義務の内容や徴収の時期・方法等について和解や協定を行うことは無効である，という考え方が伝統的に認められてきた。確かに，租税行政庁の恣意によって和解が行われる場合には，前述した不正や不公平の懸念がある。しかし，複雑な租税争訟事案において，これ以上課税要件事実の存否をめぐって争うことは，国にとっても納税義務者にとっても利益にならないという場面において（国の訴訟追行費用も国民の租税負担で賄われていることを忘れてはならない），両当事者が歩み寄るという意味での和解については，社会的な無駄を減らすという観点からの合理性があり，また裁判所の関与（裁判上の和解）によって客観性を確保すれば，上述した不公平の懸念も縮減できるであろう。したがって，租税公平主義の観点からは，このような適正な手続に基づく和解までも否定すべき根拠は乏しい。「租税法の強行法規性」のドグマを別にすれば，租税法における和解を認めることは，「国民の租税負担の分配は民主的正統性を有する国会の法律により規定されねばならず，これにより国民の経済活動における法的安定性と予測可能性を確保する」という租税法律主義の拠って立つ価値を損なうものではないから，やはり否定的に解する理由はないということになる。

　第三に，信義則の適用（⇨第3章第1節 **4**）においても同様に，租税法の強行法規性が過度に強調され，個別具体的な事案の衡平に適った救済が否定される傾向があるが，この点についても前述のような「合法性の原則」の再定位が意

味を持つことになろう。

　（d）　適正手続の保障　　租税の賦課・徴収は公権力の行使であるから，それは適正な手続で行われなければならず，またそれに対する争訟は公正な手続で解決されなければならない。強行法規性が強調される租税法では，適正手続の実現は第一義的には租税立法者の責務であり，早くから青色申告に対する更正処分の理由附記（所税155条2項，法税130条2項）や執行機関と審査機関の分離（税通78条）など，手続的保障原則を具体化する規定が整備されてきた。また近年では，税務調査（質問・検査）の手続の整備（税通74条の2以下），不利益処分および申請に対する拒否処分に係る理由附記の原則義務化（税通74条の14第1項参照。以上，平成23年度12月改正），連帯納付義務者への不意打ち課税防止のための連帯納付義務適用の限定化（相税34条，平成24年度改正）などが，学説・実務の批判に促される形で整備された。また，法令上の手続保障に不備がある場面において，裁判所が実質的な公平（衡平）に即した柔軟な解釈による救済を与える例（最判昭和49年3月8日民集28巻2号186頁〔百選102〕，最判平成26年12月12日判時2254号18頁〔なお，同判決を受けて平成28年度税制改正で対応がなされた。税通61条2項〕）も，例外的ではあるが存在する。以上のような変化を主導してきた有力学説は，適正手続の保障を租税法律主義の一内容として位置づける（金子88頁）が，ここにいう租税法律主義は，その淵源に親和的なはずの形式的法治国原理よりもむしろ実質的法治国原理に近いものとして捉えられていることに留意が必要である。

　（e）　遡及立法の禁止　　従来の学説が租税法律主義と密接に関わる問題として論じてきたのが，租税法におけるいわゆる「遡及立法」の憲法適合性の問題である。

　他の法分野と同様に，租税法令も，公布・施行の時点以降につき効力を生じるのが原則であるが，例外的に，公布の日より前に生じた課税要件にも遡って改正法令を適用することが立法者によって選択される場合があり，「遡及立法」と呼ばれてきた。

　従来の学説では，遡及立法は納税者の予測可能性を損なうから租税法律主義に抵触するとの前提が概ね共有された上で，例外的に，所得税や法人税のような期間税については，納税義務が成立するのは課税期間（所得税であれば暦年）の終了時であるため（税通15条1項・2項1号・3号），課税年度開始後に公布さ

れた租税法規がその年度の初めに遡って適用されても，納税義務の成立時から
みれば「遡及」ではない，との立場と，納税者の行為時を基準とすれば，これ
も「遡及」に当たるとする立場とに分かれていた。

　平成 16 年 4 月に施行され同年 1 月以降に行われた不動産取引に適用すると
された租税特別措置法の規定の憲法適合性が争われた事案において，最高裁は，
「遡及」概念への言及を避けつつ，憲法 84 条が課税関係における法的安定を保
障する趣旨を含むとして，財産権の内容が事後法によって変更された事案の判
例法理（最大判昭和 53 年 7 月 12 日民集 32 巻 5 号 946 頁）と同様の基準で，租税立
法により侵害される利益の性質，事後的変更の程度およびこれによって保護さ
れる公益の性質などの諸事情を総合的に勘案し，当該立法による法的安定への
影響が納税者の租税法規上の地位に対する合理的な制約として容認されるべき
かを実質的に判断するとの枠組みを示し，具体的事案の下で当該規定を合憲と
判示した（最判平成 23 年 9 月 22 日民集 65 巻 6 号 2756 頁〔百選 3〕）。同判決に対し
ても，近時の詳細な検討によれば，規制立法と租税立法の性質の差異が十分考
慮されていない，課税が財産権侵害になることがありうるのか，等の疑問が呈
されており（渕圭吾「租税法律主義と『遡及立法』」前掲『租税法律主義の総合的検
討』61 頁），議論はいまだ収斂を見ていない。

　なお，本章執筆者（藤谷）は，遡及立法の問題を租税法律主義と関連づけて
論じるべきではないと考える。むしろ，当該遡及規定の趣旨目的を検討し，そ
れが租税本来の目的（財源調達）にあるか，財政目的以外の何らかの規制目的
に出たものか（たとえば上記事案の平成 16 年度改正の遡及規定は改正後の駆け込み売
却による不動産市況の悪化を避ける趣旨に基づく措置であったことが認定されている）
によって，各々異なる基準で憲法適合性が検討されるべきである。後者であれ
ば，通常の財産権規制立法と同様の審査が及ぶ（したがって上記平成 23 年最判が
昭和 53 年最大判を引用したことは理に適っている）。他方，前者であれば，なぜ
（過去年度の行為の結果として）現に存する状態ではなく，敢えて過去年度に完結
した行為それ自体に着目して課税要件を設定し，税負担を求める必要があるの
か，租税が一切の前提関係から切断され専ら各人の経済力に応じて公平に課さ
れる点に特徴を有する国家作用であり，国家の課税権にはその本性に根ざした
制約があると考えるべきことを踏まえて（⇨第 1 節 **1**(**1**)(**2**)），その合憲性が厳
しく審査されるべきである。このような整理が，租税法律主義に特別な位置付

けを与えてきた租税法の体系にも適合し，合理的な課税権行使を促す規範枠組みを与えるという意味でも有用ではないかと考えるが，いかがであろうか。

（f）**租税法の解釈原則**　わが国においてはかねて租税法の解釈手法として，租税法規の文言に即した文理解釈が原則であるとされてきた（最判平成22年3月2日民集64巻2号420頁〔百選13，ホステス報酬計算期間事件〕）が，最近の最高裁判決（最判平成27年7月17日判時2279号16頁）は，「租税法律主義の原則に照らすと，租税法規はみだりに規定の文言を離れて解釈すべきものではない」として，判例としては初めて明示的に租税法律主義に結びつけた判断を示し，注目されている。詳細については第3章に譲る。

(2) 租税公平主義

税負担は国民の間に公平に配分されなければならず，各種の租税法律関係において国民は平等に取り扱われなければならないという原則であり，日本国憲法14条が同原則を含意する。租税公平主義は，①租税立法の指導原理としての公平負担原則の側面と，②租税行政の局面における平等取扱原則としての側面，に分けることができる。さらに，③租税法の解釈適用における一般原理として公平負担原則を援用することができるか，という問題がある。

（a）**公平負担原則**　国民共通の費用負担である税負担は，国民の間で公平に担われなければならない，という考え方は，租税における最も基本的な理念である。もっとも，「租税の公平」は，等しい状態にある者には等しい税負担を課し（水平的公平），等しくない状態にある者には適切な差異を設けた税負担を課す（垂直的公平）ことを意味するところ，何が「等しい状態」であり，何が「適切な差異」であるかは，「公平」の原則自体からは導かれないため，評価基準・価値基準を外部から充塡する必要がある。伝統的にはこのような基準を（必ずしも内容を詰めて定義することなく）「担税力」と呼んできたが，より精確には，ⓐ所得・消費・資産など，各人の経済状態を把握するための指標を与える概念（⇨第4章第1節**1**）と，ⓑ（ⓐによって計測された）経済力の差異を租税制度がどのように扱うべきかという道徳的基準（分配的正義）とに分解して考えるべきである。

さて，租税は公平でなければならない，という抽象的な命題に反対する者はほぼ皆無であろうが，それを少し具体化して，いかなる尺度で各人の状況を把

握し（ⓐ），差異に応じた「適切な」負担を割り当てるべきか（ⓑ），という問題になると，途端に見解が対立する。ある見解によれば公平とされる基準が，別の見解からは不公平と評価される，という事態は，ほとんど不可避である。判例は，日本国憲法が，この問題の解決を，基本的には民主的代表である国会が審議を経て制定する法律に委ねていると考えた上で，憲法 14 条 1 項との関係で問題となる法的取扱いの区別の合理性についても，極めて緩やかな審査基準が適用されるべきである，とする（最大判昭和 60 年 3 月 27 日民集 39 巻 2 号 247 頁〔百選 1，大嶋訴訟〕）。二点，注記を要する。

　第一に，昭和 60 年最大判は無制限の租税立法裁量を認めたものではなく，租税立法の内容が合理的な理由を欠く差別と評価される場合には，租税公平主義違反で違憲無効とされる余地は残されている。特に，憲法 14 条 1 項後段列挙事由に基づく差別の場合，合憲性の推定は排除されよう（参照，昭和 60 年最大判・伊藤正己裁判官補足意見）。そもそもこれら事由に基づく差別的取扱いについて，「何が公平か」に関する唯一の正解がないから国会の裁量に委ねる，という上記の説明が及ぶことは想定しがたいからである。その上で今後問われるのが，人々のアイデンティティや人生観が多様化する中で，社会の多数派が受け容れるカテゴリーに収まらない人々を租税法が不利に扱うことがどこまで正当化可能か，という問題である（加藤友佳「家族のあり方と租税」金子宏監修『現代租税法講座(2)家族・社会』〔日本評論社，2017 年〕3 頁）。

　第二に，昭和 60 年最大判は，その後しばらくの間，およそ租税法律の合憲性審査基準について一般的射程を有する先例として扱われてきたが（最判平成元年 12 月 14 日刑集 43 巻 13 号 841 頁，最判平成 4 年 12 月 15 日民集 46 巻 9 号 2829 頁，最判平成 10 年 7 月 16 日判時 1652 号 52 頁など），憲法 14 条が争点となる事案の外にも自動的にその射程が及ぶかには疑問があった。この点，たとえば前出の最判平成 23 年 9 月 22 日（⇨(1)(e)）では，昭和 60 年最大判の引用を行わず，事案と規定の性質に即した審査が行われており，この傾向が今後定着するかが注目される。

COLUMN 2-2　大嶋訴訟と所得税法改正

　事業所得者と異なり給与所得者には実額による経費控除が認められていなかった当時の所得税法の定めは憲法 14 条に違反して無効である，として争われた事

案において，最高裁判所は，租税法律の定立における国会の広範な立法裁量を認めた上で，争点となった取扱いの区別についてはなお著しく不合理とは言えないとして，違憲の主張を退けた（前掲最大判昭和 60 年 3 月 27 日〔原告の名から「大嶋訴訟」として知られる〕）。しかし，傍論部分や補足意見において，給与所得者にまったく実額控除を認めない制度の合理性についての疑義が指摘されたこともあり，昭和 62 年度税制改正において，一定範囲で給与所得者にも実額での経費控除を認める所得税法改正（特定経費控除。所税 57 条の 2）が実現した。

　立法政策判断の巧拙は別論，およそ合理的な理由を欠くと認定されるような租税立法は，現実には考えにくい。しかし，ある租税立法を不服とする納税義務者によって争訟が提起され，その合憲性を支える「合理的な理由」を示す抗弁として被告＝国側が提出する，当該租税立法を支えた立法事実や政策判断が裁判過程を通じて明確化されることによって，その後の租税立法政策の議論を活性化させ，場合によっては合理的な制度改正を促す，というシナリオがありうることは，上記の経緯が示すところである。このような法的プロセス発動の契機となる司法審査を可能にすることも，租税公平主義の実質的な機能の一つとして理解することができるのではないだろうか。

（b）　平等取扱原則　　租税法の適用・執行の段階における平等原則は，租税行政庁を名宛人とするものであり，より厳格な法的準則として機能する。ここで問題となるのが，法令の枠内での行政実務や通達に反した個別の課税処分の扱いである。たとえば，固定資産税の課税物件たる固定資産は，現在一般に時価よりも低く評価されているが，特定の土地についてのみ近隣の同一条件の土地に比して高く評価することは，たとえ評価額が時価の範囲内であるとしても，平等取扱原則に反して違法であると解される（金子 97 頁。東京高判平成 5 年 3 月 15 日行集 44 巻 3 号 213 頁）。また，法令解釈を誤った行政実務が同時期に広く行われていたという特殊な状況下で，正しい解釈に基づく（他より不利な）処分を受けた納税者が，他の納税者と同様に誤った法令解釈に基づく（有利な）処分を受けるべきことを主張した場合に，平等取扱原則を理由に当該処分を違法とした裁判例（大阪高判昭和 44 年 9 月 30 日判時 606 号 19 頁〔百選 9，スコッチライト事件〕）がある。法令の正しい解釈に適合した処分を平等取扱原則違反を理由に違法としうるかは，課税処分の法的根拠にも関わる問題であり，項を改めて検討する（⇨**4(1)(h)**）。

（c）　解釈適用の指針としての公平負担原則？　　租税法律主義を特に重視する租税法において，法令の解釈適用をいかなる方法で行うかは常に議論の対

象となってきた（詳細につき，⇨第3章第1節）。これが特に問題となるのが，租税立法者の想定しない形で課税要件規定を充足（または回避）して有利な課税効果を得る租税回避（⇨第3章第1節**3**）の局面である。租税回避が適正な課税の実現を妨げ納税者間の公平を損なうことを重く見る立場からは，租税法令の文言を柔軟に解釈することで租税回避の企てを阻止すべきだと論じられるが，公平負担原則はこの際の法的根拠として援用されることがある。判例上も公平負担原則にこのような地位を積極的に認める国（たとえばドイツ）もあるが，わが国の通説は熟慮の末にこれを退け，あくまでも租税法律主義が優先すべきであるとの立場を採用し（金子139頁），判例・実務も概ねこれに従ってきた。

(3)　自主財政主義

　日本国憲法は，地方自治に憲法上の保障を与え（憲92条），普通地方公共団体が自ら地方自治の本旨に沿って財産を管理し，事務を処理し，行政を執行する権能を保障している（憲94条）。そこで，普通地方公共団体は，事務の処理や行政の執行に必要な財源を調達する権能をも有する，すなわち，国とは別途に課税権の主体となることが憲法上予定されている，と解するのが通説・判例（最判平成25年3月21日民集67巻3号438頁〔百選7，神奈川県臨時特例企業税事件〕）である。これを自主財政主義という。自主財政主義をめぐっては，いくつかの法的論点が存在する。

　（a）　地方税の課税根拠　　上記の通り，近時の最高裁判例は，下級審裁判例（福岡地判昭和55年6月5日訟月26巻9号1572頁〔百選8，大牟田市電気税訴訟〕）・学説が従来支持してきた，普通地方公共団体は憲法上固有の課税権を有する，との考え方を肯定したが，そこに言う課税権は抽象的なものにとどまり，私人に対する具体的な課税根拠となるには足りない。そこで，地方税の課税根拠を何に求めるか，という問題が生じる。一つの考え方は，憲法84条が租税の定立に「法律」形式を要求しており，地方税も「租税」として同条の適用を受ける（最大判平成18年3月1日民集60巻2号587頁〔百選2，旭川市国民健康保険条例事件〕）ことから，国の法律が地方税の賦課徴収の根拠となる，とするものである（地方税法律主義）。この考え方による場合，地方税法2条はまさに地方税の課税根拠規定と読むことになろう。しかし，上述の自主財政主義，さらには住民自治の観点からは，国の法律が地方税の課税権を創設すると考えるのは

適切ではなく，地方公共団体における代表機関たる議会の制定する条例が地方税の賦課徴収の根拠を与えると考える立場（地方税条例主義）が学説の大勢である（金子99~101頁）。後者の考え方からは，地方税法は，（納税義務者たる私人ではなく）地方公共団体を名宛人に，その課税権の行使に対して一定の準則を設定する法律（準則法 Rahmengesetz）として理解されることになる。

　両説を分かつものは，地方自治の理念と実情に対する評価の違いであるように思われる。すなわち，地方税法律主義は，国の立法府による地方公共団体の課税権の規律（自由主義的契機）を重視するのに対して，地方税条例主義は，住民の代表者たる地方議会による課税承認（民主主義的契機）を重視する，という対立である。自由主義が憲法全体を貫く理念であるのに対して，あえて地方自治の定めが置かれたことに鑑みて，税制・財政においても住民自治の理念が無視できない法的重みをもつことは明らかであり，憲法の解釈論としては地方税条例主義が妥当であると言えよう。他方で，地方公共団体には，必ずしも租税立法に必要な専門性が備わっておらず，たとえば地方税条例は，課税要件の根幹に関わる部分まで地方税法に準拠するという規定ぶりが多用されている（渋谷雅弘「租税法規による他の法令への準拠」前掲『租税法律主義の総合的検討』39頁）。現に地方議会の機能低下が深刻な課題となりつつある中で，議会を通じた住民自治が十分なチェック機能を果たさず，結果として自由主義的契機が損なわれる（たとえば特定少数者に対する狙い撃ち的な課税が行われる）可能性にも注意する必要がある。

　（b）　地方税法による自主課税権の制約　　いずれの立場に立つにせよ，地方税条例は，「法律の範囲内で」制定されなければならず（憲94条），国の法律である地方税法の制約を受けることになる。これは，普通地方公共団体の課税権が憲法上の地位を有することとどのような関係に立つか。

　地方公共団体が条例によって各々任意に税の内容を定めると，住民に過重な税負担が課される，整合性を欠く税制によって日本国内における経済活動が著しく阻害される，地方団体相互間の財源の配分が攪乱される，といった問題が生じかねないから，それを避けるための調整が必要となる。そこで，「普通地方公共団体が課することができる租税の税目，課税客体，課税標準，税率その他の事項については，憲法上，租税法律主義（84条）の原則の下で，法律において地方自治の本旨を踏まえてその準則を定めることが予定されて」いる，

というのが前掲平成25年最判の説くところである。ここで判決が憲法84条に言及するのは，法律が課税の根拠となるという趣旨ではなく，地方公共団体の課税権行使に制約を課す以上，全国民の代表機関（憲43条）たる国会が法律の形式により準則を定めるのが，憲法の地方自治の原理とも整合的である，という趣旨と解される（宍戸常寿・百選7〔19頁〕）。実際には，地方税法が準則を定める税（法定税）については相当に詳細な規定が置かれており，地方公共団体には，法定税に関して，税率以外に裁量の余地はほとんどない。地方分権改革の趣旨も踏まえると，自主課税権の行使の余地がないほど詳細に規定し尽くすことは適切ではなく，現行の規律密度が妥当かについての検証に常に開かれているべきであろう。

　かくして，自主課税権行使と地方税法の抵触問題は，地方公共団体が税条例により自主的に創設する法定外税について生じる。平成11年の地方分権一括法による地方税法改正は，法定外目的税を新たに認め，改正前は新設・変更について自治大臣（当時）の許可制であった法定外普通税とともに，総務大臣の同意を要する協議制へと改めた。総務大臣は，①国税または他の地方税と課税標準を同じくし，かつ，住民の負担が著しく過重となること，②地方団体間における物の流通に重大な障害を与えること，③以上のほか，国の経済施策に照らして適当でないこと，という消極要件（地税261条参照）に該当すると判断した場合を除き，同意を与えなければならない。総務大臣の同意は効力要件である（同意がなければ法定外税の新設・変更はできない）とするのが行政実務の解釈であるが，手続要件に過ぎないと解する学説もある（参照，宇賀・前掲179頁）。他方，総務大臣の同意は，あくまでも上記消極要件に該当しないと判断したにとどまり，当該税の地方税法適合性を左右するものではない。前掲平成25年最判は，総務大臣の同意を経て施行された神奈川県の法定外普通税たる臨時特例企業税を課された法人が，当該税条例の規定が地方税法の規定に違反して，違法・無効であると主張して提訴した事案である。最高裁は，上述のとおり，普通地方公共団体が国とは別途に課税権の主体となることが憲法上予定されているとの一般論を示しつつ，課税権の具体的内容については地方税法が定める準則に普通地方公共団体は拘束され，自主課税権はその範囲内で行使されなければならないとして，地方税法上の法人事業税の課税標準算定において考慮される欠損金の繰越控除の適用を実質的に遮断する機能を持つ当該税条例の規

定は地方税法の規定と矛盾・抵触するものとして違法・無効と判断した。

　(c)　関与の法定主義　　以上のように，自主財政主義は，他の行政分野と
同様，一国内の経済政策・法秩序の統一性の観点から制約を受けざるを得ない
が，他方で，国の過剰・不透明な関与によって地方公共団体の自主性が侵害さ
れることがあってはならない，とするのが地方分権改革の理念である。これを
法制度上明らかにしたのが関与の法定主義（自治245条の2）であり，普通地方
公共団体に対する国の関与は法律またはこれに基づく政令によることを要する。
自主財政主義との関係でこの原則が確認されたのが，ふるさと納税制度の下で
の総務大臣の不指定の適法性が争われた事案（最判令和2年6月30日民集74巻4
号800頁）である。

　ふるさと納税制度とは，前述（⇨第1節 **2(1)**）した都市部と地方の税源の偏
在などを背景に，都市部で生活する納税者が「ふるさと」たる地方団体に恩返
しや応援の趣旨で寄附を行うことを促進することを目的として，寄附金額のう
ち一定額（2000円）を超えた部分で上限に達するまでの金額の全額（通常の寄附
金控除に加えて，住民税の特例控除が上乗せされる）を寄附者の所得税および個人
住民税から控除する制度であり，平成20年度税制改正で導入された（地税37
条の2・314条の7，所税78条）。ところが，同制度が「ふるさと」を定義せず納
税者の選択に委ねたこともあって，一部の地方団体が過度な返礼品を提供し，
多額の寄附金を集める状況が生じた。当初は総務大臣の「技術的な助言」とし
ての通知によって返礼品に一定の基準を示そうとしたが上記状況は解消されず，
最終的には平成31年度税制改正により，「寄附金の募集を適正に実施する」地
方団体として総務大臣が指定した団体のみが，ふるさと納税制度（特例控除）
の適用を受けられる旨の法改正がなされ，指定の基準の設定を総務大臣に委任
する規定が置かれた。しかしその基準を定めた総務大臣の告示が，改正法施行
前の地方団体による不適切な態様の寄附募集実績をも考慮する内容であったた
め，この基準に基づき指定を拒否された地方団体がこれを不服として提訴した。
原審判決が法改正の趣旨を実現するための基準設定に係る総務大臣の裁量を広
く認めて告示を適法としたのに対して，前掲令和2年最高裁判決は，関与の法
定主義に照らして，国の普通地方公共団体に対する関与である指定基準の設定
には明確な法律上の授権が必要であり，問題となった告示の内容はそうした授
権に支えられていないから，地方税法の委任の範囲を超えたもので違法・無効

であると判断した。

2　「租税」の法的定義

　以上のような憲法原理が適用される「租税」とは何か。通説・判例に受け入れられた定義は「国家が，特別の給付に対する反対給付としてではなく，公共サービスを提供するための資金を調達する目的で，法律の定めに基づいて私人に課する金銭給付」というものであり，本書もこの定義に従う。

　上記の租税の定義から，国や地方公共団体によって課される様々な金銭給付と租税の区別が導かれる。

　第一に，「公共サービスを提供するための資金調達目的」という点において，租税は制裁目的で課される金銭給付（罰金・科料・過料・交通反則金等）と区別される。他方で，所得再分配（累進所得税）・国内産業保護（関税）・特定活動の抑制・誘導（環境税）など，租税に様々な政策目的が随伴することはあるが，財源調達目的を失わない限りでこれらはなお租税であると解されている。

　第二に，租税は反対給付性を有さず，一定の要件に該当するすべての者に課される金銭給付である。租税は公共サービスの原資であり，広い意味での対価関係を観念することは不可能ではないが，租税を支払うこと自体が公共サービスからの受益を法的に基礎づけるわけではない。この意味で，各種の使用料や手数料と区別される。さらに判例（最大判平成18年3月1日民集60巻2号587頁〔百選2，旭川市国民健康保険条例事件〕）は，社会保険料と租税の法的な区別をこの点に求めている。また，タックス・ヘイブン対策税制（⇨第8章第4節3）の適用が問題となった事案で，法人が自己に適用されるべき税率を0〜30%の間で税務当局との交渉・合意により選択することを認める英国王室属領として独自の税制を有するガーンジー島の税制（タックス・ヘイブン対策税制の適用を避けるための措置である）の下で支払った租税が，ガーンジー島がその課税権に基づき一定の要件に該当するすべての者に課す金銭給付であり，特別の給付に対する反対給付ではないことから，外国法人税に当たるとした判例がある（最判平成21年12月3日民集63巻10号2283頁〔ガーンジー島事件〕）。

　第三に，租税は国民（住民）にその能力に応じて一般的に課される。したがって，特定の事業の経費に充てるために，その事業に特別の関係のある者から，

その関係に応じて徴収する負担金（分担金）とは区別される。

> **COLUMN 2-3　「租税」の本質的要素は「強制性」か？**
>
> 　前掲平成18年最大判の事案は，国民健康保険法の下で，市が保険者（当時）である国民健康保険の保険料率設定を市長に委任した国民健康保険条例の規定が，憲法84条の課税要件法定主義に違反するかが争われた，というものであった。国民健康保険料の賦課徴収には租税と同様の強制性があり，学説の大勢はこれを「租税」と扱うべきと論じていたが，裁判所は，同時に社会保険である国民健康保険については保険料負担と受給の間の緩やかな牽連性があり，反対給付性を有することを理由として，国民健康保険料は憲法84条にいう「租税」ではないから同条の適用はなく，ただし賦課徴収の強制性に鑑みて同条の「趣旨が及ぶ」として，結論としては，争点となった条例の規定は憲法違反ではないと判示した。
>
> 　租税法律主義を単に「厳格な侵害留保原則」と捉える発想からは，この判決を理解することは困難であろう。同判決は，料率以外の賦課要件の大部分は条例に定められており，かつ徴収された保険料の使途が基本的に国民健康保険事業の費用のみに向けられること，国保財政は単年度収支均衡を原則とし，その前提の下で算定される賦課総額（ここから料率が算出される）も保険事業の費用総額によって上限を画される仕組みであること，国民健康保険事業特別会計の予算および決算の審議を通じて議会による民主的統制が及ぶこと等を認定している。これらは，賦課要件を議会が事前に一義的に「決定」するという意味での「法定主義」を代替しうるものではないにもかかわらず，なぜ同条の「趣旨」を充たす要素となりうるのか。一つの説明は，上記の諸制度を前提として（「反対給付性」を維持しつつ）賦課される国民健康保険料は，「一切の前提条件から切断された金銭給付」としての租税（⇨第1節**1(2)**）とは異なり，議会が（法律・条例によって）予め与えた枠組みと，市長による料率決定後の（予算等による）統制とが適切に配置されることで，「法定主義」に拠らずとも全体として「租税」に対するのと同等の民主的統制の水準を担保しうる（すなわち憲法84条の趣旨を満たす），というものである。翻って問われるべきは，なぜ「租税」については課税要件法定主義という特殊な民主的統制が要求されるのか，である（⇨第2節**1(1)**(a)）。単なる歴史的淵源の問題でなく，ある金銭給付をその一部として含む財政構造の法的評価が問題であるところ，租税の非対価性や税収使途の無限定性といった性質（⇨第1節**1(2)**）は，賦課「決定」の局面に民主的統制を集中させる必要性と表裏一体であるというのが一つの説明である。

3　租税政策上の原則

　法的な原則ではないものの，国会の広範な租税立法裁量を前提としつつ，一

定の指針を与えるものとしての「租税原則」がある。わが国では伝統的に「公平・中立・簡素」がその内容として掲げられてきた。既に見たように，「公平」の具体的内容については様々な見解が対立しうる。さらに，「公平」は（課税が経済活動に与える歪みを極小化すべきという意味での原則である）「中立」や，税制の簡素性・透明性とも一定程度はトレードオフの関係に立たざるをえないなど，これら原則の内部にも緊張関係を孕んでいる。したがって，具体的な租税政策の定立（および法令による具体化）については，民主的代表である国会が，具体的な経済社会情況を踏まえた議論を通じて価値判断を行うよりほかはない。租税原則は，こうした租税法の民主主義的性格を前提に，複雑な税制の評価軸を提供することで，租税政策に関する議論を整序し透明化するものとしての機能を担っている。そして，何が「公平」や「中立」であるかについては，経済学や法哲学をはじめとする隣接学問分野との密接な対話を通じて租税法が不断に議論を更新していく必要がある。租税法を理解する上では，法律論のみならず隣接分野の幅広い知見が有益であるが，それはこのような租税法の特性に由来するものである。わが国の租税法の定立過程においては，法学者・経済学者・実務家から構成される政府の税制調査会（内閣総理大臣の諮問機関）が，租税政策上の諸課題に対して，経済学的知見と法学的知見を統合し，政府・与党による具体的な税制改正作業に理論的基礎を提供する役割を担っている。

COLUMN 2-4　経済学的知見の有用性──黙示の税（implicit tax）を素材に

　税制を前提に行動する経済主体は，様々な活動の選択肢（例：投資プロジェクト）に伴う，租税を含む正負のキャッシュフローを，それに伴うリスクを織り込んで評価しながら行動を決定する（タックス・プランニング⇨第3章第3節）。その際には，各経済主体の行動選択が市場を通じて相互作用する可能性も視野に入れる必要がある。

　たとえば，特定の工場設備への投資のみを課税上有利に扱う特別措置が導入された場合，多くの経済主体が租税利益を求めてこの設備への投資を増加させ，次第に供給過剰となる結果，税引き前収益率は低下する。他方で，この設備を所有せずにリース形式で利用する者は，供給過剰の下で有利な条件での賃料交渉ができる。つまり，税制優遇による租税利益の一部は，税引き前収益率の低下や交渉相手の取り分の増加という形で流出している。他方で，課税上不利に扱われるかに見える他の投資先は，（課税上有利な資産へと投資が流れる結果）税引き前の収益率が上昇し，結局，「非課税投資の（税引き前）収益率」＝「課税投資の税引き

後収益率」という状態で均衡する。このとき，見た目上は有利な非課税投資を行った者は，他の投資先に投資する者が負担している税の一部を（利回り低下という形で）実質的に負担している。これが黙示の税（implicit tax）と言われるものである。また，経済主体の属性に応じて，適用される税率が違う場合もある（所得税の累進税率や，免税団体の存在等）。この場合，課税上有利な投資には高い税率の適用を受ける者が，課税上不利な投資には低税率ないし無税の者が，それぞれ集中することになる（tax clientele）。

　こうしたミクロ経済学的効果を視野に入れることで，経済主体はタックス・プランニングをさらに効果的に行うことができる。他方，租税立法者は，新たなタックス・プランニングが登場するたびに，その経済学的本質を理解した上でなければ，有効な対策を打つことができない。こうした繰り返しの結果が，現在のような複雑極まりない税制である。税制の効率性のみならず，公平（特に水平的公平）を考える上でも，以上のようなミクロ経済学的視点は不可欠である（参照，増井良啓『租税法入門〔第 2 版〕』〔有斐閣，2018 年〕13〜18 頁）。

　さて，現代の税制は，公共サービスの財源調達とともに所得再分配機能を担っているが（⇨第 1 節 **1(2)**），これらに加えて，様々な経済社会政策のための手段としても用いられている。その中には，負の外部性を抑制するための経済的インセンティブとして用いられるものも存在するが（たとえば「自動車（車体）課税のグリーン化」として燃費性能の劣る車種の自動車重量税を重課する等），件数・金額ともに大多数を占めるのは，一定の要件を満たす場合に租税を軽課することで，特定の活動を促進しあるいは限定的な範囲の私人を経済的に優遇しようとする租税特別措置である。租税特別措置は，税制の公平・効率性を損ない，複雑化を招くとして批判が絶えないが，財政支出と並んで政治的な利益分配の手段となっており，その改廃は容易ではない。そこで，ひとまず租税特別措置の適用状況を透明化し，適宜の見直しの推進を図ることを目的とする「租税特別措置の適用状況の透明化等に関する法律」（租特透明化法）が平成 22 年に制定され，法人税関係特別措置について，それらの適用を受ける法人が作成・提出する義務を負う適用額明細書を財務大臣が集計し毎年度国会に報告書を提出することとされている。

4　租税法の存在形式

（1）　租税法の法源

　法の存在形式を法源という。租税法の法源には，憲法・法律・命令・条例・規則等の国内法源と，条約・交換公文等の国際法源がある。さらに，本来の意味での法源ではないが当事者が租税法の内容を前提に行動する上で重要な機能を果たしている判例や通達の位置付けについてもここで触れておく。

　（a）　憲　法　　国の最高法規である憲法に違反する法令等の定めは無効であり，それらに基づく行政庁の行為も無効とされる。租税法規について主として問題となるのは，既に触れた憲法14条1項および84条との適合性であるが，ほかにも13条（幸福追求権），25条（生存権），29条（財産権）などとの抵触が問題とされてきた。広範な租税立法裁量を認めてきた従来の判例において租税法規を違憲とした例はないが，租税法規の憲法適合性は常に意識される必要があり，特に想定された立法事実が現実と乖離するに至った租税法規を改める端緒ともなりうることは強調されよう（⇨**COLUMN 2-2**）。

　（b）　法　律　　租税法規の中核部分は「どのような場合に，誰に，どの程度の納税義務が生じるか」を定める課税要件（⇨**(2)**）であるところ，課税要件のすべてと租税の賦課徴収の手続は，原則として法律によって規定されなければならないから，法律は租税法の法源の中で最も重要な地位を占める。国税に関する法律には，通則的な法律（国税通則法・国税徴収法）と，個別の租税法律（所得税法・法人税法・相続税法・消費税法など。さらにそれらの特別措置に関する租税特別措置法がある）が含まれる。地方税に関しては，統一的法典としての地方税法が，通則規定と個別具体的な税目の両方を網羅している。先に述べたように，地方税法は納税義務者を直接規律する法ではなく，地方公共団体を名宛人とし，その課税権行使を規律する準則法である。各地方団体は，地方税法の定めに準拠して条例・規則を制定し，それに基づいて地方税を賦課徴収しなければならない。

　（c）　命　令　　法律の委任を受けて（憲法上の制約につき⇨**1(1)(a)**），行政が一般的・抽象的に制定する法規範であり，内閣が制定する政令（租税法では，「施行令」の名称が一般的である〔例：所得税法施行令〕）と各省大臣が制定する省令（同様に「施行規則」と呼ばれる〔例：所得税法施行規則〕）がある。租税法律主

義の下で課税要件の基本的事項は法律によって規定されるとはいえ，細目的事項の多くは命令（とりわけ政令）の定めに負うこととなり，法律と一体となって租税法規としての効力を有する。

（d）告示　各省大臣等，公の機関がその所掌事務に関する意思決定や事実を一般に公に知らせる形式を告示というが，その中には命令と同様の法的性質を有すると解されるものも含まれる。租税法においても，法律が，財務大臣の告示によって課税要件規定が補充されるべきことを指示する例が見られ（たとえば所税78条2項2号），これらは租税法の法源を構成する。もっとも，同じく告示の形式をとる固定資産評価基準については，これを地方税法の委任に基づく法規命令と解する見解が通説とされるが，地方税法388条1項の規定は白紙委任に等しく課税要件法定主義（⇨1(1)(a)）に反する疑いがあることや，固定資産評価基準の評価方法では適正な時価の算定が困難な「特別の事情」がある場合にはそこから離れることを否定しない判例（最判平成21年6月5日判時2069号6頁）などを根拠に，行政規則に近い柔軟な性質を指摘する見解もあり（参照，人見剛「判批」平成25年度重要判例解説59頁），その法的性質をめぐって議論があることに注意を要する。

（e）条例・規則　地方団体の議会が制定する条例，地方団体の長が制定する規則も，租税法の法源を構成する。すなわち，地方税の賦課徴収にあたっては，条例により課税要件を定めることを要し（地税3条1項），さらに条例の実施のための手続等必要な事項を規則で定めることができる（同条2項）とされている。

（f）国際法源（租税条約等）　グローバル経済における国際的二重課税の防止や適正な税務執行（情報交換・徴収共助）のために，二国間で締結される条約を租税条約という（詳細は⇨第8章）。わが国の法秩序において条約は法律に優位するため（憲98条2項参照），租税条約が国内租税法令と異なる定めをしている場合には，租税条約の規定が優先して適用される。もっとも，既存の租税条約の解釈・適用に関する補充的合意において用いられる形式である交換公文については注意が必要である。国際法上は，形式を問わず「国際法によって規律される国際的な合意」が「条約」とされるため，政府間の交換公文も国際法上の効力において劣るところはない。しかし国内法上，交換公文は国会承認条約ではない「行政協定（行政取極）」（これは憲法73条2号の「外交関係を処理する

こと」として内閣限りで処理される）と位置づけられる。したがって，国内法上は法律に劣後する（そもそも定義上，法律事項を含まないのであるから法律と抵触しえない）と解すべきであろう。ただし，国会承認を受けた条約の授権の範囲内で行われ，それ自体として法律事項を含まない行政取極についてはこの限りではなく，その基礎をなす条約と一体となって法律に優先する国内的効力が認められる，と解されよう。

　租税条約の規定の多くは，私人が租税条約に反する国内法令の効力を争う際に援用可能であり（国内的効力），また明確性・完全性の要件を満たす条約規定については，直接適用も可能である。後者については個別の規定ごとに検討する必要がある。たとえば，日米租税条約9条（特殊関連企業条項）は，明確性・完全性という直接適用可能性の客観的基準を満たしておらず，課税当局が移転価格課税を行う根拠としては不十分であり，国内立法措置たる租税特別措置法66条の4を必要とする。つまり日米租税条約9条に直接適用可能性はない。しかし，仮に国内法上の移転価格税制のための立法措置や行政による解釈適用が日米租税条約9条に違反すると判断された場合，当該規定や解釈適用は条約違反を理由に国内法上も無効とされるし，納税者が自らに対する課税処分の違法事由として援用することも可能である（国内的効力はある）。一般に，国内租税法令の詳細な定めに比して租税条約の規定は極めて簡素であるため，国内租税法令と租税条約の適用関係については微妙な問題も存在する。なお，両者の適用関係の明確化を目的とする租税条約実施特例法が存在する（⇨第8章第1節**3(5)**）。

　（g）判　例　　制定法国である日本においては，裁判所の判決は法源とはされないが，判決理由中に示された法解釈が確立した解釈として一般に承認されるようになった場合には判例と呼ばれ，後続の裁判所は通常これに従う。この場合，租税法律関係の当事者（納税義務者等の私人および租税行政庁）も，本来の意味での法源（租税法令等）が判例に従って解釈適用されるであろうことを前提として行動するために，判例は事実上，法源と同様の機能を有することになる。

　（h）通　達　　上級行政機関が法令の解釈や行政の運用方針などについて，行政の統一性を図るために，下級行政機関に対してなす命令ないし指令を通達と呼ぶ。このうち，納税者の観点から特に重要なのが，租税法規の解釈に関す

る通達（法令解釈通達）であり，全国に多数存在する税務署における取扱いの統一が図られている。法令解釈通達には，所得税法・法人税法等の税目ごとの基本通達や，財産評価基本通達がある。租税法規は極めて複雑であり，法令の文言から直ちに一義的な解釈が可能とも限らないため，国税庁が一般的な指針を定めて通達として公表することで，納税者の予測可能性は高められる。また，租税訴訟で租税法の解釈・適用が争われる場合にも，通達が示した法令解釈の合理性を裁判所が認めて，結果的に通達通りの処分を維持する場合は少なくない。この結果，租税法律関係が通達に従った形で処理されているかのような外観を呈する。少なくとも，租税法の実現過程における，通達の現実的重要性は疑うべくもない。

　しかし，法的観点からは，あくまでも，通達は行政内部の命令として下級行政機関を拘束する一方で，外部的には行政による法解釈の立場を表明した解釈基準に過ぎないから，裁判所を拘束せず，納税者が争訟においてこれと異なる法令解釈を主張して争うことは妨げられない。

　とりわけ，厳格な租税法律主義の下では，課税要件に関する裁量（要件裁量）が認められる余地はないという有力な学説（谷口勢津夫『税法基本講義〔第6版〕』〔弘文堂，2018年〕12頁，原田大樹『例解 行政法』〔東京大学出版会，2013年〕177頁）からすれば，法令解釈通達が（平等原則等を通じて一定の外部効果を持ちうる）裁量基準とされる余地はないことになる。

　このような，通達の事実上の影響力と，外部効果を持たない解釈基準に過ぎないという法的な性質のギャップは，いくつかの難しい問題を惹起する。

　まず，法令解釈を誤った行政実務が長期間にわたって行われていた状況で，新たに法令解釈を統一すべく通達が発出された，という場面がある。判例（最判昭和33年3月28日民集12巻4号624頁〔百選6，パチンコ球遊器事件〕）は，このような場合，通達に従った当該処分が法令に適合しているかのみを問題とすれば足りるとする。新通達を機縁とした課税処分であっても，課税処分の法的根拠はあくまでも租税法令にあり，「通達による課税」ではない，ということになる。

　次に，法令解釈を誤った通達が出されている状況で，正しい法令解釈に基づく処分がなされたという場合がある。このような場面で，納税者はしばしば，通達に従った課税を主張することがある。しかし，上述の原則からして，裁判

所は当該処分自体が法令に適合している限り，適法・有効と判断せざるを得ない。法令解釈を誤った通達を信頼して行動した納税者に対しては，せいぜい「正当な理由」があるとして過少申告加算税の賦課が取り消される（⇨**COLUMN 2-6**）にとどまる。もっとも，このような場合に，通達を「公的見解」の表示とみた上で，個別的事情の下で信義則（⇨第3章第1節**4**）の適用を認める余地はありえよう（最判令和2年3月24日判時2467号3頁の宇賀克也裁判官補足意見）。通達は法源ではないが，事実の問題として，納税者の信頼を形成する効果を持つことは否定できないからである。

　では，法令解釈を誤った行政実務が現に広く行われているという特殊な状況下で，正しい解釈に基づく処分が行われた場合，当該処分を受けた納税者が，他の納税者と同様に誤った法令解釈に基づく処分を受けるべきことを主張しうるか。裁判例には，このような状況で，平等取扱原則の適用により正しい法令解釈に基づく処分を違法としたもの（前掲大阪高判昭和44年9月30日・スコッチライト事件）があるが，特殊な事実関係の下での判決でもあり，その先例的価値には疑問がある。納税者にとって有利な内容の取扱いが租税行政庁によって一般的かつ反復・継続的に行われ，それが法であるとの確信が納税者の間に一般的に定着した場合には慣習法としての行政先例法の成立を認めるべきであるとする学説もある（金子115頁）が，たとえ納税者に有利な内容であったとしても，法令の根拠を欠く行政実務に法源性を認め，裁判所を拘束する効果を与えることは課税要件法定主義との関係で説明が困難である。租税法における行政先例法の成立を認めた確定裁判例は現在のところ存在していない。

(2)　課税要件

　租税法規の中核部分は，納税義務の成立要件を定める規定である。これを課税要件と呼ぶ。各租税に共通の課税要件として，納税義務者・課税物件・課税物件の帰属・課税標準・税率の五つがある。

　（a）　納税義務者　　租税法上，納税義務（租税債務）の主体となる者を，納税義務者という。これは法的に納税義務を負う者であり，経済的実質的に租税を負担する者（担税者）とは必ずしも一致しない。たとえば消費税法上の納税義務者は事業者であるが，消費税の負担の多くは消費者に帰着すると考えられている。なお，租税徴収の便宜上，納税義務者から租税を徴収し，租税債権者

に納付する租税法上の義務（徴収納付義務）を負わされる者が存在する（⇨第3節**2(2)**(a)）が，これらの者は自らが租税債務を負うわけではないから，やはり納税義務者ではない。もっとも，徴収納付義務者が納付義務を怠った場合には，租税債務の不履行の場合と同様に，滞納処分・加算税・刑罰の対象となるから，その義務内容において納税義務者との実質的な差は小さい。そこで，租税法は，両者を合わせて納税者（税通2条5号，税徴2条6号）と呼んでいる。また，徴収確保の観点から，租税法は連帯納税義務者（たとえば税通9条）や第二次納税義務者（税徴32条以下）の定めを置いているが，詳細については割愛する。

　なお，法人税（事業体），国際課税（制限納税義務者）における納税義務者の範囲についてはそれぞれ第5章，第8章も参照のこと。

　(b)　課税物件　　課税の対象とされる物・行為または事実を，課税物件と呼ぶ。これは，個人や法人の「所得」（所得税・法人税）や，「相続および贈与によって取得した資産」（相続税・贈与税）のように，担税力を推定させる物・行為または事実として租税立法者が定義したものであり，納税義務が成立するための物的基礎をなす。

　(c)　課税物件の帰属　　課税物件と納税義務者の結びつきのことであり，課税物件が帰属する者を納税義務者と呼んでいる。いずれの税目についても課税物件の帰属は問題となりうるが，特に所得税について問題となりやすい（⇨第4章）。租税法は，課税物件の帰属の問題について，名義と実体，形式と実質が乖離する場合には，実体・実質を重視するという方針を採用している（たとえば，所税12条，法税11条の実質所得者課税の原則。同様に，消税13条）。ただし，ここにいう「実質」とはあくまでも（名義貸し等，虚偽の外観と対比される意味での）真実の法律関係という意味での法的実質であり，租税法の解釈適用において，法律関係を無視して経済的実質に即した課税を行うことを容認するものではないことに，十分な注意を要する（⇨第3章第1節**1**）。なお，信託に関しては，明文で経済的実質に即した課税を行うことが規定されている（所税13条1項，法税12条1項）。

　(d)　課税標準　　課税物件である物・行為または事実から税額を算出するために，それらの物・行為または事実を金額・価額・数量等で表したものを課税標準と呼ぶ。たとえば所得税や法人税の課税標準は，個人・法人の「所得の

金額」である。

　(e)　税　率　　税額を算出するために課税標準に対して適用される比率のことである。課税標準が金額や価額で定められている場合には税率は百分比・万分比等で定められる。課税標準が数量で定められている場合には，課税標準の一単位につき一定の金額で示される。税率の定め方には，課税標準の大きさに関係なく一定割合とされる比例税率（固定資産税や消費税など）と，課税標準の額が増加するのに応じて累進する累進税率（所得税や相続税など）がある（単純累進税率と超過累進税率の区別につき⇨第 4 章第 1 節 **2**(6)）。

第 3 節　租税法の実現過程

1　租税法律関係の特徴

　租税法律関係の第一の特徴は，国家の私人に対する金銭債権（租税債権）を一方的に生じさせる実体法規範としての側面に見出される。伝統的な公法学の枠組みでは，課税作用は侵害行政の典型と位置づけられるが，わが国租税法の実現過程において租税行政庁の関与はむしろ形式的ないし例外的であり，大部分は租税法令で定められた課税要件の充足によって租税債権が成立し，納税義務者の自発的納付によって課税関係が終了する（⇨**2**(2)(a)），いわば法定債権類似の関係として租税法律関係を捉える方が適切である。現実の法的紛争においても，課税要件の充足をめぐる事実認定・法令解釈の問題が争われることがほとんどであり，他の行政法領域において見られるように，租税行政庁の第一次的な認定判断権を尊重する必要性は，後景に退く（⇨**COLUMN 2-5**）。さらに，成立した租税債権は時効に服し（税通 72 条），差押えの原因となり（税徴 47 条以下），私債権との調整に服する（税徴 8 条以下）など，金銭債権としての性質を色濃く残している。

　他方で，租税の特殊性に配慮した特別な効力が租税法令の明文規定によって与えられていることも見逃せない。租税債権の内容を確定（租税債権の「成立」と「確定」の区別について⇨**COLUMN 2-5**）するために租税行政庁に与えられた更正・決定の権限（税通 24 条・25 条）や，その補助手段としての質問検査権

（税通74条の2以下），裁判所の手を借りずに自ら徴収を図るための自力執行権（滞納処分，交付要求等），滞納処分に際して租税債権に認められる一般的優先権（税徴8条）等である。従来，これらは「租税の公益性」によって正当化されてきたが，むしろその本質は，租税法が経済活動一般を適用対象とするために，法定の課税要件の充足によって租税債権債務関係が大量・反復的に成立し，かつすべての納税義務者が協力的とは限らないことから，租税行政庁の資源制約の下でこれを通常の債権債務関係と同様の実現手続に拠らしめたのでは公平な徴収が困難となる（ひいては税制に対する市民の信頼を損なう），という租税債権の性質に鑑み，立法者が特に認めたものとして解するべきであろう。したがって，法定の範囲を越えて租税債権が特別な地位を享受することは許されない。むしろ，明文規定や特段の事情のない限り，租税債権関係にも私法規定が適用・準用されると考えるべきである（たとえば，最判昭和35年3月31日民集14巻4号663頁）。

　租税債権を成立させる実体法規範とその円滑な実現を支える手続法規範は通常は相補う形で機能するが，両者が緊張関係に立つ場面もある。実体法規範の問題としては（租税立法者が想定した課税の経済的前提が失われたために）もはや租税債権を存続させるべきでないと考えられるものの，一度確定した租税債権を消滅させるための手続法規範が存在しない場合，がその典型例である（昭和37年所得税法改正前の事案であるが，最判昭和49年3月8日民集28巻2号186頁〔百選102〕）。一方に（手続法も含めた）法令の厳格な規律に服すべき租税法が，実体法規範に照らして「事理に即した」課税を実現するにはいかなる方法が可能か，学説・判例が議論を積み重ねてきたところであり，金銭債権＝実体法規範を基軸とする租税法分野の特徴をよく示す例と言えよう。

COLUMN 2-5　「ものの見方」としての債務関係説と権力関係説
　租税の賦課徴収は納税者の同意に基づかずに行われるものであるから，納税者の自発的な納税協力のみに期待することは困難であり，法律の根拠に基づく租税行政の権力的関与によって納税義務の履行を確保することはある程度避けられない。特に，経済活動一般を対象とし，大量反復的な債権債務関係を生じさせる租税法の公平な実現のためにも，行政を関与させその画一的な処理に委ねることが多くの場合便宜である。したがって租税法も，他の権力行政分野と同様，行政法の一領域としての側面を有する。このように租税法律関係を権力行政の側面から

捉える考え方を（租税）権力関係説という。

　他方で，わが国の国税関係法規の大部分は，法令上の課税要件規定の充足によって租税債権（私人の納税義務）が成立するという建て付けを採用する。租税行政庁は租税債権の確定手続に関与するのみであり，租税債権の成否やその執行について基本的に裁量を有しない。そこで，租税法律関係を，（行政行為によってではなく）法定の課税要件の充足により租税債権（納税義務）が法律上当然に成立し，国家と私人が法律の下で（公法上の）債権債務関係に立つものとして捉える考え方，すなわち（租税）債務関係説が提唱されてきた。この考え方によれば，国家の課税権は事前に法律により明確に定められた法規範の枠内に閉じ込められており，行政の権力的要素は，法に基づいて成立した租税債権の実現という側面に限定され，その意味で後景に退く。他の行政法領域のように，専門性を有した行政庁の行為によって実体的な法律関係が形成されるとは考えないのである。この考え方は，課税要件明確主義（⇨第 2 節 **1(1)**(b)）とも結びついて，租税法の解釈・適用の場面において行政裁量を排除する機能を有する。また，国家の課税権が自ら法律により設定した課税要件規定に拘束される（行政裁量に留保された事後的な規範形成が排除されている）ことによって，私的経済主体の側は，租税法規を前提として自らの法律関係をデザインすることができる（ビジネス・プランニング）。すなわち，債務関係説の考え方は，公法でありながら「取引法」としての性質を有する租税法の特徴（⇨第 1 章第 2 節）を基礎づけるものとして重要であると同時に，納税者の側にプランニングのオプションを与えることで，租税回避という，租税法に特有の問題を惹起することにもなる（⇨第 3 章第 1 節 **3**）。

　学説史的には，租税法律関係をめぐる債務関係説と権力関係説の対立は，租税法が行政法から独立した法領域として成立しうるか，という問題と深く関わっていた。債務関係説は，権力的課税行政手続とは独立の問題として，実体的課税要件に対する法的分析に光を当てることで，今日のような租税債務＝租税実体法を中心とした租税法という法分野の成立に大きく寄与した。

　ただし，債務関係説と権力関係説のいずれが正しいか，という抽象的・ドグマ的な論法には実益がない。債務関係説の実践的な意義は，実定法上，納税義務が「租税債権債務」的な性格を有していることをよく説明できることにある。たとえば，納税義務の「成立」（税通 15 条）と「確定」（16 条）は法的に異なる概念であり，後述する税額確定手続を経ていない段階でも国家は租税債権者として一定の権利を主張しうる。また，いわゆる「遡及」の箇所（⇨第 2 節 **1(1)**(e)）で触れた「期間税」の考え方も，納税義務の「成立」という概念に深く関わっている。しかし，上に見たように，租税法には，権力的・手続的要素も等しく重要なものとして併存しており，債務関係説・権力関係説のいずれかのみで租税法の全体を説明しようとすることは不可能であり，無益である。

　また，最近では，租税「債権」を私法上の債権と全く同視してしまう考え方は（逆に租税債権を公法上の債権であるから当然に民事上の債権とは別異に扱われるべ

きであるとする古い議論と同様に），かえって現実に有害な結果をもたらしうることも指摘されている（佐藤英明「『租税債権』論素描」発展 3 頁）。「ものの見方」としての債務関係説は，現実をよりよく理解するための手段として有用なのであって，「ものの見方」によって現実を歪めてしまってはならない。

2　租税行政過程

(1)　概　観

納税者が負うべき納税義務は，所得税法等の個別租税法の課税要件が充足されることによって，抽象的に成立する（参照，税通 15 条）。しかし，納税義務の履行のためには，具体的に税額を確定し納付へと結びつける手続が必要である。また，納税者が確定した税額を任意に納付しない場合には，徴収の手続が必要である。国税については国税通則法と国税徴収法，地方税については地方税法が，それぞれ定めを置いている。

(2)　租税確定手続

(a)　原則的な租税確定手続　　申告納税方式とは，「納付すべき税額が納税者のする申告により確定することを原則とし，その申告がない場合又はその申告に係る税額の計算が国税に関する法律の規定に従つていなかつた場合その他当該税額が税務署長又は税関長の調査したところと異なる場合に限り，税務署長又は税関長の処分により確定する方式」（税通 16 条 1 項 1 号）であり，国税はこの申告納税方式を原則としている。他方，地方税においては，後述するように，賦課課税方式が一般的である。

納税申告は，原則として納付すべき税額を確定させる法的効果を有する私人の行為である。法定申告期限（各個別の税法による規定。たとえば所得税は翌年の 3 月 15 日〔所税 120 条〕，法人税は事業年度終了の日の翌日から 2 か月以内〔法税 74 条〕）までに，納税地の所轄税務署長宛てに（税通 21 条），申告書を提出しなければならない（期限内申告。税通 17 条）。ただし，法定申告期限後の申告も，税務署長による決定がなされるまでは認められる（期限後申告。税通 18 条）。これを確定申告と呼んでいる。申告納税制度は，納税者自身が自発的に真正な税額の確定に努める（それにより節約された行政資源を用いて一部の不正の発見に注力する）ことを主眼とする制度であるということができる。ただし，すべての納税

者が自発的に適正な納税申告を行うとは限らない。そこで，法は，後述する加算税制度によって適正な申告を怠る納税者に対するサンクションを課す一方，納税者の適正な納税協力を促すために，所得税法・法人税法において青色申告制度を用意するなどの制度的手当てを行っている。青色申告制度とは，財務省令の定めに従った形での帳簿書類の備付け，記録または保存が行われていることを条件に，税務署長の承認を経て，特別な申告書（かつての名残でこれを「青色の申告用紙」と呼ぶ）での確定申告を認め，この青色申告者に各種の特典を認めるものである（これに対して通常の申告〔者〕のことを「白色申告〔者〕」と呼ぶのが通例である）。実体面では，青色申告特別控除制度（租特25条の2）や，各種の引当金，欠損金などが，青色申告者に限って認められる。また手続面でも，青色申告に対する更正処分には推計課税（⇨第3章第2節**4(6)**）が認められず，理由附記が要求され，異議申立てを経ずに審査請求を行いうるなど，白色申告と比較して手厚い保護が与えられてきた。もっとも，平成23年度改正により白色申告に対する処分にも理由附記が義務づけられ（⇨第2節**1(1)(d)**），またその後異議申立前置主義も廃止されたことから，後二者はもはや「特典」とは言いがたいものとなっている（不服申立手続については⇨第3章第2節**2**参照）。

　以上の申告納税制度に対して，課税庁の処分により納付すべき税額を確定して課税するのが賦課課税方式（参照，税通16条1項2号）であり，地方税では一般的な課税方法である（なお，地方税法上は「普通徴収」の語が用いられる。地税1条1項7号）。普通徴収の地方税については，賦課期日における課税要件の充足をもって納税義務が成立し，都道府県・市町村の課税担当部局により納付すべき税額が決定（賦課決定）され，納税者への納税通知書の交付をもって納税義務が確定する。

　なお，日本の租税法は租税の徴収方法として納税義務者以外の第三者（典型的には給与等の支払者）に租税を徴収させ，これを国または地方公共団体に納付させる方法（徴収納付）を多用しているが，このうち源泉徴収による国税は，納税義務の成立と同時に，特別の手続を要しないで納付すべき税額も確定する。このような税額確定方式はほかにも登録免許税などで用いられており，これらは自動確定の租税（税通15条3項参照）と呼ばれる。他方，地方税にも同様の徴収方法（特別徴収）をとる税目が存在するが，こちらについては賦課決定または申告納入という確定手続が介在している。徴収納付の場面では，国・地方

団体と徴収納付義務者，徴収納付義務者と本来の納税義務者，という二つの法律関係が独立に存在することになる（参照，最判昭和 45 年 12 月 24 日民集 24 巻 13 号 2243 頁〔百選 114〕）。したがって，過大な徴収納付がなされた場合にも，本来の納税義務者は国や地方団体に対して直接に差額の還付を求めたり，納付すべき税額から控除することはできず，あくまでも徴収納付義務者に対して，私法上の債権債務関係に基づき差額を請求すべきこととなる（最判平成 4 年 2 月 18 日民集 46 巻 2 号 77 頁〔百選 115，日光貿易事件〕）。

　租税確定手続に問題が存在しない場合には，納税者の納付によって租税法律関係が完了するのが原則である。他方，納税者が確定した税額を自発的に納付しない場合には，租税徴収手続（⇨(3)）へと進むことになる。

　(b)　例外的な租税確定手続　　租税確定手続に過誤ないし意見の相違がある場合，以下のように，局面ごとに異なる手続が用意されている。

　（ア）　過少申告の場合　　確定申告書を提出した納税者が，提出後に自らの申告の過誤に気がついた場合には，修正申告（税通 19 条）を行うことによって，あらためて税額を確定させることができる。修正申告書の提出が，税務調査を受け，更正処分を予期してなされたものでない場合には，後述する過少申告加算税は賦課されない（65 条 1 項・5 項）。

　（イ）　過大申告の場合　　この場合，過大申告を発見した税務署長が職権により税額を減額する更正を行うことが可能である。職権による減額更正が行われない場合，修正申告とは異なり，納税者自身の行為のみで新たに減額された税額を確定することは認められず，納税者は税務署長に対して期間内（原則として法定申告期限から 5 年以内）に更正の請求（税通 23 条）を行わなければならない。税務署長はこれを受けて減額更正を行うか，または更正をすべき理由がない旨を請求者に通知する。これに不服のある納税者は，不服申立てを経て租税訴訟を提起することができる（⇨第 3 章第 2 節以下）。法が更正の請求という特別な制度を設けた趣旨から，この手続以外の手段（たとえば不当利得返還請求訴訟）で救済を求めることは原則として認められないと解されている（更正の請求の原則的排他性。参照，最判昭和 39 年 10 月 22 日民集 18 巻 8 号 1762 頁〔百選 104〕）。

　（ウ）　事後的な事実関係の変動により申告税額が過大となった場合　　申告時点では充足されていた課税要件事実が，事後的な法律関係の変動により遡

及的に存在しなかったこととされる場合がある（たとえば譲渡所得の原因となった売買契約が錯誤により無効とされた場合）。このような事態が法定申告期限から原則として5年を経過した後に生じた場合には，もはや通常の更正の請求は行えない（税通23条1項・70条1項）。そこで，特例として，当初申告の前提となった法的事実関係の変動が生じた時点から2か月以内に，税務署長に対して更正の請求を行うことが認められている（23条2項）。

　　（エ）　税務署長の行政行為による税額確定　　申告納税方式の租税については，税額は一次的には納税者の申告によって確定するが，適正な申告がなされない場合には課税庁に二次的にこれを確定する権限が与えられている。これが更正・決定の手続である（これらは，新たに納税義務を課す行為ではなく，課税要件の充足によって成立している納税義務の内容を確定する行政行為である）。

　まず，税務署長は，納税申告書の提出があった場合において，その課税標準等または税額等の計算が法律に従っていなかったとき，その他調査したところと異なるときは，申告書にかかる課税標準等または税額等の更正を行う権限を与えられている（税通24条）。他方，納税申告書の提出をする義務があると認められる者が申告書を提出しなかった場合には，税務署長はその調査により決定を行うことができる（25条）。これらの権限（確定権）には除斥期間の定めがあり，原則として法定申告期限から5年を経過した日以後においては，行使しえない（70条）。これらの税務署長の税額確定行為に不服のある納税者は，不服申立てを経て租税訴訟を提起し，法的救済を求めることができる。なお，上記（ア）～（エ）と異なり，前述した自動確定の租税の場合には，確定手続が介在しないために，租税訴訟や特別の手続（更正の請求）を経ずに，過誤納金還付請求訴訟を提起することができる（⇨第3章第2節**4**）。

　なお，上記（イ）～（エ）によって，誤って納付または徴収された税額が明らかとなった場合には，税務署長は過誤納金に還付加算金（税通58条）を付して還付を行う（56条）。

　（c）　質問検査権　　以上に見たように，申告納税制度の下では，納税者の適正な納税協力を原則としつつ，税務署長に二次的な確定権限が認められている。この二次的な確定権限を発動するための資料を収集するために，税務署等の職員には，課税要件事実について関係者に質問し，関係の物件を検査する権限，すなわち質問検査権が与えられている（税通74条の2～74条の6）。質問検査権

によって認められているのは行政調査であって強制調査ではないから，相手方の意に反して事務所等に立ち入り，各種物件を検査することはできないが，質問に対する不答弁ならびに検査の拒否・妨害に対しては刑罰が科される。なお，納税者の手続的権利の保障の観点から，平成 23 年度 12 月改正において，税務調査については事前の通知が原則とされ（同 74 条の 9），また，更正の請求および増額更正の期間も既に見たように 5 年間となり，ともに延長されたほか（同 23 条 1 項・70 条 1 項），原則としてすべての処分につき理由附記を実施する（同 74 条の 14），白色申告者について記帳・帳簿等保存義務を拡充する（所税 232 条）などの手当てが行われた。

（3）　徴収手続

租税確定手続によって確定した税額は，法定納期限（税通 2 条 8 号・35 条 1 項）までに納付されねばならない。たとえば所得税の法定納期限は翌年の 3 月 15 日である。他方，期限後申告または修正申告の場合には，期限後申告または修正申告の日である（35 条 2 項 1 号）。更正・決定の場合には，更正通知書または決定通知書が発せられた日の翌日から起算して 1 か月を経過する日である（同項 2 号）。また，賦課課税方式の租税については，納税告知書を発した日の翌日から起算して 1 か月を経過する日である（35 条 3 項・36 条 2 項，税通令 8 条）。他方，自動確定の租税の場合，法定納期限（源泉徴収の所得税は翌月 10 日）までに納付されねばならない。

法定納期限までに自発的納付がなされない場合，強制徴収（滞納処分）に向けた手続がとられることとなる。その第一段階は税務署長による督促である（税通 37 条）。賦課課税方式の租税および自動確定の租税の場合には，税務署長は，督促に先立ち，納付すべき税額，新たな納期限等を記載した納税告知書により納税の告知を行うこととされている（36 条）。いずれの租税についても，税務署長は納期限から 50 日以内に督促状を送付し，その納付を督促する（37 条 1 項・2 項）。督促は，後述する滞納処分の前提要件とされている（40 条）。

督促にもかかわらず，なお税額の全部または一部の納付がなされない場合には，滞納処分の手続へと移行する（税徴 47 条以下）。滞納処分においては，徴収職員による納税者の財産の差押えが行われる。差し押さえた財産が現金である場合にはそのまま租税に充当する。差し押さえた財産が債権である場合には，

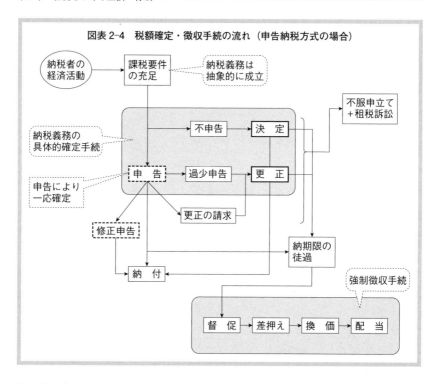

図表 2-4　税額確定・徴収手続の流れ（申告納税方式の場合）

第三債務者に弁済を求め，弁済がない場合には民事訴訟により弁済を求めることになる。差し押さえた財産が動産または不動産である場合には公売処分により財産を換価する。第三債務者の弁済や差押財産の換価によって得られた金銭は，租税その他の債権に配当される。なお，差押えや換価について租税債権者たる国または地方公共団体は裁判所の関与を要することなく，自力執行による強制的な租税債権の実現を行うことが認められている。この点は私法上の債権と比較した場合の租税債権の大きな特徴と言える。なお，他の租税（地方税など）の滞納処分，あるいは担保権の実行により民事執行が開始された滞納者の財産については，交付要求の手続（82 条）により国税債権は配当を受ける。

　ただし，換価代金に対しては，租税債権は一般的優先権を有する（税徴 8 条・9 条）が，差押財産に対して租税の法定納期限以前から質権・抵当権が設定されている場合には，被担保私債権が租税債権に優先する（15 条・16 条）。この意味では租税債権の「債権」性が強調されていると言える。

以上（1）～（3）で説明してきた税額確定・徴収手続のうち，特に申告納税方式の場合について，流れを図式化すると，**図表 2-4** のように整理される。

（4）　附帯税

以下に見る租税は，本来の意味での租税ではなく，主たる債務たる租税債務に附帯して生ずる従たる債務としての性質を有する。

（a）　延滞税　　法定納期限内に納付しない場合に未納税額を課税標準として，年 14.6％（ただし，法定納期限後 2 か月以内は，早期納付を促す観点から年 7.3％）の税率で課される附帯税である（税通 60 条 2 項。ただし，現在の低金利の状況を踏まえた当分の間の特例的措置として，「国内銀行の短期貸出約定の平均金利（平均貸付金利）＋1％」を「特例基準割合」として，この特例基準割合に対して，7.3％〔法定納期限後 2 か月以内は 1％〕を加えた税率で課することとされている〔租特 94 条 1 項〕）。

延滞税は，納付の遅延に対する民事罰の性質を有し，その趣旨目的は，期限内に申告および納付をした者との間の負担の公平を図るとともに期限内の納付を促すことにある（最判平成 26 年 12 月 12 日判時 2254 号 18 頁）。期限後申告・修正申告・更正または決定によって納付すべき税額が法定納期限後に確定した場合も同様に延滞税の対象となり（税通 60 条 1 項 2 号），法令上は延滞税の発生に納税者の帰責事由は要求されていない。しかし判例（上記平成 26 年最判）は，上述した延滞税の趣旨目的に照らして，課税庁が誤って減額更正および過納金の還付を行った後に再度増額更正を行った結果として生じた未納付状態については，納税者には回避可能性がなく，この増差税額を理由に延滞税を課することは課税上の衡平に反するとして，その増額更正により増加した税額に係る法定納期限の翌日から納期限までの期間に相当する延滞税額が発生しないと判示し，これを踏まえた法改正が行われた（61 条 2 項）。また，延滞税はその額の計算の基礎となる税額の属する税目の国税となる（60 条 4 項）から，本来の納税義務者の滞納税額について発生した延滞税も，相続税法 34 条 1 項の規定による連帯納付義務の対象となる（東京地判平成 28 年 1 月 15 日判例集未登載〔平成 26 年(行ウ)第 664 号〕）。

（b）　利子税　　延納もしくは物納または納税申告書の提出期限の延長が認められた場合に，それが認められた期間の約定利息としての性質を持つ附帯税

であり，年7.3%の率で課される（税通64条）。なお，利子税についても，平成25年度改正において，上記「特例基準割合」に等しい税率で課されることとされている（租特93条1項）。

　なお，附帯税とは逆に，国が誤って徴収した税額について還付がなされる場合（⇨**(2)** (b)）に付される還付加算金の算定についても，平成25年度改正により，本則の7.3%に代えて上記「特例基準割合」を用いることとされている（租特95条）。

　(c)　加算税　申告納税制度および徴収納付制度の定着と発展を図るため，申告義務および徴収納付義務が適正に履行されない場合に課される附帯税である。現実には，すべての申告や徴収納付について租税行政庁がチェックを行うことは困難である。しかし，不誠実な納税者が故意または過失により適正な納税申告を怠り，発覚した場合にだけ正規の税額のみを払えば許される，ということでは，納税者の税制に対する信頼は大きく損なわれ，納税協力が得られなくなる結果として，税務行政コストも増大する。そこで，納税者の自発的で適正な申告・納付を促すための経済的な動機づけが必要となる，というのが，加算税制度の存在理由である。義務懈怠の態様に応じて，①過少申告加算税（税通65条），②無申告加算税（66条），③不納付加算税（67条），④重加算税（68条。納付すべき税額の計算の基礎となる事実の全部または一部を隠蔽または仮装し，その隠蔽し，または仮装したところに基づき納税申告書の提出のあった場合に，過少申告加算税を包含する形で加重された税額が課される）の各類型がある。

　なお，加算税をめぐっては，特に無申告や脱税の場合には刑事罰（租税逋脱犯）の成立が問題となり，したがって憲法で禁止された二重処罰に当たるのではないかという議論があったが，判例（最大判昭和33年4月30日民集12巻6号938頁）・通説は，加算税は，刑事制裁と異なり，申告義務および徴収納付義務の適正な履行を確保するための特別の経済的負担であって処分ないし制裁の要素は少ないという理由で，二重処罰に当たらない，としている。

COLUMN 2-6　加算税制度と租税法の実現過程

　以上のように，加算税制度は，申告納税制度・徴収納付制度の適正な運営のために不可欠の仕組みであるが，他方で過度に納税者を萎縮させる懸念も指摘されている。たとえば，ある課税要件規定の解釈が分かれており，納税者が租税行政庁の立場とは異なることを知りつつ自らに有利な解釈に基づいて申告・徴収納付

を行った場合において，更正処分等を経て租税訴訟となり，最終的に納税者が敗訴したときには，本税および延滞税に加えて，過少申告加算税や不納付加算税も課されることとなるが，これは資力に乏しい納税者にとっては，行政解釈を争うことを躊躇させる要因となりうる。これを避けるためには，ひとまず行政解釈に沿って申告納付・徴収納付を行った上で，（申告納付の場合には）更正の請求を行い，税務署長から更正の請求に理由がない旨の通知を受けて租税不服申立て・租税訴訟を提起する，または（徴収納付の場合には）過誤納金還付請求訴訟を提起する，という方法が考えられるが，納税資金を用意できない場合には現実的ではない。不明確・不合理な租税法解釈が判例によって明確化・合理化されることは，当該納税者のみならず，他の経済主体にとっても租税法の予測可能性を高めることになり社会的にも望ましいから，加算税の萎縮効果はやはり問題であろう。より一般的には，納税者が事実関係を明らかにした上で，租税法規の解釈を争う旨の書類を申告書に添付し，納税者の採用した解釈が一見して不合理なものと言えない場合に限って，加算税の賦課を免除するなどの手続を整備する方法も考えられよう（佐藤英明「過少申告加算税を免除する『正当な理由』に関する一考察——IMPACT を手がかりとして」総合税制研究 2 号〔1993 年〕91 頁）。

　判例には，ストック・オプションの権利行使益の所得分類（⇨第 4 章第 2 節 **6(2)**）について税務当局の解釈変更があった直後の申告においてこれを一時所得としたことが過少申告となった事案について，過少申告になったことについて「正当な理由」（税通 65 条 4 項）があるとして過少申告加算税賦課決定処分を取り消したものがある（最判平成 18 年 10 月 24 日民集 60 巻 8 号 3128 頁〔ストック・オプション事件〕）。同様に，最判平成 27 年 6 月 12 日（民集 69 巻 4 号 1121 頁〔百選 22，航空機リース事業匿名組合事件〕）も，匿名組合契約に基づく利益分配の所得分類に関する旧通達（平成 17 年改正前通達）を信頼して申告を行った匿名組合員たる原告につき，法令解釈としては新通達が妥当としつつ，過少申告となったことについての「正当な理由」は認めた。

3　租税行政過程に関わる主体

（1）　租税行政組織の構造

（a）　国の租税行政組織　　財務省の外局としての国税庁，その下に国税局（全国に 11 あり，さらに沖縄国税事務所がある）と税務署（全国で約 500）が置かれている。国税庁は，国税庁長官の下，租税法規の執行に関する企画・立案を行い，国税局および税務署を指揮監督する。第 2 節 **4（1）**（h）で述べた通達（法令解釈通達や事務運営指針）は，国税庁長官名で発令される。国税局は，国税局長の下，税務署の確定・徴収事務を指揮監督するほか，自らも大法人の所得調

査や大口の滞納処分を行う。しかし，内国税の確定・徴収は，原則として税務署が行うこととされ，国の確定権・徴収権の行使としての各種の処分は税務署長の名で行われる。さらに，国税庁の附属機関として，国税不服審判所（税通78条），税務大学校等がある。なお，財務省の内部部局として，主税局があり，内国税に関する制度の調査・企画および立案を行っている。

　（b）　地方公共団体の租税行政組織　　独立の課税権主体としての地方公共団体にも，各団体ごとに，地方税の確定徴収のための行政組織が設けられている。都道府県では，主税局（東京都）ないし総務部税務課等の名称で呼ばれる調査・企画・立案部局と，出先機関として複数の税務事務所が置かれている。市町村でも，税務部・税務課等の部門において，調査・企画・立案と確定・徴収事務を行っている。なお，市町村には，固定資産税に関する不服を審査決定するための機関として，固定資産評価審査委員会が設けられている。また，総務省の内部部局である自治税務局が，地方税制度の調査・企画・立案事務を行い，固定資産評価基準の作成（地税388条），法定外普通税の新設・変更の許可（259条・669条）等の権限を有している。

(2)　税理士制度

　高度に複雑化した現代の租税制度を適正に運営するためには，租税行政組織の活動のみならず，納税者の側での納税協力が欠かせない。そこで重要な役割を果たしているのが，税理士である。税理士法によって「税務に関する専門家として，独立した公正な立場において，申告納税制度の理念にそつて，納税義務者の信頼にこたえ，租税に関する法令に規定された納税義務の適正な実現を図ることを使命とする」（1条）との位置付けを与えられた税理士は，①租税に関する申告・申請・不服申立て等（訴訟は除く。この点については，補佐人として弁護士たる訴訟代理人とともに裁判所に出頭し，陳述をする権限が与えられている〔出廷陳述権。2条の2〕）を納税者に代理して行う業務（税務代理），②税務書類の作成，③税務相談（税務代理の事項につき相談に応ずること）を基本的業務（これらを税理士業務〔2条1項・2項〕という）とする専門職である。

　税理士となる資格を有する者は，税理士試験合格者，税理士試験免除者，弁護士および公認会計士であり（ただし平成26年度改正により，公認会計士については所定の税法研修を修了した者に限ってこの扱いが認められることとなった。税理士3

条3項），日本税理士会連合会に備付けの税理士名簿に登録を受けることによって税理士となる。税理士（または税理士法人）でない者は，有償無償を問わず，税理士業務を行うことができない（業務独占。同52条）。ただし，弁護士についてはこの例外として，税理士会に登録することなく，国税局長に通知することによって，税理士業務を行うことが許されており「通知弁護士制度」と呼ばれている（同51条）。かかる通知弁護士制度と弁護士法3条2項との関係については議論がある。なお，税理士については，財務大臣が監督権限と懲戒権限を有しており，国税審議会の議決に基づいて，職責に反する行為を行った税理士に対する懲戒処分を行うことができる（税理士45条以下）。

読書ガイド 📚

第1節

《租税の歴史的淵源について》

○中里実「国家・市場・租税」金子宏監修『現代租税法講座第1巻　理論・歴史』（日本評論社，2017年）3頁

《地方税制について》

○渋谷雅弘「中央政府・地方政府・租税」前掲『現代租税法講座第1巻』29頁

《租税の概念について》

○藤谷武史「租税法と財政法」前掲『現代租税法講座第1巻』61頁

第2節

《租税法律主義について》

○中里実＝藤谷武史編『租税法律主義の総合的検討』（有斐閣，2021年）

○佐藤英明「租税法律による命令への委任の司法統制のあり方──現状と評価」前掲『租税法律主義の総合的検討』11頁

○渕圭吾「租税法律主義と『遡及立法』」前掲『租税法律主義の総合的検討』61頁

○佐藤英明「租税法律主義と租税公平主義」基本問題55頁

《租税公平主義について》

○増井良啓「税制の公平から分配の公平へ」江頭憲治郎＝碓井光明編『法の再構築 I 国家と社会』（東京大学出版会，2007年）63頁

第 3 節
〇高橋祐介「租税法の手続的基層」前掲『現代租税法講座第 1 巻』157
　頁

第3章

租税法の実現と法律家の役割

■第1節　租税法の解釈
■第2節　租税争訟制度
■第3節　租税法務と租税争訟の現状

第1節　租税法の解釈

1　租税法令の解釈

（1）　法令解釈という作業

日本国憲法84条の下で，租税を課すには，国会の定める法律および法律の適法な委任に基づく政省令によることが必要である（租税法律主義⇨第2章第2節1(1)）。課税の根拠となるこれらの法令を，ここではまとめて租税法令と呼ぼう。

租税法令は日常言語によって書かれており，そこに含まれる情報量は有限である。これに対し，租税法令の適用対象となる事象は広範で，ほとんど無限のバリエーションをもつ。立法者が予想していなかった新しい取引が出現することも多い。そこで，具体的な事案に租税法令をあてはめる上で，租税法令の意味内容を明らかにする作業が必要になる。この作業が，租税法令の解釈である。

（2）　文理解釈の基本

租税法令の解釈にあたっては，文理解釈を基本とすべきである。このことは，日本国憲法の構造から導かれる。これは，租税法律主義の①民主主義的側面と②自由主義的側面にかかわる。

①民主主義的側面。租税について法律で決めるという建前は，民主的に選ば

れた私たちの代表から成る国会がルールの決定権限を有することを意味する。国会のつくったルールについて，ルールの内容に関する解釈の幅を広げるということは，解釈する主体（とりわけ課税庁や裁判所）の判断余地を広げるということである。その際，文理からあまりに離れた自由な解釈を許容すると，国会の決めたことを改変する権限を課税庁や裁判所に与えることになってしまう。これがいきすぎると，権力分立の建前に反する。

　②自由主義的側面。課税するという作用は，いってみれば，私人の財布に公権力が手を突っ込むことに他ならない。租税法は財産権に対する侵害規範である。それゆえ，事前に明確なルールを定立しておかないと，人々に対する不意打ちになってしまい，経済活動を攪乱し，悪い影響が及ぶ。そのような悪影響を少なくするためには，事前に定立された規定の文理に即して解釈することが望ましい。

　こうして，租税法令の解釈にあたっては，文理解釈を基本とすべきである。最判平成 27 年 7 月 17 日（判時 2279 号 16 頁）も，「租税法律主義の原則に照らすと，租税法規はみだりに規定の文言を離れて解釈すべきものではない」と判示している。ただし，文理の内容を確定するために，法令の趣旨・目的を考慮することが必要になることは，いうまでもない。

　なお，納税義務を生じさせる要件のことを課税要件というが（⇨第2章第2節 **4(2)**），課税庁が行う課税要件の解釈の当否については，裁判所の審査が全面的に及ぶ。行政法の分野でいう要件裁量は存在しない。課税要件に関する文理解釈の要請は，むしろ，刑法の分野で罪刑法定主義の下，被告人に不利な類推解釈が禁止される点に近い。

(3)　最高裁の態度

　租税法令の解釈は，実験室の真空箱の中で行われるわけではない。私人が経済取引を計画する場面や，納税者が申告書を作成する場面，税務職員が税務調査にあたって事案を検討する場面，不服申立てや訴訟において当事者が主張を戦わせる場面など，実生活のさまざまな局面で問題になる。以下では，訴訟の場面を念頭において，日本の裁判所が租税法令の解釈についてどのような態度をとってきたかを，代表的な最高裁の判例に即して概観してみよう。

　日本の最高裁は，租税法令の文理を手がかりにしつつ，規定の趣旨・目的を

考慮して解釈を行っている。

　たとえば，最判平成 22 年 3 月 2 日（民集 64 巻 2 号 420 頁〔百選 13，ホステス報酬計算期間事件〕）では，「当該支払金額の計算期間の日数」という文言の解釈が問題となった。パブクラブを経営する者がホステスに報酬を支払う場合には，所得税の源泉徴収義務を負う。支払金額から「政令で定める金額」を控除した残額に 10% の税率を乗じて計算した金額が，納付すべき源泉所得税の額となる（所税 204 条 1 項・205 条 2 号）。所得税法施行令 322 条は，この「政令で定める金額」を，「同一人に対し 1 回に支払われる金額」につき「5000 円に当該支払金額の計算期間の日数を乗じて計算した金額」と規定していた。

　パブクラブ経営者である原告は，毎月 2 回，ホステス報酬を支払うにあたり，「当該支払金額の計算期間の日数」を，毎月 1 日から 15 日，および，16 日から月末までの全日数と解釈して，源泉徴収を行った。これに対し，所轄税務署長は，「当該支払金額の計算期間の日数」は各ホステスの実際の出勤日数を意味するものとして，原告に対して納税の告知を行った。

　最高裁は，原告の主張を認め，「一般に，『期間』とは，ある時点から他の時点までの時間的隔たりといった，時的連続性を持った概念であると解されているから，施行令 322 条にいう『当該支払金額の計算期間の日数』も，当該支払金額の計算の基礎となった期間の初日から末日までという時間的連続性を持った概念であると解するのが自然である」と判示した。原審が，実際の出勤日数分だけについて控除を認めていたのに対し，最高裁として次のように述べた点が注目される。いわく，「租税法規はみだりに規定の文言を離れて解釈すべきものではなく，原審のような解釈を採ることは……文言上困難であるのみならず，ホステス報酬に係る源泉徴収制度において基礎控除方式が採られた趣旨は，できる限り源泉所得税額に係る還付の手数を省くことにあったことが，立法担当者の説明等からうかがわれるところであり，この点からみても，原審のような解釈は採用し難い」。

　この判示は，文言から離れた解釈をいましめるとともに，立法趣旨をも考慮して，解釈を導いている。文理解釈の帰結が規定の趣旨に反しない事案に関する判断である。規定の趣旨と文理に照らして解釈を行うという態度は，他の事件においてもみられる（最判平成 18 年 6 月 19 日判時 1940 号 120 頁〔ガイアックス事件〕，最判平成 24 年 1 月 13 日民集 66 巻 1 号 1 頁〔逆ハーフタックスプラン事件〕）。

最判平成 28 年 12 月 19 日（民集 70 巻 8 号 2177 頁）は，不動産取得税の減額対象となる「独立的に区画された部分が 100 以上ある共同住宅等」（地税令附則 6 条の 17 第 2 項）の該当性は，1 棟の共同住宅等ごとに判断すべきであるとした。規定の文理が妥当する範囲内で，「共同住宅等」の意義に関する関連規定を踏まえて，その意味内容を明らかにした。原審が，住宅の供給促進という制度趣旨に照らして，複数棟の共同住宅等で合計 100 以上の独立区画部分がある場合にも減額措置が適用されるとしていたところ，これを覆している。

(4)　概念の拡張と縮小

　租税法令の規定は，みだりに拡張したり縮小したりして解釈すべきではない。拡張や縮小がいきすぎると，解釈の名の下に，新たな立法を行ったのと同じことになるからである。もっとも，文言との関係で，どこまでが許される拡張や縮小であるかは，往々にして難しい判断を迫る。

　文言の意味を拡張して解釈することに対し，最高裁の内部で意見が分かれた有名な例が，最判平成 9 年 11 月 11 日（判時 1624 号 71 頁〔レーシングカー事件〕）である。係争年度の当時に日本に存在した物品税法は，法律で個別に課税物品として掲名している物品に対してのみ課税していた。この物品税法の下で，競走用の本件各自動車が「小型普通乗用四輪自動車」として課税されるか否かが争点となった。本件各自動車は，FJ 1600 と呼ばれるいわゆるフォーミュラータイプに属する競走用自動車で，道路運送車両法所定の保安基準に適合しないため，道路を走行することができず，専ら自動車競争場における自動車競争のためにのみ使用されるものであった。

　最高裁の法廷意見は，「本件各自動車も，人の移動という乗用目的のために使用されるものであることに変わりはなく，自動車競走は，この乗用技術を競うものにすぎない。……本件各自動車は，乗用とは質的に異なる目的のために使用するための特殊の構造，装置を有するものではない」として，「乗用以外の特殊の用途に供するものではない」から普通乗用自動車に該当すると判示した。この法廷意見は，「普通」という言葉の意味をゆるやかに広げて解したわけである。

　この判決には，尾崎行信裁判官の反対意見が付されている。反対意見は，「本件各自動車は，人を地点間で移動させて社会的，経済的効用を達成する目

的を有しておらず，これを主たる目的とする『普通』の乗用自動車とは著しく異なる特異の性状，機能を有しており，そのため，道路運送車両法上特種用途自動車としても登録できないものである。したがって，これらの性状，機能，使用目的等を総合すれば，本件各自動車は，自動車競走場における自動車競走という特殊の用途に供するものとして，『普通』乗用自動車には該当しない」と述べた。つまり，本件のようなレーシングカーは，「普通」の乗用自動車とはいえないというのである。

　この争いが生じた後，物品税法は廃止され，消費税法が制定された。消費税法は「課税資産の譲渡等」を広く課税対象としているから，現在では，このような解釈問題は生じない。

　以上に対し，用語の文言の意味内容を縮小ないし限定した例が，最判平成16年12月16日（民集58巻9号2458頁〔百選94〕）である（⇨第6章第2節**4(2)**(b)）。この事件では，消費税の仕入税額控除の要件に関して，「帳簿又は請求書等を保存しない場合」（平成6年法律第109号による改正前の消税30条7項）の意義が争われた。この規定の意義について，最高裁は，「事業者が，消費税法施行令50条1項の定めるとおり，法30条7項に規定する帳簿又は請求書等を整理し，これらを所定の期間及び場所において，法62条に基づく税務職員による検査に当たって適時にこれを提示することが可能なように態勢を整えて保存していなかった場合」と解釈した。税務調査の際に適時に提示できるよう態勢を整えて保存していてはじめて，この規定にいう「保存」に当たることになる。この解釈に対しては，同旨の判断を示す最判平成16年12月20日（判時1889号42頁）において，滝井繁男裁判官が反対意見を付している。

(5)　類推解釈

　拡張解釈ときびすを接するのが，類推解釈あるいは類推適用である。拡張解釈に限界があるとすれば，類推解釈にはなおさら警戒すべきことになる。しかし，やや古い時期の最高裁判例には，納税者に有利な類推解釈を認めるものと，認めないものが，混在している。

　一方で，最判昭和45年10月23日（民集24巻11号1617頁〔百選5版37，サンヨウメリヤス土地賃借事件〕）のように，借地権設定に際して支払われる一定の権利金につき，不動産所得よりも納税者に有利な「譲渡所得に当たるものと類推

解釈するのが相当である」との一般論を述べたものがあった。

　他方で，最判昭和 48 年 11 月 16 日（民集 27 巻 10 号 1333 頁〔百選 6 版 92〕）は，譲渡担保としての不動産の取得が，不動産取得税の課税対象になるとした上で，次のように述べて非課税規定の類推適用を排斥した。いわく，「租税法の規定はみだりに拡張適用すべきものではないから，譲渡担保による不動産の取得についてはこれ〔信託財産移転に関する非課税規定〕を類推適用すべきものではない」というのである。

　納税者に有利な結果をもたらす類推解釈は，どこが問題なのであろうか。まず，他の納税者との関係で，取扱いの不平等が生ずる。また，租税法令の解釈適用が問題になる重要な場面は，第一線の課税実務における税務職員と納税者の接触時にあるところ，類推解釈の余地を認めてしまうと汚職や腐敗を招く危険がある。税務執行の透明性を確保するためには，類推解釈を認めない方がよい。これに対し，司法府にしか期待しえない個別的な救済の要請に，裁判官がどこまでこたえるべきかは，一つの問題である。

2　租税法と私法

（1）借用概念

　租税法令の用いている用語の中には，民法や会社法など，私法上の用語と同一のものがある。たとえば，「法人」（所税 2 条 1 項 6 号），「株主」（同項 8 号の 2），「配偶者」（同項 33 号），「贈与」（所税 9 条 1 項 17 号）などである。私法から借りてきたという意味で，これらを借用概念という。

　先に述べたように，租税法令の適用対象となる経済事象は広範であり，租税法令が自足的に定義しつくすことは不可能である。しかも，経済取引を第一義的に律するのは私法であるから，私法の規律を前提とし，私法上の概念を取り込む形で租税法令上の規定を置くやり方が，理にかなっている。こういうわけで，租税法令には多くの借用概念が存在する。

（2）借用概念の解釈

　最高裁は，借用概念の解釈について，原則として，借用元における意義と同じ意義に解すべきであるという判断を下してきた。用語の意義を統一的に理解

することから，これを借用概念の解釈に関する統一説と呼ぶ。

たとえば，最判昭和 35 年 10 月 7 日（民集 14 巻 12 号 2420 頁〔百選 5 版 36，鈴や金融事件〕）は，会社法制定前の事件であるが，「利益配当」という用語の意義につき，次のように判示した（⇨第 4 章第 2 節 **2(1)**）。いわく，「商法は，取引社会における利益配当の観念（すなわち，損益計算上の利益を株金額の出資に対し株主に支払う金額）を前提として，この配当が適正に行われるよう各種の法的規制を施しているものと解すべきである（たとえば，いわゆる蛸配当の禁止《商 290 条》，株主平等の原則に反する配当の禁止《同法 293 条》等）。そして，所得税法中には，利益配当の概念として，とくに，商法の前提とする，取引社会における利益配当の観念と異なる観念を採用しているものと認むべき規定はないので，所得税法もまた，利益配当の概念として，商法の前提とする利益配当の観念と同一観念を採用しているものと解するのが相当である。従つて，所得税法上の利益配当とは，必ずしも，商法の規定に従つて適法になされたものにかぎらず，商法が規制の対象とし，商法の見地からは不適法とされる配当（たとえば蛸配当，株主平等の原則に反する配当等）の如きも，所得税法上の利益配当のうちに含まれるものと解すべき」であるというのである。なお，会社法は，従来の利益の配当や資本の払戻しなどを「剰余金の配当」として一本化した（会社 453 条以下）。これに伴い，**(3)** で触れるように，租税法令も「剰余金の配当」という概念を用いている（所税 24 条，法税 23 条など）。

同様にして，最高裁は，「匿名組合契約及びこれに準ずる契約」（最判昭和 36 年 10 月 27 日民集 15 巻 9 号 2357 頁〔百選 5 版 16，勧業経済株式会社事件〕），「配偶者」（最判平成 9 年 9 月 9 日訟月 44 巻 6 号 1009 頁〔百選 50，事実婚「配偶者控除」訴訟〕），「親族」（最判平成 3 年 10 月 17 日訟月 38 巻 5 号 911 頁），「住所」（最判平成 23 年 2 月 18 日判時 2111 号 3 頁〔百選 14，武富士事件〕）などの概念についても，私法上の概念と統一的な解釈を採用している。

なお，最判平成 27 年 7 月 17 日（民集 69 巻 5 号 1253 頁〔百選 23，デラウェア州リミテッド・パートナーシップ事件〕）は，外国法に基づいて設立された組織体が「外国法人」（所税 2 条 1 項 7 号，法税 2 条 4 号）に該当するか否かは，まず，「①当該組織体に係る設立根拠法令の規定の文言や法制の仕組みから，当該組織体が当該外国の法令において日本法上の法人に相当する法的地位を付与されていること又は付与されていないことが疑義のない程度に明白であるか否か」を検

討して判断し，これができない場合には，「②当該組織体が権利義務の帰属主体であると認められるか否かを検討して判断すべきものであり，具体的には，当該組織体の設立根拠法令の規定の内容や趣旨等から，当該組織体が自ら法律行為の当事者となることができ，かつ，その法律効果が当該組織体に帰属すると認められるか否か」という点を検討して判断すべきであると判示した。

（3）　借用概念の修正

　私法から概念を借用するにあたり，租税法令が明文で概念を修正している場合，修正された規定どおりに解釈すべきことはいうまでもない。たとえば，所得税法24条1項は，配当所得を，「法人（法人税法第2条第6号（定義）に規定する公益法人等及び人格のない社団等を除く。）から受ける剰余金の配当（株式又は出資……に係るものに限るものとし，資本剰余金の額の減少に伴うもの並びに分割型分割……によるもの及び株式分配……を除く。）……に係る所得をいう」と定義する。ここにいう「法人」は借用概念であるところ，公益法人等と人格のない社団等をかっこ書によって除外している。同様に，「剰余金の配当」についても，かっこ書で限定や除外を明示することによって，概念の内容を修正している。

　これに対し，明文による修正がなくても，当該租税法令の規定の趣旨からみて，借用元における意義から別の意義に解すべき場合がある。たとえば，最判昭和63年7月19日（判時1290号56頁〔百選44，浜名湖競艇場用地事件〕）は，「所得税法60条1項1号にいう『贈与』には贈与者に経済的な利益を生じさせる負担付贈与を含まない」と解している（⇨第4章第2節 **3(6)**）。負担付贈与（民553条）も贈与の一種として（民法第3編第2章第2節）民法上整理されているところ，所得税法60条1項1号との関係では贈与に含めないのである。

　この最高裁判決は，原審判決の認定判断を是認しているので，原審の東京高判昭和62年9月9日（行集38巻8＝9号987頁）によりつつ，そのロジックを具体例で確認しておこう。たとえば，太郎が花子に対し，譲渡所得の基因となる資産を贈与したとする。この場合，太郎の手元で発生した資産の含み損益に対する課税は繰り延べられ，花子の手元における当該資産の取得費と保有期間は太郎のそれを引き継ぐ（所税60条1項1号）。つまり，原審判決の判示を借りれば，「課税時期の繰り延べが認められるためには，資産の譲渡があつても，

その時期に譲渡所得課税がされない場合でなければならない」のである。これに対し，太郎が花子に対して「贈与者に経済的な利益を生じさせる負担付贈与」をした場合は，事情が異なる。太郎には経済的利益の分だけ収入金額（所税36条1項）が生じ，所得税法「59条2項に該当するかぎりは，同項に定めるところに従つて譲渡損失も認められない代りに，同法60条1項2号に該当するものとして，譲渡所得課税を受けないが……それ以外は，一般原則に従いその経済的利益に対して譲渡所得課税がされる」ことになる。そして，太郎に対して課税の繰り延べがない場合，花子に対して所得税法60条1項1号の引き継ぎ規定を適用するのは，いかにもおかしい。それゆえ，所得税法60条1項「1号の『贈与』とは，単純贈与と贈与者に経済的利益を生じない負担付贈与をいう」というわけである。この例では，譲渡所得課税のしくみからして，「贈与」という概念に修正が必要になっている。

（4）　私法上の取引と租税法

　私法上の取引と租税法令の解釈適用は，相互に密接に関連する。多くの論点があるが，ここでは二点のみみておこう。

　第一に，租税に関する当事者の勘違いが，私法上の法律関係にいかなる影響を及ぼすか。最判平成元年9月14日（百選5版18，判時1336号93頁）は，税負担に関する錯誤に関する事件である。離婚に際して妻に居住用財産の財産分与を行った夫が，後になって多額の譲渡所得税を課されることを知り，元妻に対する建物所有権移転登記の抹消登記を請求し，分与契約に錯誤があったと主張した。最高裁は，当該事案において，「課税されないことを当然の前提とし，かつ，その旨を黙示的には表示していた」として，意思表示の動機が黙示的に表示されていることによる錯誤成立の可能性を認め，事件を差し戻した。差戻しを受けて，東京高判平成3年3月14日（判時1387号62頁）は，夫の請求を認容した。また，給与所得に係る源泉徴収義務につき，法定納期限後の錯誤の主張も妨げられないとした例がある（最判平成30年9月25日民集72巻4号317頁〔百選116〕）。

　第二に，私法上の法律関係に変動が生じる場合に，それが租税法令の適用にどのような影響をもつか。たとえば，ある人が土地を売って譲渡所得の申告をしたところ，後になって売買契約の基礎となる意思表示に瑕疵があることがわ

かり，契約が無効となって代金を返却したとしよう。この場合，その人の譲渡所得の金額に異動が生ずる。そこで，減額更正を求めて更正の請求をすることができる（所税 152 条，所税令 274 条 1 号。⇨第 2 章第 3 節 **2**(2)(b)(ウ)，第 4 章第 8 節 **2**）。同様の論点を扱ったものとして，下級審裁判例には，取得時効の遡及効が問題とされた事例（大阪高判平成 14 年 7 月 25 日判タ 1106 号 97 頁〔百選 6 版 106〕）などがある。

3　租税回避の否認

（1）　節税・脱税・租税回避

一般に，節税と脱税は，合法か違法かで区別される。課税要件を充足していないため，もともと納税義務が生じないのが，節税である。これに対し，課税要件を充足しているにもかかわらず，その事実を仮装隠ぺいし，納税義務が生じていないものと偽るのが，脱税である。脱税は，重加算税や罰則の対象となりうる行為である（⇨第 2 章第 3 節 **2**(4)(c)）。

これに対し，租税回避は，合法か違法かがあいまいな灰色領域を指す概念である。境界領域にある概念であるため学説の定義もさまざまであるが，共通する骨子を抽出するならば，濫用により課税要件の充足を免れることを念頭に置くことが多い。特に，私法上の選択可能性を利用して納付税額を減少しようとする企てが，問題になる。

容易に免れることができる租税には税収調達力がないし，本来納税すべき人が納税していないとなれば税制に対する信頼を失う。そのため，制度設計のあり方としては，租税回避の試みを未然に防げるような強靭な税制を立法することが望ましい。たとえば，課税の面以外では等しい経済効果をもたらす取引 A と取引 B があったとして，取引 A を重課し取引 B を軽課する税制の下では，取引形式を人為的に A から B に転換する行動が生じやすい。いずれの取引であっても等しい課税関係になる制度を整備しておけば，そもそも租税回避を試みようとする人は出てこないであろう。

（2）　租税回避への対応

租税法令が明文で，租税回避を抑制する措置を設けることがある。たとえば，

組合が船舶や航空機をリースし，個人組合員に対して不動産所得の赤字を利用させる商品が組成された。これを封ずるため，平成 17 年度税制改正で立法的措置が講ぜられ，組合事業に対して受動的にしか関与していない個人組合員が，平成 18 年以後の各年において，組合事業から生ずる不動産所得を有する場合のその赤字は，所得税法の適用上，生じなかったものとみなすこととした（租特 41 条の 4 の 2）。

　納税者の行う租税回避が問題になる場合に，課税庁が取引の内容を引き直して，課税要件を充足したものとして扱うことを，租税回避の否認という。現行法には，やや一般的な形で，納税者の行為計算にかかわらず，税務署長に租税回避の否認の権限を与える規定がある。典型例は，同族会社等の行為計算（所税 157 条，法税 132 条，相税 64 条等）や組織再編成に係る行為計算（法税 132 条の 2）について，行為計算の否認を認める規定である（⇨第 5 章第 4 節 **4**）。これらの行為計算否認規定は，「不当に減少させる」という要件の下に，税額等を計算しなおすことを認めている。何をもって「不当」というかは争いの多いところである（旧法下の事件として旧法税 28 条につき最判昭和 33 年 5 月 29 日民集 12 巻 8 号 1254 頁〔百選 6 版 60，明治物産株式会社事件〕，現行法下のものとして法税 132 条の 2 につき最判平成 28 年 2 月 29 日民集 70 巻 2 号 242 頁〔百選 64，ヤフー事件〕など）。

　では，このような根拠規定がない場合に，租税回避の否認を解釈上認めることができるか。この点について，東京高判平成 11 年 6 月 21 日（判時 1685 号 33 頁〔百選 18，相互売買事件〕）は，売買か交換かが問題になった事件において，次のように判示した。いわく，「いわゆる租税法律主義の下においては，法律の根拠なしに，当事者の選択した法形式を通常用いられる法形式に引き直し，それに対応する課税要件が充足されたものとして取り扱う権限が課税庁に認められているものではないから，本件譲渡資産及び本件取得資産の各別の売買契約とその各売買代金の相殺という法形式を採用して行われた本件取引を，本件譲渡資産と本件取得資産との補足金付交換契約という法形式に引き直して，この法形式に対応した課税処分を行うことが許されないことは明かである」。

　この判示は，法律の根拠なしに課税庁が租税回避を否認する権限を否定した。憲法 84 条の租税法律主義が根拠になることを明言しており，下級審段階のものであるが，重要である。もっとも，最高裁が上告不受理の決定をしたため，この事件は高裁段階で確定した。

（3）　法令解釈の限界

　最高裁は，租税回避の否認について，どのような考え方をとっているか。次の最高裁判決は，法令解釈によって納税者の主張を封じている。(2)で述べた意味の租税回避の否認権限を課税庁に認めたものではないが，結果的に，租税回避を否認したのと同じ結論を導いたのである。

　最判平成 17 年 12 月 19 日（民集 59 巻 10 号 2964 頁〔百選 19，外国税額控除余裕枠りそな銀行事件〕⇨第 8 章第 3 節 **3(2)**）は，外国税額控除の余裕枠を利用して法人税額を減少させる取引が問題になった事案において，次のように述べて，外国税額控除の利用を否定した。すなわち，「これは，我が国の外国税額控除制度をその本来の趣旨目的から著しく逸脱する態様で利用して納税を免れ，我が国において納付されるべき法人税額を減少させた上，この免れた税額を原資とする利益を取引関係者が享受するために，取引自体によっては外国法人税を負担すれば損失が生ずるだけであるという本件取引をあえて行うというものであって，我が国ひいては我が国の納税者の負担の下に取引関係者の利益を図るものというほかない。そうすると，本件取引に基づいて生じた所得に対する外国法人税を法人税法 69 条の定める外国税額控除の対象とすることは，外国税額控除制度を濫用するものであり，さらには，税負担の公平を著しく害するものとして許されない」と判示したのである。争いが生じたあと，平成 13 年度税制改正で法人税法 69 条 1 項が改正され，通常行われる取引と認められないものとして政令で定める取引に基因して生じた所得につき，外国税額控除の対象外とする規定が置かれた。

　また，最判平成 18 年 1 月 24 日（民集 60 巻 1 号 252 頁〔百選 20，パラツィーナ事件〕⇨第 5 章第 2 節 **3(3)**(b)）は，法人組合員が映画の減価償却費の損金算入を求めた事案において，損金算入を認めなかった。その理由付けは，「本件映画は，本件組合の事業において収益を生む源泉であるとみることはできず，本件組合の事業の用に供しているものということはできないから，法人税法……31 条 1 項にいう減価償却資産に当たるとは認められない」というものである。平成 17 年度税制改正で立法的に対応し，一定の法人組合員が組合事業から生ずる費用を損金算入できる金額は出資金額を限度とすることとされた。

　これら 2 件の最高裁判決は，法令解釈の限界に接近している。いずれも，事件が生じたのちに立法的対処が講じられた。その意味で，司法府の対応は，立

法府が対応するまでの間における扱いを問題にするものであった。

(4)　納税者の租税回避目的と事実認定

　以上に対し，納税者の租税回避目的を事実認定に反映させることを拒んだの
が，最判平成 23 年 2 月 18 日（判時 2111 号 3 頁〔百選 14，武富士事件〕⇨第 7 章第
1 節 **2**，第 8 章第 2 節 **1**(2)(b)）である。争点は，贈与税との関係で，納税者の
住所が日本国内にあると認められるか否かであった。最高裁は次のように述べ
て，納税者が贈与税回避の目的の下に日本での滞在日数を調整していたことは，
日本国内に住所があると認定する理由にはならないとした。

　すなわち，「一定の場所が住所に当たるか否かは，客観的に生活の本拠たる
実体を具備しているか否かによって決すべきものであり，主観的に贈与税回避
の目的があったとしても，客観的な生活の実体が消滅するものではないから，
上記の目的の下に各滞在日数を調整していたことをもって，現に香港での滞在
日数が本件期間中の約 3 分の 2（国内での滞在日数の約 2.5 倍）に及んでいる
上告人〔納税者〕について前記事実関係等の下で本件香港居宅に生活の本拠た
る実体があることを否定する理由とすることはできない」と判示している。

　最高裁は，この判示部分に続けて，二つの点を補足している。ひとつは，相
続税法が民法上の概念である「住所」を借用して課税要件を定めているという
ことである。借用概念について先に述べた統一説を前提とする判示であろう。
いまひとつは，贈与税回避を可能にする状況を整えるためにあえて国外に長期
の滞在をするという行為が事件当時の課税実務上想定されていなかった事態で
あり，このような方法による贈与税回避を容認することが適当でないというの
であれば，「法の解釈では限界があるので，そのような事態に対応できるよう
な立法によって対処すべきものである」ということである。これは，司法府で
はなく立法府が対処すべきだという考え方である。

　この争いが生じたのちに税制改正がなされた。現在は，贈与によって国外財
産を取得した個人が日本国籍を有している場合，取得時に日本国内に住所を有
していなくても，一定の例外にあたる場合を除き，原則として贈与税の無制限
納税義務を負うこととされている（相税 1 条の 4 第 1 項 2 号イ・2 条の 2 第 1 項⇨
第 7 章第 1 節 **2**）。

（5）　総合的対応の必要性

　以上みたいくつかの例からわかるように，租税回避の事件が生ずるたびに，後追いで立法的対応がされる。また，事件が生ずる前に，租税回避を予想して立法的手当てを置くことも多い。

　その結果，現行法上，租税回避に対抗する立法規定は，すでに多く存在する。たとえば，国際課税との関係で，移転価格税制（租特 66 条の 4）や外国子会社合算税制（66 条の 6）は，国外への所得移転に対抗するための制度である。また，所得算定に関する一般規定の適用が租税回避を否認する効果をもたらすこともある（法税 22 条 2 項に関する最判平成 18 年 1 月 24 日判時 1923 号 20 頁〔百選 54，オウブンシャホールディング事件〕）。

　租税回避という現象に適切に対処するためには，ひとり法令解釈論の枠内だけで検討していても十分でない。文言を離れた法令解釈は，安定性を欠くし，おのずから限度がある。迂遠なようであっても，課税要件の立法的整備こそが，王道である。さらに，義務的開示制度（MDR, Mandatory Disclosure Rules）や，企業会計上の情報開示，租税専門家の倫理と規律など，市場参加者のインセンティブに着目した総合的な対応が必要というべきであろう。

4　信義則

（1）　租税法令の解釈に関する納税者の信頼保護

　租税法令は複雑で，頻繁に改正され，専門技術性が高い。そのため，納税者とその代理人は，国税庁の法令解釈通達や税務職員の見解表示を信頼し，これを前提として経済活動を営まざるをえない。そこで，納税者のこのような信頼を保護するために，法の一般原理としての信義則（民 1 条 2 項）の適用が問題となる。

（2）　信義則の適用要件

　日本の最高裁は，傍論としてではあるが，租税法律関係に対する信義則の適用可能性を認めている。すなわち，最判昭和 62 年 10 月 30 日（判時 1262 号 91 頁〔百選 17，酒類販売業者青色申告事件〕）は，一般論として，「租税法規に適合する課税処分について，法の一般原理である信義則の法理の適用により，右課

税処分を違法なものとして取り消すことができる場合があるとしても，法律による行政の原理なかんずく租税法律主義の原則が貫かれるべき租税法律関係においては，右法理の適用については慎重でなければならず，租税法規の適用における納税者間の平等，公平という要請を犠牲にしてもなお当該課税処分に係る課税を免れしめて納税者の信頼を保護しなければ正義に反するといえるような特別の事情が存する場合に，初めて右法理の適用の是非を考えるべきものである」と述べた。

　そして，信義則の適用の是非を考えるための「特別の事情」の判断にあたって最低限必要な考慮要素として，①税務官庁が納税者に対し信頼の対象となる公的見解を表示したことにより，②納税者がその表示を信頼しその信頼に基づいて行動し，③のちに上の表示に反する課税処分が行われそのために納税者が経済的不利益を受けることになったこと，さらに，④納税者が税務官庁の上記表示を信頼しその信頼に基づいて行動したことについて納税者の責めに帰すべき事由がないこと，を挙げている。

　この判決は，当該事案については，信義則の適用を認めなかった。この事案では，税務署長による申告書の受理と申告税額の収納があっただけであった。最高裁は，それだけでは申告内容を是認することを意味するわけではないとし，①公的見解の表示と③それに反する課税処分という考慮要素を満たさないと判断したのである。しかし，一般論であるとはいえ，最高裁が信義則の適用の可能性に言及したことには，大きな意味がある。

(3)　加算税における「正当な理由」

　なお，過少申告加算税は，計算の基礎とされていなかったことについて「正当な理由」があると認められる部分については，課されない（税通65条4項）。課税庁の公的見解を信頼した納税者としては，所得税の本体について救済されなくても，過少申告加算税について「正当な理由」があるとして救済される可能性は残されている（最判平成18年10月24日民集60巻8号3128頁〔ストック・オプション事件〕）。

第 2 節　租税争訟制度

1　意　義

　租税法規に違反する課税処分が行われた場合，納税者を適正手続の下で救済
する仕組みがなければ租税法律主義は画餅に帰する。このような納税者の救済
の仕組みは，行政府に属する処分庁ないしその直近上級庁における手続（再調
査の請求手続および審査請求手続）と，司法府（裁判所）における手続（訴訟手続）
により構成され，これらの手続は租税争訟制度と総称される。

　なお，国税通則法に規定されている国税に関する不服申立手続については，
平成 26 年の行政不服審査法の全部改正と併せて改正が行われ，後述する国税
通則法 99 条の改正（平成 26 年 4 月 1 日施行）を除き，平成 28 年 4 月 1 日から
施行されている。

2　国税に関する不服申立手続

（1）　審査請求前置主義の原則

　税務署長等による国税に関する処分に対する取消訴訟は，納税者が裁判所に
訴訟を提起する前に処分庁等における不服申立手続を経ることとされている。
これを「**審査請求前置主義**」と呼ぶ。不服申立手続を前置することなく裁判所
に訴訟が提起された場合，訴訟要件をみたさないものとして訴えは却下される。
これは，行政事件訴訟法が，一般的には，ただちに裁判所に出訴するか，また
は行政不服申立ての手続を経て裁判所に出訴するかの選択を原告に認めている
こと（**自由選択主義**。行訴 8 条 1 項本文）の例外である。

　このような審査請求前置主義の例外，すなわち，審査請求の裁決が出る前に
訴訟を提起できる場合としては，審査請求がされた日の翌日から起算して 3 か
月を経過しても裁決がないとき（税通 115 条 1 項 1 号），更正決定等の取消訴訟
の係属中にさらに更正決定等がされ，その取消しを求めようとするとき（同項
2 号），著しい損害を避けるため緊急の必要があるとき，その他正当な理由があ

図表 3-1　国税に関する不服申立手続の流れ

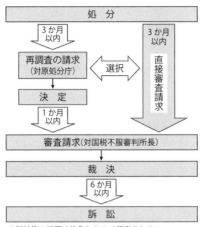

※例外等の説明は捨象したので留意されたい。

るとき（同項3号）がある。

　課税処分のように金銭を納付させることを直接の目的とする行政処分について，当該行政処分により被った損害について国家賠償請求を認めると，不服申立前置主義等の趣旨に反するのではないかが争われていたが，最判平成22年6月3日（民集64巻4号1010頁〔百選121〕）は国家賠償請求の可能性を認めた。

(2)　訴訟提起前の不服申立手続

　(1)で述べたとおり，納税者が裁判所に訴訟を提起する前に，処分庁等における不服申立手続を経ることとされている。この場合，処分を行った税務署長等に対する不服申立手続（これを「**再調査の請求**」という）を行った上で国税不服審判所に対する審査請求手続を経るという，二段階の手続を経てもよいし，再調査の請求を行うことなく，国税不服審判所に対して直接審査請求手続を行ってもよい。このように，国税に関する処分について納税者が二段階の手続を選択できる道が残されたのは，不服申立てが大量にあることが想定されたことから，事案を熟知し，事実関係の究明に便利な地位にある原処分庁に再審理の機会を与え，処分を受ける者に簡易かつ迅速な救済を受ける道を開き，審査裁決庁である国税不服審判所の負担の軽減を図り，納税者の権利救済に特別の考

慮を払うためであることによる。

　前述のとおり，任意ではあるが，納税者が，審査請求前に再調査の請求を行ったときには，再調査の請求がされた日（不備の補正が求められた場合は不備が補正された日）の翌日から起算して3か月を経過しても再調査の請求についての決定がないときは，再調査の請求についての決定を経ずに審査請求ができる（税通75条4項1号）。再調査の請求についての決定を経ないことについて正当な理由がある場合も同様である（同項2号）。登録免許税について登記官が行った処分のように，再調査の請求ができず審査請求のみができる場合もある（75条1項3号）。

　国税庁長官が行った処分に対する不服申立てについては，審査請求のみができる（税通75条1項2号）。

（3）　再調査の請求手続

　再調査の請求手続とは，処分行政庁に対する不服申立てであり（行審5条1項参照），再調査の請求についての決定とは，再調査の請求に対する処分行政庁の応答である。平成26年の国税通則法改正前は，それぞれ異議申立手続，異議決定と呼ばれていた。

　税務署長等による処分に対しては，一般に税務署長等に対する再調査の請求が認められている（税通75条1項1号イ。ただし，同条2項参照）。再調査の請求は，処分があったことを知った日（処分に係る通知を受けた場合にはその受けた日）の翌日から起算して3か月以内にしなければならない（77条1項本文）。ただし，正当な理由があれば，3か月経過後の請求も可能である（同項但書）。

　審理は書面審理が原則であるが，再調査の請求人は口頭で意見を述べることができる（**口頭意見陳述**。税通84条1項）。処分庁は申立てが不適法であれば却下し，申立てに理由がなければ棄却し，申立てに理由があれば原処分の全部または一部を取り消し，または変更などを行う（行審58条1項・2項，59条1項・2項）。原処分を再調査の請求人に不利益に変更することはできない（59条3項）。

　納税者としては，再調査の請求についての決定によって簡易・迅速に救済が受けられるほか，処分理由の詳細を知り，審査請求・訴訟提起をするかどうかの判断材料にできるという意味もある。

（4）　審査請求手続

　国税に関する処分については国税不服審判所に対する**審査請求手続**が認められている。訴訟は費用・手間のかかる重い手続であるが，審査請求手続は国税不服審判所への手続費用すら支払う必要はない（訴訟では訴額に応じた手数料を原告が国に納付する必要がある）。しかも，訴訟であれば，納税者が第一審で勝訴しても国が上訴する可能性があるが，後述のとおり，審査請求手続で課税処分が取り消されれば，国が裁決の取消しを求めて訴訟を提起することはできず，この点でもこの手続の意味は納税者にとって大きい。

　国税不服審判所は，税務行政部内において，公正な第三者機関として，審査請求事件を調査・審理して裁決を行うことを期待して付置された，国家行政組織法 8 条の 3 にいう国税庁の「特別の機関」である。国税不服審判所には，東京の本部のほか，全国の主要都市に 12 か所の支部と 7 か所の支所が置かれている。国税不服審判所長が審査上有している権限のうち裁決権を除く権限は，原則として支部の首席国税審判官（「東京国税不服審判所長」等と呼称される）に委任されている。したがって，審査請求された事件は，基本的には支部および支所で，3 名以上の独立した立場にある国税審判官等（担当審判官および参加審判官）が調査・審理を行い，議決がされる。その上で，国税不服審判所長が，行政としての判断の統一のため，すべての審査請求事件につき，裁決を行う。このような権限を持つ国税不服審判所長は，財務大臣の承認を受けて国税庁長官が任命するが（税通78条 2 項），権限の行使には原則として独立性が認められている。もっとも，国税審判官の多数を国税局や税務署からの出向者が占めてきた状況からその中立性には疑問が投げかけられてきたため，政府は，平成19年以来，弁護士・税理士等，民間から登用された国税審判官を増やしており，このような者は令和 2 年現在 50 名となっている。

　審査請求手続の申立期間は，処分があったことを知った日（処分に係る通知を受けた場合には，その受けた日）の翌日から起算して 3 か月以内であり（税通77条 1 項本文），再調査の請求がされた場合には，再調査決定書の謄本の送達があった日の翌日から起算して 1 か月以内とされ（同条 2 項本文），正当な理由があるときは，これらの期間の経過後の申立てが認められる（同条 1 項但書・2 項但書）。

　審理は，双方の当事者から提出された書面と，担当審判官による面談によって行われ，非公開である。審査請求人は，適当と認められる者を代理人に選任

することができるが（税通107条1項），業として代理人としての業務を行うことができる者は税理士，弁護士等に限られる。

　審理においては，審査請求人の申立てがあった場合には，担当審判官は，審査請求人に，口頭で意見を述べる機会を与えなければならない（税通95条の2第1項）。また，審判官が，争点整理の目的で，担当審判官，審査請求人および原処分庁の同席を求めて手続を進める，**同席主張説明**と呼ばれる運用も行われている。前述の口頭意見陳述において，審査請求人は，担当審判官の許可を得て，原処分庁に対して質問を発することができ（同条2項），これを**質問権**という。また，事件が複雑である等の場合に，迅速かつ公正な審理を行うため，審理手続を計画的に遂行するための手続規定も置かれている（97条の2）。

　審理においては，担当審判官は，当事者が争点とした点を中心に審理を行い，審査請求人が主張を尽くすことができるように配慮すべきとされるものの，最終的な原処分の当否については後述の総額主義の立場で判断されることから，このような審理方式は審査請求手続の**争点主義的運営**と呼ばれる。弁論主義の適用はなく，事実解明のための職権調査も行われる（税通97条1項）。

　審査請求人，参加人（税通109条参照）および原処分庁は，原処分庁から国税不服審判所に提出された，処分の理由となった事実を証する書類その他の物件の閲覧または写しの交付（謄写）を求めることができ，担当審判官は，かかる閲覧または謄写が第三者の利益を害するおそれがあると認めるときその他正当な理由があるときでなければ，その閲覧または謄写を拒むことはできない（97条の3第1項）。この場合の閲覧・謄写請求の対象には，原処分庁が任意で提出した資料のみならず，担当審判官の職権収集資料も含まれる（同項）。

　前述のとおり審理を行うのは担当審判官および参加審判官であるが（税通94条），行政としての判断の統一を図るため，最終的な判断は国税不服審判所長が行うものとされる（98条4項）。その意味で担当審判官および参加審判官には，裁判官のような判断の独立性はない。国税不服審判所長は，審査請求が不適法であれば却下する（同条1項）。また，審査請求に理由がないと判断すれば裁決でこれを棄却し，理由があるときは処分の全部または一部を取り消し，または変更する（同条2項・3項本文）。審査請求人の不利益に処分を変更することはできない（同条3項但書）。国税不服審判所長には，前述のとおり権限の行使の独立性が認められており，国税庁長官通達に示された法令解釈に拘束され

ることなく裁決をすることができる。ただし，その例外として，国税不服審判所長が国税庁長官の法令解釈と異なる解釈による裁決または重要な先例となる裁決をするときは，その意見を国税庁長官に通知し（99 条 1 項），国税不服審判所長と国税庁長官は，国税不服審判所長の意見が審査請求人の主張を認容するものであり，かつ，国税庁長官が当該意見を相当と認める場合を除き，共同して国税審議会に諮問し（同条 2 項），国税審議会の議決に基づいて，国税不服審判所長は裁決することとされている（同条 3 項。「議決に基づいて」とされたのは，「議決により」とは異なり，議決が国税不服審判所長を完全に拘束するものではないことを表現するためであるが，事実上は，裁決の内容は，議決と同内容となることが通常であると予想される）。これは，執行機関と裁決機関の分離の建前の下で，国税不服審判所長が通達解釈に拘束されないで裁決できることを明らかにしつつ，執行機関と裁決機関の意見の調整を図るための機会を設けたものである。この国税通則法 99 条は，国税不服審判所の独立性を明確にするとともに，手続の公正性をより高めるため，同趣旨による従前の制度を平成 26 年に改正したものである。

　裁決は関係行政庁を拘束する（税通 102 条 1 項）。裁決は行政内部の最終判断であるから，課税庁が裁決に不服であっても，課税庁からは裁決の変更を求めて裁判所に出訴することはできない。

3　地方税に関する不服申立手続

　地方税に関する処分に対する不服申立てについては，一般的には行政不服審査法が適用される（地税 19 条）。行審法の下では不服申立手段が審査請求に原則として一本化されており，地方税に関する不服申立手続も同様である。したがって，地方税に関する不服申立手続においては，再調査の請求は認められていない。審査請求が可能な期間は，原則として処分があったことを知った日の翌日から起算して 3 か月以内である（行審 18 条 1 項）。

　滞納処分に関する不服申立てについては申立期間の特則がある（地税 19 条の 4）。

　地方税に関する不服申立手続の中でも，固定資産課税台帳に登録された価格に関する不服申立てについては，その特殊性から，市町村に設置された**固定資**

産評価審査委員会に対して審査の申出を行うこととされており，申出の期間等の手続について特則がある（地税432条1項等。なお，734条1項。⇨第7章第2節**6(5)**参照）。納税者は，固定資産評価委員会による審査の際に主張しなかった事由であっても，当該審査の申出の結果受けた裁決の取消訴訟において，違法性を基礎付ける事由として主張することが許されると解される（最判令和元年7月16日民集73巻3号211頁〔百選99〕）。

4　租税訴訟

（1）　訴訟類型と手続

　納税者は，課税処分の違法性を争うため，その目的と場面に応じて，抗告訴訟と呼ばれる取消訴訟，無効等確認訴訟，不作為の違法確認訴訟，義務付け訴訟および差止訴訟を用いることができる。また，納税者は，当事者訴訟の形態で，過誤納金還付請求訴訟を提起することもある。さらに，国家賠償法に基づく訴訟もある。以下では，最も一般的な訴訟類型，すなわち，税務署長による国税に関する課税処分の適法性を納税者が争って提起した，行訴法上の取消訴訟を，基本的には念頭に置いて説明する。

　出訴期間は，原則として裁決があったことを知った日から6か月以内である（行訴14条1項本文）。また，裁決の日から1年を経過したときは原則として提起できない（同条2項本文）。いずれの場合についても，出訴期間が経過したことにつき正当な理由があれば出訴が認められる（同条1項但書・2項但書）。

　前述**2(1)**のとおり，審査請求前置が遵守されていなければ訴えは不適法として却下される。裁決を経ていても，納税者が審査請求手続固有の瑕疵を争う稀な場合を除き，取消訴訟の対象は原処分である（**原処分主義**。行訴10条2項）。

　国税に関する処分を納税者が争う場合，当該訴訟の被告は国である（行訴11条1項1号）。これは課税処分を行った税務署長がいずれであるかを問わない。管轄は，たとえば松山税務署の税務署長による松山市所在の個人納税者に対する課税処分であれば，東京地裁（行訴12条1項「被告の普通裁判籍の所在地を管轄する裁判所」，民訴4条6項，法務大臣権限1条），松山地裁（行訴12条1項「処分……をした行政庁の所在地を管轄する裁判所」），高松地裁（行訴12条4項「原告の普

通裁判籍の所在地を管轄する高等裁判所の所在地を管轄する地方裁判所」）のいずれにも取消訴訟を提起できる。訴額にかかわらず簡易裁判所には提起できず，すべての事件が裁判官3名による合議事件とされる。東京地裁・大阪地裁・横浜地裁等の中規模以上の地方裁判所では，行政事件を専門的ないし集中的に取り扱う専門部・集中部が審理することによって，租税訴訟のように専門性の高い事件を迅速・適正に解決するための態勢がとられている。

　訴訟において納税者を代理する訴訟代理人は弁護士でなければならないが（民訴54条1項本文），当事者は税理士を**補佐人**として選任することができ，補佐人は訴訟代理人とともに手続に出頭し陳述することができる（税理士2条の2第1項）。民訴法上の補佐人との相違は，出頭に関して裁判所の許可が不要であることである（民訴60条1項参照）。税理士法上の補佐人が証人・本人の尋問を行うことはできないと解されるが，このような解釈の下でも，民訴法60条1項の許可を受ければ，当該補佐人による尋問は可能と解される。他方，国税に関する訴訟を遂行する国の代理人（**指定代理人**と呼ばれる）には，法務大臣権限法2条1項・2項により，法曹資格のある訟務検事（裁判官が出向していることもある）だけでなく，法曹資格のない法務省大臣官房租税訟務課・法務局訟務部・国税局の職員が就く。なお，地方税に関する訴訟は，（弁護士である）訴訟代理人や（地方自治体職員等である）指定代理人が地方自治体等を代理して訴訟を遂行する。

（2）　訴訟物と処分理由の差替え

　課税処分の取消訴訟の訴訟物（審判の対象）は，当該課税処分についての違法性一般であり，当該課税処分によって確定された税額の適否であるとされている（最判昭和49年4月18日訟月20巻11号175頁等）。このように，訴訟物の範囲が課税処分の同一性によって画されることから，課税処分の同一性の範囲をどのように考えるかが問題となり，この点については総額主義と争点主義の対立がある。この問題についての解釈は，処分理由の差替え（追加的差替え・交換的差替え）の可否についての考え方に影響を及ぼす。なぜなら，訴訟の途中での課税庁による処分理由の差替え（たとえば別の脱漏所得の追加的主張）は，これによって課税処分（訴訟物）の範囲が変わらなければ可能であるが，これによって課税処分（訴訟物）の範囲が変わることになるのであれば許されないと，

一応は考えられるからである。

　総額主義とは，課税処分の同一性の範囲を，課税処分により確定された税額の同一性により画する見解である。この見解によれば，課税処分（訴訟物）の同一性は処分理由と関係なく決定され，処分により確定された税額が，租税実体法によって定まる客観的税額を上回っているかが訴訟物となる。処分理由とされた課税庁の認定事実は訴訟上の攻撃防御方法にすぎないから，課税庁は，審理終結までの間，訴訟物の範囲内で課税処分を適法とする理由を差し替えることが認められることになる。すなわち，課税庁は，訴訟の状況を見て，原処分の理由では課税処分の適法性を裁判所に認めさせることができないと考えた場合には，審理の途中であっても訴訟物の範囲内で新たな処分理由を追加して主張することができることになる。他方で，総額主義に立てば，訴訟物が同一である範囲では，課税庁は訴訟で敗訴した後に別の理由で課税処分を行うことは取消判決の拘束力によりできないとの帰結が素直である（争いがある）。

　これに対し，**争点主義**とは，課税処分の同一性の範囲を，課税処分の理由ごとに別個に捉える見解である。この見解によれば，訴訟物は，特定の処分理由との関係で確定された税額が，租税実体法によって定まる客観的税額を上回っているかということになる。そのため，課税庁が，課税処分の理由を審理の途中で差し替えることは，課税処分（訴訟物）の範囲を逸脱することになるから許されない。他方で，処分理由ごとに訴訟物が異なることになるから，国が当初の訴訟で敗訴した場合も，課税庁は，法定の期間制限に触れない限り，訴訟終了後に別の処分理由で課税処分を行うことができることになる。

　判例は，従前，白色申告者に対する更正処分については，総額主義に立って処分理由の差替えを認める一方で（前掲最判昭和49年4月18日等），青色申告者に対する更正処分については「更正の理由とは異なるいかなる事実をも主張することができると解すべきかどうかはともかく」との留保付きで，「更正処分を争うにつき被処分者たる上告人に格別の不利益を与えるものではない」のであれば処分理由の差替えを認める立場をとっていた（最判昭和56年7月14日民集35巻5号901頁〔百選120〕）。この最高裁判決は，総額主義をとりながらも，青色申告者に対する更正処分に理由附記が要求されていた趣旨を踏まえ，附記理由と新たに追加された理由との間に基本的な課税要件事実の同一性があるような場合には，処分理由の差替えも納税者に格別の不利益を与えるものではな

いことを理由に，処分理由の差替えを認めたものと解されていた（金子 1076
頁）。しかし，平成 23 年 12 月の国税通則法等の改正によって，白色申告者に
対する更正処分を含めて処分の理由の記載が必要とされることになったことか
ら（税通 74 条の 14 第 1 項，地税 18 条の 4 第 1 項，行手 8 条・14 条。なお，下級審裁
判例は，理由の記載の程度について，一級建築士免許取消処分等に関する最判平成 23
年 6 月 7 日民集 65 巻 4 号 2081 頁の判示を踏まえ，当該処分の根拠法令の規定内容，当
該処分に係る処分基準の存否および内容ならびに公表の有無，当該処分の性質および内
容，当該処分の原因となる事実関係の内容等を総合考慮して決定すべきとする傾向にあ
る），青色申告者であるかどうかによって区別する理由はなくなったと解され
る（金子 1076 頁）。

　ところで，処分理由の差替えを許容する見解をとる場合も適時提出主義（行
訴 7 条，民訴 156 条）の適用はあるから，国による処分理由の差替えが，時機に
後れた攻撃防御方法として却下されることはありうる（民訴 157 条 1 項）。なお，
原告である納税者の主張・証拠の提出時期については，国税通則法 116 条 1
項・2 項に特別規定があることに留意を要する。

(3)　主張責任・証明（立証）責任の分配

　民事訴訟における主張責任の分配は**証明（立証）責任の分配**に従うとされて
おり，この点は租税訴訟においても同様と解される。そこで，租税訴訟におけ
る証明責任の分配の方法が問題となる。この点，課税処分の取消訴訟を例にと
れば，かつては行政処分の公定力を理由に納税者が処分の違法性について証明
責任を負うとの見解も存在したが，現在は，原則として処分の適法性に関する
証明責任は国にあるという結論において裁判例・学説は一致している。しかし，
このように解する根拠に関しては今なお見解が分かれている。現在有力と思わ
れる見解は，租税訴訟の多くが税額の多寡に関する争いであり，民事訴訟にお
ける債務不存在確認訴訟に類似する側面を持つことから，民事訴訟における**法
律要件分類説**の考え方を取り入れ，取消しを求める行政処分において適用され
た租税法令の前提事実について被告である国が証明責任を負うというものである。

　もっとも，裁判例の中には，原則として国に証明責任を負わせるものの，問
題となる要件によって，当事者間の正義・公平，各当事者の証拠への距離等の
観点から国に証明責任を負わせることが不当と考える場合には，例外的に納税

者に証明責任を負わせるものがある。また，裁判例は，証明命題（たとえば国が立証困難な納税者の特別経費の存在など）によっては，証明責任を負う国の証明の負担を軽減するため，必要な証明度を軽減して**一応の立証**で足りるとしたり，または**事実上の推定**の考え方を適用したりして，個別の事案ごとに妥当な結論を探ろうとする傾向にある。

　ただし，必ずしも原告と被告が対等とは言えないという租税訴訟の特殊性から，民事訴訟における法律要件分類説の考え方を租税訴訟における証明責任の分配に適用することに反対する見解もある。たとえば，租税優遇措置の適用要件の存在に関する証明責任の分配について，民事訴訟における法律要件分類説を適用すれば納税者が証明責任を負担することになるように思われるが，これについては前述のような租税訴訟の特殊性を理由にその不存在について国に証明責任を負担させるべきとの見解もある。

（4）　訴えの利益

　訴えの利益に関する租税訴訟に特有の問題として，更正処分後に増額・減額再更正処分がされた場合に，当初の更正処分の取消訴訟の訴えの利益が失われるのかというものがある。更正処分後に増額再更正処分が行われた場合，当初の更正処分の効力は失われ，当初の更正処分の取消しを求める訴えの利益はなくなり，増額再更正処分のみが訴えの対象となる（**吸収説**）というのが判例の立場である（最判昭和42年9月19日民集21巻7号1828頁〔百選119〕）。更正処分後の減額再更正処分については，増額再更正処分の場合に関する上記判例の考え方をそのまま当てはめれば，減額再更正処分のみを訴えの対象とすべきようにも思われるが，判例はそのようには考えていない。判例（最判昭和56年4月24日民集35巻3号672頁〔百選38，弁護士顧問料事件〕）によれば，減額再更正処分は減少した税額に係る部分についてのみ法的効果を及ぼすものであり，それ自体は当初の更正処分と別個独立の課税処分ではなく当初の更正処分の変更であり，それによって税額の一部取消しという納税者に有利な効果をもたらす処分であるから，納税者は再更正処分に対して取消しを求める訴えの利益はなく，当初の更正処分の取消しを求めるべきであるとする（**一部取消説**）。

（5）　和　解

　租税訴訟は，特定の納税者との間の納税額をめぐる紛争であるから裁判上の和解になじむとの見方もあり，外国にはこれを認める国もあるが，わが国では合法性の原則（⇨第2章第2節 **1**(1)(c)）への配慮から裁判上の和解は行われていない。裁判実務上，裁判外で課税庁が行政処分を取り消し，原告が自発的に訴えを取り下げるという形で紛争を終了させるという処理（事実上の和解）が行われることがあるが，数は多くない。

（6）　推計課税

　推計課税とは，直接資料によらず，間接的な資料を用いて更正・決定を行うことをいう。たとえば，事業所得者である定食屋（納税者）の所得金額が問題となっている場合，税務署の管轄区域内の事業所得者である定食屋に類似する事業所得者（比準同業者）の米の仕入れ数量と売上金額を調査し，米の仕入れ数量を元に納税者の売上金額を推計して，その売上金額に比準同業者の平均経費率を適用して納税者の所得金額を推計し，更正・決定が行われる。

　推計課税について所得税法・法人税法には明文の規定があるが（所税156条，法税131条），最高裁はこのような明文の規定が置かれる前の所得税についても推計課税を認めており，明文の規定を欠く税目についても推計課税を許容する見解であると解される（最判昭和39年11月13日訟月11巻2号312頁）。推計課税は青色申告に対しては認められない（所税156条，法税131条）。

　裁判例は，推計課税の要件として推計の必要性を要求し，たとえば，納税義務者が帳簿書類等を備え付けておらず，収入・支出の状況を直接資料によって明らかにすることができないこと，帳簿書類等を備置しているが，その内容が不正確で信頼性に乏しいこと，納税義務者やその取引関係者が調査に協力しないため直接資料が入手できないこと等を必要とする傾向にある。また，裁判例上，推計課税が適法とされるためには，推計の方法が合理性を備えたものでなければならないとされ，たとえば，推計の方法が同業者の抽出基準，同業者の抽出過程，同業者の件数，同業者率の内容等の点において合理性を備えたものでなければならないとされる。

　国が，前述のような推計課税の必要性・合理性を主張・立証する場合，納税者はこれを争う以外に，国による課税標準額および税額の推計額が真実の額と

異なることを帳簿書類等の直接資料によって立証し，課税処分の適法性を争うことができるとするのが裁判実務である。これを納税者による**実額反証**と呼ぶ。

第 3 節　租税法務と租税争訟の現状

1　租税法務と法律家の役割

（1）　租税法務と法律家

法律家は，その名のとおり法律に関するプロフェッショナルだから，租税法が法である以上，その実務的な解釈適用の場面はもちろんのこと，その立法過程への関与も不思議なことではない。しかし，今後は別として現状を見る限り，わが国においては，通常の法律実務家が立法過程に関与することは少ない。そのため，法律家が租税法令と接する最初の機会は，普通，依頼者からある私法上の行為の租税法上の効果を質問されるという場面で生じる。質問を受ける時期は，対象となる私法上の行為が行われる前のこともあれば（たとえば，ある取引を行うにあたってその租税法上の効果を確認する場合），後のこともあるし（たとえば，実際に相続が発生した後に相続税について質問される場合），さらには，課税庁より税務調査を受けた納税者から，その時点で自らの申告が正しかったかどうかを確認するために法律家に相談が持ち込まれるという場合もある。

このうち，最後の税務調査への対応については次の(2)に譲ることとし，また，事後的な質問対応は，どうしても受動的なものとならざるをえないので，ここでは私法上の行為が行われる前に依頼者から質問を受ける場合，しかもより規模の大きい企業取引に焦点を絞ってみよう。

冷徹な目でみた場合，企業にとって，租税はコスト以外の何者でもない。したがって，課税上の負担の極小化を目指すのは当然の企業行動であるはずである。わが国においては，この租税＝コストという意識がどこまで徹底されているかについて，疑問を感じないわけでもないが（少なくとも欧米諸国に比べれば，その程度は低いというのが実感である），それでも企業にとって非常に重要な取引，たとえば大規模なM&A取引において，税効果を勘案せずに取引を実行するなどということはまずありえない。後で第 5 章第 4 節において詳述されるよう

に，合併などの取引が，税制適格取引として課税対象とならないか，然らざるものとして課税対象となるかということによる課税効果の差異は非常に大きい。このため，課税上の取扱いによって取引そのものを実行するかどうかという根本的な判断も影響を受ける。また，金融商品に関する取引の場合，その課税関係は，当該商品の投資利回りに直接影響するため，投資家側，さらには（投資家は税引き後で自らの投資の利回りを考えるため，税負担が大きい場合，結局取引き前の利回り〔＝社債や借入れであれば表面利率〕の引上げが必要となる）資金調達者にとって死活問題となりうる。

　こうした中で法律家が相談を受ける場合，法律家は税効果だけでなく取引の本来の目的が達成されることを担保しつつ，取引の法律構成を考えていくことが求められる。たとえば，短期間に完了する必要性のある取引について，税効果上は非常に有利な仕組みを思いついたとしても，その仕組みが公開会社における株主総会決議を要するようなものだとすれば実務上意味がない。この税効果と取引本来の目的の両立というのは相当に困難な課題であり，租税法規を含む法令に関する十分な知識はもちろん，発想の柔軟性が試される。後述の**COLUMN 3-2** で，簡単な例をあげているので，挑戦してもらいたい。

　ところで，このように税負担を意識しつつ取引スキームを考案していくことはタックス・プランニングと呼ばれ，法律家が租税の問題に関与する一つの典型的な場面である。このタックス・プランニングの先進国は欧米諸国であり，これらの国々に比べれば，わが国の納税者がアグレッシブなタックス・プランニングを行うことは少ないが，こうしたタックス・プランニング先進国の企業者が当事者となる国際取引においては，課税効果が真剣に検討されるのが普通である。また，国際取引においては，課税問題について十分な検討を行わないと，日本と海外の双方で課税されるという国際的二重課税の対象とされてしまうこともある。こうした二重課税の「被害にあわない」という消極的な意味でも国際的取引においてはタックス・プランニングが必須である。この場合，わが国の租税制度だけでなく，対象となる相手国の租税制度も考慮に入れて検討を行わなければ意味がない。もちろん，わが国の法律実務家が，国外の税制に関して十分なアドバイスを行うことは難しいから，海外の法律実務家と適宜協働して問題に対処することが必要になる。

　また，他の法分野同様租税法の分野においても，（通達を含めて考えても）法

令の規定だけでは，それが具体的な取引においてどのように解釈適用されるのか明白ではないという事態も少なくない。この場合，いくら実務家の側が，「この租税法令の解釈は○○であるべきだ」と考えたとしても，課税庁側が異なった解釈を採った場合，租税争訟に至らざるをえない。次の**(2)**で述べるように，税務争訟はたとえこれに納税者が勝利したとしても，納税者側に大きな負担を生むものであるから，課税庁側の解釈を事前に確認したいと納税者が考えるのも当然といえよう。こうした事前の確認には制度化されているもの（⇨第8章第4節**2(5)**など）のほか，非公式の照会（回答は口頭でなされることが一般的）も行われており，数としては後者の方が多い。そして，特に納税者にとって重要な取引の場合，法律家がこうした照会に関与する場合もみられる。

　なお，米国を含め諸外国では，租税法令の制定，すなわち立法段階においても法律家が関与する場合が少なくない。これに対し，日本では，租税法学者が立法段階に関与することは一般的と言えるが，法律実務家がこれに関与することは稀である。これは，後に述べるように，日本においては租税法を専門とする法律実務家が少数にとどまっていることと無関係ではなく，今後の課題と位置づけるべきものだろう。

(2)　租税争訟における法律家

　租税に関する紛争は通常，課税庁による税務調査を端緒とする。税務調査は，私人が強制的な公権力に直面する最も一般的な機会ともいえ，本来であれば法律家が調査の対象とされた当該私人（納税者）の利益を守るために関与して然るべきものであろう。しかしながら，実務上この段階では，納税者本人による対応を基本としつつ税理士がこれを補佐するという場合が多い。最近では税務調査段階から弁護士が関与するケースも珍しくはなくなっているが，依然として，訴訟ないしその前段階ともいうべき再調査の請求（かつての異議申立て）および審査請求において初めて，弁護士が租税争訟に関与することになるケースが多くなっている。これは，まさに紛争化した後の段階であり，特に，租税訴訟の段階では，基本的に代理人たりうるのは弁護士のみであるから，（一部の本人訴訟を除き）法律家の関与は必須である。

　さて，税務調査の段階では，税理士が関与する場合の方が弁護士が関与する場合より多いことは既に述べたとおりだが，これは一つには税務調査が納税申

告と連続的なものであることにもよっている。税務調査は，納税申告が正しいかどうかを確認する手続（納税者の立場で言えば，自らの申告が正しいことを課税当局に納得させるための手続）ということができ，このため，当該納税申告に関与した税理士が（納税者本人と並んで）これに一次的に対応することは自然の成り行きともいえる。税務調査が行われたからといって必ず課税処分が行われるものではなく，単に納税者の申告が正しいことを確認して終了する，あるいは申告に単純な誤りがありそれを修正することに納税者として異論がなく，その修正をもって終了するということも多く，納税申告に関与した以外の者（たとえば弁護士）を新たに関与させる必要性は通常乏しい。こうした場合であれば，納税申告に関与した者が，申告内容について説明し，そこに争いの余地のない誤りが含まれていれば必要な修正を行うことで税務調査対応は終了する。

　他方で，税務調査段階における課税当局の見解と納税者のそれとに深刻な差異がある場合には，事態ははるかに複雑である。この場合は，納税者としては，税務調査段階においても，その後の紛争の可能性を考慮して対応を行う必要がある。究極の租税争訟は租税訴訟だから，紛争の可能性を考慮に入れるのであれば，調査段階から租税訴訟を代理できる弁護士に関与を求めるというのは納税者としてごく当然の反応だろう。なお，調査段階から弁護士が関与したからといって必ずしも争訟に持ち込まれるわけではなく，実際に法律家による解釈論の展開によって納税者の主張が認められて調査が終結するというケースもまま見られる。

　なお，国税庁が毎年発表している調査事績の概要および統計年報によると令和元年度（平成31年2月から令和2年1月までに終了する事業年度に関するもの）における法人税の実地調査件数は約7万6000件であり，このうち課税当局が問題があると考えたものは5万7000件とされる。これに対し，令和元年4月から同2年3月までに申し立てられた法人税に関する異議申立て（現行制度の再調査の請求）は130件程度，審査請求は（異議申立てが先行している件も含め）300件程度となっている。所得税その他を含めても異議申立ての件数は1400件弱，審査請求は2600件弱程度であり，税務調査（およびそこにおける課税当局からの問題点の指摘）の大半が不服申立てに至らずに終結していることがわかる。さらに，これが訴訟ということになると，第一審（地方裁判所）に同期間中に提訴された案件は全体でも95件，法人税に限ればわずか16件にとどまっている。

この訴訟の少なさは，一面では，わが国の課税処分が比較的謙抑的であり，納税者にとって訴訟を提起してまで争うべきと考える事例が少ないことを示しているという見方もできる。しかし，審査請求の件数が租税訴訟に比べかなり多いということからすれば，少なくとも納税者側では課税当局の見解に納得はしていないものの，訴訟ともなればそのための費用に加え，最終的な解決まで長期間を要することを覚悟する必要があり，こうしたことから納税者が租税訴訟に二の足を踏んでいるとも考えられる。特に租税法上の重要論点についての最終決着は，法の支配という大原則からして裁判所においてなされることが望ましいはずだが，もし租税訴訟がこうした経済的ないし時間的負担から回避されていることがあるとすれば，租税訴訟が少ないという事実は手放しで喜べるものではなかろう。たとえば，国際課税の分野において重要性を増している移転価格税制（⇨第8章第4節**2**）に基づく課税処分は，**COLUMN 3-1** に見るように，必ずしも右肩上がりで増加の一途をたどっているとは言い切れない。**図表3-3** には含まれていないが，平成23年度および平成24年度における移転価格税制に関する非違件数1件あたりの申告漏れ所得金額は4億円超とされており，近年の移転価格税制に基づく課税処分には比較的小規模のものも相当程度含まれているものと思われる。納税者の立場からすれば，理由が何であれ大規模な課税処分は何としても避けたいものであるが，小規模な課税処分の場合には，これをあえて租税訴訟まで行って争うというインセンティブは小さくなる。もちろん，課税処分が大規模であればよいというものではないが，租税訴訟が少ないことが，必ずしも法的見地からみて司法の判断を仰ぐ価値のある紛争が少ないことを意味するものではないことがわかるだろう。

COLUMN 3-1　国際的租税争訟の動向

　国税庁は，国際課税への取組みを重要な課題として，近年様々な施策を実施している。BEPS プロジェクトへの積極的な参加，これを受けた国際課税制度の整備（⇨第8章第4節**2**）は，その現れであり，また平成28年10月には，こうした動きの一環として，国際戦略トータルプランを発表している。実際に，課税当局は，国際課税を重視しており，海外関連事案に対する調査は相当規模に上っている。**図表3-2** は，海外取引を行う法人への調査実績を示している。

　上記の国際戦略トータルプランからは，法人の国際取引に関する課税ばかりでなく，国外に資産を移すことなどによる相続税等からの脱税なども積極的に捕捉しようとする課税当局の姿勢がうかがわれる。

図表 3-2　海外取引法人等に対する実地調査の状況

項目＼事務年度	平成26年度	平成27年度	平成28年度	平成29年度	平成30年度	令和元年度
実地調査件数	件 12,957	件 13,044	件 13,585	件 16,466	件 15,650	件 13,116
海外取引等に係る非違があった件数	件 3,430	件 3,362	件 3,335	件 4,500	件 4,367	件 3,636
海外取引等に係る申告漏れ所得金額	億円 2,206	億円 2,308	億円 2,366	億円 3,670	億円 6,968	億円 2,411

各年度は当年 7 月から翌年 6 月までのもの。
＊国税庁発表の「平成 28 事務年度および令和元事務年度　法人税等の調査事績の概要」から作成。

図表 3-3　国際課税に関する実地調査の推移

外国子会社合算税制（タックス・ヘイブン対策税制）に係る実地調査の状況

項目＼事務年度	平成26年度	平成27年度	平成28年度	平成29年度	平成30年度	令和元年度
非違があった件数	件 58	件 69	件 58	件 54	件 71	件 65
申告漏れ所得金額	億円 70	億円 57	億円 49	億円 1,159	億円 99	億円 427

移転価格税制に係る実地調査の状況

項目＼事務年度	平成26年度	平成27年度	平成28年度	平成29年度	平成30年度	令和元年度
非違があった件数	件 240	件 218	件 169	件 178	件 257	件 212
申告漏れ所得金額	億円 178	億円 137	億円 627	億円 435	億円 365	億円 534

各年度は当年 7 月から翌年 6 月までのもの。
＊国税庁発表の「平成 28 事務年度および令和元事務年度　法人税等の調査事績の概要」から作成。

　また，税務調査から租税争訟に目を移した場合，近年注目を集めている租税訴訟の多くが国際課税に関するものであることに気がつく。例えば平成 29 年には，最高裁判所においてタックス・ヘイブン税制に関するデンソー事件に関して課税処分を全面的に否定した判決（最判平成 29 年 10 月 24 日民集 71 巻 8 号 1522 頁〔百選 75〕）がなされている。経済のグローバル化が進む中，国際的取引はその複雑さを増しており，そこに未解決の課税問題が生じることは想像に難くない。重要な租税法判例が国際課税の分野に集中することは自然の流れといえるだろう。また，直近では，いわゆる GAFA への課税のあり方に端を発したデジタル課税に

関する動きなどもあり，目を離すことはできない。

　他方，国際課税に関する租税争訟が数として増えているかというとそうした統計があるわけではない。**図表 3-3** は，タックス・ヘイブン対策税制および移転価格税制に関する税務調査の推移を示しているが，これらの税制に基づく課税処分が近年右肩上がりで増加しているかというとそうでもない。

　果たして，こうした事情が，納税者の問題行為の状況を反映したものであるかについては，多分に疑問の余地があろうが（国際的な事案については，課税当局がこれを捕捉すること自体が通常の国内的事案に比べはるかに難しい），少なくとも課税処分に対して争う，特に訴訟までして争うというインセンティブは増しているとは思えない。今後，BEPS プロジェクトを受けた国際課税の諸制度の変更や各国との情報交換の活発化などによって，国際課税分野における課税処分について課税当局がより積極的な態度をとる可能性はありうるが，まだ，現時点ではその傾向まで読み取ることは難しい。

　なお，移転価格税制に関しては，事前確認制度（⇨第 8 章第 4 節 **2**(5)）の浸透による影響もあるものと考えられる。国税庁の統計資料によれば，各年度 100件を超える申請が行われているとのことであり，特にいわゆる大企業においては事前確認制度を実際に用いているところが少なくない。この点が，移転価格税制に基づく課税処分の小規模化を促すことになっていることは想像に難くない。事前確認制度の今後の動きについても注視が必要だろう。

　次に，租税争訟における法律家の役割について考えてみよう。これは，大きく分けて二つある。一つは，納税者の主張を税法の規定に従い法律論に昇華させることであり，もう一つは，かかる法律論を支える事実関係，さらにはこれを立証するための証拠を確認することである。課税処分は公式の行政処分であり，これを行うにあたっては，事実関係と課税処分を根拠づける法律論の双方について課税庁において十分な検討がなされていることが本来の姿のはずであるが，ともすると法令そのものよりも「租税実務」に偏りがちである税務調査段階では，法律論が十分に整理されず，理論面について厳密な検証がなされていないことも稀ではない。この場合，課税処分が適法であるか否かについて，厳密な法的検討を行い，納税者が主張しうる法理論を明らかにすることが法律家の重要な役割となる。実際に，当初は意識されていなかった理論構成を，租税争訟の戦略を練る中で発見できる場合も少なくない。

　また，事実関係・証拠の確認も法律論に負けず劣らず重要である。たとえば，納税者にとって有利な法律論による主張が理論上は可能であったとしても，か

かる法律論の適用の前提となる事実関係を立証することができず，あまつさえ
それと矛盾するような事実が裁判の過程で明らかにされてしまった場合，かか
る法律論に基づく主張は，意味がないばかりか有害なものにすらなりかねない。
証拠関係を精査した上で，立証可能な範囲で法律論を組み立てることは，争訟
段階において法律実務家が果たすべき重要な役割である。

　ところで，前述のとおり，税務調査においては，税理士が活躍する場合が多
く，また，課税標準や税額の具体的計算に関しては，わが国の法人税法が，比
較法的にみても企業会計への依存度の高いものとなっていることもあり，公認
会計士が関与する場合が少なくない。また，近時重要性を増している移転価格
税制については，独立企業間価格の算定などに関し，専門のコンサルタント
（会計事務所と関連が深いものも多い）が活躍することも多い。しかし，このこと
は，法廷技術のみに法律家の活躍の場が限定されるということを意味するもの
ではない。

　これは一つには，租税法も法であり厳密な意味での法律論は法律家の能くす
るところであるという当然の事情にもよるが，このほか，課税関係の基礎とな
っている事実が，基本的に私法上の法律関係であるということにもよっている。
課税は私法上の法律関係に即して行われることを原則とすべきであり（⇨第1
節 **2**），この私法上の法律関係に関する洞察力・分析力が法律家の専門領域で
ある以上，この面での法律家の活躍は不可欠である。たとえば，日本ガイダン
ト事件（東京高判平成 19 年 6 月 28 日判時 1985 号 23 頁。なお，国により上告されたが
上告不受理により確定）においては，納税者が締結していた契約が民法上の組合
契約であったか，商法上の匿名組合契約であったかという点が事実上勝敗を分
けている。これは私法上の法律関係そのものであり，法律家の役割がこの面で
も重要なものであることを端的に示している。

2　法律実務家に求められるもの

　租税法を専門とする法律実務家は，タックス・ロイヤー（tax lawyer）と呼
ばれ，欧米のある程度の規模の法律事務所であれば，ほぼ課税関係のみを専門
に扱う部署が存在していて，ある取引に関する税務面は，先に述べたタック
ス・プランニングも含めてこの専門部署において対応するというのがごく一般

的である。これは，租税法の分野が非常に技術的かつ複雑であることに対応するものといえる。このほか，より形而下的な理由としては，租税法に関するアドバイスは，実務家にとってリスクが高いという点もあげられよう。租税に関する問題は，正誤の結果が具体的な数額として把握しやすい上，その効果も大きい。このため，法律実務家が万一にも誤ったアドバイスをしてしまった場合，顧客に対し責任を負うこととなる危険が高い。

　わが国においては，まだ純然たるタックス・ロイヤーと呼ぶことのできる法律実務家は少数にとどまっているが，租税法の分野の技術性，規定の複雑さはわが国においても当てはまる。法律実務家が，租税法に関するアドバイスを行おうとすれば，所得税法，法人税法や消費税法といった基本的な法令の確認のほか，租税特別措置法によってこれらの基本的法令の内容が修正を受けていないかという確認も必要であり，それだけでも相当に慎重な確認が必要となる上，さらに通達や課税実務までも検討しなければならない。この技術性や複雑さに照らせば，それを専門とすることは職業上の強みであり，今後こうした租税法を専門とする実務家がわが国においても増えていく可能性は十分にある。また，租税法令においては，毎年必ず実質的な内容の変更を伴う法改正がなされ，こうした頻繁に行われる法改正に適時に対応することも租税法実務に携わる法律家にとっては必須である。これもまた，租税法分野の専門化を促す要因となろう。

　もっとも，租税法実務を志す法律家が，通達も含め租税法令に通暁すべきことは当然として，それだけで足りるかというとそうではない。まず，先に述べたようにわが国の法人税制度は，企業会計への依存度が高い。このため，課税関係，特にその中心ともいうべき所得課税（所得税および法人税）については，企業会計についての理解が大きな意味を持つ。たとえば，課税に関する実務上の問題の中には，益金・損金の年度帰属に関する問題も多く，こうした場合，会計上の取扱いにも精通していなければ，適切なアドバイスを行うことは期待し難い。

　さらに，私法上の法律関係に関する理解も，課税関係が私法上の法律関係を基礎とするものである以上，必要不可欠である。たとえば，次の **COLUMN 3-2** で触れるような M&A 取引においては，会社法に関する十分な素養があり，取引目的を達成するために採用しうる法的構成についてのアイデアを持ってい

なければ、顧客の側で思いついた取引に対して単にその課税上の効果を「解説する」だけになってしまう。しかし、それでは法律実務家として求められる付加価値のある「アドバイス」とはいえない。いろいろと考えられる法的構成の中から、取引の魅力を低下させるような課税上の効果を生まず、かつ、当該取引の目的となる経済的効果を達成できる仕組みを導き出すことこそ、法律実務家に求められるものであり、そこには単なる租税法令に関する知識を超えた、より高度な実務能力・判断能力が必要となる。

　また、租税法令の中には、基本的な私法の法律関係のみならず、他の規制法の概念を明示的に借用しているものも少なくない。たとえば、法人税法上の有価証券（法税 2 条 21 号）は、金融商品取引法上の有価証券概念を基本的に参照するものとなっており、さらにその詳細を定める政令（法税令 11 条）においては、銀行法も引用されている。このため、こうした法令およびそこで対象とされている取引に関する知識も有していなければ、租税法を正しく解釈することはできない。

　このように考えると、租税法の分野で法律実務家に求められるのは、いわば応用問題への対応であり、私法やその他取引に関する各種の法令に関する解釈や考え方、さらには企業会計に関する理解をも総動員して具体的な問題にあたらなければならないことがわかる。その上、毎年の税制改正にも対応することが求められるわけだから、実務家にとって非常にハードルの高い分野であることは間違いない。他方、そもそもが知的なプロフェッショナルであるべき弁護士の業務の中にあっても、最も知的好奇心をかきたてられる分野の一つといえるはずである。しかも、私人によるすべての経済行為は何らかの課税上の効果を有している。したがって、租税法実務を志す法律実務家が活躍しうる世界は無限に広がっているといっても過言ではないだろう。

COLUMN 3-2　タックス・プランニング

　本節 **1** で触れたタックス・プランニングに関して、一つ設例を使って考えてみよう。

　まず、以下のような事例を考えよう。すなわち、日本企業 X 社が、米国の Y 社と 50% ずつ株式を保有するジョイントベンチャーとして A 社を有している。この A 社は、もともとは Y 社の日本拠点でありその 100% 子会社であった。当時から A 社は利益を上げてはいたが、Y 社としては Y 社単独では日本でのこれ

図表 3-4　貸借対照表の一例

貸借対照表（億円）

現　　　金	500	買 掛 債 務	300
売 掛 債 権	100	短 期 借 入 金	300
棚 卸 資 産	500	長 期 借 入 金	300
建　　　物	500	**負 債 合 計**	**900**
製 造 設 備	1400	資　本　金	600
		資 本 剰 余 金	600
		利 益 剰 余 金	900
		株主資本合計	**2100**
資 産 合 計	**3000**	**負債・株主資本合計**	**3000**

以上の業務拡大に限界を感じていた。こうしたことから，Y 社は，5 年ほど前に X 社にその保有する株式の半分を売却してジョイントベンチャー化することで X 社の販売力を取り込み，その業務拡大を目指したものであった。その戦略は成功を収め，A 社の業績は良好で今後の見通しも明るいが，既に A 社自身で十分な販売力を備えるに至ったと考えた Y 社は，A 社を自らの 100% 子会社に復帰させたいと考えている。他方，X 社の方も，自らのノウハウを活かした業務拡大を目指して A 社に資本参入し，A 社が大成功を収めたことには大変満足している一方，さらに開拓したい分野に多額の投資が必要となることから，ここで A 社株式を売却することでそうした投資資金の一部に当てたいと考えている。このように，X 社・Y 社ともに X 社の A 社からの撤退について意見に相違はなく，また，X 社の保有する A 社株式の価値についても，5 年前の A 社株式の購入価格は 900 億円であったが，現在では 1800 億円が妥当ということで一致をみている。A 社の財政状態は**図表 3-4** のとおりであり，租税法上の資本金等の額は，資本金と資本剰余金の合計額と一致しており，そこにある資本剰余金 600 億円は，過去に行った減資と減準備金（資本準備金の減少）の結果すべて会社法・会計計算規則上の「その他の資本剰余金」となっているとする。また，利益剰余金 900 億円は，すべて会社法・会計計算規則上の「その他利益剰余金」と一致していて配当可能である（議論の簡略化のために利益準備金の積立義務も捨象する）とともに，租税法上の利益積立金の額とも一致していると仮定する。

　この事例で，まず単に X 社が Y 社に A 社株式を売却し，売買価格として 1800 億円を受け取るという場合を考えよう。この場合，特別の事情がなければ X 社における A 社株式の簿価は 900 億円だろうから，X 社において，900 億円の課税所得が発生する。このため，実効税率が 30% であれば，結局この取引の後 X 社の手元に残るのは 1800 億円ではなく，1530 億円（＝ 1800 億円 −（1800 億円 − 900 億円）× 0.3）である。

　これでも 5 年間の投資の結果として税引き後で 600 億円以上の利益が出ている

のだから十分ではないかと思うかもしれない。しかし，X社としては，A社株式を売却せずに引き続き配当を受領するという戦略を採れば，配当金益金不算入（⇨第5章第2節 **2(3)**(e)）によって課税を受けないところが，譲渡をしてしまったがゆえに270億円もの課税負担を負うことになるから，この取引に二の足を踏んでも不思議はない（ちなみに，この「二の足を踏む」効果を経済学の世界では，キャピタルゲイン課税の「ロック・イン効果」と呼ぶ）。

　ところで，A社をY社の100%子会社にするためには，X社・Y社間の株式の譲渡以外に方法はないだろうか。他の方法を採ることで課税負担が小さくなることがあるのであれば，納税者としてはそれに越したことはない。そして，タックス・ロイヤーであれば，自己株式取得を活用するというアイデアが浮かぶところである。何も，X社・Y社間でX社の保有するA社株式をすべて売買しなくても，A社自身がX社の保有分をすべて自己株式取得してしまえば，A社はY社の100%子会社になる。もっとも，残念ながら，**図表3-4**の貸借対照表を前提とする限り，A社は会社法の定める自己株式取得の限度額規制から1800億円分のA社株式をすべて取得することはできないが，上限となる1500億円分を自己株式取得の対象とした上で，残った300億円分をX社からY社に譲渡するということは可能である。

　この場合の課税関係は，相当に複雑になるが，ごく簡潔に説明すると，まず自己株式取得の対象となる株式の割合に対応する資本金等の額を自己株式取得の対価の額が超える部分は，課税上配当とみなされる（法税24条，法税令23条）。その上で，当該対応する資本金等の額から取得対象となった株式の簿価を差し引いた額がプラスであれば譲渡益として益金になり，これがマイナスとなれば逆に譲渡損として損金と扱われる（法税61条の2）。これを今回の設例に当てはめると，自己株式取得の対象となる株式は，X社の保有分が元々50%だから，発行済株式総数の

$$\frac{1}{2} \times \frac{1500}{1800} = \frac{5}{12}$$

である。

　したがって，自己株式取得対象のA社株式に対応する資本金等の額は，

$$1200\,億円（A社の資本金等の額）\times \frac{5}{12} = 500\,億円$$

となり，取得対価である，1500億円との差額1000億円が配当とみなされる。この金額は，すべて法人税における益金の額に加算されないので，課税負担はゼロとなる。

　次に，この500億円から取得対象の株式の簿価を差し引くことになるが，当該簿価は，

$$900\ 億円（X 社保有の A 社株式全体の簿価）\times \frac{1500}{1800}=750\ 億円$$

である。

　したがって，500 億円 − 750 億円 = − 250 億円，すなわち 250 億円が譲渡損となる。X 社が他の事業で利益を上げていれば，この 250 億円の譲渡損は，250 億円 × 0.3 = 75 億円分の課税を減少させる。すなわち，課税が発生するどころかその節減効果が 75 億円程生じることになっている。残った 300 億円部分（すなわち，X 社保有の A 社株式の 6 分の 1）については，

$$|300\ 億円 − (900\ 億円 \times \frac{1}{6})| \times 0.3 = 45\ 億円$$

となり，45 億円の課税が発生するが，あわせて考えれば 30 億円分課税負担が減少したことになる。単に，すべての A 社株式を譲渡して 270 億円もの課税負担を負うことと比べ雲泥の差であろう。

　さらに，タックス・ロイヤーであれば，この取引の前に減資を行うことで分配可能額を増やせないかとか，臨時決算を行うことはできないかなどといったアイデアを思いつくだろう。上記の課税上の有利性は，自己株式取得に由来しているから，その割合を高められれば（究極的には 1800 億円分すべてを自己株式取得できれば）課税効果は最大化できる。もちろん，たとえば臨時決算はそれ自体にかかるコストや時間を念頭に置かなければならないから，実務的には，課税効果との比較考量が必要になる。

　ところで，このアイデアに対し，「A 社には現金が 500 億円しかないから，1500 億円分の自己株式取得などできないではないか」と考えた人はいないだろうか？　非常に賢明な指摘だが，現金が不足するのであれば不足分について借り入れることで対処可能である。現実には，こうした借入れの可能性やそのコストも考慮に入れて，取引のスキームを検討することになるが，A 社株式の評価が妥当だとすれば，A 社の企業価値は 4000 億円を超えている（株式時価総額が，1800 億円 ×2 の 3600 億円であり，これに有利子負債を加えた額が，A 社の企業価値を表していると考えておおよそ正しい）から，手元現金をすべて使わなくても，たとえばその使用を 300 億円までにして 1200 億円程度の追加借入をすることは（A 社の事業のボラティリティによる部分はあるものの）十分可能だろう。

　最後に，この例が租税回避行為（⇨第 1 節 **3**）に当たるかどうか考えてみてほしい。また，A 社は，同族会社であり，法人税法 132 条に基づく否認の対象（⇨**COLUMN 5-1**）ともなりうる。果たして，この事例は同条にいう「法人税の負担を不当に減少させる」場合に当たるだろうか。また，仮に A 社で必要となる追加借入れを市中銀行からではなく Y 社から行った場合には結論が変わるだろうか。あわせて考えてみよう。

読書ガイド📖

第1節

○渋谷雅弘「借用概念解釈の実際」金子宏編『租税法の発展』（有斐閣，2010 年）39 頁

○長戸貴之「『分野を限定しない一般的否認規定（GAAR）』と租税法律主義」中里実＝藤谷武史編『租税法律主義の総合的検討』（有斐閣，2021 年）106 頁

第2節

○J・マーク・ラムザイヤー＝エリック・B・ラスムセン（吉村政穂訳）「どうして日本の納税者は勝てないのか？」金子宏先生古稀祝賀『公法学の法と政策』下巻（有斐閣，2000 年）147 頁

第3節

○中里実＝錦織康高「これからの租税実務」ジュリスト 1500 号（2016 年）86 頁

第4章

個人の所得課税
——所得税と住民税

第1節　所得概念と所得税法の構成

1　所得概念

(1)　制限的所得概念・包括的所得概念

担税力（租税を負担する能力）の指標として所得・消費・資産が挙げられる。所得税の特長は個々人の経済状態に着目して租税負担を決めることにある。トートロジカルだが私たちが課税すべきと思う「所得」とはどのような概念か。

所得とは取得した経済的価値であると観念する考え方を**取得型（発生型）所得概念**という。取得（発生）した経済的価値のうちどの範囲のものを所得として課税対象に含めるべきかについては大まかに二つの考え方がある。

第一は**制限的所得概念**と呼ばれる考え方である。これは利子・地代・給与等，反復的・継続的に生ずる利得のみを所得として観念する。土地や労働といった源泉に由来する利得だけを課税対象とすべきであるとの結論に結びつきやすいため，**所得源泉説・反復的利得説**とも呼ばれる。この制限的所得概念は伝統的に欧州で支配的であり，利子・地代・給与等，所得の源泉・種類ごとに担税力が異なるので課税方法を変えるべきとする**分類所得税**と親和的である。

第二は**包括的所得概念**と呼ばれる考え方である。反復的・継続的に生ずる利得のみならずキャピタル・ゲイン（資産の値上がり益）や受贈益等の一時的・偶

発的・恩恵的利得も含め課税対象は包括的に定義されるべきであるという，制限的所得概念に対する異論を基礎とする。一定期間中の所得を消費と資産の純増の和（**所得＝消費＋純資産増加**）と定義する。**純資産増加説**ともいう。包括的所得概念は伝統的に米日で支配的であり，所得の種類ごとではなくある個人の所得を総合的に把握して課税する**総合所得税**と親和的である。

　包括的所得概念と制限的所得概念との違いはキャピタル・ゲインの扱いについて鮮明となる（相続につき⇨**COLUMN 4-3**）。包括的所得概念を採る現在の米日等ではキャピタル・ゲインに課税することは当然のことと思われるかもしれないが，たとえばドイツでは自宅のキャピタル・ゲインについて課税されない。英仏では20世紀後半に漸くキャピタル・ゲインが課税対象に含められたが，英国では所得税法とは別の法律による。

（2）　取得型（発生型）所得概念に対する批判（消費型所得概念）

　取得型（発生型）所得概念では，貯蓄から生じる利子も所得であると考えられる。これに対して，利子を所得とみて課税の対象とするのは妥当ではないという，次のような批判が長らく存在する。

　計算の便宜のため利子率・割引率が年10％で税率が一律40％の世界を想定する。今年100預けて翌年110が得られる世界では，今年の100と翌年の110は等価であり，翌年の110の今年における**割引現在価値**は100である，という言い方をする。100の消費を1年間諦める見返りとして10の増額が時間的調整項目（これを**金銭の時間的価値**という）として要求されるともいえる。

　さて，この世界でAが今年1000稼ぎ，今年のうちに税引後所得をすべて消費するとする。Aは400納税するので600消費できる。

　Bは今年1000稼ぎ，税引後所得をすべて貯蓄し，翌年税引後の元利合計を消費するとする。Bは600を貯蓄し，翌年60の利子が発生する。600から660へ60の純資産増加があるので翌年の所得は60であり，税額は24である。そうすると税引後元利合計636を消費できる。1年後の636の割引現在価値は578（＝636÷1.1）であり，BはAより不利である。今年の600と翌年の660が等価であるにもかかわらず60の名目的増加に課税されているためである。

　このため，消費より貯蓄（後で消費する）という選択肢を包括的所得概念は不公平・非中立的に不利に扱っているという批判が生じる。**不公平**というのは，

同様の状況にある二者について同様に扱うべきとする水平的公平（⇨第 2 章第 2
節 **1**(2)(a)）の要請を害すということである。

　非中立というのは，**効率性**の観点からの問題である。非中立的な税制が人々
の選択を歪めると，非効率（各人の効用の合計の低下）が生じるので，一般に税
制は中立的であることが望ましいと考えられている。

　A・B を中立的に扱う方法は，大まかにいって二通りある。

　第一に，貯蓄時に課税せず，利子受領時（消費時）に課税するという方法が
ある。B は稼いだ 1000 について非課税のまま全額貯蓄し，翌年に元利合計
1100 を受け取って消費に充てる際に 440 の税が課される。B が翌年に消費で
きる 660 の今年における割引現在価値は 600 であり，A と比べて有利不利が
ない。これは，貯蓄・投資を必要経費と同様に扱うということで expensing
（全額即時控除）**方式**などと呼ばれる（⇨**COLUMN 5-5**）。

　第二に，貯蓄時に課税するが，利子受領時（消費時）に課税しないという方
法がある。B は今年 400 の課税を受け 600 貯蓄に充てる。翌年 660 の税引前元
利合計を受け取るが，60 の利子を課税対象から外すことで，B は翌年 660 を
消費に充てる。やはりここでの B は A と比べて有利不利がない。これは，金
銭の時間的価値部分にすぎない利子 60 を非課税とするということで yield ex-
emption（収益非課税）**方式**などと呼ばれる。

　どちらの方式であれ，消費のみに課税すべきとする**消費型（支出型）所得概
念**が導かれる。課税の指標としては支出額がふさわしい（expensing 方式）と
する**支出税**と親和的である。

```
取得型(発生型)所得概念 ┬ 制限的所得概念 → 分類所得税
                       └ 包括的所得概念 → 総合所得税
消費型(支出型)所得概念 ──────────────→ 支出税
```

　所得に課税するか消費に課税するかという議題は，巷間では**直接税**か**間接税**
かという文脈で論じられることが多いが，経済学的には貯蓄・利子に課税する
か否かという文脈で論じられてきた（⇨**COLUMN 6-6**，第 6 章第 4 節 **3**）。

　なお，利子に課税するなとの議論は，消費と貯蓄とを中立的に扱えとの理念
的な見地からのみ主張されるものとは限らない。一般に利子等の投資所得は

「足が速い」と形容される。日本だけ利子に重く課税しようとすると，資本家が国外に投資して日本の課税管轄から逃げてしまう（**資本逃避**という），ひいては日本国内での投資が細り賃金等の低下にも繋がる，だから利子に課税すべきでない，という議論である。この見地から，北欧諸国等における**二元的所得税**が注目されている。利子等の投資所得については軽めの**比例税率**課税に抑え，労働所得には**累進税率**（⇨**2(6)**）で重く課税するというものである。

> **COLUMN 4-1　包括的所得概念は正しくない？**
>
> 　包括的所得概念は非中立・不公平をもたらすとの批判を見た。包括的所得概念は課税対象を正しく捉えていないのであろうか。二点補足する。
>
> 　第一に，消費型所得概念に基づく課税も完全に中立的ではない（労働に課税し余暇に課税しない。⇨**COLUMN 4-2**）ところ，包括的所得概念により消費と貯蓄の選択も中立的でなくなる（非中立性の数が増える）からといって，当然により強く効率性が害されるとはいい切れない。複数の非中立的扱いが相殺的に作用する可能性もあり，非中立性の数は決め手とならない。
>
> 　第二に，効率性に優先する価値や政治課題がある可能性がある。包括的所得概念は**富の再分配**という政策的意図に基づく。本文では消費・貯蓄の選択における非中立性に焦点を当てたが，富の再分配という政策よりも重大であるかは人々の価値判断による。所得概念の選択は，正しいか否かではない（ただし富の再分配の要請が必ずしも包括的所得概念の優位の根拠とはならないという議論もある。藤谷武史「所得税の理論的根拠の再検討」基本問題 272 頁）。
>
> 　近年は所得課税が勤労意欲に及ぼす影響を考慮する**最適課税論**と呼ばれる議論も盛んになってきている（渡辺智之「最適課税論と所得概念」発展 297 頁）。

2　所得税法の概要

(1)　わが国所得税の特徴

　所得税が創設された明治 20（1887）年当時，明確な分類所得税ではなかったものの，譲渡益が課税対象外とされていたことなど，所得概念について制限的な面があった。パッチワーク的に課税対象を追加する改正を経て，昭和 15（1940）年に分類所得税（所得の種類ごとに異なる基礎控除・税率を適用）と総合所得税（所得の合計が 5000 円を超える場合に累進課税。累進⇨**(6)**）を併用する制度が採用された。昭和 22（1947）年，総合所得税に一本化するとともに譲渡所得等も課税対象に含まれ，昭和 24（1949）年のシャウプ勧告（1916 年連邦憲法改正

以来，包括的所得概念が支持されてきたアメリカの租税理論の結集ともいえる。⇨第2章第1節**2(2)**）も日本の所得税制を**総合累進所得税**の方向へ推し進めた。

　所得税法で所得が定義されていないものの，譲渡所得が課税されること，および一時所得・雑所得が他の所得分類に当たらない所得を拾い上げる形で課税対象を構成していることから，現行法は包括的所得概念に基づいていると解されている。とはいえ，総合累進所得税が理想とはされるものの，担税力や執行の便宜の観点から所得の種類に応じて課税方法を変えざるをえない部分もあり，分類所得税的な要素も残っている。

　所得税法は，納税者の種類に応じた課税所得の範囲などの総則的規定を20条までで定めている。21条以下が所得税額算定に関する規定である。第2節以下を読む際にも次頁の**図表4-1**に何度も戻ってきてほしい。

(2)　所得税額の計算の順序（21条）

　①各種所得の金額の計算：10種類の**所得分類**（所税23条～35条）があり，各種の**所得金額**を計算する。収入や経済的利益が即所得金額となるのではなく，**収入金額**（36条）から**必要経費**（37条）等を控除する。

収入金額 − 必要経費等 = 所得金額

　②**課税所得金額**の計算：所得税法22条2項により退職所得金額・山林所得金額以外の各種所得金額を合算し，**損益通算**（所税69条）や**純損失の繰越控除**（70条）等の調整をし，**所得控除**（72条～87条）の計算をする。

所得金額 − 所得控除 = 課税所得金額

　③税額の計算：課税所得金額に所得税法89条の税率を乗じて算出した税額から，**税額控除**（所税92条・95条）の計算をして，最終的な納税額を算出する。

課税所得金額 × 税率 − 税額控除 = 納税額

(3)　課税標準（22条）

　所得税の**課税物件**は所得であり，課税物件を金額化・数量化したものを**課税標準**という。所得税法22条は課税標準を「課税総所得金額」「課税退職所得金

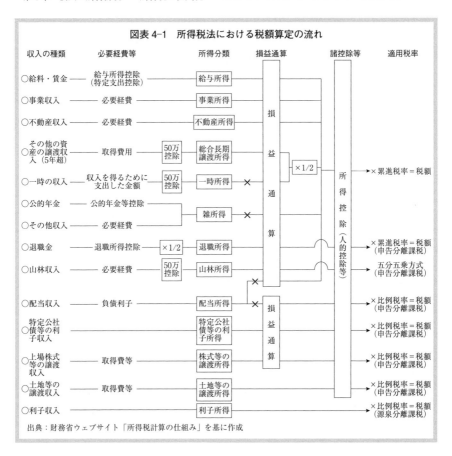

図表4-1　所得税法における税額算定の流れ

出典：財務省ウェブサイト「所得税計算の仕組み」を基に作成

額」「課税山林所得金額」の三つに区分する。課税総所得金額は退職所得・山林所得（⇨第2節 **7**，第2節 **4**）以外の種類の所得の金額を合算したものであり（ただし**分離課税**の対象となるものを除く。⇨第8節 **3**），断りのない限り課税総所得金額を念頭に置く。所得税法22条2項2号に該当する所得（長期譲渡所得⇨第2節 **3(2)**，一時所得⇨第2節 **9**）は半分のみ課税総所得金額に算入される。

（4）　各種所得金額の計算：所得分類（23条〜35条），収入金額（36条），必要経費（37条）

収入金額とは，賃金や利子などの収入のことであるが，現金収入に限らない。

所得税法 9 条 1 項の**非課税所得**に該当しない限り，23 条〜35 条の所得分類のいずれかに当たる。必要経費とは，売上原価などの費用のことであり，収入から費用を引かなければ純資産増加を把握できない。たとえば弁護士業で 900 万円の売上がある一方 200 万円の費用がある場合，事業所得は 700 万円である。所得分類ごとに計算方法が違うため，第 2 節以下で詳述する。

(5)　課税所得金額の計算：損益通算（69 条），純損失の繰越し等（70 条），所得控除（72 条〜87 条）

損益通算とは，ある所得分類のマイナスを別の所得分類のプラスと相殺することである（⇨第 6 節 **3**）。純損失の繰越し・繰戻しとは，ある年度の合計がマイナスの場合に，別の年度のプラスと相殺することである（⇨第 6 節 **4**）。各種所得金額を合算したものから，ある種の支払い（たとえば医療費）の性格や納税者の状況（配偶者の存否など）を勘案して控除を認めることを所得控除という（⇨第 6 節 **5**）。たとえば今年の事業所得が 700 万円，不動産所得が − 200 万円であった場合，損益通算により 500 万円になるが，昨年の所得が − 100 万円だった場合，今年の所得は 400 万円に減額される。さらに配偶者控除（38 万円）と基礎控除（48 万円）が適用される場合，$400 − 86 = 314$（万円）に税率を適用する。

(6)　税額の計算：超過累進税率（89 条）

税率は所得税法 89 条 1 項に規定されている。このほかに 10% の住民税（⇨第 7 節 **1**）と震災復興増税（平成 25 年から 25 年間，所得税額×2.1% が増税される。平成 26 年度から 10 年間，住民税額が年 1000 円増税される）があるが，本節では計算の便宜のため捨象する。

図表 4-2 をみて，税引前所得 200 万円なら税額が $200 × 10\% = 20$（万円）であると計算する（**単純累進税率**という）のは誤りである。税引前所得 195 万円の人の税額が $195 × 5\% = 9.75$（万円）である（税引後所得は 185 万 2500 円である）ことと比較して，**逆転現象**が生じてしまう。

現行法は**超過累進税率**を採用しており，ある額を超えた部分の所得にのみ高い税率を適用する。税引前所得 200 万円の場合，税額は $195 × 5\% + (200 − 195) × 10\% = 10.25$（万円），税引後所得は 189 万 7500 円であり，逆転現象は生じない。速算のための控除額を使うと計算が楽である。税引前所得 2000 万円

図表 4-2　超過累進税率表

課税段階・所得段階	税　率	速算控除額
195 万円以下の金額	5%	0 円
195 万円を超え 330 万円以下の金額	10%	9 万 7500 円
330 万円を超え 695 万円以下の金額	20%	42 万 7500 円
695 万円を超え 900 万円以下の金額	23%	63 万 6000 円
900 万円を超え 1800 万円以下の金額	33%	153 万 6000 円
1800 万円を超え 4000 万円以下の金額	40%	279 万 6000 円
4000 万円を超える金額	45%	479 万 6000 円

の場合，$2000 \times 40\% - 279.6 = 520.4$（万円）と簡略化できる。

　給与収入が 500 万円であり，給与所得控除 144 万円（⇨第 2 節 **6(3)**），基礎控除 48 万円（⇨第 6 節 **5**）だけが適用されるとしよう。課税所得は 308 万円であり，$308 \times 10\% - 9.75 = 21.05$（万円）が所得税額となる。所得が 1 万円増えると，税額は 1000 円増える。追加的な所得に対し増える税額の割合を，**限界税率**または**段階税率**という。この例では 10% である。

　実効税率という概念が使われることもある。所得控除前の所得に税額が占める割合のことである。$21.05 \div 500 = 4.21\%$ がこの人の実効税率である。巷間でしばしば限界税率が注目されるが，国家間での所得税の負担感を比べる際等，控除額の大小も租税負担に大きく影響するので，実効税率に着目することも多い。また，**平均税率**とは，所得控除後の課税所得金額に税額が占める割合のことである。$21.05 \div 308 = 6.83\%$ と計算される。

　所得税法 89 条の計算結果としての税額からさらに控除すること（税額控除という）もある（所税 92 条・95 条⇨第 2 節 **2(2)**，第 8 章第 3 節）。住宅ローン控除（租特 41 条）や，認定特定非営利活動法人等・公益社団法人等に寄附をした場合の，寄附額の 4 割の控除（所得税額の 25% を上限とする。租特 41 条の 18 の 2・41 条の 18 の 3）も，税額控除である。

3　課税単位：超過累進税率下での所得分割の誘因

(1)　課税単位の型

　個人単位で課税すると，**所得分割**により高い累進税率を回避しようとの誘因

が働く。計算の便宜のため所得控除の影響を無視し単純に**図表 4-2** を当てはめると，1 人の所得が 308 万円の場合の税額は 21.05 万円であると計算したが，夫婦半々ずつの所得とすると税額合計は 154×5%×2 人＝15.4（万円）である。

課税単位として**個人単位主義**と**消費単位主義**がある。**消費単位主義**の中には**夫婦単位**と**家族単位**がある。また，消費単位主義を採るに際しては，所得を合算してそのまま課税する方式（**合算非分割主義**）と，合算した所得を均等・不均等に分割した上で課税する方式（**合算分割主義**）がある。さらに，合算非分割主義の下，個人単位課税と消費単位課税とで別の税率表を適用する**複数税率表**（例えばアメリカでは夫婦の所得段階が 2 倍，片親の場合は 1.5 倍）に拠る方式と**単一税率表**に拠る方式がある。

個人単位主義（日本・英国など）
消費単位主義━━夫婦単位主義━━合算非分割主義（単一税率表／複数税率表）
                                └合算分割主義（二分二乗：ドイツなど）
            └家族単位主義━━合算非分割主義（単一税率表／複数税率表）
                          └合算分割主義（N 分 N 乗：フランスなど）

(2) オルドマン・テンプルの法則

①片稼ぎの夫婦は，同じ所得の共稼ぎの夫婦よりも，税負担が重くなるべき。片稼ぎ夫婦には，外で働いていない者の家事役務による**帰属所得**（たとえば外食に頼らず自炊の便益を得るなどの，いわゆる内助の功⇨第 3 節 **4**）があるから。

②夫婦二人の所得合計額と，独身者二人の所得合計額が等しい場合，前者の税負担が重くなるべき。夫婦世帯には共同生活による**規模の利益**（たとえば風呂の水道代の一人当たりコストが下がる等）があるから。

③独身者一人の所得と片稼ぎ夫婦の所得が等しい場合，前者の税負担が重くなるべき。前者の方が少ない生活費で済むから。

①〜③の考慮要素を組み合わせると，A（独身者一人，所得 500），B（片稼ぎ夫婦，所得 500），C（共稼ぎ夫婦，所得 250＋250），D（独身者二人，所得 250＋250）がいる場合，租税負担は A＞B＞C＞D であるべきとされる（Oliver Oldman & Ralph Temple, *Comparative Analysis of the Taxation of Married Persons*, 12 STAN. L. REV. 585（1960））。

（3）　二分二乗の評価

　個人単位主義下では，片稼ぎ夫婦が共稼ぎ夫婦よりも累進税率下で重い税負担を負うこととなり，B＞Cとなるが，累進の度合いが急な時代にはB＞Cが甚だしいとの不満を抱く者も現れる。二分二乗訴訟（最大判昭和36年9月6日民集15巻8号2047頁〔百選30〕）は，個人単位主義より二分二乗の方が望ましいとする政策志向的訴訟である。裁判所は，所得税法が生計を一にする夫婦の所得の計算について民法762条1項の**別産主義**に依拠している（個人単位を採用している）としても，同条項は憲法24条に違反していないから，所得税法もまた違憲ではないとした（アメリカでは，州による夫婦財産共有制と夫婦別産制の違いが，所得を二分して申告することの可否に連動していた時期があった）。

（4）　課税単位をめぐる正解の不存在

　課税単位は一長一短である。二分二乗は，独身者より夫婦世帯が有利になる（C＞Dが満たされずC＝Dとなる），共稼ぎより片稼ぎが有利になる（B＞Cが満たされずB＝Cとなり，内助の功を無視することになる）といった短所がある。所得分割を認めれば高額納税者に有利すぎるとも懸念される。

　C＞Dを達成するために夫婦合算非分割主義とすべきであろうか。今度は規模の利益に照らしてもなお，夫婦の税負担が重すぎることとなりかねず，税制の**婚姻中立性**を阻害する（「婚姻に対する罰金」）。改善策として複数税率表（夫婦には独身者よりも広い所得段階を定める）が提案される。

　【累進税率】【合計所得の等しい家族に等しい税負担】【税制の婚姻中立性】の三つの要請を同時に満たすことは不可能である（金子202頁）。課税単位の問題に正解はなく，何を重視するかという政策判断が必要である。

　日本では個人単位主義を基礎としつつ所得控除等で家族の問題にある程度配慮している（⇨第6節**5(2)**）。

第2節　所得分類

　資産性所得（利子，配当，譲渡，山林，不動産），勤労性所得（給与，退職），資産勤労結合所得（事業），その他（一時，雑）の順にみていく。

1　利子所得（23 条）

　所得税法 23 条の利子所得は，「公社債及び預貯金の利子」を中心とする限定列挙であり，預貯金とは民法 666 条の**消費寄託契約**に由来するものである（東京高判平成 18 年 8 月 17 日訟月 54 巻 2 号 523 頁〔百選 36，デット・アサンプション事件〕）。消費寄託という法律的概念のみに依拠せず預金の経済的実質を重視する裁判例もある（東京高判昭和 39 年 12 月 9 日行集 15 巻 12 号 2307 頁〔百選 5 版 35〕と東京高判昭和 41 年 4 月 28 日判タ 194 号 147 頁を比較）。利子収入を得るにあたり経費は不要という想定から，必要経費の控除はない（所税 23 条 2 項）。

　金銭貸付け（民 587 条・**消費貸借契約**）により受け取る利子は利子所得ではなく，業としての貸付けであれば事業所得，業でなければ雑所得とされる。

　利子所得は原則として総合課税の対象であるが，国内で支払われる利子所得は**一律源泉分離課税**（⇨第 8 節 **3**）で課税関係が完了する（租特 3 条 1 項）。

2　配当所得（24 条）

（1）定　義

　配当所得とは，法人から受ける①剰余金の配当，②利益の配当，③剰余金の分配，④基金利息ならびに投資信託および特定受益証券発行信託の収益の分配に係る所得である（所税 24 条 1 項）。一般に株式会社がその構成員（社員）たる株主に会社の利益を分配することを**配当**というところ（最判昭和 35 年 10 月 7 日民集 14 巻 12 号 2420 頁〔百選 5 版 36，鈴や金融事件〕），会社法改正において資本剰余金の減少による配当を含む「剰余金の配当」という制度が創設されたことに伴い，平成 18 年度改正で所得税法 24 条 1 項に①剰余金の配当も加えられた（「資本剰余金の額の減少に伴うもの……を除く」に留意。株主が会社に拠出した資本部分は除外されている）。

　所得税法 25 条の**みなし配当**は，法形式的に配当ではなくとも（たとえば 1 項 4 号「当該法人の解散による残余財産の分配」等）配当を受け取ることと経済的に類似する場合があるので，配当所得扱いするものを限定列挙したものである（⇨第 5 章第 3 節 **3**，第 5 章第 2 節 **2**(3)(e)）。債務免除益がみなし配当に当たるとした例として大阪高判平成 24 年 2 月 16 日（訟月 58 巻 11 号 3876 頁）がある。

また，法人税法のみなし配当に関する発展的な問題であるので学部生は未だ分からなくてよいと思われるが，（事件当時の）法人税法施行令 23 条 1 項 3 号の計算方法が一部の限度で違法・無効であると判断した珍しい例として，国際興業管理株式会社事件（最判令和 3 年 3 月 11 日民集 75 巻 3 号 418 頁）がある。

（2）　課税方法と配当控除

所得税法 24 条 2 項本文により配当所得の計算において必要経費の控除は認められないものの，同項但書が「株式……を取得するために要した負債の利子」の控除を認めている。赤字でも損益通算できない（所税 69 条 1 項）。

源泉徴収（⇨第 8 節 **3**）で課税されるが，原則として総合課税の対象となり，申告納税もしなければならない。

申告納税の際，**配当控除**（92 条）として，配当所得の 10% または 5%（または 2.5%）の**税額控除**が認められる。92 条 1 項 3 号イの計算例を考えよう。課税総所得金額が 1100 万円，うち配当所得が 140 万円の場合，まず仮税額として 1100×33% − 153.6 = 209.4（万円）を計算する。次に，1000 万円超部分について 5%，1000 万円以下の部分について 10% の税額控除が規定されているので，209.4 − 100×5% − 40×10% = 200.4（万円）の税額が算出される。

なぜ税額控除を受けられるのか。法人税率を 30% と想定すると，法人が 2000 万円の税引前利益をあげた場合の法人税額は 600 万円である。税引後利益 1400 万円全額を 10 人の個人株主（一人一株ずつ保有）に分配すると，一人 140 万円の配当所得を受け取ることになるが，既に法人段階で株主一人当たり 60 万円の税を納めているので，配当控除により**法人・株主の二重課税を緩和す**る，というのが配当控除の趣旨である（⇨第 5 章第 1 節 **1**）。

（3）　上場株式等の特例

申告納税が原則と前述したが，**金融所得一元化**（利子，配当，金融資産譲渡益の課税上の扱いを揃える）の部分的実現として，**上場株式等**の配当所得については，総合課税に含めず源泉徴収で済ませることができる（租特 8 条の 4・8 条の 5：**申告分離課税制度・申告不要制度**。株式譲渡益に関する申告分離課税・特定口座制度について租特 37 条の 10・37 条の 11 の 3。事後的選択を認めなかった東京高判平成 30 年 5 月 17 日税資 268 号順号 13153 に留意）場合があり，事実上源泉分離課税に近い。

この場合は負債利子の控除も配当控除も適用されない。

　平成 25 年以前は，配当・株式譲渡益について税率が所得税 7％，住民税 3％に軽減されていた。平成 26 年から，英国 Individual Savings Account（個人貯蓄口座）制度を参考にした NISA（日本版 ISA。ニーサ）が導入された（租特 9 条の 8・37 条の 14）。NISA（少額投資非課税制度）とは，居住者が金融商品取引業者等の営業所に非課税口座を設定し，投資額年 120 万円（0～19 歳のジュニア NISA は 80 万円。ジュニア NISA は令和 5 年末終了）を上限として同口座内の上場株式・投資信託等について配当所得および譲渡所得を最長 5 年間非課税とするものである。つみたて NISA は，年間 40 万円まで，投資信託等について最長 20 年間非課税とするものである。

3　譲渡所得（33 条）

（1）定　義

　譲渡所得は「資産の譲渡……による所得」と定義される（所税 33 条 1 項）。**「資産」**とは，譲渡性のある財産権をすべて含む観念であり**固有概念**と解される（金子 261 頁）。ただし金銭は譲渡益が生じえないので除かれる（古銭売買は別論。金銭債権譲渡益は金利相当として事業所得または雑所得扱い。所基通 33-1。仮想通貨〔暗号資産〕の譲渡益は雑所得〔または事業所得〕に当たる。所税 48 条の 2，所税令 119 条の 2～119 条の 7 参照）。資産概念に関し，空中権（建築基準法 52 条の容積率の余剰の利用権）の移転による対価は譲渡所得に当たらず不動産所得に当たるとした東京高判平成 21 年 5 月 20 日（税資 259 号順号 11203〔百選 37〕），破綻会社の株式が資産に当たらないとした東京高判平成 18 年 12 月 27 日（訟月 54 巻 3 号 760 頁），東京高判平成 27 年 10 月 14 日（訟月 62 巻 7 号 1296 頁〔百選 43〕）がある。

　「譲渡」とは有償無償を問わず所有権その他の権利の移転を広く含む観念であり，売買のみならず交換・贈与・公売・現物出資等も含む（⇨**(3)**）。職務発明に関する特許法 35 条 4 項の「相当の対価」（当時 35 条 3 項）について，譲渡所得ではなく（権利の承継後の支払いであるから）雑所得であるとした例として大阪高判平成 24 年 4 月 26 日（訟月 59 巻 4 号 1143 頁）がある。

　事業所得または雑所得との区別のため「たな卸資産」の譲渡による所得は除

外され，山林所得との区別のため「山林の伐採又は譲渡」による所得は除外される（所税33条2項）。川之江市井地山造成地事件（松山地判平成3年4月18日訟月37巻12号2205頁〔百選42〕）では，宅地造成前の資産増加益部分を譲渡所得とし，その他の部分を事業所得（または雑所得）とするとした。一回の収入につき複数の種類の所得が混ざりうることになる（**二重利得法**という）。

（2）　課税方法

譲渡所得は，「総収入金額－取得費等－特別控除額50万円＝譲渡所得」と計算される（所税33条3項・4項）。譲渡資産の時価と同額の対価を受け取るとこまで想定してきたが，譲渡資産の時価≠対価という事態もありうる。**総収入金額**は譲渡資産の時価ではなく現実の収入である（対価に着目。東京高判平成11年6月21日判時1685号33頁〔百選18，相互売買事件〕参照⇨第3章第1節**3(2)**）。**取得費等**は「当該所得の基因となつた資産の取得費及びその資産の譲渡に要した費用の額の合計額」（同条3項⇨**(4)**），**取得費**は「その資産の取得に要した金額並びに設備費及び改良費の額の合計額」（38条1項）と定義される。

資産保有期間が5年以内（**短期譲渡所得**・所税33条3項1号）か否（**長期譲渡所得**・同項2号）かで区別があり，後者は半分のみが課税される（22条2項2号）。長期間積み上げた値上がり益（インフレによる名目的利益も含む）が一挙に実現し高い累進税率に服するのを，緩和する（**平準化措置**という⇨**4**）ものである。

なお，資産譲渡の対価支払いが長期にわたる割賦弁済の場合でも，一時に譲渡所得が実現したものとして課税することが原則である（最判昭和47年12月26日民集26巻10号2083頁〔百選41〕）。とはいえ現在は所得税法132条（延払条件付譲渡）により一定の要件下で延納が許可されうる。

譲渡所得も総合所得課税の対象であるが，不動産や有価証券等について特別措置（課税除外，課税繰延べ，特別の控除，分離課税）が多い所得分類でもある（不動産につき租特31条以下，上場株式等につき⇨**2(3)**）。

（3）　譲渡の意義

現行所得税法33条1項は譲渡についてかっこ書で「地上権又は賃借権の設定」を含むとしている。このかっこ書の文言がなかった旧法下において，存続期間が長期で譲渡可能な借地権の設定契約による，更地価額の極めて高い割合

の権利金は，経済的，実質的には所有権の権能の一部についての譲渡の対価であり，不動産所得ではなく譲渡所得に当たると「**類推解釈**」するとした判例がある（最判昭和 45 年 10 月 23 日民集 24 巻 11 号 1617 頁〔百選 5 版 37，サンヨウメリヤス土地賃借事件〕。結論は不動産所得）（譲渡該当例として，農地共有部分の移転に関する札幌地判平成 31 年 3 月 27 日税資 269 号順号 13259，非該当例として，金地金スワップ取引に関する名古屋高判平成 29 年 12 月 14 日税資 267 号順号 13099 参照）。

譲渡担保は譲渡の法形式を用いるけれども，実質は担保提供にすぎず，譲渡する意思がない場合には譲渡所得が生じない（所基通 33-2）。

譲渡の意義に関し離婚時の**財産分与**は重要な問題を提起する。名古屋医師財産分与事件（最判昭和 50 年 5 月 27 日民集 29 巻 5 号 641 頁〔百選 45〕）では，離婚に際し財産分与として X が妻 W に不動産を移転することが，分与者 X の譲渡所得課税を惹起するとされた。分与者 X が分与義務の消滅という経済的利益（所基通 33-1 の 4：分与資産の時価）を得るためである（財産分与直後の譲渡について夫婦間で時価が異なるものとされた例として，東京地判平成 3 年 2 月 28 日判時 1381 号 32 頁〔百選 4 版 44，分与土地一体譲渡事件〕）。

学説には異論がある。民法 768 条の財産分与には「夫婦共通財産の清算」「離婚による損害の賠償」「離婚後の扶養」の三つの趣旨があるところ，清算による財産移転の「実質は夫婦共有財産の分割であって資産の譲渡にはあたらないと解すべき」（金子 264 頁。共有地の分割につき所基通 33-1 の 7）と論ずるものである。ただし再反論もある（窪田充見＝佐藤英明「家族法と租税法──財産分与と租税をめぐる問題」法学教室 357 号〔2010 年〕64 頁：離婚実務で財産分与の三つの趣旨に基づく額を明瞭に区分し難い等）。

(4)　取得費等の範囲（33 条 3 項・38 条）

居住用不動産取得のための**借入金利子**が取得費に含まれるかという問題がある（最判平成 4 年 7 月 14 日民集 46 巻 5 号 492 頁〔百選 46，支払利子付随費用判決〕）。原審東京高判昭和 61 年 3 月 31 日（行集 37 巻 3 号 557 頁）は，利子が原則として所得税法 38 条の「資産の取得に要した金額」に当たるとしつつ，資産の自己使用開始可能日以降の期間に対応する利子は，自己使用の対価である帰属所得に対応するとし，その部分の利子は取得費に含まれないとした。所得税制で表に出てこない**帰属所得**（市場を経ずに自己保有資産などから得られる便益⇨第 3 節

4）に言及した興味深い論理である。最高裁は，「資産の取得に要した金額」
には，資産の取得代金のほか，登録免許税・仲介手数料等の「付随費用」も含
まれるとしたが，居住用不動産のための借入金利子は家事のための借入金利子
と同様に付随費用にも当たらないことを原則とした。しかし，借入金利子のう
ち不動産使用開始時までの期間に対応する部分は付随費用に当たるとした（所
基通 38-8）。原審と最高裁の結論は類似するが論理構成の違いに留意されたい。

　土地を**時効取得**し（時効援用時の土地の時価が一時所得に算入される。静岡地判平
成 8 年 7 月 18 日行集 47 巻 7 = 8 号 632 頁〔百選 15〕），後に第三者に譲渡する際の
譲渡所得の計算における取得費は，時効援用時における土地の時価である（東
京地判平成 4 年 3 月 10 日訟月 39 巻 1 号 139 頁〔百選 5 版 50〕）。所得税法 38 条 1 項
の文理に照らし無理はあるものの，二重課税防止を重視したものと理解できる。
ゴルフ会員権贈与事件（⇨**(6)**）や年金払い生命保険金二重課税事件（⇨**COL-
UMN 4-3**）と共通した態度であると理解できる。

（5）　売買差額課税・清算課税・みなし譲渡（59 条）

　所得税法 59 条・60 条は，所得税・法人税・相続税を横断的に理解するため
の鍵となる重要な規定である。

　59 条 1 項の**みなし譲渡**は，**法人に対する贈与・低額譲渡**（所税令 169 条：時価
の半分未満），および**限定承認**に係る相続（法定納期限につき東京高判平成 15 年 3 月
10 日判時 1861 号 31 頁〔百選 5 版 44〕）につき，時価による譲渡を擬制して譲渡所
得課税をするものである。

　個人が 100 で購入した資産が時価 900 となった時点で当該資産を法人に贈与
した場合，贈与者個人は 900 で譲渡したものと擬制され，800 の譲渡益が実現
したものとして譲渡所得課税を受ける。無償・低額譲渡時に対価の流入が（ほ
とんど）ないのに，なぜ譲渡所得があるとされるのか。これは譲渡所得課税の
趣旨と関係する。判例は譲渡所得課税を**売買差額課税**と捉えていない。

　榎本家事件（最判昭和 43 年 10 月 31 日訟月 14 巻 12 号 1442 頁。当時はみなし譲渡
の適用範囲が広く，個人間贈与や単純承認に係る相続にも及んでいた）において，譲
渡所得課税は，資産の値上がりによりその資産の所有者に帰属する増加益を所
得として，その資産が他に移転する機会に清算して課税するものであり，対価
を伴わない資産の移転においても増加益は時価に照らして把握できるから，右

増加益に課税することは，課税所得の存在を擬制したものではなく，応能負担原則を無視するものでもないと判示された。これは**清算課税説**と呼ばれる。

なぜ清算的に増加益を把握するのか。これは「資産を時価で売却してその代金を贈与した場合などとの釣合いから」妥当であり，また，無償・低額譲渡に「かこつけて資産の譲渡所得課税を回避」することを防止することからも妥当であるとされる。つまり，みなし譲渡には無限の課税繰延べを防止する意義がある（株式評価に関し譲渡した側に着目した最判令和 2 年 3 月 24 日判時 2467 号 3 頁〔タキゲン事件〕参照）。とはいえ対価を得ていない納税者からみれば納得し難い面があり，清算課税という制度趣旨にもかかわらず，みなし譲渡の適用範囲は狭められてきた。個人間の贈与や限定承認に係らない相続（すなわち単純承認に係る相続）の場合，現在は譲渡人・被相続人に対する譲渡所得課税はなされない（受贈者や相続人に対する贈与税・相続税の課税は別途ある）。

国・地方公共団体や公益法人等に対する贈与・遺贈について，一定の要件の下，贈与・遺贈がなかったものとみなしている（租特 40 条⇨**COLUMN 4-6**）。また，出国時に時価譲渡が擬制される（いわゆる出国税。所税 60 条の 2 以下）。

(6)　租税属性の引継ぎの有無（60 条）

相続・贈与時にみなし譲渡の規定が適用されない場合，所得税法 60 条 1 項による**租税属性の引継ぎ**が重要である。租税属性とは，取得費等の額や短期・長期譲渡所得の区別等の課税に関わる情報（いついくらで資産を買ったか等）である。これを数値例に沿ってみていく。所得税法 59 条・60 条に関し，父が資産を購入し子が単独相続する場面を想定する。

例 1：父 100 で資産購入→父 900 で売却。800 の譲渡益に所得課税→父死亡→子に相続課税。
例 2：父 100 で資産購入→900 に値上がり→限定承認相続→800 の譲渡益が父の手元で発生したものとして譲渡所得課税（59 条 1 項）。子は譲渡所得課税後の財産の相続につき相続課税を受ける。
例 3：父 100 で資産購入→900 に値上がり→単純承認相続→59 条 1 項不適用。子は相続課税を受ける。

例 2・例 3 を比べると限定承認した場合に二度課税されている。限定承認制

度は相続人の便宜のために作られたのに，課税実務を勘案すると迂闊に限定承
認をしてはならない。しかし例2の二度の課税は，例1との公平（父の死亡時
期は操作不能とすると効率性の問題ではない）を図っているにすぎない。

　そうすると例3の課税が不当に軽いのであろうか？　計算の便宜のため諸控
除を無視し，所得税率・相続税率を一律40％と想定し，例3に加えて子が相
続した資産を第三者に900で売る場面を例4とし，例2と比較しよう。

　例2：限定承認相続時に譲渡益800が擬制され，父に所得税額320が課される。
　　　子は900の資産と320の租税債務を引き継ぐので，相続財産580について相続
　　　税額232が課される。子が第三者に資産を900で譲渡しても，相続時点で子に
　　　とっての取得費は900に上がる（60条4項）ため，子に譲渡所得は生じない。
　例4：単純承認相続時に相続財産900について相続税額360が子に課される。子
　　　が第三者に900で譲渡する際，子にとっての取得費も100のままであり（60条
　　　1項），子に800の譲渡益が発生したものとして所得税額320が課される。

　単純承認した子が資産を保持し続けるならば例3は例2より有利であるが，
例4の場合は例2より重い税負担が課せられうる。例4の不都合に対処するた
め，相続税額を相続人の取得費に加算する救済規定がある（租特39条）。この
救済は，みなし譲渡の適用範囲から単純承認相続が外れた際に手当てする必要
が生じたものである。もっとも租税特別措置法39条の要件（相続後3年以内の
資産譲渡等）に合致しなければ例4のような課税の可能性は残る。

　所得税法60条1項と4項の組み合わせは絶妙である。1項は，相続・贈与
時に含み益に課税されなかった場合に，取得費等の租税属性を引き継ぐとする
ことで，含み益について課税漏れを防いでいる。4項は，相続・贈与時に含み
益に課税されていた場合に，取得費を相続・贈与時の時価に上げることで含み
益への二重課税を防いでいる（負担付贈与について⇨第3章第1節**2(3)**の浜名湖
競艇場用地事件）。ゴルフ会員権贈与事件（右山事件ともいう。最判平成17年2月1
日判時1893号17頁〔百選47〕）は60条1項の趣旨（「増加益に対する課税の繰延
べ」）を尊重し，ゴルフ会員権の贈与における名義書換手数料を取得費に算入
することを認めた（平成26年改正後の譲渡損失利用制限について⇨第6節**3**）。

　なお，所得税法59条2項が，個人に対する低額譲渡時に譲渡損が生じても
その損失はなかったものとみなす，としている。個人Aが時価300の資産を

B に 110 で譲渡した場合，低額譲渡なので 59 条の問題が発生しうる。

例 5：B が法人の場合，110 で譲渡していても 300 で譲渡したものとして A の譲渡所得が計算される。A の取得費が 100 であったならば譲渡益は 10 ではなく 200 である。

例 6：B が個人の場合，59 条 1 項の適用がない。A の取得費が 100 であったならば譲渡益は 10 とされる。

例 7：B が個人であるが A の取得費が 170 であった場合，譲渡損失 60 は 59 条 2 項によりなかったものとみなされる。なお，60 条 1 項 2 号により取得費・所有期間等の属性は A から B に引き継がれる。B が第三者に 300 で売却した場合，譲渡益は 130 であるし，A が取得してから B の売却までに 5 年超経過していれば長期譲渡所得となる。

（7）　交換特例（58 条）

前掲最判昭和 50 年 5 月 27 日（⇨(3)）は「譲渡」を「資産を移転させるいつさいの行為をいう」と定義する。交換も譲渡に含まれる。

例外として所得税法 58 条（法税 50 条も同旨）が，所定の要件を満たす**同種固定資産同一用途交換時**には譲渡がなかったものとみなしている。つまり交換時点で譲渡所得課税が発生しないとしている。値上がり益が実現したものの非認識とする規定の一つである（ロック・イン効果対策⇨**COLUMN 4-6**）。

なお，**租税属性の引継ぎ**は，所得税法 60 条と 58 条とで異なる。

A が甲土地（取得費 180，時価 300，5 年超保有とする）を B に贈与した場合に 60 条 1 項が適用される（B に対する贈与税課税は別論）。B が甲土地を 300 で転売すると，B の譲渡益は 120，かつ，長期譲渡所得の扱いを受ける。

他方で，C・D 間の交換に 58 条が適用されたとする。C の乙土地（取得費 140，時価 300 とする）と D の丙土地（取得費 250，時価 300 とする）とが交換され，58 条の要件を満たしている場合，交換時に譲渡所得課税はない。次に，C が丙土地を 300 で転売した場合，C の譲渡益は 160，保有期間の起算点は C が乙土地を取得した時である。また，D が乙土地を 300 で転売した場合，D の譲渡益は 50，保有期間の起算点は D が丙土地を取得した時である。

感覚的な表現になるが，60 条 1 項が適用される場合，租税属性は物に付随するのに対し，58 条が適用される場合，租税属性は人に付随する。

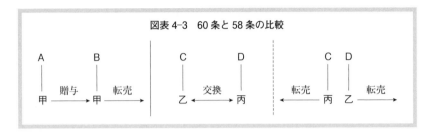

図表 4-3　60 条と 58 条の比較

4　山林所得（32条）

　山林所得は「山林の伐採又は譲渡による所得」である。譲渡所得の一種といえるが，課税方法に特徴がある（なお，山林所得に限られないが，山林に関する必要経費につき所税 37 条 2 項が 1 項と別に規定している）。山林所得は課税総所得金額とは別扱いとされる。所得税法 89 条 1 項により，課税山林所得金額の 5 分の 1 につき累進税率表に照らして税率を乗じて計算した金額を 5 倍したもの（**五分五乗方式**という）が，課税総所得金額および課税退職所得金額に係る税額と足し合わされて，全体としての税額となる。

　ある年に 5000 万円の山林所得が実現したとしよう。単純に累進税率表を当てはめると税額は 5000×0.45 − 479.6 ＝ 1770.4（万円）となる。しかし山林所得は長期間かけて積み上がってきた利益が一時に実現するという性質を持つ。その後 4 年間無収入であるかもしれない。一方，5 年間毎年 1000 万円ずつ所得を稼ぐ人の場合，5 年分の税額を単純に足し合わせると（1000×0.33 − 153.6）×5 ＝ 882（万円）であり，一時に 5000 万円の所得が実現した場合との差が激しい。五分五乗方式は累進税率の適用を緩和している（**平準化措置**という）。

　後述の退職所得の扱いも平準化措置の一例である。このほか，漁獲による所得，著作権使用料等に関する**変動所得・臨時所得**につき，所得税法 2 条 1 項 23 号・24 号，90 条が五分五乗に類する平均課税を規定している。

5　不動産所得（26条）

　不動産所得とは「不動産，不動産の上に存する権利，船舶又は航空機……の

貸付け……による所得」である。譲渡による所得は含まれない。

　不動産所得計算上の損失は**損益通算**（所税 69 条⇨第 6 節 **3**）が可能であることから，かつて任意組合（民 667 条）を利用した船舶リース・航空機リースという形で船舶・航空機等の減価償却費に由来する損失を投資家に移転しようとする試みがあった（⇨第 3 章第 1 節 **3(2)**，第 5 章第 2 節 **3(3)**(b)）。この租税回避の個別的否認規定として租税特別措置法 41 条の 4 の 2 が制定されている。匿名組合契約を通じて航空機リース事業由来の不動産所得に係る損失を利用しようとしたところ，雑所得であるため損益通算できないとした例として，最判平成 27 年 6 月 12 日（民集 69 巻 4 号 1121 頁〔百選 22〕）がある（通達改正の前後どちらが妥当するかという興味深い論点も提供している。利益分配の合意が組合に当たるかを争わず共同事業者性を認めた例として東京地判平成 30 年 1 月 23 日税資 268 号順号 13115 がある。リミテッド・パートナーシップについて⇨第 8 章第 2 節 **1(2)**(c)）。

6　給与所得（28 条）

(1)　定　義

　「俸給，給料，賃金，歳費及び賞与並びにこれらの性質を有する給与」を給与所得という（所税 28 条 1 項）。給与所得・事業所得の区別に関するリーディングケースは，弁護士が会社から得た顧問料に関する弁護士顧問料事件（最判昭和 56 年 4 月 24 日民集 35 巻 3 号 672 頁〔百選 38〕）である。「事業所得とは，自己の計算と危険において独立して営まれ，営利性，有償性を有し，かつ反覆継続して遂行する意思と社会的地位とが客観的に認められる業務から生ずる所得」をいい，「給与所得とは雇傭契約又はこれに類する原因に基づき使用者の指揮命令に服して提供した労務の対価として使用者から受ける給付をいう。なお，給与所得については，とりわけ，給与支給者との関係において何らかの空間的，時間的な拘束を受け，継続的ないし断続的に労務又は役務の提供があり，その対価として支給されるものであるかどうか」を重視する，と判示された。

　日フィル事件（最判昭和 53 年 8 月 29 日訟月 24 巻 11 号 2430 頁）では，楽団所属バイオリニストの所得が給与所得に当たるとされ，バイオリン購入費（仮に事業所得であったとしても減価償却部分だけ）等の**実額経費**計算は認められなかった。九州電力検針員事件（福岡高判昭和 63 年 11 月 22 日税資 166 号 505 頁）においては，

検針作業の委託を受けていた原告が受け取る報酬について，出来高制である等の事情から，事業所得であると判断された。ホステス報酬計算期間事件（⇨第3章第1節**1(3)**）ではホステス報酬が事業所得に該当することが前提とされていた一方，キャバクラのキャスト報酬が給与所得に該当すると判断した事例もある（東京地判令和2年9月1日判例集未登載〔平成30年（行ウ）第268号〕〔ワイズ事件〕）。

　組合員が組合事業を通じて所得を得る場合，組合自体は独立の被課税主体でないため（**透明**扱い，**パス・スルー**という），構成員である組合員自身が事業所得を得ているものとして扱われるのが原則である（会社が稼いだ利益が株主に分配される場合に所得の性質が配当所得に変わるのと異なり，組合という組織を通じて得る所得の課税上の属性がそのまま構成員たる組合員に伝達される）。例外的に，りんご生産組合事件（最判平成13年7月13日判時1763号195頁〔百選21〕）では，組合に従業員のような立場で参加していた組合員について，労務の対価として受け取るものは給与所得であるとされた。

(2)　フリンジ・ベネフィット

　フリンジ・ベネフィットとは，雇用者が従業員に給付する給与以外の便益のことである。

　通勤定期券課税事件（最判昭和37年8月10日民集16巻8号1749頁）では，「勤労者が勤労者たる地位にもとづいて使用者から受ける給付」はすべて給与所得に当たり，通勤定期券またはその購入代金の支給も給与に当たると判示された。通勤費の支給を受けていない勤労者との公平を重視するためである。ところで，前掲弁護士顧問料事件（⇨(1)）では給与所得とは「労務の対価」をいうと判示されているが，通勤費は個々の労務の対価であるとはいいにくいため，個々の労務内容との対価関係まで審査されるわけではないと推測される。

　勤務先の近くに住もうとすれば家賃等が高くなることが多いであろうが，家賃は消費であり控除できない。これと比べ，郊外に住んで安い家賃で済ませ高い通勤費をかけることも，必要経費ではなく消費であり控除できないのが原則である。とはいえ，親の介護の都合等，住む所を自由に決められる人ばかりでもない。そこで所得税法9条1項5号が一定の要件（所税令20条の2）に当てはまる通勤手当を創設的に非課税とした（所税57条の2第2項1号による通勤費

の特定支出控除も参照）。

　船員の食料，給与所得者の制服，国家公務員宿舎法の規定により無料で宿舎の貸与を受けることによる利益は非課税である（**事業主都合給付**という。所税 9 条 1 項 6 号，所税令 21 条）。たとえば船員が 1000 円相当の食事を給付されたとしても船員がその食事から 1000 円相当の効用を得ていないことがあろう。事業主都合給付は強制された消費であって**使用者の便宜**にすぎないと論じられる。

　社員旅行等レクリエーションによって従業員が受ける便益は，社会通念上一般に行われている範囲では課税されない（所基通 36-30）。ハワイ 5 泊 6 日旅行を課税対象とし（岡山地判昭和 54 年 7 月 18 日判時 949 号 56 頁），香港 2 泊 3 日旅行を非課税とした事例がある（大阪高判昭和 63 年 3 月 31 日判タ 675 号 147 頁）。社宅についても家賃が不相当に低ければ課税対象となる（所基通 36-40 以下）。しかしフリンジ・ベネフィットの多くは，社会通念・些少・執行の困難等を理由として，課税されないことが多い（寄宿舎の電気料等につき所基通 36-26）。

　日本子会社勤務の者が外国親会社から受ける**ストック・オプション**（所定の額で株式等を取得する権利。所税令 84 条参照）に起因する経済的利益について（勤務先以外の者から受けるので雑所得と解す学説もあった），かつて通達は一時所得として扱っていたが，平成 10 年から給与所得扱いに変更し（所基通 23〜35 共-6），判例も給与所得扱いを是認した（最判平成 17 年 1 月 25 日民集 59 巻 1 号 64 頁〔百選 39〕。国税通則法 65 条 4 項「正当な理由」について⇨**COLUMN 2-6**）。

（3）　捕捉率と給与所得控除

　大嶋訴訟（⇨**COLUMN 2-2**）の背景には，クロヨンと呼ばれる捕捉率格差があるとされる。クロヨンとは，給与所得者は税務署によって所得が 9 割がた捕捉される一方，自営業者については 6 割，農家については 4 割しか捕捉されていない，給与所得者は課税上不利に扱われている，という不公平感の表現である（ただし捕捉率格差は神話にすぎないともいわれる）。

　所得税法 28 条 3 項（**給与所得控除**）は，必要経費に代わり控除額を法定している（実額経費の主張立証は，次段落の特定支出を除き認められない）。たとえば給与収入 150 万円の場合，1 号に従って計算すると 50 万円となり，同号かっこ書により給与所得控除額は 55 万円となる。給与収入 500 万円の場合，3 号に従い給与所得控除額は 144 万円（収入の 3 割程）であり，給与所得は 356 万円

になる。給与所得控除の上限は次第に縮減され，現在は 195 万円である。給与所得控除額は実際の経費を大幅に上回ることが多く，納税者に甘い。大嶋訴訟の原々審は，給与所得控除の趣旨について，①**必要経費概算控除**という趣旨のほか，②担税力の調整，③捕捉率の格差の調整，④金利調整をあわせ四つの趣旨があると判示していたが，最高裁は①だけ述べ②③④に言及しなかった。

　このほか，所得税法 57 条の 2 の**特定支出**（2 項 1 号〜7 号）について実額で控除が認められる。限定列挙であり，実額経費控除の範囲は狭い。

　納税者側が給与所得扱いを好む際の思惑は甘い給与所得控除にあり，納税者側が給与所得扱いを嫌う際の思惑は実額経費控除の主張にある傾向がある。

COLUMN 4-2　人的資本：労働と余暇との選択に対する非中立性

　人は時間を労働か余暇に充てる。労働して得た賃金には課税される一方，余暇によって得た効用には課税されない。この結果，余暇と対比して労働（によって得る賃金）の相対的な魅力が課税により減じ，労働時間が減少することを代替効果という。また，課税によって貧しくなるが，生きていくためには金銭が必要なので労働時間を増やす，という変化を所得効果という。効率性の観点からの着眼点は代替効果である。

　お金好きの A が日給 1 万円の仕事を週 6 日すると，課税所得は 6 万円である。一方遊び人の B が日給 1 万円の仕事を週 2 日しかしないとすると，課税所得は 2 万円である。所得税は働き者を冷遇する効果を持つ（消費税もお金のかかる消費だけ課税するので，同様に働き者を冷遇する）。

　稼ぐ能力のことを機械になぞらえて人的資本と呼ぶことがある。努力（投資）と無関係に得られる収益（たとえば美形モデルの高収入）に重く課税したとしても転職しないであろう（軽く課税される別の仕事での税引後所得より，モデルでの税引後所得の方が高ければ，モデルを続けるであろう）ことからすると，こうした課税は効率的である。垂直的公平（⇨第 2 章第 2 節 **1(2)**(a)）にも資する。こうした課税を**レント税**という。もっとも，稼ぐ能力を担税力の指標とすることは執行不能であるのみならず，職業選択の自由の観点からも疑義が呈せられうる。

　総評サラリーマン税金訴訟（最判平成元年 2 月 7 日訟月 35 巻 6 号 1029 頁〔百選 5 版 9〕）における原告の「給与所得者の生計費は労働力の再生産のための必要経費として控除されるべき」，「最低生活費は非課税とすべき」といった主張（ただし最高裁は受け容れなかった）は，人的資本を暗黙裡に考慮したものと理解できよう。人的資本概念は税制の分析において魅力的である。が，現行法も判例も人的資本概念を取り込んでいない。たとえば食費等の必要経費算入を認めると課税標準が狭くなりすぎるからかもしれない。

7　退職所得（30 条）

「退職手当，一時恩給その他の退職により一時に受ける給与及びこれらの性質を有する給与」を退職所得という（所税 30 条 1 項）。給与の一種であるが，山林所得と同様に**分離課税**とされる。五分五乗方式と異なり，所得税法 30 条 3 項の**退職所得控除**で課税標準を大幅に削った後，さらに 2 項により半額課税となる（なお令和 4 年以降，短期退職手当等の計算が変わる）。たとえば，勤続 24 年で 2000 万円の退職手当を受けた場合，（2000 − 800 − 70 × 4）÷ 2 = 460（万円）が退職所得金額となる。

退職手当等の性質は，「給与の一部の後払」「長年の勤務に対する報償」「社会保障的な機能」とされる（金子 244 頁）。老齢者の生活保障，累進税率の適用の緩和（**平準化**）が軽課の理由である。軽課を狙い，毎年の給与所得を減らし退職所得を増やす等の課税逃れが起きかねない。さらに，長期雇用・終身雇用を前提としかつ優遇する税制は現状に即していない等の立法政策論上の批判もある。なお，特定役員退職手当等（勤続 5 年以下）につき控除額が縮減された（所税 33 条 4 項。令和 4 年以降，5 項）。

5 年または 10 年勤続するといったん退職し再雇用するという形態が 5 年退職事件（最判昭和 58 年 9 月 9 日民集 37 巻 7 号 962 頁）および 10 年退職事件（最判昭和 58 年 12 月 6 日判時 1106 号 61 頁〔百選 40〕）で問題となった。両事件において最高裁は，「(1) 退職すなわち勤務関係の終了という事実によつて初めて給付されること，(2) 従来の継続的な勤務に対する報償ないしその間の労務の対価の一部の後払いの性質を有すること，(3) 一時金として支払われること」が退職手当の要件であると論じた上で，勤務継続が予定されている両事件において要件(1)が満たされていないとした。なお，後者における横井大三裁判官反対意見は累進税率緩和（平準化）を重視している。そのほか，退職所得該当例として京都地判平成 23 年 4 月 14 日（税資 261 号順号 11669），非該当例として東京地判平成 24 年 7 月 24 日（税資 262 号順号 12010）等がある。

8　事業所得（27 条）

事業所得の定義につき，弁護士顧問料事件（⇨**6(1)**）の「事業所得とは，自

己の計算と危険において独立して営まれ，営利性，有償性を有し，かつ反覆継続して遂行する意思と社会的地位とが客観的に認められる業務から生ずる所得」という判旨が参照される。

　会社取締役商品先物取引事件（名古屋地判昭和 60 年 4 月 26 日行集 36 巻 4 号 589 頁）では，会社の取締役がしていた商品先物取引によって生じた損失が事業所得計算上の損失（所税 69 条 1 項：**損益通算**可）に当たるか，雑所得計算上の損失（損益通算不可）に当たるかが争点となった。営利性・継続性等は認められるとしつつ，企画遂行性，精神的・肉体的労力の程度，人的・物的設備の有無等に照らして事業所得計算上の損失に当たらないとされた。そのほか，FX 取引に係る所得は事業所得でなく雑所得に当たる（損失の損益通算不可）とした例として東京高判平成 25 年 11 月 14 日（税資 263 号順号 12335）がある。

　事業所得に限られないが，事業に関して，所得税法 63 条〜67 条の 2 に収入金額・必要経費の様々な特則が定められている。

9　一時所得（34 条）

　一時所得とは，所得税法 23 条〜33 条に当てはまらず，営利を目的とする継続的行為から生じた所得以外であって，かつ「対価としての性質を有しないもの」である。懸賞金，当たり馬券等がこれに当たる（賃貸用航空機購入目的の借入金についての債務免除益が一時所得に当たるとした例として，東京高判平成 28 年 2 月 17 日税資 266 号順号 12800。賃貸用不動産購入目的の借入金についての債務免除益が一時所得ではなく不動産所得に当たるとした例として，東京地判平成 30 年 4 月 19 日判時 2405 号 3 頁確定。貸金債権が時効消滅したが求償権が時効消滅していないため一時所得不発生とした例として，東京地判平成 30 年 9 月 25 日税資 268 号順号 13192 確定）。対価性を有する所得は雑所得となる（組合経由の新株予約権の行使に係る経済的利益が，当該組合による役務提供の対価としての性質を有するため一時所得ではなく雑所得に当たるとした東京高判平成 23 年 6 月 29 日税資 261 号順号 11705 参照）。法人からの贈与は一時所得である一方，個人からの相続・贈与については，所得税法 9 条 1 項 17 号により非課税所得となる（⇨**COLUMN 4-3**）。

　「その収入を得るために支出した金額」（所税 34 条 2 項。直接費用という）の控除が認められるが，たとえば当たり馬券に関し控除できるのは当該馬券のみの

購入費である（東京高判平成 29 年 9 月 28 日税資 267 号順号 13068，東京高判平成 28 年 9 月 29 日訟月 63 巻 7 号 1860 頁，東京高判令和 2 年 11 月 4 日 LEX/DB 25590045。例外的に雑所得として外れ馬券購入費用の控除を認めた例として最判平成 27 年 3 月 10 日刑集 69 巻 2 号 434 頁〔百選 6 版 45〕，最判平成 29 年 12 月 15 日民集 71 巻 10 号 2235 頁〔百選 48〕）。

　会社および当該会社の代表者らが保険料を支払った養老保険契約に係る満期保険金を代表者らが受け取った事例（最判平成 24 年 1 月 13 日民集 66 巻 1 号 1 頁〔逆ハーフタックスプラン事件〕）において，上記保険料のうち当該会社における保険料として損金経理がされた部分は，代表者らが負担していないため代表者らの一時所得の計算上控除されないとされた。

　一時所得は，50 万円の特別控除額（所税 34 条 3 項）を控除した残額について，22 条 2 項 2 号により半額課税となる。

10　雑所得（35 条）

　雑所得はシャウプ勧告に基づく昭和 25 年改正で設けられた。所得税法 23 条～34 条の「いずれにも該当しない所得」であるが，35 条 2 項以下で公的年金や恩給などさらに細分化されている。必要経費等を控除できる（同条 2 項 2 号参照）ものの，損失は**損益通算**（69 条 1 項⇨第 6 節 **3**）に利用できず，個人の所得の総合的把握の障害になることもある（会社取締役商品先物取引事件⇨**8**）。

COLUMN 4-3　年金払い生命保険金二重課税事件

　最判平成 22 年 7 月 6 日（民集 64 巻 5 号 1277 頁〔百選 34〕）は雑所得の事案であるが，譲渡所得・一時所得との関係も意識していただきたい。事案を簡略化し，夫 A が 100 の生命保険料を払って死亡し妻 X が相続開始時から 10 年間毎年 90 の生命保険年金（合計 900）を受け取ることとなったとする。将来受け取る年金 900 の相続時点における割引現在価値として 540（当時の相続税法 24 条 1 項による便宜的計算）が相続税の課税標準に含められる。課税庁はさらに，毎年 90 の年金について 10（A の既払保険料 100 の 1/10）を控除した雑所得 80 につき所得課税をした（所税令 183 条〔当時〕）。これは取得費の引継ぎ（所税 60 条 1 項⇨**3 (6)**）に類する計算である。他方，X は 90 の年金が非課税（所税 9 条 1 項 15 号〔当時〕）であると主張した。仮に X が相続開始時に年金の一時払いを選択していたならば，生命保険会社との契約により 90 の 8.956 倍（806.04 ＝生命保険会

の運用利率を考慮した上での，将来受け取る年金 900 の割引現在価値に相当する）を受け取ることができるとされていたところ，これには相続税が課せられるのみであり所得税は課されない（所税 59 条 1 項のみなし譲渡に類する課税はない）とされていた。一時払いならば相続課税だけであるのに，本件の年金払いの場合には相続課税と所得課税が重複するということに，違和感が募ったのであろう。

　最高裁は，相続等により取得した財産がもたらす「所得」の部分（数値例では 540）について，所得税法 9 条 1 項 15 号（現 17 号）により所得課税は許されないと判示した。間接的に，900 − 540 ＝ 360 の運用益部分についての所得課税は容認されると判断したものと理解される（運用益部分につき平成 22 年政令第 214 号による改正所税令 183 条～186 条，所基通 35-4 の 2 および 35-4 の 3 参照。1 年ごとの年金受給権の相続時の割引現在価値と年金受領時の年金の額との差額部分が，運用益として実現して課税されるという発想に近い。さらに，夫 A の既払保険料は非課税所得部分と運用益部分とに按分されるが，古田孝夫・ジュリスト 1423 号〔2011 年〕100 頁以下，104 頁は疑問を呈する）。

　本判決の射程の見極めは難しい。射程外とした例として，不動産譲渡益につき最決平成 27 年 1 月 16 日（税資 265 号順号 12588），みなし配当につき大阪高判平成 28 年 1 月 12 日（税資 266 号順号 12779）がある（源泉徴収につき⇨第 8 節 **3**）。

第 3 節　収入金額・必要経費

1　収入金額

（1）　収入金額の定義（36 条）

　収入金額は「その年において収入すべき金額（金銭以外の物又は権利その他経済的な利益をもつて収入する場合には，その金銭以外の物又は権利その他経済的な利益の価額）」（所税 36 条 1 項）と広く定義される（後述の 9 条 1 項に該当する場合は例外である）。たとえば記念ホームランボールを拾うことや借金の返済を免除してもらうことも収入金額を構成する（増井良啓「債務免除益をめぐる所得税法上のいくつかの解釈問題（上）（下）」ジュリスト 1315 号〔2006 年〕192 頁，1317 号〔同年〕268 頁）。ただし債務免除益の収入金額不算入（平成 26 年所得税法 44 条の 2 立法前の所基通 36-17）を認めた例もある（大阪地判平成 24 年 2 月 28 日訟月 58 巻 11 号 3913 頁）。

　このほか，39条の自家消費について⇨**4** 参照。フリンジ・ベネフィットについて⇨第2節 **6(2)** 参照。なお，収入金額の範囲のみならず，年度帰属の問題（「収入すべき」の文言の解釈）も重要である（⇨第4節 **2**）。

(2) 例外：非課税所得（9条）

　所得税法9条1項には1号「当座預金の利子」をはじめとする**非課税所得**が列挙されている。同項柱書には「所得」とあるが，所得（純資産増加）について社会政策的配慮によりまたは特恵的に非課税とする規定だけでなく，所得がない（純資産増加がない）事態について確認的に規定していると目されるものもある。前者の例として恩給（3号），ノーベル賞の賞金（13号ホ）や学資（15号）等がある。前者と後者の中間的なものとして，通勤手当や職務上の給付につき⇨第2節 **6(2)** 参照。後者の例として，損害賠償金等につき⇨**COLUMN 4-4** 参照。相続・受贈につき⇨**COLUMN 4-3** 参照。なお租税特別措置法や特別法に非課税が規定される例もある（例：宝くじにつき当せん金付証票法13条）。

COLUMN 4-4　保険金・損害賠償金の非課税

　所得税法9条1項18号は**保険金・損害賠償金**等（所税令30条参照）を非課税としている。損害というマイナスと賠償金というプラスがあってゼロになるにすぎない（純資産増加がない）ためである。非課税であるため，所得税法51条・72条を読む際，「保険金，損害賠償金」等で補填される部分が控除対象から除外されること（二重非課税防止）に留意されたい。

　マンション建設承諾料事件（大阪地判昭和54年5月31日判時945号86頁）では，A社のマンション建設に伴い隣地居住者たるBが損害を補償する目的として受け取った310万円が非課税となるかが争われた。判決は損害補償部分と建設承諾対価部分とに区分した上で前者（30万円以下と認定）のみ非課税とした（後者は一時所得）。これは損害補償金という名目だけに拠らず実質を精査した事例といえる。名古屋地判平成21年9月30日（判時2100号28頁〔百選35〕）は，商品先物取引に関する説明の不充分さをめぐる委託者Cと商品取引員たるD商事株式会社との間の紛争が和解契約に至った際の，Cが受けた和解金は，不法行為に基づく損害賠償金に当たるとした。他方，神戸地判平成25年12月13日（判時2224号31頁）は，旧ライブドアとの和解により取得した賠償金は虚偽記載による株式の価値の下落という資産損失（所税51条4項参照）の補填であり非課税所得に当たるとした。

　損害補償の実質があれば常に非課税となるわけでもない。典型的には，著作権等の侵害に起因し受け取る損害賠償金は，**収益補償**の性質を有し，適法な被許諾

者から使用料として受け取る収益と同様に課税される（所税令94条1項）。東京高判平成26年2月12日（税資264号順号12405）は，収益補償ではなく必要経費補填型（所税令94条1項2号・30条柱書かっこ書参照）の弁護士事務所立退料が事業所得に当たるとした（タックスアンサー No.3155 参照）。

　600万円で絵画を購入し，900万円に値上がりした時点で第三者に破壊された場合の雑損控除に関し，平成26年改正後の所得税法施行令206条3項により損失は取得費に限定され，含み益部分が非課税なのに損失に計上できてしまうという歪みは正された。

　所得税法73条の**医療費控除**については損害賠償金非課税との関係で難題が伏在している。BがCの身体を傷つけ，Cが医者にかかり，Bが医療費相当分を賠償した場合，Cにとって課税所得とならない（Bは賠償金を控除できない。所税45条1項8号）。他方，Dが自分の不注意で怪我をし医者にかかる場合，体が傷つくというマイナスはCと同様であるものの，Dの医療費支出は原則として消費（家事費）であって控除できない。所得税法73条は例外的恩恵的規定と考えられている。メガネ訴訟（東京高判平成2年6月28日行集41巻6=7号1248頁〔百選5版54〕）では，眼鏡・コンタクトレンズ・視力検査費用等について医療費控除が否定された。

2　必要経費

（1）　必要経費の意義と定義（37条）

収入金額を課税標準とするのではなく，必要経費等を控除したものを課税標準とすることには，課税が原資に食い込み事業の拡大再生産を阻害することを防ぐ，という意義がある。

　所得税法37条1項は不動産所得・事業所得・雑所得の金額の計算上「総収入金額を得るため直接に要した費用の額」（**直接費用**）および「その年における販売費，一般管理費その他これらの所得を生ずべき業務について生じた費用」（**間接費用**）の控除を認めている。前者は当期の収益との対応関係に着目して控除する費用の範囲を画する（**費用収益対応の原則**という。償却・引当金等につき⇨第5章第2節**3(3)**(b)および**(4)**(c)）。後者は収益との対応関係が必ずしも明らかではないものであり，「**債務の確定**」を基準としている。

　弁護士の交際費等（弁護士会役員としての飲食費，役員立候補費用）について一部必要経費性を肯定した東京高判平成24年9月19日（判時2170号20頁）は，

支出と業務との「直接」関連性を要しないと判示して注目された。しかしその後の裁判例は追随していない。東京高判令和元年5月22日（訟月65巻11号1657頁）は，弁護士が支出したロータリークラブ年会費につき「直接」関連性がないとして必要経費性を否定した。「必要」要件に関し，大阪高判平成30年11月2日（税資268号順号13206）は，原告が代表者を務める会社への外注費名目の支出は本来不必要なものであったとして必要経費性を否定した。

　課税処分の訴訟費用は雑所得たる還付加算金の必要経費に当たらないとした例として福岡高宮崎支判平成24年2月15日（訟月58巻8号3073頁）および広島高判平成24年3月1日（訟月58巻8号3045頁）がある。過納税の還付金（非課税所得）および還付加算金（雑所得）取得に要した弁護士費用のうち還付加算金対応部分の按分控除を認めた例として福岡高判平成22年10月12日（税資260号順号11530），認めなかった例として東京高判平成29年12月6日（訟月64巻9号1366頁）がある。

(2)　家事費・家事関連費等（45条）

　飲食店経営者の包丁購入費といった必要経費は控除されるべきである一方，自炊のための包丁購入費といった**家事費**（所税45条1項1号）は控除できない（不動産受贈に係る贈与税が家事費に当たるとした例として大阪高判平成10年1月30日税資230号337頁。ゴルフ会員権贈与事件〔⇨第2節**3(6)**〕の後，贈与税が不可避でないから必要経費非該当とした例として大阪高判平成29年9月28日訟月64巻2号244頁）。包括的所得概念（⇨第1節**1(1)**）に照らすと，家事費は消費にほかならないからである。しかし，事業者は，必要経費と家事費の両方の性質を有する支出（**家事関連費**という）をすることもある。所得税法施行令96条は，家事関連費のうち必要経費となる部分を「業務の遂行上必要であり，かつ，その必要である部分を明らかに区分することができる場合」に限定している。所得税基本通達45-2が業務の遂行上必要な部分をさらに具体化しているが，原則として「業務の遂行上必要な部分が50％を超えるかどうかにより判定する」としている。所得税法45条1項7号（罰金）および2項（賄賂）につき⇨**3**参照。

3　違法な利得・違法な支出

　包括的所得概念によれば，**違法な利得**も所得に含まれる。利息制限法違反利息事件（最判昭和 46 年 11 月 9 日民集 25 巻 8 号 1120 頁〔百選 33〕）の判示は，利息制限法の制限超過部分の利息のうち，未収部分は課税対象とならない，ということである。しかし，傍論ながら，制限超過利息を既に収受した場合にはそれが課税対象となることを認めている（所基通 36-1 と，所有権移転の有無に拠っていた昭和 26 年所基通 148 との対比）。

　もっとも，制限的所得概念・消費型所得概念の下でも違法な利得を課税対象に含める可能性はあるので，違法な利得への課税は包括的所得概念を採用した結果であるともいい切れない。むしろいつ所得を認識するかの問題（制限超過利息については，利息金債権成立時か，金員収受時か，債務者が返還請求しないことが確実となった時か等々⇨第 4 節 **3**）ともいいうる。いったん違法利息を所得に含めた後，返還時に更正の請求で調整することとなる。ただし，法人税事案ながら，利息制限法違反利息および遅延損害金を受けていた法人が倒産し過払金返還請求権に係る債権が更生債権として確定した後，従前益金算入していた利息制限法違反利息および遅延損害金について更正をすべき旨の請求を棄却した例として東京地判平成 25 年 10 月 30 日（判時 2223 号 3 頁）がある。

　逆に，**違法な支出**を控除できるかという問題がある。高松市塩田宅地分譲事件（高松地判昭和 48 年 6 月 28 日行集 24 巻 6 = 7 号 511 頁）では，宅建業法違反の代理報酬であっても支払ったものは所得税法上控除できるとされた。

　所得税法 45 条 1 項 7 号が**罰金等**について必要経費に算入しない旨を定めている。裁判例とこの規定から，45 条に規定されていない支出は，経費の性質を有していれば違法性と無関係に控除できると解される。違法な支出の控除を認めることは納税者に税額減の便益を与えてしまうため許されない，との考えを**公序の理論**というが，これは認められない（ただし別の考慮による控除否定例として株式会社エス・ブイ・シー事件⇨第 5 章第 2 節 **3**(5)(b)）。個人病院が得た不正な診療報酬について健康保険法等に基づき返還債務が発生しさらに加算金が課された場合に，返還債務の成立（ただし未払い）の時点では，必要経費算入が認められず，加算金の必要経費算入も認められないとした例として，帯広神経外科病院事件（東京高判平成 23 年 10 月 6 日訟月 59 巻 1 号 173 頁）がある。

賄賂は経費性を有する（必要経費といえるかについては意見が対立しうる）であろうが，平成 15 年の「腐敗の防止に関する国際連合条約」を受け，平成 18 年 6 月 2 日に同条約を国会が承認するとともに，同年改正で賄賂等の必要経費不算入が明文化された（所税 45 条 2 項）。

4　帰属所得

帰属所得とは，自分が所有する財産の利用または自分の労働から生じ，市場を経ずに直接自分に帰属する所得である。

帰属所得の中で最も重大なものが**帰属家賃**であり，持ち家の便益を自ら受けることである。A が家を買い，B に月 10 万円で住居用として貸す場合，大家 A にとって年 120 万円の賃料収入は課税所得であり，店子 B にとって年 120 万円の賃料支払いは家事費であって B の課税所得から控除されない。C が同じような家を買い自らそこに住む場合，経済実質的に C は B のように年 120 万円の賃料を支出し A のように年 120 万円の賃料収入を得ている。

日本では帰属家賃に課税しておらず（帰属家賃に課税する国もある。間接的に帰属家賃を考慮する裁判例につき⇨第 2 節 **3(4)**），持ち家か借家かの選択につき非中立である。利子率年 10%，税率一律 40% の世界を想定する。C が税引後 2000 万円の現金を有し，1200 万円の家（年間賃料 120 万円相当）を買って残った 800 万円を預金するとする。1 年間で利子 80 万円につき 32 万円の税額が発生するものの，帰属家賃 120 万円は課税対象とならず，C は税引後の 48 万円で別の消費を楽しめる。他方，B が税引後 2000 万円の現金を有し，その 2000 万円を預金し，年間賃料 120 万円の家を借りて住むとする。1 年間で利子 200 万円につき 80 万円の税金が生じ，120 万円の賃料を払うと，B の手元に何も残らない（中里実『金融取引と課税——金融革命下の租税法』〔有斐閣，1998 年〕151 頁以下参照）。

なお，前段落では中立性に焦点をあてたが，帰属所得はむしろ公平の観点から説明される。時給 1000 円のバイトを 3 時間雇えば済む清掃作業を，時給 1 万円の D が自ら 2 時間かけて行う場合，中立性の観点からは D に 2 万円の所得ありとの前提で課税すれば D の行動に歪みを与えないこととなるが（余暇につき⇨**COLUMN 4-2**），公平の観点から D が市場価値でいくらの利益を得たか

と考えると D の帰属所得は 3000 円である。

　実定法レベルでは，所得税法 39 条が，八百屋が売り物のトマトを自分で食べる（**自家消費**という）等につき収入金額算入を要請している（消税 4 条 5 項 1 号⇨第 6 章第 2 節 **1**(1)(a)③）。つまり売った場合と同様の課税となる。しかし，医者が自分を診察する等（**自家労働**という）の場面では，条文の「たな卸資産」の要件を満たさないため，課税されない。

　家族内の帰属所得も重要であり，課税単位の問題と深く絡む（⇨第 1 節 **3**）。

第4節　所得の年度帰属（タイミング）

1　現金主義と発生主義

　資産を譲渡する契約を 12 月に締結し，翌年 1 月に代金の授受を行ったという場合，どちらの年度の収入金額とすべきであろうか。

　現金主義とは，実際に現金の収受が行われた時点で収入金額を計上する方式である。しかし，現実の取引では信用取引が当たり前に行われており，また，代金回収を 12 月になすか 1 月になすかという人為的操作による計上時期の操作は容認できない，という考慮もある。現行法下では，所得税法 67 条が小規模事業者について一定の要件の下に現金主義の選択を認めているにすぎないなど，現金主義は例外的である。

　現金主義と対置されるのが**発生主義**であり，収入の発生の事実に基づいて認識する基準・考え方である。

2　権利確定主義（36条）

　では発生とは何であろうか。たとえば昨年 500 で購入した土地が今年 600 に値上がりした場合，100 の**含み益**が発生（時価が 300 になっていれば 200 の**含み損**が発生）したと表現することがある。毎年資産価値を評価し（値洗いという），資産価値の増減を課税所得に反映させる方式を**時価主義**といい，包括的所得概念の理想にも沿う。しかし原則として時価主義は採用されていない。なぜか。

　第一に，評価・捕捉が困難である。設例では値上がりしたと簡単にいうが，（土地については固定資産税評価額等を参照できるかもしれないものの）閉鎖会社の株式の評価等を考えると，全資産を毎年値洗いするコストは膨大である。

　第二に，含み益発生時点で課税しようにも，未売却の納税者にとって納税資金調達が困難である。未売却でも借金すればよいとの反論もありうるが，銀行等から借りられる保証もないし高い金利が要求されるかもしれない（時価主義の二つの不都合が妥当しない場面，つまり評価・捕捉が容易で，納税資金調達も容易な場面については，時価主義の方が適切となる。⇨第 5 章第 2 節 **2**(3)(d)）。

　このため現行法は時価主義ではなく**実現主義**を採用している。地価が値動きしたというだけではなく，その土地を譲渡した時点で初めて譲渡損益が**実現**し，課税所得に反映されるという方式である。

　ただし前述のとおり現金主義ではない。所得税法 36 条 1 項の文言に即すと，「その年において収入した金額」（現金主義的発想）と規定せず「収入すべき金額」という法的権利関係に着目した規定をしていることから，原則として「収入の原因たる権利が確定的に発生した」時点が「所得の実現」時期と解されている（争点は既納税額の不当利得返還請求についてであるが，最判昭和 49 年 3 月 8 日民集 28 巻 2 号 186 頁〔百選 102〕）。これを**権利確定主義**という（分限免職処分を受けた中学校教諭が処分を争い都が退職手当を法務局に供託した場合の権利確定は，処分に係る裁判確定時ではなく供託時であるとした例として，東京高判平成 29 年 7 月 6 日税資 267 号順号 13032）。なお，発生という語は，文脈により資産価値増加を指すことも権利確定主義にいう実現を指すこともあるので，以下，後者の意味の場合は実現の語を用いる。

　ところで，現金主義下での人為的操作への懸念に触れたが，権利確定主義の下でも，流動性が高い資産に係る損益など，計上時期の人為的操作が容易なものがある。資産の含み損がある場合は，当該資産を売って類似資産を買い戻すことにより任意の時期に損失を実現させることができる。含み益を早く実現させることは，通常は納税者にとって損である（⇨**4**）が，税率変更の前後や損益通算（⇨第 6 節 **3**）を狙う場合等，損益の実現時期の操作可能性は納税者の武器となりうる。

COLUMN 4-5　クロス取引損失計上事件

　　権利確定主義下での人為的操作可能性に関し，国税不服審判所裁決平成 2 年 4 月 19 日（裁決事例集 39 集 106 頁）では，X が上場株式の同一銘柄の売付け・買付けを注文し（**クロス取引**という。X の経済的なポジションは変化しない），売付けに係る株式について値下がり損を実現させることが認められた。租税負担軽減目的があるだけでは取引が認められなくなるものではなく，現実の取引を介した以上，**評価損**（未実現の評価上の損失）と同視できないという理由である。

　　この判断の射程がどこまで及ぶかの理解は難しい。たとえば家族内でクロス取引をして損失を実現させることも認められるであろうか。なお，企業会計を参照する法人税に関し納税者が敗れた裁決事例としてストラドル課税繰延事件（国税不服審判所裁決平成 2 年 12 月 18 日裁決事例集 40 集 104 頁）がある。

3　管理支配基準

　　権利確定主義が原則とはいえ，法的な権利の確定のみを基準とすると不都合が生じる可能性がある。仙台賃料増額請求事件（最判昭和 53 年 2 月 24 日民集 32 巻 1 号 43 頁〔百選 67〕）では，賃料増額請求勝訴の仮執行宣言に基づき受け取った金額（後日上級審で覆る可能性がある）が収入金額となるか，が問題となった。判旨は，原則として課税時期は裁判確定時であるとしつつ，例外として，係争中であっても「金員を収受し，所得の実現があつたとみることができる状態が生じたとき」には収入金額となるとした。学説はこれを管理支配基準と呼んでいる。上級審で覆った場合は**更正の請求**（⇨第 2 章第 3 節 **2(2)**(b)：税通 23 条 2 項 1 号）で救済される。賃料増額請求権が**形成権**であるとはいえ，貸主の意思表示のみで所得税法 36 条 1 項の「収入すべき」に当たるとまでは解されていない（私権の成立だけでは不充分である）ことに留意されたい。

　　利息制限法違反利息事件（⇨第 3 節 **3**）は，収入金額計上時期に関する管理支配基準の事例ともいえる。もっとも，管理支配基準は租税法律関係を不安定にするおそれがあり，適用範囲をみだりに拡大してはならない（金子 312 頁）。

4　課税繰延べ

　　実現主義下では包括的所得概念の理想と比べ一般に課税時期が遅れる。利子

図表 4-4　実現主義による課税繰延べの例

年　度	時価主義　所得・税	実現主義　所得・税
第 1 年度	100・40	0・0
第 2 年度	0・0	100・40
名目値合計	100・40	100・40
第 2 年度換算	110・44	100・40

率・割引率が年 10%，税率一律 40% の世界を想定し，第 0 年度に 500 で購入した土地が第 1 年度に 600 に値上がりし，第 2 年度に 600 で売却したとする。時価主義と実現主義の所得の認識および税額を表にする（⇨**図表 4-4**）。

　実現主義下で第 1 年度の税額が 0 であるが，包括的所得概念を前提とした場合に納めるべき 40 の税について，実現時点まで繰り延べられている，と表現する。これを**課税繰延べ**という。

　時価主義と実現主義とを見比べると，所得の計上時期が異なるだけで，第 1 年度・第 2 年度の所得額・税額を名目値で単純に合計した値（表の下から 2 行目）はどちらも同じである。しかし時価主義と実現主義との間で有利不利はないと考えてはならない。

　第 1 年度の税額 40 の実質的な負担を第 2 年度時点に換算すると，割引率が年 10% であることから，40 ではなく 44 である（表の最下行）。仮に時価主義の下で第 1 年度に 40 の税負担を求められ，銀行から 40 を借金したとすれば，第 2 年度に土地売却代金から銀行に対して元利合計 44 を返済するであろう。

　表の実現主義下では時価主義と比べて 40 の課税が 1 年繰り延べられている。その結果，本来の税額 40 の 1 年分の利子に相当する有利さ（44 と 40 の差額 4）が納税者にもたらされている。課税繰延べの利益は，繰延期間だけ国から繰延税額分の無利息融資を受けるのと同じである，と整理される。逆に損失（費用）は一般に早く認識してもらうことが納税者にとって有利となる。

COLUMN 4-6　ロック・イン効果

　未実現の含み益がある資産を今売ると今課税され，売らなければ課税を繰り延べることができる。一般に課税繰延べは納税者にとって有利であり，売り控えの誘因が生じる。これを**ロック・イン効果**または**凍結効果**という。

　割引率・利子率年 10%，税率一律 40% の世界において，第 0 年度に 0 で取得

図表 4-5　ロック・イン効果をめぐる例

	①保持, 10% 増価	②買換え, 10% 増価	③保持, 9% 増価	④時価主義, 10% 増価
第 1 年度	税 0	税 400	税 0	税 400 借金 400
第 2 年度	税 440 残 660	税 24 残 636	税 436 残 654	返済 440 税 24 残 636

した資産が第 1 年度に 1000 に値上がりしていたと想定しよう。

①第 1 年度に保持し続け，第 2 年度に 1100 に値上がりした時点で売却したとする（第 1 年度から第 2 年度にかけての増価率が 10% という想定）。この場合，第 1 年度の所得額・税額は 0 であり，第 2 年度の所得・税額は 1100・440 であり，残額（消費可能額）は 660 である。

②第 1 年度に資産を売却し 1000 の所得を実現させ，税引後の 600 で別の資産に投資したとする。当該別の資産を第 2 年度に 660 で売却したとする（増価率 10% の想定）。第 2 年度の所得は 60，税額は 24 であり，残額は 636 であって，①の選択肢より不利である。同じ増価率が見込める投資先があっても合理的な投資家は①を採る。これがロック・イン効果である。

③第 1 年度に保持し続け，第 2 年度に 1090 で売却したとする（増価率 9% という想定）。この場合，第 2 年度の所得は 1090，税額は 436 であり，残額は 654 である。③は税引前で②より低い増価しか見込めないのに，税引後では②より有利である。社会全体から見れば，増価率が高い方に買い換える選択肢を妨げないような税制が効率的である。しかしロック・イン効果のために効率性が害される。

④仮に時価主義が徹底されていたならばロック・イン効果は生じない。①と同様に，第 1 年度に保持し続け，第 2 年度に 1100 で売却すると想定する。時価主義下では第 1 年度の所得は 1000，税額は 400 であり，400 を銀行から借金して納税したとする。第 2 年度において，1000 から 1100 に値上がりした一方で，銀行に元利合計 440 を返済するため 40 の利子が所得から控除される（現実の所得税制下では利子の控除について様々な制約があるが，ここでは深入りしない）。つまり第 2 年度の所得は 60，税額は 24 であり，1100 の売却代金から銀行への 440 の返済および 24 の税額を引くと，残額は 636 である。これは②と比べて中立的であり，時価主義ならば保持・買換えの選択が歪められない。

包括的所得概念に従い譲渡益にも課税するとしつつ課税時期として時価主義を採用しないという嚙み合わせの悪さがロック・イン効果の原因である，という方が正確である。しかし実務上は，実現時の課税がロック・イン効果の原因である，として嫌われる。とりわけ問題となるのは，含み益のある資産を会社に出資しようとする場合に，出資も譲渡の一つであり含み益が実現したものとして課税される，といった事態である。そのため，出資等による保有形態の変更を妨げないようにするために，**実現**はあっても所得を**非認識**とするというロック・イン効果対

策が措置されることがある（⇨第 2 節 **3(5)** 末尾および **(7)**，第 5 章第 4 節 **3(1)**）。

第 5 節　所得の人的帰属

1　実質所得者課税（12 条）

（1）　法律的帰属説と経済的帰属説

　所得税法 12 条は**実質所得者課税の原則**を規定したものとされる。課税物件の法律上（私法上）の帰属につき，その形式（名義人）と実質（真実の法律上の帰属者）とが相違している場合に実質に即して帰属を判定すべきであると解する**法律的帰属説**と，課税物件の法律上（私法上）の帰属と経済上の帰属とが相違している場合に経済上の帰属に即して課税物件の帰属を判定すべきであると解する**経済的帰属説**とが対比される。文理的にはどちらの解釈も可能であるが，法的安定性を重視し，法律的帰属説が妥当であると解されている（金子 182 頁）（登記を冒用された登記名義人への譲渡所得課税が無効とされた例として最判昭和 48 年 4 月 26 日民集 27 巻 3 号 629 頁〔百選 108，冒用登記事件〕。法人名義の不動産取引が仮装であり真の取引主体は個人であるとした例として東京高判平成 28 年 2 月 26 日判タ 1427 号 133 頁）。

　法律上の形式的帰属者と実質的帰属者とが乖離する典型例は**信託**であり，所得税法 13 条で別途規定されている。このほか，たとえば**問屋**（商 551 条）と委託者との関係について考えると，問屋が売買等に係る法的権利義務の主体であるとはいっても，課税においては原則として委託者に売買等の効果が帰属するものとして扱われる（消費税法 13 条に関し，大阪地判平成 25 年 6 月 18 日税資 263 号順号 12235 は問屋がリスクを負担していた例外的な事例であるが，一般論としては委託者に効果が帰属すると述べている）。

（2）　家族内での所得の帰属と稼得者課税

　裁判例としては，株取引包括委任事件（熊本地判昭和 57 年 12 月 15 日訟月 29 巻 6 号 1202 頁）がある。X が妻に証券の事務的事項を任せたにすぎない場合，各

証券会社との間の有価証券取引について，その個別的，具体的な取引行為自体
は妻が担当していても，X の包括的な委託に基づくものであって，その取引
による所得はすべて X に帰属すると判断された。

　婚姻に先立ち**夫婦財産契約**（民 756 条）を締結し，財産の帰属を夫婦折半とし
た場合，夫の所得の半分を妻の所得であるとして申告することが認められるか。
東京地判昭和 63 年 5 月 16 日（判時 1281 号 87 頁〔百選 6 版 29〕）は，収入に係る
権利が発生した段階においてその権利が相手方との関係で誰に帰属するかによ
って所得の帰属が決定されるとした。妻にも所得が半分帰属するという法的関
係は夫婦内のものにすぎないとの考え方である。

　このように，勤労による所得については，勤労者以外への帰属が認められな
い傾向が強い（**稼得者課税**と呼ばれる）。これは**所得分割**（⇨第 1 節 **3(1)**）を防ぐ。

　ただし，勤労性所得については稼得者課税の原則により所得移転が難しい一
方で，資産性所得については資産に係る権利を移転することで所得移転も容易
になすことができる。たとえば，作家である母が著作権を息子に贈与した場合
（贈与税課税は別論），所得課税の文脈で印税収入の稼得者は息子であるというし
かない。著作権も作家の勤労によって生じたものであるところ，勤労性所得と
資産性所得とで所得移転の難易が異なることは，個人の経済事情に即した課税
という所得税の政策的見地からは課題である。

2　家族事業：家族内での給与等の必要経費算入の可否（56 条・57 条）━━━

　家族内所得分割を明示的に否認する規定が所得税法 56 条である。事業を営
む者（例：父）が生計を一にする親族（例：娘）に支払った給与等の対価は，父
の必要経費に算入できない（第 1 文前段）。なお娘は当該対価について課税され
ない（第 2 文。なお第 1 文後段により娘の必要経費は父の必要経費に算入される）。家
族内では，過大な給与支払い等の手法により，父から娘へ等，実態にそぐわな
い所得移転が起きるおそれがある。実態がなければ脱税であるが，対価が相当
であるか等を調査する課税当局の能力にも限界がある。そこで，このような不
算入規定およびみなし規定（推定規定ではないことに留意）が設けられた（既婚の
長男・次男が生計を一にする親族に当たらないとした例として最判昭和 51 年 3 月 18 日
判時 812 号 50 頁〔百選 31〕）。

　しかし，**青色申告**等所定の要件の下で，所得税法 57 条 1 項が家族従業員への給与支払（**青色専従者給与**）の必要経費算入を認める（3 項が白色申告者について限定的に必要経費算入を認める）。従業員側の給与所得には算入される。つまり57 条は所得分割を可能とする。なお，夫婦財産契約等と異なり，ここでは現に勤労をした者への所得移転の可否が問われていることに留意されたい。

　また，**法人成り**を介した所得分割もある。個人事業ではなく法人事業とし，法人から従業員に給与を支払うという形式を採る。給与支払いは法人の損金となり法人段階で課税されず，従業員間で合法的に所得を分割することができる。また，**給与所得控除**（⇨第 2 節 **6(3)**）も利用できる。

　57 条および法人成りにより 56 条は骨抜きになっている。しかし，57 条が「給与」支払いを必要経費として認める一方，56 条は「対価」支払いという広い概念を用いているため，56 条の適用範囲は残っている。

　56 条適用例として，弁護士夫婦事件（最判平成 16 年 11 月 2 日判時 1883 号 43頁〔百選 32〕：弁護士 X が別の事務所を開設している弁護士である妻 A に対して支払う対価について），弁護士夫税理士妻事件（最判平成 17 年 7 月 5 日税資 255 号順号10070），特許事務所賃借事件（東京高判平成 3 年 5 月 22 日税資 183 号 799 頁：特許事務所を営む夫が建物保有者たる妻に支払う賃料について）等がある。56 条の「事業に従事したことその他の事由」の解釈の広狭の問題であり，判例は広く解している。57 条 1 項に関し，東京高判平成 29 年 4 月 13 日（税資 267 号順号13010）は他に職業を有する親族について青色専従者非該当とした。

3　共同事業と事業の主宰者

　所得税法 56 条・57 条が前提とする一人の事業主とその従業員という関係だけではなく，家族で共同事業を営むという関係もありうる。しかし，判例・実務では一人の**事業の主宰者**に所得が帰属するとして扱おうとする傾向が強い。

　歯科医院親子共同経営事件（東京高判平成 3 年 6 月 6 日訟月 38 巻 5 号 878 頁〔百選 28〕）は，父 X が T 歯科医院を営んできたところ，子 S が歯科医師国家試験に合格した後，X とともに同医院において診療に従事し，X と S が総収入および総費用を折半して確定申告をした事案である。しかし判旨は，「収入が何人の勤労によるものであるかではなく……ある事業による収入は，その経営主

体であるものに帰したものと解すべき」との一般論の下，本件では X の信用
で医院が経営されていたと認定した。事業所得については勤労のみならず経営
者としての実態も要求されるということである（所基通 12-2 以下参照）。

　もっともこの判決をもって共同事業による所得分割は認められないというの
は早計であろう。夫婦間で民法上の組合を作り共同事業を営む等の場合，現行
法上は所得分割を否認できなかろう，とも論じられている（金子 202 頁）。

第 6 節　マイナス項目

1　必要経費（37 条）　⇨第 3 節 **2** に譲る。

2　損失（資産価値の減少）（51 条・72 条）

（1）　事業・業務用の資産（51 条）

　法人税法 22 条 3 項 3 号と異なり所得税法 37 条 1 項は**損失**（所税 69 条 1 項の
損失と異なり，資産価値の減少を指す）一般の控除を認めてはいない。これは純資
産増加に課税するという包括的所得概念の理念に沿わない。所得税法 51 条は，
例外的に不動産所得・事業所得・山林所得・雑所得に関する事業・業務用の資
産の損失の必要経費算入を認めている。貸倒損失について興銀事件（⇨第 5 章
第 2 節 **3**(4)(b)）参照。

（2）　生活用の資産：雑損控除（72 条）

　生活用の資産に関する損失（やむを得ない支出を含む）は，必要経費ではなく
雑損控除として所得控除の対象となる（所税 72 条。繰越しについて 71 条）。「災害
又は盗難若しくは横領」と原因が限られていること（詐欺・恐喝被害は含まない。
名古屋地判昭和 63 年 10 月 31 日判タ 705 号 160 頁〔豊田商事事件〕参照），所定額超
過部分しか控除されないことなどに留意されたい。

　なお，生活に通常必要でない資産（所税令 178 条）の災害等による損失は，
その年または翌年の譲渡所得から控除される（所税 62 条 1 項）。

　その他，「災害被害者に対する租税の減免，徴収猶予等に関する法律」2 条

による救済との選択も可能であるし，個別に救済法が作られることもある（例：「東日本大震災の被災者等に係る国税関係法律の臨時特例に関する法律」)。

3　損益通算（69条）

　所得分類ごとに所得金額を計算した結果，ある所得分類について赤字（所税69条1項にいう「**損失**」。**2**との違いに留意）となることがある。所得税法は，各種所得の金額はゼロであるとした上で「○○所得の金額の計算上生じた損失の金額」（69条1項）を，他の各種所得の金額と相殺させる（**損益通算**という）。

　総合所得税の理想に照らせば，損益通算は無制限であるべきであるが，現行法は不動産，事業，山林，譲渡所得に係る損失のみ通算の対象となるとする。

　なぜ損失の課税所得への反映が制限されるのか。第一に，計算上損失が生じたかに見えてもそこに消費的な要素がある場合，「所得＝消費＋純資産増加」の理念に照らし，控除は認められない。第二に，利子支払いや減価償却（⇨第5章第2節**3**(3)(b)）等の形で損失を人為的に作り出し，他の所得に対する課税を免れようとすることは認められない。金融先物取引に係る損失が雑所得に係る損失であるとして損益通算を否定することは，憲法29条・22条に違反しない（福岡高判昭和54年7月17日訟月25巻11号2888頁〔百選49〕）。

　このように損益通算が制限される中，とりわけ不動産所得に係る損失を給与所得や事業所得と通算して租税負担を軽減させようとする試みが，実務上問題となりやすい。岩手リゾートホテル事件（東京地判平成10年2月24日判タ1004号142頁）は，給与所得者Xがホテル会社Aからリゾートホテルの一室を購入し（目的は節税と投機であるとXは言う），Aに貸し付け，賃料（不動産所得）を得るといういわゆるセール・アンド・リースバックの事案である（なぜAが保有し続けなかったのか，考えてほしい）。所得税法69条2項は，62条1項に掲げる「**生活に通常必要でない資産**」に関する損失について損益通算の範囲を限定している。Xの不動産所得に係る損失が損益通算の対象となるかにつき，裁判所はXにとって「保養」目的（所税令178条1項2号）であると認定して損益通算を否定した。つまりXにとって消費的であったということである。また，同号の拡充により，平成26年4月1日以後のゴルフ会員権譲渡損失（⇨第2節**3**(6)）も原則として損益通算に利用できなくなった。

　なお，損益通算の話ではないが，**生活に通常必要な動産**（所税 9 条 1 項 9 号，所税令 25 条）に関する譲渡益が非課税であることとの対称で，生活に通常必要な動産に関する譲渡損（所税 9 条 2 項 1 号）も控除できない（最判平成 2 年 3 月 23 日判時 1354 号 59 頁〔百選 5 版 49，サラリーマン・マイカー訴訟〕の第一審〔神戸地判昭和 61 年 9 月 24 日判時 1213 号 34 頁〕参照。控訴審以降は 69 条・62 条に依拠）。

4　純損失の繰戻し・繰越し（140 条・70 条）

　課税所得金額は原則として年度ごとに計算される（**期間計算主義**という）が，ある年度の損失のうち損益通算によって控除しきれなかった損失の金額（これを「**純損失の金額**」という。所税 2 条 1 項 25 号）は，その前または後の年度の総所得金額等から控除される。これを，**純損失の繰戻し**（140 条）または純損失の**繰越し**（70 条）という。期間計算主義を貫くと経済実態として所得なきところに課税する酷な結果が生じうるところ（昨年赤字であったが今年黒字であった場合等），純損失の繰戻し・繰越しはこの不都合を緩和するものである。

　計算の便宜のために税率を一律 40% とし，所得分類や租税特別措置法についての説明を割愛し，ある納税者の第 1～第 5 年度の所得がそれぞれ + 200，+ 100，- 600，+ 200，+ 400 であったとしよう（⇨**図表 4-6**）。

　所得税法 140 条 1 項は青色申告者（同条 4 項⇨第 8 節 **1**）の**純損失の繰戻還付**を規定する。第 1・第 2 年度に 80・40 ずつ納税した後，第 3 年度の純損失の金額 - 600 が判明する。ここで - 600 のうち - 100 を第 2 年度に繰り戻し第 2 年度の所得と相殺したものと考え，第 2 年度の納税額 40 を第 3 年度に還付してもらう。ところで，ここではまだ相殺に使われきっていない - 500 の部分がある。これを第 1 年度の所得とも相殺したいところであるが，2 年以上繰り戻すことはできない（同条 1 項・2 項）。

　次に所得税法 70 条 1 項が**純損失の繰越控除**を定めている（同条 2 項は白色申告者に対する限定的措置にとどまる）。第 3 年度の純損失のうち繰戻還付の基礎となっていない部分の額（すなわち - 500）を，第 4 年度の所得から控除することができる。したがって第 4 年度の課税所得は結局 0 となる。さらに第 5 年度においても，所得税法 70 条 1 項が「前年以前 3 年内」の純損失を控除できると規定しているので，第 3 年度の純損失のうちの未使用部分 - 300 を，第 5 年度の

図表 4-6　純損失の繰戻し・繰越しの計算例

年　度	1	2	3	4	5
所　得	＋200	＋100	－600	＋200	＋400
税　額	＋80	＋40	－40	0	＋40

400 の所得と相殺できる。結局第 5 年度の課税所得は 100，税額は 40 となる（⇨第 5 章第 2 節 **4**，法税 80 条・57 条）（先物取引に係る損失の租税特別措置法 41 条の 15 による繰越控除に関し，連年提出要件非充足例として東京高判平成 30 年 3 月 8 日訟月 64 巻 12 号 1794 頁，徴収権時効消滅後の期限後申告不可の例として東京高判平成 30 年 8 月 1 日訟月 65 巻 4 号 696 頁）。

5　所得控除（72条〜86条）

（1）　所得控除の大まかな分類

　所得控除とは課税所得金額の計算において控除されるものであり，所得税法 72 条〜86 条が規定している。何らかの支出・損失に着目して恩恵的・政策的に所得控除を認めるという類型もあるし，人的事情に着目して恩恵的に所得控除を認めるという類型もある。

　前者の類型は所得税法 72 条〜78 条に規定されている雑損控除（⇨**2(2)**），医療費控除（⇨**COLUMN 4-4**），社会保険料控除，小規模企業共済等掛金控除，生命保険料控除，地震保険料控除，寄附金控除といえよう。医療費控除は恩恵的性格が強く，生命保険料控除や地震保険料控除は政策的配慮が強いといえよう。寄附金は包括的所得概念に照らし消費に含められる（贈与と同様，本来は減算項目にならない）ものの，政策的配慮として所定の要件に当てはまる寄附につき控除が認められる。

　後者の類型は，所得税法 79 条〜86 条に規定されている障害者控除，寡婦（寡夫）控除，勤労学生控除，配偶者控除，配偶者特別控除，扶養控除，基礎控除である。誰でも基礎控除により 48 万円までは課税されず（所得が 2400 万円超になると基礎控除が漸減する。86 条 1 項 2 号・3 号），さらに給与しか得ていない場合は給与所得控除（⇨第 2 節 **6(3)**）の最低額が 55 万円であるので，48 ＋ 55 ＝ 103（万円）までは課税されない。

（2）　家族に関する所得控除（83 条〜84 条）

　日本の課税単位（⇨第 1 節 **3**）は個人単位であるが，所得控除等で家族の問題にある程度配慮している。所得税法 83 条の**配偶者控除**は，非就労配偶者 A（年間の所得金額 48 万円以下の控除対象配偶者。給与のみなら 103 万円以下）がいる場合，就労配偶者 B の所得から 38 万円を控除することを認める。この控除によりオルドマン・テンプルの法則（⇨第 1 節 **3(2)**）に照らして片稼ぎ夫婦の租税負担は同額の所得を稼ぐ独身者より軽くなる。なお，A の所得金額が 48 万円を超えても（A の給与収入が 103 万円を超えても）所得税法 83 条の 2 の配偶者特別控除が適用されるため直ちに夫婦合計の税引後所得が減ること（いわゆる逆転現象）はない。しかし社会保障制度では逆転現象が生じうる。配偶者の就労の阻害要因を減らすべく検討がなされ，令和 2 年以降は A の所得金額が 95 万円超 133 万円以下（A の給与収入が 150 万円超 201.6 万円以下）の範囲で控除が漸減する（さらに B の所得金額が 900 万円超 1000 万円以下〔給与収入のみならば 1095 万円超 1195 万円以下〕の範囲でも，漸減する）制度となった。A 自身の所得税は，給与収入だけならば，103 万円（住民税については 100 万円）を超えたら課せられる。

　配偶者控除，扶養控除（所税 84 条）の適用範囲は，民法上の配偶者（最判平成 9 年 9 月 9 日訟月 44 巻 6 号 1009 頁〔百選 50，事実婚「配偶者控除」訴訟〕），民法上の親族（最判平成 3 年 10 月 17 日訟月 38 巻 5 号 911 頁）に限定される。配偶者・親族といった**借用概念**（⇨第 3 章第 1 節 **2**）については借用元の民法におけるのと同じ意義に解すべきであるという要請のほか，税務行政における法的安定性の見地からも，内縁の配偶者等を考慮できない，ということである。年金給付に関して厚生年金保険法 3 条 2 項が「事実上婚姻関係と同様の事情にある者」を含めていることと対照的である。なお，令和 2 年改正で新設されたひとり親控除（所税 81 条・2 条 1 項 31 号）は，かつて寡婦控除・寡夫控除の対象外であった未婚の父母を含むようになり，法律婚から距離をとった。なお，所得税法 80 条は寡婦控除・寡夫控除から寡婦控除（2 条 1 項 30 号）だけになった。

（3）　所得控除，税額控除，手当

　立法政策としては，配偶者控除・扶養控除の所得控除方式は低税率納税者にとっての恩恵が小さいので（限界税率 40％ で 38 万円控除されれば税 15.2 万円減。

限界税率 10% なら税 3.8 万円減），**税額控除方式**にすべきとの意見も根強かった。

　平成 22 年以降，15 歳以下の子どもを扶養する者に子ども手当（効果は税額控除に近くなる。平成 24 年以降，児童手当の名称に戻った。支給月額は原則として子 1 人あたり 1 万円。3 歳未満および第三子以降の小学校修了前は 1.5 万円。622 万円＋38 万円×扶養人数の所得制限限度額以上の場合は 5000 円）が支給されるようになったことに伴い，扶養控除に係る控除対象扶養親族（所税 2 条 1 項 34 号の 2。令和 5 年以降は非居住者につき限定がかかる）は 16 歳以上に限られることとなった。控除額は，一般に 38 万円であるが，特定扶養親族（同項 34 号の 3。19 歳以上 23 歳未満）につき 63 万円，老人扶養親族（同項 34 号の 4。70 歳以上）につき 48 万円（同居の場合は 58 万円。租特 41 条の 16）である。

第 7 節　個人住民税

1　地方公共団体の個人に関する税源

　都道府県と市町村はそれぞれ個人住民税を課す（地税 23 条以下・292 条以下。地方税法上の「都道府県民税」と「市町村民税」を合わせて「住民税」と呼んでいる。都について 1 条 2 項）。

　個人住民税**均等割**は個人に対して均等額で課されるものであり，**応益課税**（政府からの受益に応じた課税）の性格が強い。都道府県・市町村が標準税率として 1000 円・3000 円の負担を課す（地税 38 条・310 条）。

　個人住民税所得割は**応能課税**（納税者の能力に応じた課税）の性格も混じる。また，前年の所得を基準とするという特徴がある（地税 32 条 1 項・313 条 1 項。**前年課税主義**）。所得計算はおおむね所得税と同じである（32 条 2 項・313 条 2 項。**所得税準拠主義**）。もっとも所得控除は所得税法におけるより低く，個人住民税所得割の**課税最低限**（各人に適用される人的所得控除を合計した額として課税されない収入金額の限度）は国税である所得税のそれよりも低くなる傾向がある。課税最低限が高いと住民が当該地域の負担を分任するという趣旨が達成されないためである（生活保護費の水準を下回らないとすることについて地税附則 3 条の 3）。

　かつて累進税率であったが，平成 18 年度税制改正における所得税から住民

税への 3 兆円規模の**税源移譲**に伴い，都道府県・市町村の住民税が 4% と 6%，計 10% となった（地税 35 条 1 項・314 条の 3）。これは，第一に応益課税の性格を強めるためであり，第二に，累進税率のままであると地域間の**税収偏在度**が高くなる（住民の所得水準が低い地域の税収は一層乏しくなる）ためである。

2　納税義務者

　住民税の賦課期日は 1 月 1 日である（地税 39 条・318 条）。区域内に**住所**を有する個人とは当該区域の住民基本台帳に記録されている者をいう，と規定されているが（24 条 2 項・294 条 2 項。**住民基本台帳主義**），1 月 1 日に住民登録を外しても個人が当該区域内に住所を有する者である場合には住民基本台帳に記録されている者とみなして住民税を課すこととなる（24 条 2 項かっこ書・294 条 3 項。みなし課税）。住所（民 22 条）とは**生活の本拠**であって（武富士事件⇨第 3 章第 1 節**3(4)**），記録が絶対の基準ではない。

　なお，住所を有していなくとも，区域内に事務所・事業所・家屋敷を有する個人は，住民税の納税義務者に含められ（地税 24 条 1 項 2 号・294 条 1 項 2 号），均等割のみ課される。

　都道府県住民税・市町村住民税を合わせて市町村が徴収する。納税義務者は市町村長に申告書を提出する義務があるが，前年分の所得税に関する確定申告書を提出している場合，あらためて申告する必要はない（地税 45 条の 3・317 条の 3。みなし申告）。

　住民税について，**普通徴収**（地税 1 条 1 項 7 号「徴税吏員が納税通知書を当該納税者に交付することによつて地方税を徴収すること」）が原則であるものの，給与所得・退職所得については**特別徴収**（同項 9 号。源泉徴収に類似。源泉徴収については⇨第 8 節**3**）の方法で徴収する（319 条 1 項・321 条の 3・328 条の 4）。

3　利子割・配当割・株式等譲渡所得割

　都道府県内の金融機関が支払う利子等（地税 23 条 1 項 14 号。所税 23 条にいう利子より広い）に対して課す住民税を**利子割**という（地税 71 条の 5 以下）。国税における利子所得に対する 15% の**源泉分離課税**に加え，都道府県が利子割住民

税を 5% の税率で特別徴収の方法により徴収する。

　配当割・株式等譲渡所得割も同様であり，国税において源泉分離課税の対象となる上場株式等の配当等（特定配当等：地税 23 条 1 項 15 号，租特 9 条の 3）および譲渡益（特定株式等譲渡所得金額：地税 23 条 1 項 16 号，租特 37 条の 11 の 4 第 2 項）に対して 5%（地税 71 条の 28・71 条の 49）の税率（3% の軽減税率は NISA 導入に伴い廃止。⇨第 2 節 **2**(3)）で，配当割・株式等譲渡所得割の住民税を，特別徴収の方法により徴収する（71 条の 30・71 条の 50）。

4　事業税

　個人の営む第一種事業（地税 72 条の 2 第 8 項：物品販売業，保険業等の 37 業種）・第二種事業（同条 9 項：畜産業，水産業等）・第三種事業（同条 10 項：医業，歯科医業等の 30 業種）について，所得を課税標準として事務所または事業所所在の都道府県において，その個人に事業税が課される（同条 3 項）。

第 8 節　徴収等

1　青色申告（143 条・166 条）

　申告納税（⇨第 2 章第 3 節 **2**(2)）における日本の特色は**青色申告**制度である。シャウプ勧告に基づき申告納税制度定着を図って導入されたものであり，充分な帳簿書類を備え付けている者に限り青色申告書による申告を認める一方，青色申告者に税制上の特典を与えるというものである（信義則⇨第 3 章第 1 節 **4**(2)参照）。たとえば**青色専従者給与**（所税 57 条 1 項⇨第 5 節 **2**）は青色申告を要件の一つとしている。純損失の繰戻し・繰越しにつき⇨第 6 節 **4** 参照。なお，所得税法 155 条 2 項は税務署長の青色申告者に対する更正につき理由附記を命じているが，平成 23 年改正後，白色申告者の記帳義務化および理由附記が実施されている（税通 74 条の 14 第 1 項，行手 8 条・14 条）。

2　更正の請求

　申告に誤りがあるとき，**修正申告**（税通 19 条）もしくは**更正の請求**（23 条）をすることになる（⇨第 2 章第 3 節 **2(2)** (b)）。国税通則法 23 条 1 項の期限後であっても，同条 2 項（1 号の確定判決等）による更正の請求のほか，**後発的理由**（所税 63 条：事業廃止，64 条：譲渡代金回収不能，所税令 274 条：無効・取消し）に基づき更正の請求をすることができる（所税 152 条）。

3　源泉徴収（181 条以下）

　納税義務者以外の者に租税を徴収させ国等に納付させる制度を**徴収納付**といい，その中でも，支払者に受取人の租税を納付させる仕組みを**源泉徴収**（所税 181 条以下。源泉徴収義務者につき 6 条）という。納税義務は支払時に成立し自動的に確定する（最判昭和 45 年 12 月 24 日民集 24 巻 13 号 2243 頁〔百選 114〕。**自動確定方式**：税通 15 条 2 項 2 号・3 項 2 号。所基通 181〜223 共-1 参照。退職金支給原因たる株主総会決議不存在のため退職金が会社に返還された場合の源泉所得税還付請求の時効の起算点は，退職金支給時ではなく返還時であるとした例として，名古屋地判平成 29 年 9 月 21 日税資 267 号順号 13064）。居住者たる個人が受け取る所得についてだけではなく，内国法人が受け取る所得や非居住者・外国法人が受け取る所得についても，源泉徴収に関しては所得税法が規定している（所税 212 条以下）。株式会社月ヶ瀬事件（最大判昭和 37 年 2 月 28 日刑集 16 巻 2 号 212 頁〔百選 113〕）では，源泉徴収制度が憲法 29 条・14 条・18 条に違反しないと判示された。もっとも，非居住者が不動産を譲渡する際に買主が源泉徴収義務（所税 212 条 1 項）を負わされているところ，売主の居住地の判断が難しい場面もありうるという問題もある（東京地判平成 23 年 3 月 4 日税資 261 号順号 11635〔百選 6 版 68〕，東京地判平成 28 年 5 月 19 日税資 266 号順号 12856〔百選 73〕参照）。

　源泉徴収には四類型ある。

　第一が，利子所得など，本来の納税義務者の**確定申告不要**の類型である。典型例として，**利子所得**に係る**源泉分離課税**とは，金融機関が利子所得を支払う際に源泉徴収し，そして源泉徴収によって完了するというものである。執行面での便宜を追求している反面，個々の納税者の経済状態を反映できない（低所

得者・高所得者の低税率・高税率を無視）。所得税法 181 条 1 項は，利子・配当支払者の源泉徴収義務を規定し，182 条は利子等について 15%，配当等について 20% の源泉徴収税率を定めている。なお，利子・配当については住民税（⇨第 7 節 **3**）の 5% も上乗せされる。また，配当等の税率は 15% となっている（租特 9 条の 3。上場株式等の配当・譲渡益に係る 10%〔所得税 7%，住民税 3%〕の軽減税率は NISA 導入に伴い廃止）。租税特別措置法 3 条 1 項（利子所得の分離課税等）は「居住者又は恒久的施設を有する非居住者が……国内において支払を受けるべき」所得税法 23 条の「利子等……については……他の所得と区分」すると規定し，源泉分離課税となっている。また，配当所得は原則として総合所得課税の対象である（⇨第 2 節 **2(2)**）ものの，上場株式等の配当等について租特法 8 条の 4・8 条の 5 がそれぞれ**申告分離課税・申告不要制度**を規定しており，事実上源泉分離課税の扱いを受ける場面が多い（NISA につき⇨第 2 節 **2(3)**）。

　第二が，給与所得に係る源泉徴収（所税 183 条以下）であり，**年末調整**（190 条以下）により所定の要件（副収入が 20 万円以下など）の下で確定申告が不要となるものである（121 条 1 項）。医療費控除等により源泉徴収税額の還付を求める申告はできる（120 条・122 条・138 条，所税令 267 条）。年末調整をする使用者の事務的負担の是非のほか，年末調整によって多くの給与所得者が申告不要で済むため，多くの納税者をして租税負担を通じた政治に対する興味を失わしめているのではないかという民主主義の観点からも，立法論上賛否がある。最判平成 27 年 10 月 8 日（判タ 1419 号 72 頁）では権利能力なき社団の理事長が借入金債務免除益を受けることは給与所得に当たるとされ，差戻後上告審の最判平成 30 年 9 月 25 日（民集 72 巻 4 号 317 頁〔百選 116〕）では給与所得に係る源泉所得税の納税告知処分について当該納付義務の発生原因たる法律行為の錯誤無効（事件当時。平成 29 年改正民法下では錯誤は取消原因）を主張することは法定納期限経過の事実のみで不可能となるものではない（この事案では経済的成果喪失要件非充足のため納税告知処分は適法）とされた。

　第三が，退職所得に係る源泉徴収（所税 199 条以下）であり，年末調整の対象とされていないものの**申告不要制度**の適用がある（121 条 2 項）。破産会社の元労働者に配当される退職手当等について，破産管財人に源泉徴収義務はないとした判例がある（最判平成 23 年 1 月 14 日民集 65 巻 1 号 1 頁〔百選 118〕）。支払者と受領者との間に「特に密接な関係」がある場合に「徴税上特別の便宜を有し，

能率を挙げ得る」ことが 199 条の源泉徴収義務を支えているところ，破産管財人と元労働者との間に「使用者と労働者との関係に準ずるような特に密接な関係」がないとした（なお，最判平成 23 年 3 月 22 日民集 65 巻 2 号 735 頁〔百選 117〕は，給与等の支払いをする者は，その支払いを命ずる判決に基づく強制執行によりその回収を受ける場合であっても，所得税法 183 条 1 項所定の源泉徴収義務を負うとした）。

　第四が，報酬・料金等に係る源泉徴収であり，**確定申告による調整**が予定されているものである（所税 120 条 1 項 4 号参照。還付につき 138 条）。公的年金（203 条の 2 以下），原稿料・弁護士報酬等（204 条以下），生命保険年金（207 条以下），匿名組合契約に係る利益分配（210 条以下）も第四の類型に属す。なお，報酬・料金等に係る源泉徴収義務を負う個人は原則として給与等の源泉徴収義務を負う者に限られる（204 条 2 項 2 号。ホステス報酬に係る例外について同条 1 項 6 号および 3 項参照。ホステス報酬計算期間事件について⇨第 3 章第 1 節 **1(3)**）。

　日光貿易事件（最判平成 4 年 2 月 18 日民集 46 巻 2 号 77 頁〔百選 115〕）は，給与等の支払者による源泉徴収に誤りがある場合，所得税法 120 条 1 項 5 号（当時。現 4 号）に関し，誤徴収税額を受給者の申告税額から控除することあるいは還付を請求することはできない，と判示していた。これと関連して，年金払い生命保険金二重課税事件（⇨**COLUMN 4-3**）においては，年金が非課税所得であるならば，生命保険会社が源泉徴収したことも誤徴収であるところ，相続人が自ら還付を請求することはできないのではないか，という問題が潜在していた。しかし最高裁は，支払者側たる生命保険会社の源泉徴収義務を肯定し，源泉徴収が適法であるため相続人の還付請求も許されるという論理を組み立てた。

COLUMN 4-7　シェアリング・エコノミー

　情報通信技術の発展を背景とし，雇用を通じた役務等の提供ではなく，副業・兼業として請負契約に基づく役務等の提供が容易になりつつある（国税庁「シェアリングエコノミー等新分野の経済活動への的確な対応」〔令和元年 6 月〕等参照）。役務のほか，たとえば Airbnb を通じて短期間家を貸してもよい X と短期間の滞在場所を望む Y との間のマッチングが容易になるということもある（「民泊」と呼ばれ，Airbnb のような仲介者は「プラットフォーマー」と呼ばれる。こうした経済活動はシェアリング・エコノミーと呼ばれ，役務についてはギグ・エコノミーとも呼ばれる）。所得課税の観点からすると X のような者の副業収入も課税に服すべきであるが，雇用に関する源泉徴収の網からは漏れやすく，X のような者の収入を課税庁が把握するのは難しいことも多い。そこでプラットフォーマーが X

に適正申告を呼びかける制度や X に関する情報を課税庁に申告する制度を導入すべきではないか，ということが論じられている。課税関連の情報収集が源泉徴収頼みであった現状から変化していくかもしれない。

読書ガイド

第 1 節

○金子宏編『所得課税の研究』（有斐閣，1991 年）

○金子宏『所得概念の研究』（有斐閣，1995 年）

○金子宏『所得課税の法と政策』（有斐閣，1996 年）

○佐藤英明『スタンダード所得税法　第 2 版補正 2 版』（弘文堂，2020 年）

○租税法研究 48 号『家族と税制』（有斐閣，2020 年）

第 2 節

○佐藤英明「利子所得における『預金利子』の意義と範囲に関する覚書」神戸法学雑誌 41 巻 1 号（1991 年）61 頁

○金子宏『課税単位及び譲渡所得の研究』（有斐閣，1996 年）

○中里実「human capital と租税法──研究ノート（上）（下）」ジュリスト 956 号（1990 年）104 頁，961 号（同年）215 頁

○岡村忠生「ヒューマン・キャピタルと教育・医療」金子宏監修『現代租税法講座第 2 巻家族・社会』（日本評論社，2017 年）189 頁

第 3 節

○藤間大順『債務免除益の課税理論』（勁草書房，2020 年）

○高橋祐介「税は自ら助くる消費者を助く？──投資家の受領した損害賠償課税を中心として」NBL984 号（2012 年）90 頁

第 4 節

○神山弘行『所得課税における時間軸とリスク──課税のタイミングの理論と法的構造』（有斐閣，2019 年）

第 6 節

○日税研論集 47 号『所得税における損失の研究』（日本税務研究センター，2001 年）

○日税研論集 52 号『所得控除の研究』（日本税務研究センター，2003 年）

第 7 節

○碓井光明『地方税のしくみと法』（学陽書房，2001 年）

○租税法研究 43 号『地方税財政の諸問題』（有斐閣，2015 年）

第8節

○佐藤英明「日本における源泉徴収制度」税研153号（2010年）22頁

○日税研論集79号『デジタル取引と課税』（日本税務研究センター，
　2021年）

第5章

法人の所得課税
——法人税と地方税

第1節　分配主体としての法人

1　法人税の意義

　わが国における法人税は，「法人の所得に対して課される租税」として構成されている（法税5条参照）。この二つの要素，すなわち①自然人から離れた法人（事業体）を独立の納税義務者とし，かつ②法人の所得を観念するという仕組みは，法人税を導入するほとんどの国において共通したものとなっている。

　しかしながら，構成員（株主等）たる個人に分配された利益が配当所得として個人所得税の課税対象となり，結果として配当等に対する相対的重課が生じることには，多くの批判が寄せられてきた（金子宏「法人税の性質と配当課税のあり方」『所得課税の法と政策』〔有斐閣，1996年〕409頁）。たとえば，法人形態により営まれる事業・投資に対する追加的な課税によって企業の事業形態に関する選択が歪められること，資本構成または配当性向といった要因によって企業ごとに税負担が異なることの不合理性，または株式等以外の形態を通じた資金調達や利益の内部留保を促すことによる非効率性が指摘される。

　その一方で，現在の仕組みを維持すべき理由があることもまた確かである。法人段階での租税を廃止することは，個人所得税および国際課税の分野に大きな影響を与える。個人所得税との関係においては，課税繰延べの防止という観

点から，法人段階で留保された未分配利益に相当する所得額に対しても税を課する必要がある。ところが，法人の規模によっては株主等の出資者ないし持分参加者が多数にのぼり，また，出資者に付与される請求権が多様となることが認められている場合に，法人の利益を各人に適切に割り当てることには困難が伴う。この困難に対処し，執行可能なルールを創設・運用することは，現実には不可能に近い。あわせて，国際課税の分野では，法人税は非居住者の資本所得（法人に対する投資から生じる収益）に対する源泉地課税として機能していることを考えるならば，法人税の一方的廃止は課税権の喪失を意味する。

　そのため，法人税を存置した上で，あわせて法人段階と個人段階の税負担を調整する方式を採用している国も多い。日本では，所得税法により，（部分的）配当税額控除方式が採られている（⇨第 4 章第 2 節 **2(2)**）。また，米国やドイツのように，法人段階と個人段階における所得税負担を独立のものとして課税する方式を正統方式（クラシカル方式）という。ただし，クラシカル方式を採用する国においても，株式ないし金融市場に対する投資を促進するために，株式に係る配当等を分離課税（軽減税率）の対象とする仕組みが存在している実例があることには注意が必要である。

　もっとも，一定の範囲で法人段階の独立した租税を認めたとしても，わが国のように法人概念とリンクさせ（⇨第 1 節 **2(1)** 参照），私法上権利義務の主体とされる事業体のみを法人税法上の納税義務者として扱う必要はない（法人課税信託の仕組み⇨**COLUMN 5-3**）。課税繰延べの防止や源泉地課税の確保という観点からは，たとえ法人格を有しない事業体であっても法人税法上の納税義務者とする仕組み，または，法人格を有する事業体であっても，その事業体を課税上無視し，直接その構成員を納税義務者とする仕組みを導入することにもまた合理性が認められるのではないか。

　日本の現状として，複雑な法整備が必要となる事態を避けるため，私法上の帰属との整合性が重視される傾向が窺われる（大蔵財務協会編『改正税法のすべて〔平成 19 年版〕』〔大蔵財務協会，2007 年〕313 頁〔佐々木浩ほか〕）。つまり，租税債務についてのみ，私法体系と異なる者を債務者と定めることによって，立法コストが過大になるのを回避した例を踏まえると，法人税法が，納税義務者の範囲を私法上の法人概念を基とする背後には，同様の政策判断が存在すると考えられる。

COLUMN 5-1　同族会社

　わが国では，法人を設立しさえすれば，実態が個人企業と異ならない場合であっても，法人税法上の納税義務者として扱われることになる。その結果として，たとえば利益を法人段階で留保することにより法人税率（比例税率）を利用し，または，法人から自分または自らの親族に給与を支払うことによって，所得税法の下では制限されている同一家計内での所得分散や給与所得控除を利用して，税負担の軽減を図る傾向がみられると指摘される。

　そのため，少数の株主等によって支配され，法人・個人を通じた税負担の軽減が図られやすい会社については，こうした傾向を抑制するため，いくつかの特例が設けられている。

　まず，会社の株主等の 3 人以下ならびにこれらと特殊の関係のある個人および法人によって，発行済株式または出資の総数または総額の 100 分の 50 を超える株式または出資が保有されている会社（**同族会社**。法税 2 条 10 号）については，その行為または計算で，これを容認した場合には法人税の負担を不当に減少させる結果となると認められるものがある場合は，税務署長はその行為または計算を否認し，法人税額等を計算することができる（132 条 1 項 1 号。所得税法では，157 条 1 項 1 号が同様の内容を定める）。

　次に，株主等の 1 人ならびにこれと特殊の関係のある個人および法人が発行済株式または出資の総数または総額の 100 分の 50 超の株式または出資を有する**特定同族会社**（被支配会社）については，各事業年度の所得金額を留保した場合，その留保金額が一定の限度額を超えるときは，通常の法人税のほかに，その超えた金額に特別税率を乗じた法人税を課することとされている（法税 67 条 1 項）。ただし，資本金の額または出資金の額が 1 億円以下である被支配会社にあっては，資本金の額または出資金の額が 5 億円以上である法人による完全支配関係（グループ法人税制⇨第 4 節 **2** 参照）があるもの等を除き，適用対象から除外されている。

2　納税義務者

（1）　様々な法人

（a）　法人の分類　　法人税法は，法人を納税義務者として規定する（法税 4 条 1 項・3 項）。したがって，私法上法人格を認められる法人，すなわち，私法上の法人および個別の立法により法人格を与えられた法人は，法人税の納税義務者となる。なお，法人は，その本店または主たる事務所の所在地により，内国法人であるか外国法人であるかが区別され（2 条 3 号・4 号），納税義務の有

無および課税所得の範囲を異にする（4 条・5 条・9 条〔令和 4 年 4 月 1 日より 8 条〕）が，本章では，もっぱら内国法人を念頭に説明を行う（外国法人の扱いについては⇨第 8 章第 2 節）。また，以下に説明する公共法人，公益法人等，または協同組合等以外の法人を**普通法人**という（2 条 9 号）。普通法人以外の法人は，法人税法上，以下のような課税上の特徴を有している。

　第一に，内国法人であっても，公共法人は納税義務が免除されている（法税 4 条 2 項）。公共法人には，地方公共団体，公庫，独立行政法人などが該当する（2 条 5 号・別表第 1）。これらの法人は，その活動内容が公共サービスないし準公共サービスの提供であり，公共的性格が強く認められることから，法人税の課税対象から除外されている。また，これらの法人のうちには，国または地方公共団体が全額出資し，かつ，利益処分・残余財産の帰属主体が国または地方公共団体に限定されていることから，租税という手法によって利益の一部を徴収する必要が認められない仕組みとなっている点に，納税義務を免除する根拠を見出すことができるものも多い。

　第二に，公益法人等または人格のない社団等（⇨(b)）については，収益事業を行う場合のみ納税義務者となり（法税 4 条 1 項），かつ収益事業から生じた所得のみが法人税の課税対象とされる（7 条〔令和 4 年 4 月 1 日より 6 条〕）。公益法人等は，活動内容に公益性が認められることに加え，その公益性を確保するため，構成員に対する利益の分配を予定していないのが通常（非営利性の確保）であるため，法人税を課する必要性は小さい。その一方で，収益獲得を目的とする営利法人と競合する事業活動が行われる場合にまで非課税とすることは，営利法人との間で競争条件の不平等を生じ，課税の公平を害するおそれがあるため，その限度で法人税の課税対象としているのである（最判平成 20 年 9 月 12 日判時 2022 号 11 頁〔百選 51，ペット葬祭業事件参照〕）。

　公益法人等の範囲は，別表第 2 に掲げられている（法税 2 条 6 号）が，法人税法上の取扱いを正確に理解するためには，一般社団法人及び一般財団法人に関する法律に基づいて設立され，公益認定を受けた公益社団法人および公益財団法人と，その他の公益法人等（たとえば，学校法人，社会福祉法人，宗教法人）とを区別して読み進める必要がある。なお，一般社団法人・財団法人のうち，公益認定を受けた公益社団・財団法人のみならず，法人税法上定義される非営利型法人（2 条 9 号の 2。⇨**COLUMN 5-2** 参照）に該当するものも公益法人等

図表 5-1　納税義務者の分類

```
        ┌─ 内国法人（2条3号）（注）
        │      ┌─ 公共法人（2条5号・別表第1）
  法人 ─┤      ├─ 公益法人等（2条6号・別表第2）または人格のない社団等（2条8号）
        │      └─ 協同組合等（2条7号・別表第3）
        └─ 外国法人（2条4号）
  個人（法人課税信託〔2条29号の2〕の引受けを行うとき）
```

(注)　協同組合等には軽減税率が適用される。
　　　公共法人，公益法人等，協同組合等以外の（内国）法人が，普通法人である（2条9号）。

に含まれることに注意が必要である。

COLUMN 5-2　非営利型法人

　一般社団法人および一般財団法人は，定款により社員に剰余金または残余財産の分配を受ける権利を与えることができず（一般法人11条2項），一定程度非営利性が確保されているものの，残余財産の帰属について，法人の社員総会等の決議により，その帰属先を社員とする余地は残っている（239条参照）。

　そのため，一般社団法人・財団法人について，一般的に公益法人等（原則非課税）として取り扱うことは適当でなく，①非営利性が徹底された法人および②共益的活動を目的とする法人を非営利型法人と定義し，これらについてのみ，公益法人等として取り扱うこととしている（法税2条9号の2）。①は，類型的に，利益稼得事業に携わる可能性が乏しいこと，また，②は，会費等の収入と活動費用の支出の時期とのタイムラグによる一時的な余剰に対する課税を排除することに合理性が認められることが，それぞれの理由とされる。

　また，別表第2には掲げられていないが，特定非営利活動促進法に基づいて設立される特定非営利活動法人（いわゆるNPO法人）は，法人税法その他法人税に関する法令の適用について，公益法人等とみなすこととされている（非営利活動70条1項）。

　第三に，協同組合等（法税2条7号・別表第3）は，営利を目的とせず，組合員の共同の利益の増進を目的とするものであるため，軽減税率が適用される（66条3項）。

　さらに，普通法人のうち，特定目的会社，投資法人，および法人課税信託

（⇨**COLUMN 5-3**）のうち特定目的信託については，支払配当の額が配当可能利益の額の 90％ 相当額を超えていることなどを条件として，支払配当の額を損金算入することが認められている（租特 67 条の 14・67 条の 15・68 条の 3 の 2）。この取扱いによって，法人の得た所得が，当該法人段階での課税を受けることなく，出資者（投資家）に分配されることになる。このような課税上の特徴は，比喩的に，**導管性**を備えていると評される。

　（b）　人格のない社団等　　人格のない社団等は，その定義（法税 2 条 8 号）からして法人ではないが，これを法人とみなして，この法律の規定を適用するとされている（3 条）。民事法上法人に準ずる扱いが認められる権利能力なき社団・財団について，営利事業を行うものを法人税の対象とすることで，課税の均衡を図ろうとした規定である。

　そのため，人格のない社団等の具体的意義については，私法上の概念を借用したもの（⇨第 3 章第 1 節 **2**）として，条文上の表現に囚われることなく，「権利能力なき社団」（最判昭和 39 年 10 月 15 日民集 18 巻 8 号 1671 頁参照）と同一の内容を有するものと解されている（福岡高判平成 2 年 7 月 18 日判時 1395 号 34 頁〔熊本ねずみ講税金訴訟事件〕）。

> **COLUMN 5-3　法人課税信託**
>
> 　平成 18 年の信託法改正により，自己信託制度や受益証券発行信託，限定責任信託といった制度が明示的に認められた。それを受け，平成 19 年度税制改正は，法人が委託者となる租税回避の典型的ケースを想定し，そのケースに該当する信託に係る受託者に対し，当該信託の信託資産等および当該受託者の固有資産等ごとに，それぞれ別の者とみなして法人税法の規定を適用することを義務づける仕組みを導入した（法税 4 条の 6〜4 条の 8。なお，4 条 3 項・4 項参照）。その対象となる信託として，①（特定受益証券発行信託以外の）受益証券発行信託，②受益者等が存しない信託，③法人が委託者となる信託のうち，ⓐ重要な資産を信託するもので，当該法人の株主を受益者とするもの，ⓑ自己信託に類するもので，長期の信託，ⓒ同じく自己信託に類するもので，配当に裁量権を有するもの，④（国内公募投資信託以外の）投資信託，および⑤特定目的信託，が掲げられている（2 条 29 号の 2）。

（2）　課税標準

（a）　各事業年度の所得　　法人税の課税標準は，各事業年度の所得とされ

ている（法税5条）。法人税においても，「所得＝消費＋純資産増加」という包括的所得概念（⇨第4章第1節**1(1)**）を前提として課税標準が選択されていると考えられるところ，法的擬制として認められるにすぎない法人に消費を観念することはできない以上，法人の所得はただ純資産増加としてのみ把握されることになる。そして，企業活動は継続的になされるのが建前（ゴーイング・コンサーン）であるため，企業活動の終了の時まで待って純資産価値の増減を測定することはできない。企業が活動する期間に一定の人為的な区切りを設け，その期間内における所得を課税対象とすることが必要となる。

　所得税は暦年の終了の時に納税義務が成立するとされている（税通15条2項1号）のに対し，法人税については**事業年度**の終了の時とされ（同項3号），たとえば通常の株式会社であれば，定款により，その事業年度を定めることができることになる（法税13条1項参照）。これは，法人税法が，会社法などの設立根拠法の規律の下に行われる利益計算を利用することと密接に関係している（確定決算主義⇨**3(1)**）。ただし，これらの期間が1年を超える場合は，当該期間をその開始の日以後1年ごとに区分すると定められ（同項但書），法人税法上の事業年度が1年を超えることはない。

　事業年度ごとに計算された課税所得の金額等は，原則として各事業年度終了の日の翌日から2か月以内に申告・納付を行うものとされている（法税74条1項・77条）。なお，事業年度の中途において解散，分割，継続等特殊な事由が生じた場合には，その事業年度を区分して課税所得の計算を行う必要があるとされ（14条），その区分された期間はみなし事業年度と呼ばれる。

　（b）　収益事業課税　　前述のとおり，公益法人等および人格のない社団等は，収益事業を行う場合に，収益事業から生じた所得のみが法人税の課税対象とされる。したがって，これらの納税義務者の課税所得を明らかにするためには，収益事業の範囲が重要となる。

　収益事業は，「継続して事業場を設けて行われるもの」と定められ，事業的規模に至るものであることが前提とされているほかは，その具体的範囲が政令に委ねられている（法税2条13号）。まず，政令は，物品販売業，不動産販売業，金銭貸付業など，収益事業に該当する事業を具体的・限定的に列挙する（法税令5条1項）。ただし，政令により掲げられた収益事業には請負業（同項10号）が含まれ，かつ，これは，「事務処理の委託を受ける業を含む」と広く規

定されているため，実際に収益事業に該当するか否かが問題となる局面は広がりうる。

　この点については，宗教法人が死亡したペットの飼い主から依頼を受けて葬儀，供養等を行う事業が法人税法2条13号所定の収益事業に当たるか否かが争われた事例について，「事業に伴う財貨の移転が役務等の対価の支払として行われる性質のものか，それとも役務等の対価でなく喜捨等の性格を有するものか，また，当該事業が宗教法人以外の法人の一般的に行う事業と競合するものか否か等の観点を踏まえた上で，当該事業の目的，内容，態様等の諸事情を社会通念に照らして総合的に検討して判断するのが相当である。」とする判例（前掲最判平成20年9月12日）が参考になる。

　次に，法人税法施行令は，5条1項の規定において事業を限定列挙した上で，それらに該当した事業のうちから，一定のものを収益事業の範囲から除く（2項）という条文構造を採っている。たとえば，1項に該当する事業活動であっても，社会的弱者に雇用の場を提供する機能を担っている場合には，収益事業の範囲からは除外される（同項2号）。

　また，公益社団法人または公益財団法人については，こうして除外される事業として，公益社団法人及び公益財団法人の認定等に関する法律2条4号に規定する公益目的事業に該当するもの（法税令5条2項1号）が規定されている。これは，公益社団法人または公益財団法人が公益認定を受けるにあたって，公益目的事業を行うことを主たる目的とするものであることを求められる仕組み（公益認定5条1号）を前提とする規定である。したがって，公益社団・財団法人が主たる目的として行う公益目的事業は，たとえ法人税法施行令5条1項に掲げられる事業に該当するものであったとしても，法人税の課税対象たる収益事業には含まれないことになる。

（3）税　率

　税率の設定にあたっても，各法人の性格等に応じた区分がなされている。まず，①普通法人，②一般社団法人等，または③人格のない社団等に対しては，各事業年度の所得の金額に23.2％の税率を乗じて法人税の額を計算することとされている（法税66条1項）。ここにいう一般社団法人等とは，一般社団法人・財団法人のすべてを指すのではなく，一般社団法人・財団法人のうち公益

図表 5-2　課税所得の範囲

	法税令 5 条 1 項各号所定の事業※		それ以外の事業
公共法人	(免税)		
公益法人等	19%		(非課税)
(一般社団法人等)	23.2%	公益目的事業	
人格のない社団等	23.2%		
普通法人	23.2%		

□は課税対象とされる事業
※法人税法施行令 5 条 2 項 2 号〜4 号に該当するものを除く。

法人等に該当するもの（非営利型法人に該当する一般社団法人および一般財団法人，ならびに公益社団法人および公益財団法人）を意味している。

　普通法人のうち資本金の額・出資金の額が 1 億円以下であるもの，もしくは資本・出資を有しないもの，一般社団法人等，または人格のない社団等（以下，「中小法人等」という）については，各事業年度の所得の金額のうち，年 800 万円以下の部分に対して軽減税率が適用されることになっている。当該部分に適用される税率は，法人税法において 19% と定められている（法税 66 条 2 項）が，租税特別措置法により 15% まで引き下げられている（租特 42 条の 3 の 2。適用期限あり）。ただし，普通法人のうち，資本金の額または出資金の額が 5 億円以上である法人による完全支配関係があるもの等については，グループの一体経営の事態を重視し，軽減税率を適用しないこととしている（法税 66 条 6 項）。

　次に，公益法人等（上記一般社団法人等は除く）または協同組合等に対する税率は，19% とされている（法税 66 条 3 項。なお，所得の金額のうち，年 800 万円以下の部分に対しては，中小法人等と同様，軽減税率〔15%〕が適用される。租特 42 条の 3 の 2）。前述のとおり，公益社団法人・公益財団法人以外の公益法人等については，本来的な公益活動であっても，収益事業に該当する可能性が排除されているわけではない。この点を考慮し，適用税率が軽減されているものと考えられる。

3　会社法・企業会計との関係

（1）　確定決算主義

　法人税の課税標準である所得の金額は，企業活動の成果の把握という面において，企業が稼得した利益の額と共通した性格を有する。そして，法人は，法的に出資者（株主等）から独立した財産主体としての存在が認められている反映として，設立根拠法により，その活動の成果や財産の状況を関係者に開示することが義務づけられていることが通例である。たとえば，株式会社にあっては，一般に公正妥当と認められる企業会計の慣行に従う会計処理を前提（会社431条）に，計算書類等（貸借対照表，損益計算書など）の作成および保存が求められる（435条）。

　これを前提に，法人税の課税所得を計算し，申告するにあたっては，「確定した決算に基づ」くことが定められている（法税74条1項）。なおかつ，会社法等の計算は「一般に公正妥当と認められる企業会計の慣行に従う」ことが明示されている（たとえば会社431条・614条，一般法人119条）ことからすれば，この規定は，課税所得が基礎とする計算過程（法税74条1項参照）が，会社法等の規律に則り，かつそれが企業会計の慣行に従ってなされるという意味で，「会計の三重構造」を表現するものとして捉えることができる（金子349頁）。

　法人の計算および内部手続を利用することで，納税者は利益計算と課税所得計算それぞれの二重計算の手間を省くことができるほか，立法者は，法人税法における課税所得計算に関する規定を簡素化することができる（法税22条4項参照）。そして，課税当局も，企業統治が十分に機能している法人については，その利益計算が適切に行われることを通じて，適正な課税所得計算がなされるものと期待できよう。

　さらに，こうした機能的な観点とあわせて，法人が計算書類等を確定させる手続である決算（たとえば会社436条3項参照）を利用することにより，いわゆる内部取引についての客観性を確保することが企図されている。たとえば減価償却，引当金のように，企業の意思決定を経てはじめて簿記上の取引が成立する内部取引については，課税所得に反映させる前提として，決算によって確定された計算書類等において（費用または損失として）経理されていることが必要である。

こういったわが国法人税法の基本的考え方を**確定決算主義**ないし確定決算基準と呼び，その内容は，次の①～③のように整理される（税制調査会・法人課税小委員会報告〔平成8年11月〕）。②および③については，項を改めて説明する。

① 　商法（会社法）上の確定決算に基づき課税所得を計算し，申告すること（法税74条1項参照）。
② 　課税所得計算において，決算上，費用または損失として経理されていること（損金経理）等を（損金算入の）要件とすること。
③ 　別段の定めがなければ，「一般に公正妥当と認められる会計処理の基準」（以下，「**公正処理基準**」という）に従って計算すること（法税22条4項）。

（2）　損金経理要件

法人税の所得金額は，益金の額から損金の額を控除することによって算定されるところ（法税22条1項），一定の費用または損失については，**損金経理**，すなわち法人がその「確定した決算において」費用または損失として経理すること（2条25号）を損金の額に算入するための要件とし，会社法等の決算との関係を利用して，課税所得から控除される範囲に制限を設けている。

内部取引等の一定の事項については，課税所得算定の過程で，確定した決算における経理処理とは異なる処理を行い，それを基に申告をした場合（いわゆる申告調整）には，当該申告は適法な課税所得の計算とは認められない。そのため，法人が課税上有利な取扱いを追求する結果として，会社法等の会計処理（に係る企業の意思決定）に法人税法の規定およびその解釈が影響を与える，いわゆる**逆基準性**の問題が生じることが指摘されている。

損金経理要件は，法人の内部取引について，どのレベルでの意思決定を要求するかという点についての政策判断を示しているが，同時に，内部取引等については，その費用または損失として経理すべき額を第三者たる課税庁が認定することはせず，（法の定める範囲内において）企業の行った会計処理を最終のものとして認めることを意味している点にも注意が必要である（大阪高判昭和50年6月13日税資81号822頁参照）。

（3）　公正処理基準（企業会計準拠主義）

　法人税法 22 条 4 項の規定は，収益の額および費用・損失の額は，「一般に公正妥当と認められる会計処理の基準に従つて計算されるものとする。」と定める。（会社法等を媒介として）課税所得が企業利益に基礎をおいて算出されるとの考えを背景に，流動する社会経済事象に対応する一つの手法として，「税法において課税所得は，納税者たる企業が継続して適用する健全な会計慣行によって計算する旨の基本規定を設けるとともに，税法においては，企業会計に関する計算原理規定は除外して，必要最少限度の税法独自の計算原理を規定することが適当である。」との判断を示す規定として一般には位置づけられる（税制調査会「税制簡素化についての中間報告」〔昭和 41 年 9 月〕）。

　同時に，22 条 4 項の意義として，**自主的経理の尊重**が挙げられる。すなわち，収益の額および費用・損失の額の計算を公正処理基準に委ね，法人税法の簡素化を実現する反面として，「現に法人のした利益計算が法人税の企図する公平な所得計算という要請に反するものでない限り」，課税所得の計算上もこれを許容することになると理解されている（最判平成 5 年 11 月 25 日民集 47 巻 9 号 5278 頁〔百選 65，大竹貿易株式会社事件〕）。具体的には，納税者の選択した基準が取引の経済的実態からみて合理的なものであり，かつ，その基準を継続して適用している場合には，法人税法上もその会計処理を正当なものとして是認することになる。

第 2 節　法人の所得計算

1　収益費用アプローチ

　法人税の課税標準は，「各事業年度の所得の金額」とされている（法税 21 条）。そして，実定法上，法人の所得は，「**益金の額**」から「**損金の額**」を控除することで計算される（22 条 1 項）。企業の純資産価値の増減を把握する目的から考えれば，その法人に流入し，純資産価値の増加原因となる収益を足し合わせた額を益金の額とする一方で，同じように純資産価値の減少原因となる流出（費用・損失）を足し合わせた額を損金の額として捕捉し，この両者の差額を求

めることで，当該事業年度における純資産価値の増減を算定することを意図した規定と考えるのが自然である。

　　ただし，現金の流入と流出（キャッシュフローの動き）を単純に記録し，加減算する方法（いわゆる現金主義）を採るわけではない。前述の通り，法人税の所得計算は，会社法等および企業会計が規律する利益計算に依拠している。そして，会社法・企業会計が目的とする利害関係者への情報提供という観点からは，その企業が行っているビジネスが維持可能なものかどうか，また投資先として有望かどうかを判断するために意味のある情報でなくてはならない。そのために会社法・企業会計が伝統的に要求してきたのは，その企業のビジネス・サイクルが一巡した時点での総括である。すなわち，そのビジネス・サイクルによって生み出された商品・サービスが市場による評価を受け，成果が確実となった時点（典型的には，市場取引で買い手がついた時点）で収益を認識し，あわせてその商品・サービスを産出するために必要とされた費用（原価）を対応させた上で報告するのが，基本的枠組みとされてきた（収益費用アプローチ）。実績としての成果が報告されることによって，利害関係者・投資家は，その企業の収益性に関する事前の予測を，事後の実績に照らして改訂することが可能となる。このフィードバック過程が，将来キャッシュフローの予測に資すると考えられてきた。

　　したがって，22条4項の規定が置かれていることからも，法人税法が課税の対象として想定する所得は，純資産価値の単純な増減ではなく，企業が営む経済活動の成果としての所得が選択されているものと考えられる。この点は，条文上，「取引……に係る……収益」（法税22条2項）として，取引の結果として収益が発生することを想定しているように読めることからも支持されるだろう。

2　益金の額の計算

(1)　収益の範囲

　(a)　収益の意義　　益金の額に算入される収益は，「資産の販売，有償又は無償による資産の譲渡又は役務の提供，無償による資産の譲受けその他の取引で資本等取引以外のものに係る当該事業年度の収益」として広く定義されてい

る（法税 22 条 2 項）。まず，一定の取引によって純資産増加をもたらす流入が
あった場合，これが収益として益金の額に算入されることには異論がない。そ
してこれは，22 条 2 項が「……その他の取引」（に係る収益）と包括的に定め
ていることからすれば，同項の掲げる取引の種類は単なる例示にすぎず，資本
等取引以外の取引において生じた収益はすべて純資産増加の原因となり，益金
を構成する（東京地判平成 22 年 3 月 5 日税資 260 号順号 11392 参照）。

　さらに，収益の概念は，経済的な実態に即して実質的に理解するのが相当で
あると解され（東京高判平成 26 年 6 月 12 日訟月 61 巻 2 号 394 頁），その原因とな
る取引が不法ないし違法無効なものであったとしても変わらない（利息制限法
所定の制限を超過する利息・損害金に関する最判昭和 46 年 11 月 16 日刑集 25 巻 8 号
938 頁。ただし，その場合，どの時点で収益を認識して益金に算入するのが適当か，あ
らためて問題となる⇨(2)(b)）。また，損害賠償金の取得も益金の額に算入され
る（最判昭和 43 年 10 月 17 日金法 534 号 31 頁）など，収益の発生原因は私法上の
取引に限定されない。

　なお，益金の額に算入される収益は「資本等取引以外のもの」であり，資本
等取引（法税 22 条 5 項⇨第 3 節）により生じた収益は，法人税法上，益金には
算入されない。そのため，たとえば減資差益や自己株式処分差益は，益金の額
に算入されない。

　(b)　無償取引　　また，22 条 2 項の規定が定める内容は，法人に外部から
の経済的価値の流入があった場合に収益を認識するようには限定されていない
点に注意しなくてはらない。同項が「無償による資産の譲渡又は役務の提供」
を収益の発生原因として挙げている以上，外部からの流入がないにもかかわら
ず，何らかの収益を認識する取引が想定されていることを読み取れる。そこで，
この規定は，正常な対価で取引を行った者との間の負担の公平を維持し，競争
中立性を確保するために，法人税法（所得課税）に内在する論理を表現したも
のと考えられている（金子宏「無償取引と法人税――法人税法 22 条 2 項を中心とし
て」『所得課税の法と政策』336 頁）。

　判例は，22 条 2 項の規定について，「法人が資産を他に譲渡する場合には，
その譲渡が代金の受入れその他資産の増加を来すべき反対給付を伴わないもの
であっても，譲渡時における資産の適正な価額に相当する収益があると認識す
べきものであることを明らかにしたもの」という理解を示している（たとえば，

最判平成7年12月19日民集49巻10号3121頁〔百選52，南西通商株式会社事件〕)。そして，現実に収受した対価が適正な価額の一部のみである場合（低額譲渡の場合）においても，無償譲渡の場合との均衡から，譲渡の対価として現に受け取った額のほか，これと資産の譲渡時における適正な価額との差額も収益の額に含まれるものと判断した。なお，この判断は，資産の販売・譲渡または役務の提供について，立法的に明確化されている（平成30年度税制改正により創設された法税22条の2第4項）。

　資産の（無償）譲渡については，ある資産が所有者の支配を離れて他に移転するのを機会に，当該資産の値上がりによる増加益を清算して課税することが求められる点に根拠を見出すことができよう。所得税法における譲渡所得課税と同じく（所得税における譲渡所得課税の意義について，最判昭和43年10月31日訟月14巻12号1442頁〔榎本家事件〕参照⇨第4章第2節 **3(5)**），納税者の所得（純資産増加）を適切に把握するためには，保有資産の時価相当額を収益として認識することが必要だと考えるのである。ただし，この議論は，無償取引全体について収益を認識することの説明としては不十分だとされる。

　無償による役務提供がなされた場合に，なぜ当該役務提供について収益が認識されるのだろうか。法人による金銭の無利息貸付けがなされた清水惣事件（大阪高判昭和53年3月30日判時925号51頁〔百選53〕）において，裁判所は，「資産の無償譲渡，役務の無償提供は，実質的にみた場合，資産の有償譲渡，役務の有償提供によつて得た代償を無償で給付したのと同じである」と論じた上で，「当該貸付がなされる場合にその当事者間で通常ありうべき利率による金銭相当額の経済的利益が借主に移転したものとして顕在化した」と評価し，その金額を貸主の収益として認識することになると説明する。つまり，役務提供に伴って本来得るはずであった対価相当額をいったん収益として認識し，あわせて，その同額を相手に無償で給付する（すなわち，寄附金⇨**3(5)**(c)として扱われる）という二段階の取引があったものと理解しているように読める（いわゆる二段階説）。この見方によれば，法人税法が無償取引から収益が生じることを擬制するのは，独立当事者間で取引がなされた場合と税負担の均衡を図り，負担の公平を実現する趣旨と理解されることになろう。裁判例および課税実務は，この立場をとる。

　これに対して，現実には二段階での取引が存在するわけではない以上，こう

した取引を擬制する根拠として明示的な「別段の定め」（法税22条2項参照）が必要だとする批判もある。22条2項ないし所得課税に内在する法理という説明では不十分と考える立場からは，通常の対価相当額と実際の対価の額との差額について37条7項および8項の規定により寄附金の額が認定される場合に限り，その反射として，それと同額の収益認識が擬制されるものとして説明される（限定説。中川一郎「新法人税法の研究（2）」シュトイエル39号〔1965年〕24頁）。

COLUMN 5-4　所得の振替

　無償取引に関する議論を理解する上で重要なのが，所得の振替防止という視点である。前述のとおり，法人の種類に応じて課税所得の範囲や適用税率は異なる。また，客観的基準の一形式として，損金算入限度額（たとえば寄附金）や租税特別措置法に基づく優遇措置の利用の制限が，法人の規模（資本金の額等）や所得額に応じて設けられていることがある。これらの仕組みが，立法者の意図した通りに機能するためには，前提条件として，減価償却費，譲渡資産の帳簿価額，または欠損金額といった納税者の課税所得ないし税額計算に影響を与える項目（いわゆる**租税属性**）が，それらの項目を有する法人によってのみ利用されることとし，法人間で任意に移転することを規制する必要がある。

　法人税法上，所得金額の計算および税額算定は個別法人単位でなされる。ところが，企業グループに所属する法人であっても，個別法人単位に依拠してさまざまな規律が設けられている結果として，たとえば関連グループ内部で，欠損金額を生じる法人に所得を移転することにより，グループ全体での法人税の合計額を節減する試みのなされることが考えられる（増井良啓『結合企業課税の理論』〔東京大学出版会，2002年〕13頁）。こうして，法人間で所得を移転することにより税額を節減しようという試みを**所得の振替**と呼ぶ。22条2項は，経済的合理性に裏付けられない所得移転を法人税法上無視し，所得の振替を抑制する機能を果たしているといえる。

　そして，この観点からは，無償譲渡の場合に，いわゆる二段階説が措定する第二段階の擬制によって，擬制された収益の額に対応して認定される寄附金の額が（一般寄附金の）損金算入限度額の範囲で損金算入され，その限度で課税所得が減少することによって所得の振替を許してしまうことが問題視される。そこで，有力説は，通常の対価で取引を行った者との課税上の公平を実現するため，端的に通常の対価相当額の収益を擬制し，法人の適正な所得を算出することを目的とした規定として理解することで，第二段階の擬制を認めない（適正所得算出説。金子宏「無償取引と法人税——法人税法22条2項を中心として」『所得課税の法と政策』318頁）。

　なお，限定説を前提とせず，収益の発生原因たる（無償）利益移転を広く捉えると，その擬制の限界を示す文言として，「取引」が機能する局面が現れる。原則として資産の評価益に課税しない旨定められ（法税25条1項），また，公正処理基準が実現主義を採ると考えられていること（最判平成5年11月25日民集47巻9号5278頁〔百選65，大竹貿易株式会社事件〕）からすれば，未実現の利益に対する課税を排するとの観点から，その外延を画するべきであろう。自己の保有する子会社株式について存する含み益を，当該子会社の新株を有利発行することによって第三者に移転した事例において，最高裁は，「資産価値の移転は，上告人の支配の及ばない外的要因によって生じたものではなく，上告人において意図し，かつ，B社において了解したところが実現したものということができるから，法人税法22条2項にいう取引に当たるというべきである」と判示した（最判平成18年1月24日判時1923号20頁〔百選54，オウブンシャホールディング事件〕）。資産価値の移転が納税者の支配の下になされたこと，および利益移転の当事者間で意思の合致があったことが，「取引」に該当するとの結論を導く上で重視される。

　また，実際の対価の額と通常の対価相当額との間に乖離があった場合に，つねに通常の対価相当額を収益の額として擬制しなければならないわけではない。正常な対価で取引を行った者との公平が根拠だとすれば，たとえば，「対価的意義を有するものと認められる経済的利益の供与を受けているか，あるいは，他に当該営利法人がこれを受けることなく右果実相当額の利益を手離すことを首肯するに足りる何らかの合理的な経済目的その他の事情が存する場合」（前掲大阪高判昭和53年3月30日）には，実際の対価の額を収益の額とすることに問題はない。

　（c）　別段の定め　　22条2項は，収益の範囲およびその認識のタイミングに関する原則を定める。そして，法人税法の簡素化のため，その計算は公正処理基準に従うこととされていた（法税22条4項）。しかしながら，法人税法は，「別段の定め」として，いくつかの例外を設けている（⇨(3)）。それら別段の定めは，公正処理基準との関係では，次のように整理される（金子宏「公正妥当な会計処理の基準（法人税法22条4項）について」租税研究707号〔2008年〕11頁）。

　第一に，公正処理基準の内容を確認する性質の規定である。公正処理基準は，実現主義（⇨第4章第4節**2**），または費用収益対応の原則（⇨**3(1)**(a)）を実質

化するため，一定の会計方法を強制または許容していることがある。この場合に，22 条 2 項（および 3 項）の定める範囲を超え，公正処理基準に合致した会計方法を追認するために設けられる別段の定めである。

　第二に，公正処理基準を前提としながら，画一的な基準を設定する，あるいは，一定の限度を設ける，さらには，部分的に修正するというようなことを内容とする規定である。納税者間の負担の均衡を強調する，または税務執行上の公平・簡素化を図るといった目的から，こうした規定が設けられている。

　第三に，租税政策上，または経済政策上の理由から，公正処理基準に対する例外を定める規定がある。たとえば，法人税負担の累積を防止する規定（法税 23 条）や，一定の分野・資産に対する投資を促進するために租税特別措置法に定められる税額控除制度などがこれに該当する（なお厳密には，租税特別措置法の規定は「法人税法の特例」として定められている）。

（2）　収益の帰属事業年度（収益の認識基準）

（a）　権利確定主義　**1** で述べたように，収益費用アプローチの下では，法人が行う取引を契機として収益を認識する。これを前提に，法人税法は，「取引……に係る……収益の額」を益金に算入すると定めた（法税 22 条 2 項）上で，たとえ保有資産に含み益が生じていたとしても，それを保有したまま含み益の額を益金に算入することは原則として認めていない（25 条 1 項）。

　取引に注目するといっても，その一連の過程のうち，具体的にどの段階まで進んでいれば当該事業年度における収益として益金に算入することになるのかは明らかではない。換言すれば，いかなる事実に注目して，その取引に係る収益の額を益金算入すべき事業年度（**収益の帰属事業年度**）を決定するのかが問題とされる。

　CASE 5-1 において，A 社の事業年度の末日が 3 月 31 日である場合，この100 万円は，3 月 31 日までの年度と 4 月 1 日以降の年度のうち，どちらの事業年度の所得（益金）となるのだろうか。取引の一連の流れのうち，たとえば，対価として現金を受け取った時点，または契約成立により代金支払いを請求する権利が発生した時点もしくは代金債権が具体的に行使できるようになった時点（たとえば買主の同時履行の抗弁権が消滅した時点）のうち，いずれを選択するかにより，収益の帰属する事業年度が異なることになる。

CASE 5-1

小麦を 50 万円で仕入れて製粉し，B 商店に 100 万円で小麦粉を販売した A 社は，次のような過程を経て取引を完了した。

1 月 10 日		3 月 30 日		4 月 2 日		5 月 2 日
契約成立	⟶	出　荷	⟶	検　収	⟶	代金収受

　最高裁（前掲最判平成 5 年 11 月 25 日）は，22 条 4 項の規定の存在に言及した上で，「ある収益をどの事業年度に計上すべきかは，一般に公正妥当と認められる会計処理の基準に従うべきであり，これによれば，収益は，その実現があった時，すなわち，その収入すべき権利が確定したときの属する年度の益金に計上すべきものと考えられる」と判断した。法人税法が，所得税法と同じく，いわゆる**権利確定主義**を採用したことを認めたものと理解されてきた。

　しかしながら，新たに策定された「収益認識に関する会計基準」（企業会計基準委員会「収益認識に関する会計基準」企業会計基準第 29 号（平成 30 年 3 月 30 日）。以下，「収益認識基準」という）は，顧客との契約内容を評価し，別個の財・サービスの約束をそれぞれ履行義務として識別することを義務付けた上で，各履行義務を充足した時に，または充足するにつれて，取引価格のうち，当該各履行義務に配分した額について収益を認識することを求めている。平成 30 年度税制改正では，こうした収益認識に関する会計基準との整合性が強調され，収益認識に関する通則的な規定が導入された。

　資産の販売・譲渡または役務の提供（以下，「資産の販売等」という）について，別段の定め（法税 22 条 4 項を除く）があるものを除き，収益の額は「その資産の販売等に係る目的物の引渡し又は役務の提供の日」の属する事業年度の益金の額に算入される（22 条の 2 第 1 項）。また，その際に益金算入される収益の額は，「その販売若しくは譲渡をした資産の引渡しの時における価額又はその提供をした役務につき通常得べき対価の額に相当する金額」とする旨が定められている（同条 4 項）。

　また，同改正に付随して，収益認識基準に対応した課税実務上の取扱いが明確化された（国税庁「『収益認識に関する会計基準』への対応について」〔平成 30 年 5 月〕）。なお，収益認識基準の適用がない企業については，従来通り会計原則に

則った会計処理が認められていることから，従前の取扱いによることも可能とする方針がとられている。

　まず，収益認識基準においては，単一の契約に別個の財またはサービスを移転する約束が含まれている場合には，それぞれを履行義務として識別し，取引価格を配分することとされている。そこで，契約ごとに収益を計上することを原則としつつも，収益認識基準の適用対象となる取引については，履行義務を単位として資産の販売等に係る収益の額を計上することを認めている（法基通2-1-1）。

　次に，収益認識基準では，履行義務を充足した時に，または充足するにつれて収益を認識するとされているが，「引渡し……の日」（法税22条の2第1項）の意義については，棚卸資産の種類および性質，その販売に係る契約の内容等に応じその引渡しの日として合理的であると認められる日のうち法人が継続してその収益計上を行うこととしている日として（法基通2-1-2），課税実務上従来の取扱いを維持することが明らかにされている。

　さらに，役務の提供については，収益認識基準において，一定の期間にわたり充足される履行義務については，履行義務の充足に係る進捗度を見積り，当該進捗度に基づき収益を一定の期間にわたり認識するとされている。そのため，①履行義務が一定の期間にわたり充足されるのか，それとも②一時点で充足されるものなのかという区別に基づいて，収益計上時期の整理が行われている。すなわち，前者①（収益認識基準が適用されるものに限る）は，履行義務の充足程度に応じて収益が計上されるのに対して，その他の取引（②を含む）は，その引渡し等の日を収益計上の時期としている（法基通2-1-21の2・2-1-21の3）。

　もっとも，22条4項の理解として，「現に法人のした利益計算」，すなわち公正処理基準に従った納税者の自主的経理が尊重されると考えられてきたこと（⇨第1節 **3(3)**）から，一般に公正妥当と認められる会計処理の基準に従って当該資産の販売等に係る契約の効力が生ずる日その他の引渡しまたは提供の日に近接する日の属する事業年度の確定した決算において収益として経理した場合には，その収益経理を尊重することが明確にされている（法税22条の2第2項）。さらに，収益の額を近接する日の属する事業年度に益金算入した場合にあっても，申告調整により，その額につき当該事業年度の確定した決算において収益として経理したものとみなす旨の規定が置かれている（同3項）。

22条の2が設けられた後においても，資産の販売等に該当しない，損害賠償請求権といった法定債権の取得については，従前通り，支払いを受けるべきことが確定した日の属する事業年度において，その債権に係る収益の額を益金の額に算入することになる。特に損害賠償請求権の場合，原則として，損害の生じた事業年度における益金の額に算入されることになろう（最判昭和43年10月17日金法534号31頁）。ただし，法人が債権の発生原因となる事実を認識しえず，ただちに権利行使を期待できない場合には，当該事実を生じた事業年度の収益とはならない（不当利得返還請求権に関して，最判平成4年10月29日判時1489号90頁〔百選68，相栄産業事件〕）。この点は，納税者の認識ではなく，通常人を基準にして，権利行使が期待できないような客観的状況にあったかどうかという観点から判断するのが適当である（東京高判平成21年2月18日訟月56巻5号1644頁〔日本美装事件〕）。

なお，有価証券（法税2条21号）の譲渡に係る譲渡利益額（損失額）については，金融商品に係る会計基準の設定に対応して，「譲渡に係る契約をした日」の属する事業年度を帰属事業年度とする「別段の定め」（61条の2第1項）が置かれている（約定日基準ないし契約基準）。

(b)　管理支配基準　資産の販売等以外の取引について，収入すべき権利が確定した時期を判定する際に法的な観点を重視した場合には，説明が困難な領域が存在する。具体的には，不法な原因により得た収益であり，法的な観点から権利の確定を観念することは難しい。

しかしながら，このような経済的利益も法人税法における所得を構成する以上，事実上，確定的な利益を享受するに至ったにもかかわらず，当該利益に対する課税をなしえないと考えるのは公平ではないし，公正処理基準にも反すると考えられる。そのため，対価等が現実に納税者の管理支配下に入ったと評価できる時点で収益を認識することが認められている（たとえば最判昭和46年11月16日刑集25巻8号938頁参照。名古屋地判平成13年7月16日判タ1094号125頁，神戸地判平成14年9月12日判タ1139号98頁）。また，不当利得として返還すべきことが確定した場合においては，当該事由の生じた日の属する事業年度の損失とする処理（前期損益修正）によることが公正処理基準に合致する（最判令和2年7月2日民集74巻4号1030頁〔百選66〕）。

（3）　別段の定め

（a）　リース譲渡——延払基準　　資産の販売等については，22条の2第1項に従い，原則として引渡しまたは役務の提供がなされた時点で収益が認識され，益金に算入されることが明確化された。

これまで，商品販売や役務提供に係る対価の支払いを分割してなすことを許容する取引（割賦販売等）においては，代金回収が長期間かつ分割払いによってなされ，また高額の商品であることが多いために，長期割賦販売等については，その長期割賦販売等に係る賦払金割合（法税令124条2項）に応じた**延払基準**の方法により，その収益・費用の額の益金・損金算入時期を遅らせることを認め，課税を繰り延べることで，納税資金への配慮を行っていた（法税旧63条1項）。

しかしながら，収益認識に関する会計処理の基準が延払基準を認めていないこともあり，平成30年度税制改正によって，延払基準が認められる対象はリース譲渡（⇨(c)）に限定されることとなった。

（b）　一事業年度をこえる工事（64条）——工事進行基準　　請負による収益の額は，物の引渡しを要する請負契約にあってはその目的物を完成して相手方に引き渡した日が「役務の提供の日」に該当し，その属する事業年度の益金の額に算入することが原則とされる（法基通2-1-21の7参照）。これは，建設工事契約等であっても同様であり，その収益は，目的物の全部を完成して相手方に引き渡した日に認識される（工事完成基準）。

しかしながら，成果の確実性が認められる工事から生じる収益について，着手の日から目的物の引渡しの日までの期間が長期にわたる場合に，工事完成基準に従い，目的物の完成時に収益・費用を一時に認識したのでは，法人の活動（長期間の工事）を反映した所得の適正な把握が妨げられる可能性がある。そのため，①長期大規模工事の請負をした場合は強制的に，②長期大規模工事以外の工事の請負をした場合には，確定した決算における所定の経理を条件として，**工事進行基準**を適用することとしている（法税64条1項・2項）。工事進行基準の下では，当該事業年度終了の時におけるその工事に係る進行割合に応じて，各事業年度に帰属すべき収益および費用の額が計算され（法税令129条3項），法人の活動の成果をより適切に把握することができると考えられている。

長期大規模工事とは，工事のうち，着手の日から当該工事に係る契約におい

て定められている目的物の引渡しの期日までの期間が 1 年以上であること，政令で定める大規模な工事であることその他政令で定める要件に該当するものをいう（法税 64 条 1 項）。なお，本条にいう工事には，製造およびソフトウエアの開発を含むことに注意が必要である。

　長期大規模工事以外の工事の請負については，工事進行基準の適否が決算における経理処理によって決定されるため，納税者が会計方法を恣意的に選択して経理を行う可能性が存するように思われる（たとえば，赤字工事についてのみ工事進行基準を選択して損の先出しをする）。ただし，平成 19 年 12 月に公表された「工事契約に関する会計基準」によれば，「成果の確実性」に注目して工事進行基準を適用することとされているため，この可能性は抑制されている。

　　(c)　リース取引　　法人が，法人税法上のリース取引を行った場合には，そのリース取引の目的となる資産（「リース資産」）を賃貸人から賃借人へ引き渡した時に，当該リース資産の売買があったものとして各事業年度の所得の金額を計算することとされる（法税 64 条の 2 第 1 項）。法人税法上のリース取引には，資産の賃貸借であって，①当該賃貸借に係る契約が，賃貸借期間の中途においてその解除をすることができないものであることまたはこれに準ずるものであること（ノンキャンセラブル），および②当該賃貸借に係る賃借人が当該賃貸借に係る資産からもたらされる経済的な利益を実質的に享受することができ，かつ，当該資産の使用に伴って生ずる費用を実質的に負担すべきこととされているものであること（フルペイアウト），という二つの要件を満たすものが該当する（いわゆるファイナンス・リース）。これらの要件を満たす賃貸借においては，賃貸人から賃借人に対して資産の売買がなされたのと同様の経済的実態があるとの認識を基に，その実態に即した課税を行うこととしたものである。

　なお，賃貸人の所得計算において，売買があったものとされるリース資産の引渡し（「リース譲渡」）については，経理要件を条件として，延払基準の選択適用が認められている（法税 63 条 1 項）。また，賃借人においては，リース資産を自己の資産とした上で，契約上の諸条件に照らして，リース取引の目的とされている資産そのものの所有権が賃借人に移転すると認められる取引以外のもの（これを「所有権移転外リース取引」という。法税令 48 条の 2 第 5 項 5 号）については，リース期間定額法による償却を行うことになる（同条 1 項 6 号）。

　さらに，資産の売買において，その資産の譲受人から譲渡人に対するリース

取引が行われることを条件として当該売買が行われた場合，これら一連の取引が実質的に金銭の貸借であると認められるときは，当該資産の売買はなかったものとし，かつ，当該譲受人から当該譲渡人に対する金銭の貸付けがあったものとして，各事業年度の所得の金額を計算することとされる（法税64条の2第2項）。いわゆる**セール・アンド・リースバック取引**について，譲渡人（賃借人）が保有する資産をいったん売却し，一時にその譲渡対価を取得することによって資金を調達する目的を有するにもかかわらず，使用の実態に変化のないことを捉え，一連の取引が実質的に金銭の貸借であることを重視した取扱いとなっている。

　(d)　短期売買商品・売買目的有価証券・仮想通貨　　資産の評価益・評価損は，原則として益金・損金に算入することはできない（実現主義。法税25条1項および33条1項）。しかしながら，短期的な価格の変動を利用して利益を得る目的で市場性の高い資産を保有する場合には，当該資産に係る価格変動による**時価評価損益**は，投資活動の成果という意味において，現実になされた売買によって生じた譲渡益または譲渡損と実質的に同視できる。

　そこで，新たな会計基準等の開発・設定により，売買目的有価証券，トレーディング目的で保有する棚卸資産および活発な市場が存在する仮想通貨を対象として，期末時点での時価ないし市場価格の評価差額を当期の損益として処理する取扱いが導入されたことに伴い，法人税法でも時価評価を前提とした益金算入・損金算入の特例が設けられてきている（61条の3・61条）。

　なお，これら期末時価評価の規定創設にあわせ，損失ヘッジの目的に対する手段としてデリバティブ取引等が行われていた場合に当該デリバティブ取引等に係る損益の計上時期とヘッジ対象資産等に起因する損益の計上時期とを一致させるため，当該デリバティブ取引に係る損益額の**繰延ヘッジ処理**が認められている（法税61条の6）。

　(e)　受取配当等　　法人が他の（課税）法人から受ける配当等は，当該他の法人段階で法人税を課された後の利益を原資として支払われていると考えられる。その結果生じる法人税の二重課税を排除・緩和するため，他の法人から受け取る配当等については，次のような軽課措置が設けられている。

　完全子法人株式等または関連法人株式等に係る配当等については，その全額が益金には算入されず，また，支配目的が乏しい株式等（非支配目的株式等）に

係る配当等については，その額の20%，そしてこれらに該当しない株式等に係る配当等については，その額の50%が益金に算入されない（法税23条1項）との取扱いを受けることで，法人税の課税対象から除かれている。ここにいう**完全子法人株式等**とは，配当等の額の計算期間を通じて完全支配関係（⇨ **COLUMN 5-7** 参照）があった他の内国法人の株式等をいい（同条5項），また，**関連法人株式等**とは，3分の1超の支配割合を有する他の内国法人の株式等をいう（同条6項〔令和4年4月1日より4項〕）。**非支配目的株式等**とは，持株比率が5%以下の株式等をいう（同条7項〔令和4年4月1日より6項〕）。法人が投資対象として保有する株式に係る配当についてまで全額益金不算入という扱いを認めると，資金運用に係る投資決定を歪めるとの考慮から，支配割合の大小によって区分を設けている。

　これらの区分および益金不算入割合は，支配関係を目的とした株式保有と資産運用を目的とした株式保有の取扱いとをより明確化させるという観点から，平成27年度税制改正によって見直しが行われた結果である。

　なお，益金不算入の趣旨は，あくまで二重課税の排除であり，その趣旨を超える恩恵は認められない。そのため，法人が負債を有し，その利子を支払っている場合には，その損金算入が認められる範囲において，累積課税が生じたものとは判断されず，株式の取得に要した（と観念される）負債に対応する利払いの損金算入分は益金不算入の対象から排除される。具体的には，関連法人株式等につき受ける配当等の額の4%相当額を「当該配当等の額に係る利子の額に相当する……金額」と概算して，益金不算入の対象とされる配当等の額から控除することとされている（法税23条1項，法税令19条1項〔令和4年4月1日施行〕。この控除を**負債利子控除**という）。

　また，配当等と異なり，株式等の譲渡損益は，こうした軽課措置の対象とされていない。そこで，一方で受取配当等について益金不算入を利用しながら，当該配当等の基準日を経過したことによる株式等の価格下落を奇貨として譲渡損失を生じさせるといった租税回避を誘発する可能性がある。これに対抗するため，短期所有株式等については，当該株式等の配当等の額が益金不算入の対象から除外されている（法税23条2項）。

　令和2年度税制改正では，子会社からの配当と子会社株式の譲渡を組み合わせた国際的な租税回避（譲渡損失の計上）に対抗するため，一定の過大配当に対

応して子会社株式の帳簿価額を引き下げる規定が導入された。すなわち，一定の支配関係を有する子会社から益金不算入となる配当を受けた場合において，その配当の額が当該子会社の株式の帳簿価額の10%相当額を超えるときは，その配当の額のうち益金不算入とされた額に相当する金額だけ，当該子会社の株式の帳簿価額を引き下げることが定められている（法税令119条の3第7項）。

　加えて，益金不算入の対象となる配当等は，他の法人段階での課税の有無を前提として判断するために，剰余金の配当のみならず，一定の範囲で配当等として扱われる金銭等の交付も含まれている（法税24条1項。これを**みなし配当課税**という）。その際は，他の法人が金銭等の交付を決定するにあたり原資とした勘定を形式的に考慮するのではなく，所有株式等に対応する資本金等の額を基準として，配当等の額とみなされる額が計算される（交付原資額基準。資本金等の額については⇨第3節**2**）。たとえば，剰余金の配当のうち資本剰余金の額の減少に伴うものは，法人税法23条の適用上配当等の範囲から除かれる（23条1項1号）一方で，その交付された金銭等の額のうち，資本等の金額のうち交付の基因となった法人株式等に対応する部分の金額を超える部分については，配当とみなした上で，法人税法23条を適用することとしている（24条1項3号）。

3　損金の額の計算

（1）　損金の額の帰属事業年度

（a）　費用の扱い——費用収益対応の原則　　前述した収益費用アプローチによれば，企業の遂行するビジネス・サイクルがどれだけの成果を生み出したのか，企業の収益性に係る事後的な成果に関する情報に有用性が認められる。**費用収益対応の原則**とは，収益とそれを生み出すのに要した費用とは，同一の会計年度に計上されなければならないとする原則をいい，実現基準とあわせ，この事後的な成果を把握するための基本的な原則である。たとえば，商品を仕入れて販売している法人があった場合，商品を仕入れて現実に現金を支出した時点で資産（現金）の流出があったと見ることもできるが，その企業のビジネス・サイクルはいまだ一巡しておらず，費用として認識するタイミングとしては早すぎる。仕入れた商品が売却された時点で，当該販売に係る収益に対応す

る費用として，その商品を仕入れるために要した原価を認識することになる。こうして，収益と同一の年度に費用を認識し，かつ，その収益と対応させることによって，当該企業が商品を仕入れ，販売するという活動に基因してどれだけの利益を生み出したのかを測定するアプローチである。

　そして，費用のうち，特定の資産・役務との個別の対応関係が明らかな原価については，その個別的対応関係に注目して，費用収益対応の原則が適用される（**個別対応**の原則）。これに対して，原価以外の販売費，一般管理費など，特定の収益との直接的な対応関係が見出せない費用は，個別的な対応関係に注目して費用収益対応の原則を適用することができない。そのため，原価以外の販売費，一般管理費その他の費用については，それが発生した事業年度において費用として認識することとされている（**期間対応**の原則）。その事業年度に発生した収益と費用につき，両者の関係を総体的に把握し，当該事業年度に実現した収益に合理的に対応させようという趣旨である。

　法人税法においても，各事業年度の損金に算入されるべき費用の額を決定する作業は，事業活動・投資に伴う費用をどのように各事業年度に帰属させるかを決めることを意味している。まず，法人税法は，売上原価，完成工事原価その他これらに準ずる原価（以下，これらを「売上原価等」という）を挙げた上で，「係る」との表現を用い，これと対応する収益と同一の事業年度において，売上原価等の額が損金算入されるべきことを明らかにしている（22条3項1号）。この取扱いは，費用収益対応の原則（個別対応の原則）を表現したものである。

　なお，企業会計上，何を原価の範囲に含めるかについては，それぞれの法人の活動内容に応じていくつかの考えがあり，22条4項の規定によって，売上原価の計算（後述の棚卸資産の評価方法等⇨**(2)**）も公正処理基準に従い，かつ企業の自主的経理が尊重されるのが原則となる。しかしながら，法人の所得計算にとって重要な概念である原価の計算についてまったく法人の自由に委ねてしまうならば，その時々に会計方法の恣意的な選択がなされ，結果として適正な所得計算が阻害されることによって，課税の公平を害するおそれがある。そこで，法人税法は，原価の範囲を売上原価等に限り，かつその計算のために重要な要素である棚卸資産の評価方法等について別段の定めを設けて，一定の制限を加えている（29条）。

　また，法人税法は，売上原価等以外の「当該事業年度の販売費，一般管理費

その他の費用」（以下，これらを「販売費および一般管理費等」という）の額について，その事業年度の損金の額に算入されると定め（22条3項2号），期間対応の原則を採ることを明らかにしている。

　もっとも，法人税法は，販売費および一般管理費等のうち，償却費以外の費用で「債務の確定しないものを除く」と定め（22条3項2号かっこ書），たとえ費用が抽象的に発生していようとも，債務が「確定」しない段階では損金算入を認めていない。後述するように，法人税法上損金算入されるべき費用として認められるためには，対外的な関係で債務が存在し，かつ，その債務が一定程度の具体性を帯びていることが必要である（**債務確定基準**⇨**(3)**(a)）。これにより，法人がその主観的な予測に基づいて恣意的に費用計上を行う可能性を排除している。

　そのため，たとえ法人の会計処理において，特定の支出に備えるため，引当金繰入額が費用として計上されたとしても，法人税法上は，別段の定めがない限り，損金算入が認められない（⇨**(4)**(c)）。企業会計上は費用収益対応の原則に適う処理とされる場合であっても，対外的な関係に注目して，所得計算の客観性を確保することを重視する法人税法の姿勢が示されている。

　なお，債務の確定が要求される対象から，「**償却費**」は除かれている（法税22条3項2号かっこ書）。そもそも償却費の計上は，特定の支出または提供を受けた特定の役務の効果が複数年度に及ぶ場合において，費用収益対応の原則に基づき，当該支出または当該役務の対価の額を複数年度に費用配分する会計上の技術としてなされるものであり（減価償却資産について，⇨**(3)**(b)。繰延資産について，⇨**(3)**(c)），債務の確定を観念することはできない。そこで，債務確定基準に代わり，損金経理を要件とし，かつ法人税法が認める限度額の範囲内で損金算入を認めることによって，客観性を担保することが企図されている。

COLUMN 5-5　即時損金算入と資産化

　費用収益対応の原則は，費用配分を決定するための会計上の重要な原則である。既になされた支出であっても，当該支出が行われた事業年度の費用として認識することが適当でない場合には，当該支出額を固定資産または繰延資産として貸借対照表に計上した上，各事業年度にわたり徐々に償却（費用化）することによって，各事業年度の損益を適切に把握することができると考えられている。

　固定資産の減耗分の再調達価額に相当する「真の経済的減価償却（true economic depreciation)」に従った償却費の損金算入が認められる場合（かつ負債利子の損金算入に制限がない場合）には，インフレーションを無視したとき，当該固定資産に対する投資に係る意思決定が法人税によって歪められないことが知られている（A. Atkinson and J. Stiglitz, *Lectures on Public Economics*, 117–120 (New York: McGraw Hill, Updated edition, 2015)）。

図表 5-3　減価償却の税額軽減効果

経済的減価償却

年	0	1	2	3	4
真の減価償却費	200	200	200	200	200
法人税軽減額	80	80	80	80	80
軽減額の現在価値	80	74.1	68.6	63.5	58.8
現在価値の合計	345				

即時償却

年	0	1	2	3	4
減価償却費	1000	0	0	0	0
法人税軽減額	400	0	0	0	0
軽減額の現在価値	400	0	0	0	0
現在価値の合計	400				

これに対して，ある資産について，真の経済的減価償却を超える減価償却が認められる場合には，当該資産に対する投資が法人税によって促されることを意味する。このことを簡単に示すため，価格 1000 の資産を購入し，5 年間にわたって 200 ずつ（真の）経済的減価償却が生じるケースと，当該資産の購入費用の即時損金算入（即時償却）が認められるケースにおいて，それぞれ税負担の軽減額およびその現在価値がどの程度になるかを比較してみる（⇨図表 5-3。法人税率は 40％，割引率は 8％ とする）。

　(b)　損失の扱い　「損失」（法税 22 条 3 項 3 号）とは，たとえば，災害，盗難等通常の事業活動とは無関係な偶発的要因により発生する資産の減少をいうとされ（大阪地判平成 7 年 10 月 3 日税資 214 号 1 頁），収益の獲得に直接貢献するものではない。しかしながら，損失の発生によって法人の純資産は実際に減少する以上，損失の金額は，当該法人の所得を減じるものとして扱うのが適当である。また，事業・投資活動を遂行する上でリスクを負担し，かつ（その原因が偶発的なものであるとはいえ）そのリスクが現実のものとなった以上，当該活動に係る利益を適切に把握するためには，損失の額を利益計算に反映させる必要がある。

　もっとも，収益獲得に貢献するものではないから，損失の年度帰属を，特定の収益との対応関係を基に判断することはできない。そのため，「当該事業年

度の損失の額」をその事業年度の損金の額に算入する，すなわち損失が発生した年度に損金算入すべきこととしている。

　また，損金算入が認められる損失の範囲から資本等取引が除かれているのは，収益の場合と同様である。そのため，たとえば減資差損や自己株式処分差損は，損金の額に算入されない。

（2）　売上原価等

　（a）　売上原価　　まず，売上原価とは，商品や製品の販売に係る収益（売上高）に対応する当該商品・製品の購入や製造等に要した費用を意味する。これから詳述するように，その計算にあたって重要なのが棚卸資産の評価方法である。**棚卸資産**は，一般に，（直接にまたは加工の上で）通常の事業での販売目的に保有される有形の資産を意味するが，法人税法は，商品，製品，半製品，仕掛品，原材料その他の資産で棚卸しをすべきものとして政令で定めるものと定義している（法税2条20号）。これは相対的な概念であり，同じ種類のパソコンであっても，事業の用に供されているものであれば固定資産とされるのに対し，販売用の商品として保有されているのであれば，棚卸資産として扱われることになる。また，たとえ当該法人の経理上は棚卸資産として扱われている資産であっても，法人税法上は別段の定めによって処理される有価証券（61条の2・61条の3）および短期売買商品（61条）は，明文をもって除かれている点に注意が必要である（2条20号）。

　ある期間に仕入れた商品をその同じ期間内にすべて販売することができたならば，その期間における売上原価の額は，当該商品の仕入れに要した費用の額を合計することによって容易に算出することができる。ところが，継続企業として活動する以上，ある事業年度に購入した商品が期末に在庫（棚卸資産）として存在することを想定しなくてはいけない。また，規格に応じて価格が定められているような商品について，1回の取引により大量に仕入れがなされる場合には，個々の商品ごとに原価を把握するのは現実的ではない。

　そこで，各期末に在庫する棚卸資産を確認し，それを「評価」することによって，間接的に売上原価を把握するというアプローチが採られることになる。期首の在庫量に係る評価額（期首棚卸高）と当期に商品等の購入・製造等に要した額（当期仕入高）とを合計した金額から，期末に存在する在庫に係る評価

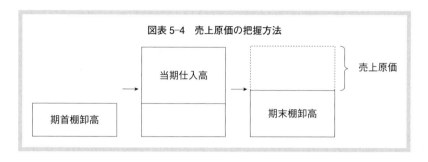

図表 5-4　売上原価の把握方法

額（期末棚卸高）を控除すれば，商品等の仕入高のうち当期の売上高に対応する額（売上原価）を計算することができる。期首商品棚卸高は既に前期末において確定し，また当期商品仕入高は，事実として当期に行われた取引に係る支出であるため，期末の棚卸高を捕捉しさえすれば，売上原価の計算が可能となることを意味する。棚卸資産の評価方法は，期末商品棚卸残高に影響を与え，売上原価を把握するために重要な事項だということになる。

　法人税法は，売上原価算定の基礎となる期末棚卸高の価額について，評価方法を法人の選定に委ねた上で，選定をすることができる評価の方法の種類，その選定の手続その他棚卸資産の評価に関し必要な事項を政令で定めることとし，一定の制限を加えている（29条）。法人税法施行令28条1項が定める方法は，大きく原価法と低価法に分けることができる。**原価法**は，期末棚卸資産につき，政令所定の方法のうちいずれかの方法によってその取得価額を算出し，その算出した取得価額をもって当該期末棚卸資産の評価額とする方法をいう。政令では，個別法，先入先出法，総平均法，移動平均法，最終仕入原価法，および売価還元法が認められている。これに対し，**低価法**は，①原価法により評価した価額と②当該事業年度終了の時における価額（時価）とのうちいずれか低い価額をもってその評価額とする方法をいう。両者は，当該事業年度終了の時における価額が，取得価額を下回る場合に，違いが現れることになる。

　商品等の個性が強く，個品管理が行われている場合には，期末棚卸資産の取得価額の算出方法として，期末に有する棚卸資産の個々の取得価額をもって当該期末棚卸資産の評価額（取得価額）とする方法（個別法）を採用することが考えられる。

　もっとも，通常一の取引によって大量に取得され，かつ，規格に応じて価額

が定められている棚卸資産について，個別法を選択することは適当ではない（法税令 28 条 2 項）。これについては，商品等の取得，払出しの順序について一定の擬制を行う方法（先入先出法），取得した棚卸資産の平均原価を算出し，この平均原価によって期末棚卸資産の評価額を算定する方法（総平均法または移動平均法）などを選定することになる。

　また，評価額の計算の基礎となる個々の棚卸資産の取得価額についても，その取得の態様に応じ，取得価額の構成要素が定められている（法税令 32 条 1 項）。たとえば，購入の場合には，当該資産の購入の代価，および当該資産を消費しまたは販売の用に供するために直接要した費用の額の合計額を取得価額にするものとされている。ただし，法人の算定した製造等に係る棚卸資産の原価の額が適正な原価計算に基づく場合には，法人税法上もこれが認められる（同条 2 項）。

　(b)　完成工事原価　　次に，完成工事原価とは，請負工事契約に基づく工事の原価を意味し，請負による収益に対応する原価の額には，その請負の目的となった物の完成または役務の履行のために要した材料費，労務費，外注費および経費の額の合計額のほか，その受注または引渡しをするために直接要したすべての費用の額が含まれる（法基通 2-2-5 参照）。

　(c)　「これらに準ずる原価」　　最後に，これらに準ずる原価の額が 22 条 3 項 1 号により損金算入される。これらに準ずる原価とは，厳密には売上原価または完成工事原価に該当しないとしても，前二者と同様の性格を有し，売上と個別的対応を有するものをいう。たとえば，加工請負の場合の加工原価や，法人税法上観念される固定資産の譲渡原価である。宅地建物取引業者が外務員に支払う歩合給債務について，実質的には当該取引仲介のための外務員の労務が仲介という役務の一部を構成しているので，これらに準ずる原価として扱うのを相当とすると判断した裁判例がある（東京高判昭和 48 年 8 月 31 日判時 717 号 40 頁）。

　(d)　売上原価等の見積計上　　前述のとおり，売上原価等は，債務確定基準を通して恣意性が抑制される販売費および一般管理費等と異なり，個別対応の原則に従い，収益と対応して帰属事業年度が決定されることによって，その客観性が担保されている。そのため，売上原価等を構成する費用の額の全部または一部が事業年度終了の日までに確定していない場合，すなわち債務が未確

定である場合にも，近い将来に当該未確定の費用を支出することが相当程度の
確実性をもって見込まれており，かつ，事業年度末日の現況によりその金額を
適正に見積もることが可能であったという事情がある場合には，収益と対応す
る売上原価等として損金算入することが認められる（最判平成 16 年 10 月 29 日刑
集 58 巻 7 号 697 頁〔百選 56，牛久市売上原価見積事件〕）。

(3)　販売費および一般管理費等

（a）　費用の意義　　売上原価等のほか，販売費，一般管理費その他の費用
は損金算入が認められる（法税 22 条 3 項 2 号）。ここにいう費用に該当するため
には，法人税法上，収益を得るために必要な経費であることが黙示の要件とさ
れているとの立場もある。しかしながら，法は，債務確定基準による制限を除
き，条文上「費用」に限定を付していない。そのため，ある支出が，財貨また
は役務の費消として企業会計上の費用としての性格を有する限り，損金に算入
することが認められると解される（22 条 4 項）。

そして，これは，ある支出が法令等に違反する場合であっても同様であると
考えられる。ただし，その支出が，法人税法の企図する公平な所得計算に反す
ることを目的とする費用である場合には，公正処理基準に反する会計処理とし
て，損金算入が否定される可能性がある（最決平成 6 年 9 月 16 日刑集 48 巻 6 号
357 頁〔百選 55，株式会社エス・ブイ・シー事件〕参照）。

裁判例および課税実務は，①債務が成立していること，②当該債務に基づい
て具体的な給付をすべき原因となる事実が発生していること，③金額を合理的
に算定できること，という三つの要件をすべて充たしていなければ，損金の額
に算入することはできないとしている（法基通 2-2-12 参照）。したがって，契約
を締結し，抽象的に一定の給付義務を負ったというだけでは，損金算入は認め
られない。また，引当金（繰入額）の計上が法人の会計処理としてなされたと
しても，別段の定めがない限り，やはり損金算入は認められない。費用認識に
関するこの制限を，**債務確定基準**といい，その発生の見込み，またはその金額
が明確でない費用を損金算入すべき額から排除し，所得算定の客観性を確保す
ることを目的としている。

（b）　減価償却費　　（ア）　概　要　　固定資産（法税 2 条 22 号）のうち減
価償却資産については，一定の減価償却の方法によって，当該資産の取得に要

した金額を各事業年度に配分することが必要とされる。すなわち，複数事業年度にわたって収益獲得に貢献する減価償却資産について，購入等の時点にその代価の額を一括して費用配分することは，各事業年度における事業活動の成果を適正に把握するという観点から望ましくない（一時の損金算入を認めてしまうと，その資産の購入年度において利益が過小となり，それ以降では利益が過大に表示されると評価される）と考えられている。そこで，一般的には時の経過等によってその価値が減っていく資産について，当該資産の取得に要した金額を，その資産の使用可能期間（これを耐用年数という）の全期間にわたって分割して費用計上していく会計上の技法として**減価償却**の手続がとられる。このとき，各事業年度に分割して計上される費用の額を**減価償却費**という。

　減価償却資産とは，建物，構築物，機械および装置，船舶，車両および運搬具，工具，器具および備品，鉱業権その他の資産で償却をすべきものとして政令で定めるものをいう（法税2条23号）。有形固定資産（法税令13条1号～7号）のみならず，無形固定資産（同条8号）および生物（同条9号）も挙げられている。ただし，時の経過等による価値減少の観念できない土地，書画骨とうなどは，減価償却資産には該当しない（同条）。また，収益の源泉として寄与しなかった資産について，当該資産に係る償却費の損金算入を認める必要がないことから，事業の用に供していない資産はやはり減価償却資産から除かれている（同条）。事業の用に供しているか否かは，収益を生む源泉として寄与しうる状態にあったか否かにより判定される（最判平成18年1月24日民集60巻1号252頁〔百選20，パラツィーナ事件〕⇨第3章第1節**3(3)**）。たとえ稼働を休止している資産であっても，その休止期間中必要な維持補修が行われており，いつでも稼働しうる状態にあるものについては，減価償却資産に該当する（法基通7-1-3参照）。

　法が定めるのは，あくまで**償却限度額**である。すなわち，法人が当該事業年度において減価償却資産の償却費として損金経理をした金額を前提に，政令所定の方法のうち法人が選択したものに基づいて計算される償却限度額に達するまでの金額が損金に算入されるとの構造を採っている（法税31条1項）。たとえば会社は，償却すべき資産について事業年度の末日ごとに「相当の償却」をすることとされているところ（計規5条2項），資産の使用実態に応じ，企業会計の慣行をしん酌した合理的な減価償却の方法が選定されることを期待し，そ

の選定に係る自主性を尊重しようとしたのである（この点を指して，所得税と異なり，法人税の減価償却は任意償却だといわれることがある）。なお，損金経理額のうち償却限度額を超過したために損金の額に算入されなかった金額は，翌事業年度以降の損金経理額に含められる（法税 31 条 4 項）。

　　（イ）　減価償却の計算要素　　減価償却は，償却資産の取得に要した費用をその耐用年数にわたって配分し，期間損益の把握を適正化するための会計技術であるから，減価償却費の計算にあたっては，まず資産の取得価額が重要な要素となる。減価償却資産の取得価額は，棚卸資産におけると同様，その取得の態様に応じて算出方法が定められている（法税令 54 条 1 項）。たとえば，減価償却資産を購入した場合には，当該資産の購入の代価（付随費用を含む）と当該資産を事業の用に供するために直接要した費用の額の合計額がその取得価額とされる。また，購入，建設等，生育・成熟，または適格組織再編成のいずれにも該当しない原因によって取得した場合（たとえば贈与を受けた場合）には，購入の代価の代わりに，取得時における当該資産の取得のために通常要する価額を用いることには注意が必要である（資産の無償譲渡を行う法人の取扱いと平仄が合う⇨ **2(1)**(b)）。なお，減価償却資産以外の固定資産について政令は明文の規定を置いていないが，公正処理基準の現れとして，減価償却資産の取得価額に準じた取扱いをするものと考えられている（東京地判昭和 50 年 8 月 28 日判時 800 号 42 頁参照）。

　　次に，減価償却資産の使用可能期間が経過してもなお当該資産の売却価格（いわゆるスクラップ価格）を観念することができるならば，最終的に回収可能となることが予測される当該価格相当額（これを残存価額という）は，減価償却を通じた費用配分の対象から除外される。もっとも，減価償却資産の除却に要する処分費用まで考慮すると，残存価額の存在を観念することは実態にそぐわないことから，平成 19 年度税制改正以後（平成 19 年 4 月 1 日以後に取得した減価償却資産）は，有形減価償却資産および生物について備忘価額である 1 円が控除されること（以下，記述の簡便のため，備忘価額の控除は無視をして説明をする）を除き，取得価額の全額を損金算入することが認められている（法税令 61 条 1 項 2 号）。

　　なお，平成 19 年 3 月 31 日以前に取得した減価償却資産については，法人税法施行令 56 条が委任する財務省令（減価償却資産の耐用年数等に関する省令。以

下「耐令」という）が，その種類等の区分に応じて残存割合を定め，当該資産の取得価額にこれを乗じて計算した金額が残存価額とされる。たとえば，有形減価償却資産について，残存割合は取得価額の 10% 相当額とされる（耐令 6 条・別表第 11）。ただし，残存価額に達した後も，償却可能限度額が別途定められている（法税令 61 条 1 項 1 号・2 項）。

　そして，費用配分を観念することとなる使用可能期間（**耐用年数**）については，納税者による恣意的な決定を防止し，公平を確保するために，資産の種類，構造・用途等に応じた区分を定め，それぞれに耐用年数を設定している（耐令 1 条〜3 条。これを**法定耐用年数**という）。

　　（ウ）　減価償却の方法　　最後に，取得価額（または取得価額から残存価額を控除した額）を耐用年数における各事業年度に配分する方法として，定額法または定率法を選定することが法令によって認められている（加えて，鉱業用減価償却資産について認められる生産高比例法などがある）。**定額法**とは，償却費が毎年同一となるように計算する方法をいうのに対し，**定率法**とは，償却費が毎年一定の割合で逓減するように計算する方法をいう。

　定額法は，費用配分の対象となる金額に対し，その償却費が毎年同一となるように当該資産の耐用年数に応じた**償却率**を乗じて計算した金額を各事業年度の償却限度額として償却する方法として規定されている（法税令 48 条・48 条の 2）。償却率は，1 を耐用年数で除することで算出される（耐令別表第 7・第 8）。平成 19 年度税制改正前後の相違，すなわち平成 19 年 3 月 31 日以前に取得した減価償却資産に適用される定額法（法令上は「旧定額法」という）と平成 19 年 4 月 1 日以後に取得した資産に適用されるもの（法令上は「定額法」という）の違いは，減価償却の対象から控除されるべき残存価額を観念する（旧定額法）か否（定額法）かにある。

　これに対して，定率法は，当該減価償却資産の取得価額（損金算入された償却費の金額がある場合には，当該金額を控除した金額。この金額を期首帳簿価額という）にその償却費が毎年一定の割合で逓減するように当該資産の耐用年数に応じた**償却率**を乗じて計算した金額を各事業年度の償却限度額として償却する方法として規定される（法税令 48 条・48 条の 2）。言い換えれば，各期末における償却費控除後の未償却残額を点描した場合に，耐用年数経過後の未償却残額が残存価額と一致するような曲線を描く償却率を採用する必要がある。したがって，

理論的には，耐用年数を n として，償却率は，

$$1 - \sqrt[n]{\frac{残存価額}{取得価額}}$$

と表現される。平成 19 年 3 月 31 日以前に取得した減価償却資産については，たとえば有形減価償却資産の場合には，残存価額を取得価額の 10% 相当額として，上記の算式に従い償却率が算出されている（耐令別表第 7）。これを「旧定率法」という。

　しかしながら，平成 19 年度税制改正において，他国で設定されている割増的な償却率を参照し，国際的なイコールフッティング（競争条件を等しくすること）を確保するために，新たな定率法の仕組み（いわゆる 250% 定率法）が導入されている。具体的には，まず，①旧定率法の償却率（1÷耐用年数）に 250% を乗じた償却率を用い，これを取得価額（既に損金算入された償却費の金額がある場合には，期首帳簿価額）に乗じて償却額（以下「調整前償却額」という）を計算する。同時に，②毎期の期首帳簿価額を（法定耐用年数－経過年数）で除した金額，すなわちその事業年度以後の法定耐用年数の期間内に均等償却を行ったと仮定した場合の金額（以下「償却保証額」という）を計算する。その上で，③調整前償却額と償却保証額を比較し，調整前償却額が償却保証額以上である場合には，調整前償却額をその事業年度の償却限度額として用いることとされ，また，調整前償却額が償却保証額に満たない場合には，その最初に満たないこととなった事業年度の期首帳簿価額を（法定耐用年数－経過年数）で除した金額により均等償却する償却額が，その事業年度の償却限度額として用いられることとされている（たとえば法税令 48 条の 2 第 1 項 2 号）。なお，後者の場合において，1 を（法定耐用年数－経過年数）で除した割合を「改定償却率」という（耐令別表第 9 参照）。

　その後，平成 23 年 12 月改正における法人税率の引下げに伴い，平成 24 年 4 月 1 日以後に取得をされた減価償却資産については，いわゆる 250% 定率法の償却率が，定額法の償却率の 200% 相当となる率（200% 定率法という）と改正された（法税令 48 条の 2 第 1 項 2 号ロ）。

　さらに，法人税改革が進む中で，従来，（平成 10 年 4 月 1 日以後に取得した）建物については償却方法が定額法に限定されていたところ，平成 28 年 4 月 1 日以後に取得する建物附属設備および構築物についても，定率法が廃止され，

定額法のみが認められることとされた。

> ### COLUMN 5-6　少額減価償却資産
>
> 　減価償却資産のうち，通常の管理または修理をするものとした場合に予測される当該資産の使用可能期間が1年未満であるもの，または取得価額が10万円未満であるものについては，損金経理を条件として，その取得価額に相当する金額を一時に損金の額に算入することが認められている（少額減価償却資産の一括償却。法税令133条）。会計上の重要性の原則を踏まえ，法人税法上の事務の簡素化を図る規定である。
>
> 　問題は，少額減価償却資産に該当するか否かを判断するにあたっての識別単位である。いわゆるエントランス回線（PHS事業者の設置する基地局と電気通信事業者の設置するPHS接続装置とを接続する有線伝送路設備）に係る利用権が，1回線に係る権利一つごとに少額減価償却資産に該当するかが争われた事件において，最高裁は，「エントランス回線1回線に係る権利一つを1単位として取引されているということができる。」と述べた上で，エントランス回線1回線に係る権利一つであっても，収益を生み出す源泉としての機能を発揮しうることを重視する判断を示した（最判平成20年9月16日民集62巻8号2089頁〔百選57，NTTドコモ事件〕）。

　(c)　繰延資産　　**繰延資産**とは，法人が支出する費用のうち支出の効果がその支出の日以後1年以上に及ぶもので政令で定めるものをいう（法税2条24号）。政令は，法人が支出する費用（資産の取得に要した金額とされるべき費用および前払費用を除く）のうち，創立費，開業費，開発費，株式交付費，社債等発行費といった会社法上繰延資産計上が認められるもの（計規74条3項5号，財規36条参照）のほか，政令所定の費用で支出の効果がその支出の日以後1年以上に及ぶものを掲げる（法税令14条1項）。後者は法人税法固有の繰延資産であり，たとえば，自己が便益を受ける公共的施設または共同的施設の設置または改良のために支出する費用，資産を賃借しまたは使用するために支出する権利金，立退料その他の費用など，自己が便益を受けるために支出する費用が広く挙げられている。

　これらの支出については，たとえ債務確定基準を満たす場合であったとしても，その時点で全額を費用として認識して損金算入することを認めず，「支出の効果の及ぶ期間」にわたる費用配分を求めることとしている（法税32条1項）。会社法・企業会計は，支出の効果が将来にわたって発現することが期待

される一定の支出については，その効果が及ぶ期間に合理的に費用配分するため，繰延資産を経過的に貸借対照表に計上することを許容しているのに対し，法人税法は，繰延資産に該当する費用支出の損金算入に制限（償却限度額）を設け，この考え方を強制している。また，会社法上繰延資産計上が認められる支出（法税令 14 条 1 項 1 号〜5 号）に限定せず，概括的な規定を設け（同項 6 号），繰延資産の対象を拡張している。会社法，企業会計の観点からは，既になされた支出について，将来の費用とするために貸借対照表上（裏付けのない）資産として認識する会計技法は，債権者保護の目的にそぐわないと考えられる（計規 158 条 1 号参照）のに対して，法人税法は，各事業年度における公平な税負担を課することを目的とするため，効果が将来に及ぶ支出を一時に費用化することを阻止することが要請されることに基因する相違である。

　その上で，法人が償却費として損金経理をした金額のうち，その繰延資産に係る支出の効果の及ぶ期間を基礎として政令で定める償却限度額に達するまでの金額の損金算入が認められる（法税 32 条 1 項）。会社法上認められる繰延資産（法税令 14 条 1 項 1 号〜5 号）については，その繰延資産の額が償却限度額とされている（64 条 1 項 1 号）。これは，法人が損金経理をしさえすれば，その償却費の損金算入を自由に認めることを明らかにしたものであり，繰延資産の計上を任意とする会社法と取扱いを揃えることを目的としている。ただし，利益操作が容易になるという面も有していることに注意しなくてはならない。これに対し，法人税法固有の繰延資産（14 条 1 項 6 号）は，その繰延資産の額を，支出の効果の及ぶ期間で均等償却することを求めている（64 条 1 項 2 号）。

(4)　損　失

(a)　評価損　　法人による恣意的な損失計上を排除するため，原則として評価損の損金算入は認められていない（法税 33 条 1 項）が，例外的に，会社法・企業会計における資産の強制評価減または減損損失の取扱いに準拠するもの（同条 2 項），および法律の規定に基づく資産評定額を会計上の資産の取得価額とみなす会社更生法等の規定に準拠するもの（同条 3 項）に限り，損金算入の可能性を認めている。なお，企業会計上の減損処理を前提としたものとして位置づけられるため，損金経理要件が課されている。

　このうち，「災害による著しい損傷により当該資産の価額がその帳簿価額を

下回ることとなつたことその他の政令で定める事実」が生じた場合（法税33条2項）として，政令は，資産そのものについて価値の毀損が生じる「物損等の事実」，および法的整理手続を端緒に評価損計上を認める「法的整理の事実」を挙げる（法税令68条1項）。会社法・企業会計上の減損の兆候が，資産の収益性の低下を想定して構成されているのに対し，法人税法における物損等の事実は，災害による著しい損傷と同程度ないしはそれに準ずる程度に資産損失を生じさせるような事態を指すものとして限定的に構成されていること（同項参照）に注意が必要である。とりわけ，法人税法では，評価益の益金算入を認めていない（25条1項）ため，一時的または回復可能性がないとはいえない価額の低下の場合に評価損の損金算入を認めると，その後価額が回復した場合に益金として課税の対象とすることができず，容易に利益操作・租税回避を認める結果になりかねない。そのため，たとえば，保有する子会社株式（取引所の相場のない株式）について計上した評価損の損金算入が認められるか否かが争われた事件において，「有価証券の価額が著しく低下した状態というのは，帳簿価額……で評価されている有価証券の資産価値が，その帳簿価額に比べ異常に減少しただけでは足りず，その減少が固定的で回復の見込みがない状態にあることを要する」と判断した裁判例がある（東京高判平成3年6月26日行集42巻6＝7号1033頁）。

　（b）　貸倒損失　　金銭債権が無価値になった場合，その**貸倒損失**は，法人税法22条3項3号にいう損失として，具体的に発生した損失の金額について損金算入が認められる。その対象となる貸倒れには，金銭債権の全部または一部が法律的に消滅した場合（たとえば，会社更生法などの規定により切り捨てられた場合が挙げられる。法基通9-6-1参照）だけでなく，金銭債権が経済的に消滅した場合，すなわち回収不能となった場合が考えられる。

　ある金銭債権が経済的に消滅したと判断されるためには，当該金銭債権の全額が回収不能であることを要し，かつ回収不能であるか否かは客観的に明らかでなければならないと解されている（最判平成16年12月24日民集58巻9号2637頁〔百選58，興銀事件〕）。金銭債権については一般的に市場性を欠き，個々の債権ごとに客観的評価を行うことが困難であると説明される。付言すれば，平成21年度税制改正によって，法人税法33条2項の対象となる資産の範囲から「預金，貯金，貸付金，売掛金その他の債権」を除くとしていた文言が削除さ

れたが，そのことが直ちに金銭債権に係る評価損の損金算入の可能性を積極的に認めるに至ったことを意味するわけではない。同項による損金算入の前提として損金経理要件が課せられているところ，企業会計上（とりわけ物損等の事実の場面で）金銭債権に係る評価損を計上しうるという会計処理の基準は存在しないからである。

　また，金銭債権が法律上消滅する場合であっても，回収可能性が問題となる余地が存する。債権放棄（民519条参照）は，債務者に対する無償での利益移転と判断され，法人税法上の寄附金（37条）として扱われる可能性がある。そのため，制限を受けずに損金算入が認められる前提として，移転する経済的利益が実質的には欠如していること，すなわち当該金銭債権がすでに回収不能となっていたこと，または，当該債権放棄に経済取引としての合理的理由が存在することなどが必要であろう。たとえば，法人がその子会社等の解散，経営権の譲渡等に伴い当該子会社等のために債権放棄等をした場合には，その債権放棄等をしなければ今後より大きな損失を蒙ることになることが社会通念上明らかであると認められるためやむを得ずその損失負担等をするに至った等，そのことについて相当な理由があると認められることが求められる（法基通9-4-1参照）。

　なお，回収可能性の判断は，債務者の資産状況，支払能力等の債務者側の事情のみに基づいて行われるわけではない。たとえば，債権回収に必要な労力，債権額と取立費用との比較衡量，債権回収を強行することによって生ずる他の債権者とのあつれきなどによる経営的損失等といった債権者側の事情，経済的環境等も踏まえ，社会通念に従って総合的になされるべきである（前掲最判平成16年12月24日）。

　（c）　貸倒引当金　　企業会計では，「将来の特定の費用又は損失であって，その発生が当期以前の事象に起因し，発生の可能性が高く，かつ，その金額を合理的に見積ることができる場合には，当期の負担に属する金額を当期の費用又は損失として引当金に繰入れ，当該引当金の残高を貸借対照表の負債の部又は資産の部に記載する」とされている（「企業会計原則注解」注18）。

　しかしながら，たとえ将来の発生の可能性が高く，かつ合理的にその額を見積ることができる場合であったとしても，法人税法上，（原価以外の）費用または損失として引当金繰入額を損金算入することは原則として認められていない

（債務確定基準）。この原則に対し，別段の定めとして法人税法が認める引当金が，貸倒引当金（52条）および返品調整引当金（旧53条）である。かつて賞与引当金，退職給与引当金，製品保証等引当金，特別修繕引当金といった引当金も許容されていたが，平成10年度税制改正以降，「課税ベースを拡大しつつ税率を引き下げる」方向が打ち出され，不確実な費用・損失の見積計上を抑制するために，これらの引当金は廃止されている。さらに，平成23年12月改正による法人税率引下げに伴い，貸倒引当金繰入額を損金算入できる法人が，中小法人および銀行・保険会社等に限定された（法税52条1項1号・2号）。ただし，一定の金融債権を有する法人として政令で定めるもの（法税52条1項3号，法税令96条5項）は，政令所定の金銭債権（法税令96条9項）について，貸倒引当金繰入額の損金算入が認められる。

　法人税法は，売掛金等の金銭債権について貸倒れによる損失が発生すると見込まれる場合に，その貸倒損失の見込額について，損金経理を条件として損金算入を認めている。ただし，この見込みに基づく見積計上が恣意的になされると，適正な所得把握が困難となるため，引当金繰入額の損金算入が認められる場合またはその見積りについては，厳格に法定されている。第一に，金銭債権の一部につき貸倒れその他これに類する事由による損失が見込まれる場合に，当該金銭債権に係る損失の見込額として損金算入が認められる個別評価金銭債権に係る貸倒引当金（法税52条1項，法税令96条1項），そして第二に，法人が有する金銭債権（個別評価金銭債権を除く）について，その帳簿価額の合計額に貸倒実績率（または法定繰入率）を乗じた金額を限度に，貸倒れによる損失の見込額として損金算入が認められる一括評価金銭債権に係る貸倒引当金（法税52条2項，法税令96条6項。中小企業等の特例として，租特57条の9第1項）が，それぞれ認められる。

　なお，出版業などの一定の事業については，販売する棚卸資産の大部分について買戻特約などの特約を結んでいる場合に，返品調整引当金勘定に繰り入れられた金額の損金算入が認められていた（法税旧53条）が，平成30年度税制改正により廃止された（10年間の経過措置が設けられている）。

（5）　損金算入を制限する別段の定め

（a）　租税公課（38条・39条）　　法人税，法人住民税など，法人税法38条

各項が定める税については，そもそも所得の中から支払うことが予定されているため，法人税法上は損金に算入されない。なお，延滞税，過少申告加算税，無申告加算税および重加算税は同条の規定の適用対象から除かれているが，損金算入が認められるわけではない（法税 55 条 3 項）。

　（b）　不正経費（55 条 1 項・2 項・5 項）・罰課金等（55 条 3 項・4 項）　　まず，一定の不正行為等に係る費用等（いわゆる**違法支出**）については，その支出を助長することを防ぐため，損金不算入とされることが明文をもって規定されている。第一に，法人が国内公務員に対して供与をする賄賂（刑 198 条）または外国公務員等に対する不正の利益の供与等（不競 18 条 1 項）に該当する金額に相当する額は，損金の額に算入されない（法税 55 条 5 項）。従来からも，いわゆる賄賂については，交際費等（租特 61 条の 4）に該当し，実質的に損金算入することが認められていなかったところ，「腐敗の防止に関する国際連合条約」が国会で承認されたことに伴い，同条約 12 条 4 項に対応する国内法整備として，平成 18 年度税制改正において，損金不算入の扱いが明確化されたものである。

　第二に，隠蔽仮装行為により租税の負担を減少させるために要した費用等は，その額を損金の額に算入しえないことがあわせて明確化されている（法税 55 条 1 項・2 項）。これは，違法支出のうち，賄賂または不正の利益の供与等について損金に算入されないことが明確化されたことにより，反対解釈としてその他の違法支出については損金算入を認める解釈が有力になることを懸念したものである。株式会社エス・ブイ・シー事件（前掲最決平成 6 年 9 月 16 日）では，架空経費を計上する会計処理に協力した取引相手に支出した手数料について，裁判所は，「右手数料は，……公正処理基準に反する処理により法人税を免れるための費用というべきである」と指摘し，損金算入を認めなかった。法人税法 22 条 4 項が，「法人税法の企図する公平な所得計算という要請に反するものでない限り」において，企業会計上の処理を認めるものであること（最判平成 5 年 11 月 25 日民集 47 巻 9 号 5278 頁〔百選 65，大竹貿易株式会社事件〕）を前提とするものであり，この枠組みは平成 18 年度税制改正以後も変わりはない。

　次に，延滞税や加算税などの附帯税等，および罰金，課徴金などのいわゆる罰科金等といった制裁的色彩を帯びた納付金は，損金算入の対象とならない（法税 55 条 3 項・4 項）。仮に制裁として課された金額の損金算入を認めた場合

には，法人税負担の軽減を通じて制裁の実効性に影響を与えることとなってしまう。たとえば，100 の課税所得（税引前利益）を有する法人（適用税率 30%）について，罰金 100 の損金算入を認めたとすると，当該法人が納付すべき法人税額は 0 となる。これは，当該法人が罰金の損金算入を認められなかった場合に納付すべき法人税額（30）と比して，企業の実質負担がそれだけ軽減されたことを意味する。こうした考慮に基づく，刑事政策的な観点から設けられた規定といえる。なお，平成 10 年度税制改正により，外国等が課する罰金・科料も含むこととされた。外国の制裁効果を減じさせる損金算入によって，わが国に対して納める税金を減少させることは望ましくないとの考慮による。

　なお，法人がした金銭の支出のうち，相当の理由がなく，その相手方の氏名等を帳簿書類に記載していないもの（**使途秘匿金**）については，通常の法人税額に加算して，その支出の額に 40% を乗じた額を納付しなければならない（租特 62 条）。これも，使途秘匿金が不正な支出につながることが予想され，抑制することが望ましいとの判断から導入された制裁的課税といえる。

　(c)　無償での利益供与——寄附金，交際費　　**寄附金**の額のうち，政令所定の一定額を超える部分の金額は，損金に算入されない（法税 37 条 1 項）。たとえば，普通法人であれば，当該事業年度終了の時における資本金等の額および当該事業年度の所得の金額を係数として，損金算入限度額が計算される（法税令 73 条 1 項）。

　法人の行う対価性のない支出も法人の純資産を減少させる原因となるが，無制限に損金算入を認めた場合には，法人の決定した寄附金支出によって当該法人の税負担が軽減することになる。その中には，法人の事業に関連性を有し，その収益を生み出すのに必要な経費といえるものと，法人の事業活動に関係がない，単なる利益処分の性質を有するにすぎないものとがあると考えられた。そして，後者については，本来法人の事業の成果である所得の処分であり，損金算入を制限することが適当だと判断されたのである。ただ，ここでいう寄附金は，寄附金，拠出金，見舞金その他いずれの名義をもってするかを問わず，法人が金銭その他の資産または経済的な利益の贈与または無償の供与をした場合における当該金銭もしくは金銭以外の資産または当該経済的な利益として，対価性のない支出を広く含むものと定義されている（法税 37 条 7 項）。ある法人の行った対価性のない支出のうちどれだけが費用の性質をもち，どれだけが

利益処分の性質をもつのかを客観的に判定することは困難であることを理由に,
行政的便宜および公平の維持の観点から統一的な損金算入限度額が設けられた
(熊本地判平成 14 年 4 月 26 日税資 252 号順号 9117〔控訴審：福岡高判平成 14 年 12 月
20 日税資 252 号順号 9251〕) ためであり, 個々の支出の性格に立ち入って判断す
ることは予定されていない。また, 低額譲渡等をした場合における実際の対価
の額と時価相当額との差額分も寄附金の額に含まれる (同条 8 項)。

　なお, 特別の寄附金として, 第一に, 国または地方公共団体に対する寄附金
の額, または政策的に公益性が高いと認められた事業に対する寄附金 (いわゆ
る指定寄附金) の額は, 法人税法 37 条 1 項にいう寄附金の額の合計額の計算に
は算入されない (37 条 3 項)。これらの寄附金について損金算入を認めても財
政上の弊害は少ないと判断され, 損金算入限度額の制限を受けることなく, 損
金算入が可能とされている。第二に, 民間が担う公益活動を促進するという観
点から, 特定公益増進法人 (その範囲については法税令 77 条) に対する寄附金の
額については, 一般の寄附金算入限度額とは別枠で特別損金算入限度額を計算
し, その損金算入される額の判定が行われることとされる (法税 37 条 4 項, 法
税令 77 条の 2)。いわゆる認定 NPO 法人に対する寄附金の額も同様である (租
特 66 条の 11 の 3 第 2 項)。このほか, 特定公益信託の信託財産とするために支
出した金銭の額についても, これを寄附金の額とみなした上で, これらの規定
が適用される (法税 37 条 6 項)。

　広告宣伝および見本品の費用その他これらに類する費用ならびに交際費, 接
待費および福利厚生費とされるべきものは, 寄附金の範囲から除くとされ (法
税 37 条 7 項), 経費としての性格を有することが明らかな支出は, 寄附金には
該当しないとされている。さらに明文をもって除外される支出に限らず,「通
常の経済取引として是認することができる合理的理由」がある場合には, 実質
的にみると, これによって相手方に経済的利益を無償で供与したものとはいえ
ないこととなるから, 寄附金には該当しない (東京高判平成 22 年 3 月 25 日税資
260 号順号 11405, 大阪高判昭和 35 年 12 月 6 日行集 11 巻 12 号 3298 頁, 東京高判平成
4 年 9 月 24 日行集 43 巻 8 ＝ 9 号 1181 頁)。

　もっとも, 寄附金に該当しないこととされる**交際費等**であっても, 法人が,
その得意先, 仕入先その他事業に関係のある者等に対する接待等のために支出
するものについては, 一定額を超える部分の金額を損金に算入しないこととし

ている（租特61条の4）。交際費等の意義としては，寄附金との区別という観点から，①支出の相手方が事業に関係ある者等であり，②支出の目的が事業関係者等との間の親睦の度を密にして取引関係の円滑な進行を図ることであるとともに，③行為の形態が接待，供応，慰安，贈答その他これらに類する行為であることを要すると解するのが適当であろう（東京高判平成15年9月9日判時1834号28頁〔百選62，萬有製薬事件〕）。

　この措置は，法人の冗費を節約し，資本蓄積を促進するために昭和29年に初めて導入された。交際費等の支出の相手方への課税が困難なことから，政策的に損金算入が否定されていると捉える見方もある。ただし，費途不明の交際費等のように，個人的な費用が混入している可能性がある場合には，上記規定によらず，損金算入が否定されることがあることに注意が必要である（法基通9-7-20参照）。

　（d）　役員給与　　かつてわが国の法人税法は，役員に定期的に支給される給与については損金算入を認めた上で，会社が利益処分として支給する賞与については，これを所得の処分として損金には算入しないとの二分法（商旧269条参照）を基礎として，役員給与に関する課税上の取扱いを定めていた。しかしながら，平成18年に施行された会社法は，役員賞与についても報酬決議の下に規律する（会社361条1項）こととし，利益処分としての役員賞与はもはや観念しえなくなった。そこで，平成18年度税制改正は，役員賞与も含めて役員給与が費用（法税22条3項2号）としての性格を有することを前提として，役員給与の支給の恣意性を排除するという目的から法人税法の立場を整理している。適正な課税という観点からは，仮に役員給与の損金算入を無制限に認めた場合に，役員給与がお手盛り的に支給され，たとえば給与所得控除を利用するといった手法により，法人・個人を通じた税負担の軽減が図られることを防止する必要があると説明される。

　具体的には，役員給与（「役員」の意義については法税2条15号，「給与」の範囲については34条4項参照）のうち，退職給与で業績連動給与に該当しないものを除き，①定期同額給与，②事前確定届出給与，または③業績連動給与の各類型について規定された要件を充足しないものの額は，損金の額に算入されない（34条1項）。さらに，隠蔽仮装に基づいて支給される給与の額は，そもそも損金不算入とされ（同条3項），また，退職給与（業績連動給与に該当しないもの），

またはこれらの①〜③の給与に該当する場合であっても，不相当に高額な部分の金額（法税令 70 条）については，損金の額に算入することができない（法税 34 条 2 項）。

第一に，**定期同額給与**とは，その支給時期が 1 か月以下の一定の期間ごとである給与で，当該事業年度の各支給時期における支給額が同額であるものその他これに準ずるものとして政令で定める給与をいう（法税 34 条 1 項 1 号）。定期給与の額を事業年度の中途で改定する場合も，政令（法税令 69 条 1 項）の定める給与改定に限り，損金算入が認められる。

第二に，**事前確定届出給与**とは，その役員の職務につき所定の時期に確定額を支給する旨の定めに基づいて支給する給与をいう（法税 34 条 1 項 2 号）。損金算入が認められるためには，定期同額給与と異なり，所轄税務署長にその定めの内容に関する届出をしている必要がある（なお，職務執行期間内に事前に届け出た定め通りに支給されなかった役員給与（賞与）がある場合の法人税法上の取扱いについては，東京高判平成 25 年 3 月 14 日訟月 59 巻 12 号 3217 頁参照）。さらに平成 29 年度税制改正により事前確定届出給与の範囲が拡大され，所定の時期に確定数の株式・新株予約権を交付する給与も損金算入の対象とされている（34 条 1 項 2 号）。

そして第三に，損金算入が認められる**業績連動給与**は，法人（同族会社にあっては，同族会社以外の法人との間に当該法人による完全支配関係があるものに限る）が，その業務執行役員（法税令 69 条 9 項）に対して支給する業績連動給与のうち，法令所定の要件を満たすものに限られている（法税 34 条 1 項 3 号）。役員インセンティブ報酬の導入はコーポレートガバナンスの強化に資すると考えられる一方で，法人の業績に連動して事後的に定められる給与額の損金算入を許容することは，課税所得の操作の余地が大きい。そのため，業績連動給与について定義規定を置き（同条 5 項），法人の業績を示す指標を基礎として算定されることを求めている。

4　欠損金の繰越控除・繰戻し還付

法人税の課税標準は各事業年度の所得の金額であり（法税 21 条），これに税率を乗じて法人税の額が計算される（66 条）。所得の金額は，益金の額から損

金の額を控除した金額とされている（22条1項）が，法人税法の用語法として，「控除」がなされた後の金額がマイナスの値をとることはない（これに対して，「減算」の場合はマイナスの値をとりうる）。

　したがって，各事業年度の所得の金額の計算上，当該事業年度の損金の額が当該事業年度の益金の額を超える場合には，当該事業年度の所得の金額はゼロと計算されるとともに，その超える部分の金額は，**欠損金額**と呼ばれる（法税2条19号）。

　欠損金額の存在は，法人に純資産減少が生じたことを示している。法人の事業そのものは各事業年度を超えて継続されるにもかかわらず，各期における損益を切り離して課税所得を計算する帰結として，（正の）所得金額に対してのみ課税し，欠損金額を考慮の外に置くこととすると，継続事業の成果と乖離した不合理な税負担を課する結果となりかねない（最判昭和43年5月2日民集22巻5号1067頁）。

　そのため，各事業年度の欠損金額のうち，一定のものについては，当該事業年度以外の事業年度の所得と相殺すること（所得金額から控除すること）が認められている。ある事業年度に生じた欠損金額について，当該事業年度終了の日より後に開始する事業年度の所得金額の計算上損金の額に算入することを**欠損金の繰越控除**といい（法税57条〜59条参照），当該事業年度開始の日より前に開始する事業年度の所得に対する法人税の還付を受けることを**欠損金の繰戻し還付**という（80条参照）。ただし，法人税率引下げに伴い，中小法人以外の法人については，青色欠損金額および災害損失金額の損金算入（控除）にあたって，欠損金額控除前の所得の金額の100分の50まで控除が制限されている。また，繰越期間は10年とされている（57条1項・58条1項）。

　たとえば，確定申告書を提出する内国法人の各事業年度開始の日前10年以内に開始した事業年度において生じた欠損金額がある場合には，（過去に生じた）当該欠損金額に相当する金額は，当該各事業年度の所得の金額の計算上，上記制限の範囲で損金の額に算入される（法税57条1項）。これによって，ある事業年度に生じた欠損金額を，一定の範囲で翌期以降に繰り越して利用することができる。ただし，制度の濫用を防止するため，欠損金額の生じた事業年度について確定申告書を提出し，かつ，その後において連続して確定申告書を提出していることが求められる（同条10項）。

第3節 出資者との関係——資本等取引

1 資本等取引の意義

　法人税法は，所得金額の計算から，「資本等取引」による影響を排除していることは既に見た（22条2項・3項参照）。ここでいう**資本等取引**は，法人の資本金等の額の増加または減少を生ずる取引ならびに法人が行う利益または剰余金の分配および残余財産の分配または引渡しをいうと定義され（同条5項），それぞれ狭義の資本等取引および利益・剰余金の分配等として理解されている。

　法人税は，法人の活動の成果として生じた所得を課税の対象とし，終局的に株主等の構成員・持分参加者に帰属すべき利益を捕捉することを目的としている。その帰結として，株主資本の拠出・払戻し，または持分参加者に対する利益分配といった持分参加者の持分（株主資本等）の変動は，法人税法上の所得計算には影響を与えない。

　換言すれば，この取扱いの結果として，法人を通じた運用益は，法人段階での法人税と，個人段階での所得税という「二重課税」（およびその調整措置）に服することになる。そして，株主等の段階において投資元本と投資利益とを継続的に区分して課税関係が決定されることを確保するためには，その元本部分に対応する資本金等の額（法税2条16号）と，法人段階の運用益（のうち留保されている金額）に対応する利益積立金額（2条18号）の峻別が重要となる。すなわち，持分参加者が法人から受け取る金銭等の原資が何であるかは，持分参加者の段階における課税にとって意味を有することになる。

2 狭義の資本等取引

　狭義の資本等取引にとって重要なのは，法人の資本金等の額という概念である。法人税法上，**資本金等の額**とは，法人が株主等から出資を受けた金額として政令で定める金額をいうと定められている（2条16号）。そして資本金等の額は，法人税法施行令8条の規定により，法人の資本金の額または出資金の額

に一定の加減算をすることで計算される。たとえば株式会社であれば，会社法による規律を受ける資本金の額（会社 445 条）に一定の調整を加え，法人税法上，株主から出資を受けた金額として認められる金額を算定することになる。

　会社法は，資本金の機能を従来ほど重視せず，これを払戻規制の基準の中に位置づけている。これに対し，法人税にとっては，資本金等の額（株主等から出資を受けた金額）は株主から払込みを受けた元本を意味し，活動の成果である運用益に課税の範囲を限定する上で重要な概念となっているため，会社法の資本金の額をそのまま法人税法が受け入れるわけにはいかない。たとえば，会社法上は，払込みまたは給付した財産の額の 2 分の 1 を超えない額を，資本金として計上しないことが認められる（会社 445 条 2 項）が，法人税法上の資本金等の額の計算にあたっては，資本金に計上しなかった額（払込みまたは給付した財産の額からその発行により増加した資本金の額を減算した金額）を加算することが求められている（法税令 8 条 1 項 1 号）。また，会社法に基づいて準備金・剰余金の資本組入れ（計規 25 条 1 項）が行われた場合にも，法人税法上はこれを打ち消すような調整がなされる（法税令 8 条 1 項 13 号）。

　そして，企業会計においては，「資本取引と損益取引とを明瞭に区別」することが要求され（企業会計原則第一．三），経済的価値の流入のうち，持分参加者の拠出に関連するものが収益として認識されることを禁止している。企業会計は事業活動の成果に関する情報提供を目的とする以上，持分参加者の拠出はいわゆる内部取引に準ずるものであり，これを持分参加者の持分の増加として認識することは適当ではないと考えられる。会社法上も，かかる区別を前提に，分配可能額規制における基準の一つとして資本金（および準備金）の額が用いられている（会社 446 条 1 号ニ・461 条 2 項 1 号）。

　したがって，法人税法 22 条は，持分参加者の拠出による純資産増加が収益には該当しないことはもちろんとして（22 条 4 項参照），資本取引に伴って企業会計・会社法上認識される損益についても，益金または損金に算入されるべき額には含まれない旨を明らかにしている点に注意しなくてはならない。たとえば，自己株式処分差額については，会計上はその他資本剰余金の額に影響を与えることとされ（「自己株式及び準備金の額の減少等に関する会計基準」），かつ会社法における分配可能額の計算上控除されるわけではない（会社 446 条 7 号，計規150 条 2 項 8 号）。しかしながら，法人税法においては，自己株式は有価証券か

ら除外され（2条21号），資本金等の額を計算するにあたって自己株式処分差額を含めて加算することとしている（法税令8条1項1号）ため，自己株式の譲渡に係る差損益を譲渡損益として認識することは予定されていないことがわかる。

3　利益・剰余金の分配等

（1）　利益または剰余金の分配

利益または剰余金の分配額は，資本等取引に該当し，損金の額に算入されない。ここにいう**利益または剰余金の分配**は，法人が剰余金または利益の処分により配当または分配をしたもののみならず，株主等に対しその出資者たる地位に基づいて供与した一切の経済的利益を含むものと解されている（最大判昭和43年11月13日民集22巻12号2449頁参照。法基通1-5-4）。

また，会社法改正に伴い，剰余金の配当にあたって金銭以外の資産を分配することが明示的に認められた（会社454条4項）。**現物分配**は，資産の流出としての面を有し，資本等取引として課税の対象外（損金不算入）とされるが，同時に，資産の譲渡という面を有すると考えられている。その結果として，現物分配法人は，移転する資産の時価相当額を収益として認識し，益金に算入することが求められることになる（法税22条の2第6項）。

剰余金の配当の額は，利益積立金額の計算における減算項目とされる（法税令9条1項8号）。利益積立金額とは，法人の所得の金額のうち留保している金額をいうのであり，株主等への分配がなされたのであれば，その額だけ減算されるのは当然である。ただし，資本剰余金の額の減少に伴う配当は除かれ，資本と利益の区別を前提とした取扱いが定められている。

（2）　残余財産の分配

平成22年度税制改正以前は，法人が解散をした場合における課税については，残余財産の処分手続と親和性があることから，通常の法人税とは異なり，財産法に基づく特別の課税標準（清算所得）が定められていた。しかしながら，継続事業の前提を欠くことで生じていた制度的な差異を利用するため，形式的に解散の手続をとる法人が存在していたことから，清算所得課税は廃止され，

解散後の課税についても各事業年度の所得に対する法人税（法税 5 条）に一本化された。また，移行にあたっては，期限切れ欠損金につき，従来の取扱いとの間で均衡が図られている（59 条 4 項〔令和 4 年 4 月 1 日施行〕）。

　なお，残余財産の分配（たとえば会社 504 条）の場合に，金銭以外の資産が分配されるときは，資産の譲渡としての面に注目して収益を認識する必要があるのは，現物分配と同様である。

第 4 節　組織再編・企業グループ

1　基本的考え方

（1）　単体課税・グループ課税

　法人税法は，法人格ごとに課税所得を算定して課税すること（単体課税）を原則としているものの，この原則を貫徹することは必ずしも経済的実態や企業の経営実態に適合しないと考えられている。自然人と異なり，法人格は法的に擬制された存在であり，その法人格の独立性がつねに重要とは限らないからである。例えば，税制調査会法人課税小委員会「会社分割・合併等の企業組織再編成に係る税制の基本的考え方」（平成 12 年 10 月 3 日）（以下，「基本的考え方」という）は，合併や会社分割といった組織再編成に伴う資産移転について，「組織再編成により資産を移転する前後で経済実態に実質的な変更が無いと考えられる場合には，課税関係を継続させるのが適当と考えられる」という理解を示している。

　そこで，しばしば他の法分野でそうであるのと同様，法人間の関係に注目して，単体課税におけるものとは異なるルールを適用する制度が採用されている。本節では，法人税法上重要なものとして，グループ法人税制・連結納税制度と組織再編税制を概観する（ほかにも，同族会社に対する特例や受取配当の益金不算入制度を挙げることができよう）。

（2）　完全支配関係・支配関係

　単体課税とは区別された特別な扱いが要請される法人間の関係について，法

人税法上重要なのは，完全支配関係と支配関係という概念である。いずれの関係も，「一の者」による支配を軸として，法人グループ（における法人間の関係）を定義することを目的としている。なお，一の者が個人である場合には，その個人の特殊関係人も含めて関係を判定する（法税令4条の2第1項）。

完全支配関係とは，①一の者が法人の発行済株式等の全部を直接もしくは間接に保有する関係（当事者間の完全支配の関係），または②一の者との間に当事者間の完全支配の関係がある法人相互の関係を指す（法税2条12号の7の6）。なお，「全部」保有の判定にあたっては，ごく例外的に他の株主の存在が認められている（法税令4条の2第2項）。

支配関係とは，①一の者が法人の発行済株式等の総数もしくは総額の百分の五十を超える数もしくは金額の株式等を直接もしくは間接に保有する関係，または②一の者との間に当事者間の支配の関係がある法人相互の関係をいう（法税2条12号の7の5）。

(3) グループ法人税制・連結納税制度と組織再編税制

グループ法人税制・連結納税制度が，既存の単体課税ルールをグループ法人間での通常の事業過程において実施される取引に適用することを想定し，その特例を提供するものであるのに対して，組織再編税制は，組織の再編・再構築を目的とした合併，会社分割，株式交換・株式移転といった会社法上の行為に関して，これらの組織再編成に伴う課税上の取扱いの均衡を図ることを主眼としている（均衡確保という観点から，組織再編成以外の行為〔例えば現物出資〕も取り込む形でルールが整備されている）。

2 グループ法人税制・連結納税制度

(1) 総 説

連結納税制度は，平成14年度改正によって導入された。その意義については，「一体性をもって経営され実質的に一つの法人としてみることができる実態を持つ企業グループについては，個々の法人を納税単位として課税するよりも，グループ全体を一つの納税単位として課税するほうが，その実態に即した適正な課税が実現される」と説明されている（税制調査会法人課税小委員会「連

結納税制度の基本的考え方」〔平成13年12月9日〕）。また，グループ法人税制は，
「グループ法人の一体的運営が進展している状況を踏まえ，実態に即した課税
を実現」することを目的として創設された（「資本に関係する取引等に係る税制に
ついての論点」〔平成21年7月〕）。

　もっとも，こうした企業グループに対する税制を構想するにあたっては，例
えば，①グループ内の所得金額の合算（連結所得金額・連結法人税額の計算）と，
その派生として②株式等に係る利益・損失の二重計上の防止（子法人の帳簿価額
修正）が必要であるほか，③グループ内の法人間の取引に関するルール整備が
必要である。また，適用にあたって，納税者の選択を認めるか否かという分岐
が生じる。

　平成22年度税制改正以降，日本では，連結納税制度はもっぱら上記①およ
び②に関する選択を認める特例として整理され，その他の局面（③）について
は，連結納税制度の選択の有無に拘わらず，完全支配関係のある法人間の取引
に対して特例が適用され，一体的な取扱いが拡張された（以下，後者の特例を
「グループ法人税制」と呼び，記述の簡便のため，完全支配関係の判定によって括り出
された100％グループ法人を「グループ法人」という）。

　しかしながら，令和2年度税制改正では，連結納税制度を見直し，グループ
通算制度へ移行することが定められ，令和4年4月1日以後に開始する事業年
度から適用される。連結納税制度の下では，いずれかの連結法人に修正・更正
事由が生じた場合に，当該連結法人の個社ベースでの是正では完結せず，その
影響が他の連結法人の連結所得等の個別帰属額の計算に及ぶこととなり，過重
な処理コストが生ずる点などが課題として指摘された。

　新たに導入されるグループ通算制度においては，通算グループ内の親法人お
よび各子法人がそれぞれ申告を行うこととされるとともに，欠損法人の欠損金
額の合計額を所得法人の所得の金額の比で配分し，その配分された通算対象欠
損金額を所得法人において損金算入する仕組みが採用された（改正法64条の5
第1項）。なお，上記の課題に対しては，ある事業年度の（通算前）所得金額・
欠損金額が当初申告額と異なる場合に，通算グループ内の各通算法人の当初申
告額が当該事業年度の（通算前）所得金額・欠損金額とみなされることが規定
され（改正法64条の5第5項），通算グループ内の一法人に修正・更正事由が生
じた場合であっても，原則として，その修正・更正事由が生じた通算法人以外

の他の通算法人への影響を遮断し，その修正・更正事由が生じた通算法人の申告のみが是正される仕組みへと転換された。

(2)　グループ法人税制

（a）　グループ法人間の資産譲渡　　完全支配関係がある法人間での譲渡取引については，(a)譲渡時点で譲渡法人に発生する損益を打ち消す処理が行われる（法税61条の13第1項）とともに，(b)譲受法人段階で譲渡等の一定の事由が生じた時点で，譲渡法人において繰り延べられていた譲渡損益の認識が行われる（法税61条の13第2項）。なお，制度本来の趣旨からは，「その資産のグループ外取引等の時点までその計上を繰り延べること」が想定されたものの，実務の簡便化の観点から，たとえ譲受法人の譲渡が他の完全支配関係がある法人に対するものであっても繰延は認められない。

この特例が適用される**譲渡損益調整資産**とは，固定資産，土地等，有価証券，金銭債権および繰延資産であって，政令で定められたもの──①売買目的有価証券，②譲受法人において売買目的有価証券とされる有価証券，および③譲渡直前の帳簿価額が1000万円未満の資産（法税令122条の14第1項〔令和4年4月1日より122条の12第1項〕）──以外のものを指す。（土地以外の）棚卸資産は繰延制度の対象外である。

この取扱いは，（例えば対価が金銭で支払われる）非適格組織再編成においても適用される。結果として，完全支配関係がある法人間での非適格組織再編成についても，繰延措置の具体的内容に相違があるものの，課税繰延が認められることに注意が必要である。また，発行法人に対する株式の譲渡，すなわち完全支配関係にある他の法人による自己株式の取得等により金銭その他の資産の交付を受けた場合には，当該交付に係る損益の額は認識されない（法税61条の2第17項）。

（b）　グループ法人間の配当　　その計算期間を通じて完全支配関係があった他の内国法人から受ける剰余金の配当に対して，法人税は課されない（法税23条1項）。また，益金不算入される額から負債利子が控除されることもない（同項参照）。これは，グループ内の資金調達に対する中立性の観点や，グループ内資金移転には課税しないという判断から，剰余金の配当が各法人の損益にまったく影響を与えないことを企図した取扱いである。

　また，剰余金の配当や残余財産の分配において金銭以外の資産を交付する場合（いわゆる現物分配），現物分配法人は，移転する資産の時価相当額を収益として認識し，益金に算入するのが原則であるところ（法税22条の2第6項），完全支配関係にある法人間でなされた現物分配（適格現物分配。2条12号の15）については，組織再編成における取扱いと同様の取扱いとする方向で特例が設けられている。すなわち，適格現物分配には，適格組織再編成と同様，簿価引継ぎ方式による課税繰延が定められている（62条の5第3項および4項）。さらに所得税法24条1項の「配当等」から適格現物分配に係るものが除かれているため，所得税法181条の適用がなく，源泉徴収も不要とされている。

　（c）　グループ法人間の寄附金　　グループ法人間で寄附金（⇨第2節 **3(5)**(c)）の支出があった場合においても，グループ内部の取引については課税関係を生じさせないという整理の下，当該移転に伴う損益を認識しないこととされている。寄附法人において全額が損金不算入とされる（法税37条2項）とともに，その対応する額は受贈法人において益金不算入とされる（25条の2）。なお，この取扱いは，寄附・受贈法人がいずれも内国法人である場合の寄附に限られ，あわせて個人による完全支配関係が除かれている。

　もっとも，現実には経済的利益が移転しているため，これを利用した株式の価値の移転を通じて，子法人株式の譲渡損を作り出す租税回避が考えられるため，次のような処理が求められている（**寄附修正**）。すなわち，寄附・受贈法人の直接の株主段階で，それぞれの法人の株式の帳簿価額について，寄附金相当額を減算・加算する調整がなされる（法税令119条の3第6項）ことに加え，その経済的利益の移転に対応する利益積立金額の減算・加算が行われる（9条7号）。

(3)　連結納税制度（グループ通算制度へ移行）

　（a）　連結の開始・終了　　連結納税制度は，前述のとおり，「グループ全体を一つの納税単位として課税する」ことを目的とした制度であった。連結納税制度を利用するか否かは選択制で，これを選択しようとするグループ法人は，国税庁長官に申請をし，その適用について承認を受けることとされた（法税4条の3。令和4年4月1日施行の改正法により廃止。以下同様）。そして，連結親法人とこの承認を受けた他の内国法人（連結子法人）とをあわせた**連結法人**が連結

グループを構成し，一つの納税単位として取り扱われた。そのため，連結親法人が納税義務者となり，連結確定申告書の提出（81条の22）および当該申告書に係る法人税納付（81条の27）の義務を負った。

　（b）　連結所得金額および連結法人税額の計算　　連結納税制度では，連結法人ごとに益金の額（個別益金額）または損金の額（個別損金額）を計算した上で，一定の調整を加え，それらを合算して課税する方式が採用された。課税標準は**連結所得の金額**とされ（法税81条），当該連結事業年度の益金の額から当該連結事業年度の損金の額を控除することで算定された（81条の2）。

　まず，個々の法人ごとに，（連結グループ全体で計算することが適当とされる規定を除き）単体課税に関するルールに従って個別益金額または個別損金額を計算し，それぞれを連結所得の金額の計算において，益金の額または損金の額に算入することとされていた（法税81条の3）。

　次に，連結グループ全体で計算するものについては，所定の規定（法税81条の4ないし81条の10）に従い，益金の額または損金の額に（不）算入される金額が計算された。例えば，受取配当の益金不算入額や寄附金の損金算入限度額の計算がこれにあたる。

　詳細な記述は割愛するが，このような過程を経て，連結所得の計算上，益金の額または損金の額が計算されることになっていた。さらに，連結グループの構成メンバーについて加入・離脱が生ずるといった流動性を考慮し，並行して，個別所得金額および（当該個別所得金額を基準とした）個別帰属額の計算が行われた。

　（c）　連結加入による損失持込みの制限　　連結納税制度の導入にあたっては，繰越欠損金を有する会社を新たに取得することによって，グループ外の法人の事業活動によって生じた欠損金額とグループ内の法人の所得との相殺が可能となる租税回避が強く警戒された。そのため，次のような措置が講じられた。

　まず，連結子法人となる内国法人については，連結開始または加入時に，その保有する時価評価資産（固定資産，土地等，有価証券，金銭債権および繰延資産）に対して時価評価に基づく課税が行われるのが原則とされた（法税61条の11または61条の12）。納税単位の変更にあたって，未発生の含み損益に対する課税によって課税関係を清算することが企図されたのである。

　次に，連結所得の金額の計算上，損金の額に算入される連結欠損金額と扱わ

れる（連結開始・加入前に生じた）欠損金の範囲について，連結親法人の欠損金のほかは，上記時価評価除外法人に該当する連結子法人（特定連結子法人）の欠損金など，一定のものに限定された（法税81条の9第2項）。その上で，こうして連結欠損金額とみなされる特定連結子法人の欠損金であっても，その特定連結子法人の（控除対象）個別所得金額を限度として，その超える部分については損金算入を認めないこととした（81条の9第1項）。

　（d）　投資簿価修正　　連結納税制度は連結グループを1つの納税単位として課税する仕組みであるため，連結法人が有する他の連結法人の株式等を譲渡した場合，連結法人の所得はすでに当該納税単位において課税済みであるにもかかわらず，当該他の連結法人の株式等の譲渡益という形で二重課税が生じてしまう。

　そのため，譲渡等修正事由（法税令9条2項）が発生した場合には，連結納税を行っていた期間における利益積立金額（＝留保された課税済み利益）の増減に対応した帳簿価額修正（同条3項）が必要とされた（法税令119条の3第5項など）。

3　組織再編税制

（1）　基本的要素

　組織再編成に伴う課税上の取扱いには，①移転資産に係る譲渡損益課税，②引当金，繰越欠損金といった租税属性の引継ぎ，および③（株主に新株式が交付される場合には）新株式受領に伴う譲渡益課税の各局面で特例が設けられている。

　前述のとおり，日本では，「経済実態に実質的な変更が無い」と考えられる場合には課税関係を継続させるという前提の下，組織再編税制が整備された。例えば①の局面では，移転資産に対する支配の継続が認められる組織再編成は，経済実態に実質的な変更がないと考えられる場合に該当し，それゆえに移転資産に対する課税関係の継続（譲渡損益課税の繰延）が認められると説明される。法人税法は，このような場合を**適格組織再編成**として，通常の資産譲渡とは異なる課税上の取扱いを提供している。

　会社法上の行為であっても，法人が合併または分割によりその有する資産を他に移転した場合には，その移転資産の譲渡損益の計上を行うのが原則（法税

図表5-5　適格合併の要件

株式以外不交付要件（共通要件）		
① 完全支配関係	② 支配関係	③ 共同事業を営むため
いずれかの法人による完全支配関係 同一の者による完全支配関係 → 完全支配関係継続要件	いずれかの法人による支配関係 同一の者による支配関係 → 支配関係継続要件	
	事業継続要件 従業者引継要件	事業継続要件 従業者引継要件
		事業関連性要件
		均衡要件 （イ）事業規模要件　または （ロ）特定役員引継要件
		株式継続保有要件 ※支配株主が存在する場合に限る

62条）とされ，適格合併または適格分割ならびに適格現物出資または適格現物分配によって資産・負債の移転をした場合にのみ，帳簿価額による引継ぎを前提に，譲渡損益の計上が繰り延べられる（法税62条の2ないし62条の5）。紙幅の都合上，組織再編成全般にわたって解説することは困難であり，ここでは適格合併を例にとり，その基本的要件について説明する（**図表5-5**参照）。

（a）　支配関係継続要件　　法人税法上，適格合併として認められる要件は，その合併に係る被合併法人と合併法人（新設合併の場合には当該被合併法人と他の被合併法人）との間にある関係に応じて，異なった内容が定められている（法税2条12号の8）。すなわち，①両法人の間に完全支配関係がある場合もしくは②両法人の間に支配関係がある場合，または③共同事業を営むためになされた場合のそれぞれに応じて，求められる要件が異なるのである。前二者が企業グループ内の移転として「支配の継続」が認められているのに対して，後者は，組織再編成の利用実態に「配慮」することによって拡張的に認められたと説明されている。

なお，たとえば同一の者による（完全）支配関係がある場合に要件とされる（完全）支配関係（継続）のような継続要件は，将来にわたる継続の事実そのも

のを要件とするのではなく，継続の「見込み」を要件として設定している。アメリカのように事後の事情を考慮する立法例と比して，法的安定性を重視した判断がなされたと考えることができる。

COLUMN 5-7　スピンオフ税制

　スピンオフとは，既存子会社または事業部門を分離して新設した子会社について，当該子会社の株式を自己の株主に対して按分的な分配を行う事業再編手法をいう。複数部門を抱える企業では，投資配分に関する経営者の判断の歪みまたは無関心によって企業価値の毀損（いわゆるコングロマリット・ディスカウント）が生じることがあり，これを解消する意義があると期待されている。

　こうした事業分離の一手法であるスピンオフについては，会社法上は（現物による剰余金の配当または利益の配当として）実現可能でありながら，これまでほとんど実施された例はない。その要因の1つとして，法人税法上の課税繰延が欠如していたことが指摘されてきた。

　平成29年度税制改正では，独立して事業を営むことを目的としたスピンオフについて，課税の繰延措置が導入された。事業部門スピンオフが適格分割の一類型として加えられた（法税2条12号の11ニ）ほか，（完全）子会社スピンオフについて，適格株式分配（2条12号の15の3）に該当する場合には，移転をした資産の当該適格株式分配の直前の帳簿価額による譲渡をしたものとして，現物分配法人の所得の金額を計算することとされ（62条の5第3項），帳簿価額による譲渡が擬制されることとなった（譲渡損益の不認識）。

　(b)　事業継続要件・従業者引継要件　　前掲の基本的考え方では，組織再編成と通常の売買取引を区別する観点から，資産の移転が独立した事業単位で行われること，および組織再編成後も移転した事業が継続することを要件とすることが基本とされた。具体的には，事業が引き続き行われる見込みに加えて，被合併法人の当該合併の直前の従業者のうち，その総数のおおむね100分の80以上に相当する数の者が合併法人の業務に従事することが見込まれていることが必要である。

　ただし，完全に一体と考えられる完全支配関係のある法人間で行われる合併については，これらの要件は求められていない。

　(c)　株式以外不交付要件　　さらに基本的考え方では，売買取引との区別という観点から，「移転資産の対価として金銭等の株式以外の資産が交付される場合」は譲渡損益の計上を繰り延べるには不適当であると整理されている。

そのため，適格合併の共通要件として，「いずれか一の法人の株式又は出資以外の資産（……）が交付されない」という対価要件（株式以外不交付要件）が課されている（法税 2 条 12 号の 8 柱書）。また，対価の柔軟化（会社 749 条 1 項等）に対応して，完全支配親法人の株式等を含む規律となっている。さらに，令和元年度税制改正によって，合併法人等の発行済株式の全部を間接に保有する関係がある法人の株式を含むこととなった。

　なお，無対価合併については，対価の交付の省略があったと認められる場合か否か，すなわち株主の資本関係に変動をもたらすか否かによって，適格合併該当性が左右される（法税 2 条 12 号の 9 ロ・同条 12 号の 10 ロ）。

COLUMN 5-8　対価要件の緩和

　平成 29 年度税制改正により，組織再編成前に特定の株主が対象会社を支配している場合において，その特定の株主により対象会社が吸収合併されるとき，またはその特定の株主の対象会社に対する持株割合が減少しないときを念頭に対価要件の緩和が行われた。組織再編成の前後において，その特定の株主が対象会社の資産を支配している状態に変わりがないと判断したものである。具体的には，合併の直前において合併法人が被合併法人の発行済株式等の総数・総額の 3 分の 2 以上に相当する数または金額の株式等を有する場合に，当該合併法人以外の株主等に金銭その他の資産を交付しても，対価要件を充足するとされている（法税 2 条 12 号の 8 柱書）。また，あわせて「株式交換等」が定義され（法税 2 条 12 号の 16），100％ 未満子法人の 100％ 子法人化のために採用され得る手法について，税法上の取扱いが統一されている。株式交換等（または株式移転）にあっては，対象法人が保有する資産の移転が生じていないにも拘わらず，譲渡損益の計上を行うのが原則とされている（62 条の 9 第 1 項）。

　（d）　共同事業を営むための合併において追加される要件　　共同事業を営むために合併が行われたと評価されるためには，(b)(c) に加え，当該合併により一つの法人組織で行うこととした事業が相互に関連性を有するものであること（事業関連性要件），それぞれの事業の規模が著しく異ならないこと（事業規模要件），または合併の両当事者の特定役員が引き継がれていること（特定役員引継要件）によって判定することとされている（法税令 4 条の 3 第 4 項）。

　また，被合併法人と他の者との間に当該他の者による支配関係がある場合には，移転資産に対する支配の継続を基礎づけるため，被合併法人の支配株主に交付された対価株式の継続保有が求められている（株式継続保有要件）。

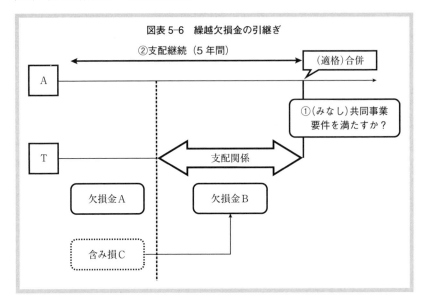

図表5-6　繰越欠損金の引継ぎ

(2)　欠損金の引継ぎ

　課税関係の継続の一内容として，租税属性の移転も認められた。ただし，繰越欠損金については，「租税回避行為を防止するための措置を講じ」ることが条件であり，その具体化が図られている。

　適格合併または完全支配関係のある法人の清算の場合に欠損金の引継ぎが認められた上で，欠損金引継ぎの範囲は次のように規律されている。まず，①共同事業のための合併（共同事業を営むための適格合併，または，グループ内合併であって，みなし共同事業要件〔法税令112条3項〕を満たす合併の場合），または②支配関係の継続（支配関係5年超要件）を満たす場合には，被合併法人または残余財産の確定した法人の支配関係形成前の欠損金の引継ぎが認められている（法税57条2項）。つまり，仮に新たに支配関係を形成したターゲット会社（被合併法人）の欠損金について，これを引き継いで利用するためには，みなし共同事業要件を満たすことが必要となる。

　なお，立案段階の経緯として，繰越欠損金引継ぎに関して，租税回避防止の観点からは，むしろグループ内での組織再編成における欠損金引継ぎに対して否定的であったことが知られている（阿部泰久「改正の経緯と残された課題」江頭

憲治郎＝中里実編『企業組織と租税法』〔商事法務，2002年〕88頁）。

　上掲①または②を満たさない場合には，支配関係形成前の事業年度において生じた欠損金額（**図表5-6**における欠損金A）は引継ぎが認められないとともに，支配関係形成後の事業年度において生じた欠損金額（**図表5-6**における欠損金B）であっても，特定資産譲渡等損失額に相当する金額（含み損Cに起因する部分）から成る部分の金額は引継ぎが認められない（法税57条3項）。

　次に，適格合併において，合併法人が有する欠損金についても，同様の要件を満たさない場合には，当該合併法人の有する欠損金の損金算入が制限される（法税57条4項）。適格組織再編成において，分割承継法人，被現物出資法人または被現物分配法人の有する欠損金についても同様の取扱いがなされる。

(3)　適格分割

　分割による資産・負債の移転は，合併と異なり，その法人の有する資産・負債の部分的移転にとどまる。基本的考え方は，「組織再編成による資産の移転を個別の資産の売買取引と区別する観点から，資産の移転が独立した事業単位で行われること，組織再編成後も移転した事業が継続することを要件とすることが必要である」という方向性を提示していた。そのため，完全支配関係がある場合を除き，「事業」単位の移転であることが適格分割の前提とされている。

　適格分割として認められる要件は，その分割における分割法人と分割承継法人との関係に応じて，異なった内容が定められている（法税2条12号の11）。詳細は割愛するが，①両法人の間に完全支配関係がある場合もしくは②両法人の間に支配関係がある場合，または③共同事業を営むためになされた場合のそれぞれに応じて要件が設けられている（**図表5-7**参照）。

　なお，繰越欠損金を抱えた法人に対して（黒字の）事業を移転し，当該繰越欠損金を利用しようとする租税回避に対抗するため，分割承継法人の有する繰越欠損金の使用を制限する規定が定められている（法税57条4項）。

(4)　株主段階の課税

　組織再編成（合併，分割型分割または株式交換等）に伴い新株式の交付を受ける株主については，当該株主が有していた株式（旧株）に係る譲渡損益に対する

図表5-7　適格分割の要件

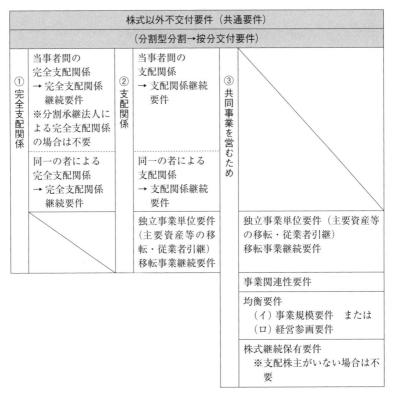

株式以外不交付要件（共通要件）		
（分割型分割→按分交付要件）		
① 完全支配関係	② 支配関係	③ 共同事業を営むため
当事者間の完全支配関係→完全支配関係継続要件 ※分割承継法人による完全支配関係の場合は不要	当事者間の支配関係→支配関係継続要件	
同一の者による完全支配関係→完全支配関係継続要件	同一の者による支配関係→支配関係継続要件	
	独立事業単位要件（主要資産等の移転・従業者引継）移転事業継続要件	独立事業単位要件（主要資産等の移転・従業者引継）移転事業継続要件
		事業関連性要件
		均衡要件 （イ）事業規模要件　または （ロ）経営参画要件
		株式継続保有要件 ※支配株主がいない場合は不要

課税が生じる。前掲の基本的考え方は，「株主の投資が継続していると認められるものについては，上記と同様の考え方に基づきその計上を繰り延べることが考えられる」と述べる。株主の投資が継続していると認められるときには，旧株に対する支配が再編成後も継続していると捉え，譲渡損益の計上を繰り延べることとされる（法税61条の2第2項・4項・9項・11項）。要件としては，（合併の場合には）「合併法人又は合併法人との間に当該合併法人の発行済株式若しくは出資（……）の全部を……保有する関係として政令で定める関係がある法人のうちいずれか一の法人の株式以外の資産（……）が交付されなかつたものに限る」と規定されている。

　比較法的には，株主の投資が継続していることに注目して法人段階の取扱いを決定する仕組みも考えられるが，こうした考え方は明確に斥けられている。

わが国には「株主が会社の資産の実質的な所有者であるという実態」を欠くという認識が背景にあったと説明されている。その結果，法人段階の課税繰延と株主段階の課税繰延を基礎付ける原理として，それぞれ異なる理念が選択された。

　また，譲渡損益に係る課税の繰延と並び，株主段階におけるみなし配当課税の有無が重要である。この点は，法人段階における租税属性が維持されるか否か（適格組織再編成であるか否か）に連動して，みなし配当課税の有無が決定される（所税25条1項，法税24条1項）。説明は割愛するが，みなし配当課税の計算は発行法人の（法人税法上の）資本の部に依存する仕組みがとられており，その数値が維持される場合（適格組織再編成）にはみなし配当課税が不要であるのに対して，資本の部がリセットされる場合（非適格組織再編成）には，清算的にみなし配当課税が必要となる。

COLUMN 5-9　株式交付

　令和元年12月の会社法改正により，株式会社が他の株式会社をその子会社とするために当該他の株式会社の株式を譲り受け，当該株式の譲渡人に対して対価として当該株式会社の株式を交付する株式交付制度（会社2条32号の2）が創設された。これを受け，令和3年度税制改正では，会社法の株式交付により，法人がその有する株式を譲渡し，株式交付親会社の株式等の交付を受けた場合には，その譲渡した株式の譲渡損益の計上を繰り延べることとされた（租特66条の2の2）。この措置により，買収会社が自社の株式を買収対価としてM&Aを行う際に対象会社株主の課税が繰り延べられ，株式対価M＆Aを促進することが期待されている。

4　包括的否認規定

　組織再編税制の導入にあたっては，予想される租税回避に対抗するため，法人税法132条（⇨COLUMN 5-1）の表現を踏襲する形で132条の2が新たに創設された。連結納税制度導入にあたっても同様であった（132条の3）。最高裁は，132条の2にいう「法人税の負担を不当に減少させる結果となると認められるもの」の解釈として，「法人の行為又は計算が組織再編成に関する税制（以下「組織再編税制」という。）に係る各規定を租税回避の手段として濫用することにより法人税の負担を減少させるものであることをいうと解すべきであ

り，その濫用の有無の判断に当たっては，①当該法人の行為又は計算が，通常
は想定されない組織再編成の手順や方法に基づいたり，実態とは乖離した形式
を作出したりするなど，不自然なものであるかどうか，②税負担の減少以外に
そのような行為又は計算を行うことの合理的な理由となる事業目的その他の事
由が存在するかどうか等の事情を考慮した上で，当該行為又は計算が，組織再
編成を利用して税負担を減少させることを意図したものであって，組織再編税
制に係る各規定の本来の趣旨及び目的から逸脱する態様でその適用を受けるも
の又は免れるものと認められるか否かという観点から判断するのが相当であ
る」と判示している（最判平成28年2月29日民集70巻2号242頁〔百選64，ヤフ
ー事件〕）。

第5節　法人住民税，法人事業税および特別法人事業税

1　法人住民税

　地方団体（地税1条1項1号。なお，都については1条2項）が法人に課する住
民税は，均等割額および法人税割額を構成要素とする。地方団体の域内に事務
所または事業所を有する法人については，均等割額および法人税割額の合算額
が住民税額とされるのに対し，地方団体内に事務所等を有していない法人であ
っても，寮，宿泊所，クラブその他これらに類する施設を有する法人について
は，均等割額によって住民税が課される（24条1項・294条1項）。なお，国・
地方公共団体および公共法人，ならびに収益事業を行っていない公益法人等に
ついては，非課税とされる（25条・296条）。

　均等割は，法人の資本金等の額，または資本金等の額および従業者数の合計
数によって区分が設けられ，均等の額（同一区分内においては同一の額）による
標準税率が定められている（地税52条1項・312条1項）。相対的に負担の大き
い市町村民税については，制限税率（各市町村が条例で定めることのできる税率の
上限）が定められている（312条2項）。

　法人税割は，法人税額または個別帰属法人税額を課税標準として課す道府
県民税・市町村民税（都民税・特別区民税）をいう（地税23条1項3号・292条1

項3号）。経済収益を考慮した税負担を課するため，法人税額を基礎としながら，それに一定の調整を加えて課税標準が算出される（**国税連動方式**。53条・321条の8）。

　平成26年度税制改正によって，地方団体間の偏在性の縮減という観点から，法人住民税法人税割の一部が国税化（**地方法人税**の創設）されるとともに，その税収はすべて地方交付税交付金の原資に繰り入れられることとされた。その後，平成28年度税制改正により地方法人税が拡充され，現在の標準税率は，道府県民税（都民税）にあっては1％，市町村民税（特別区民税）にあっては6％に設定されている。なお，制限税率が設けられている点は，従前と変わらない（地税51条1項・314条の4第1項）。なお，道府県民税（都民税）として源泉分離課税される利子割（23条1項3号の2）については，申告段階で法人税割額からの控除が認められている（53条26項）。

　2以上の都道府県において事務所または事業所を有する法人（**分割法人**）については，当該法人の法人税額等を関係地方団体に分割し，その分割した額を課税標準として関係地方団体ごとに法人税割額を算定することとされている（地税57条1項・321条の13第1項）。その際の分割基準として，従業者数が採用されている（57条2項・321条の13第2項）。

2　法人事業税

　（都）道府県税たる法人事業税は，法人の事業を課税客体とし，①資本金等の額・出資金の額が1億円超の普通法人の行う事業については，付加価値割額，資本割額および所得割額の合算額，②公益法人等，投資法人等，および資本金1億円以下の普通法人の行う事業については，所得割額，ならびに③電気供給業，ガス供給業および保険業については，収入割額を，それぞれ課することとされている（地税72条の2第1項。都については1条2項）。

　なお，令和2年度税制改正により，電気供給業のうち，発電事業および小売電気事業に係る法人事業税について，資本金の額・出資金の額1億円超の普通法人にあっては付加価値割額，それ以外の法人にあっては所得割額を組み入れた課税を行うこととなり（地税72条の2第1項3号），標準税率が改められた。

　第一に，**付加価値割**は，各事業年度の付加価値額を課税標準とする（地税72

条1号・72条の12第1号）。各事業年度の付加価値額は，各事業年度の報酬給与額，純支払利子および純支払賃借料の合計額と各事業年度の単年度損益との合計額によって計算される（72条の14）。なお，国外の事業に帰属する付加価値額は，課税標準から控除される（72条の19）。第二に，**資本割**は，各事業年度の資本金等の額を課税標準とし（72条2号・72条の12第2号），具体的には，各事業年度終了の日における法人税法2条16号に規定する資本金等の額によることとされている（72条の21第1項）。なお，国外において事業を行う法人にあっては，国外の事業の規模等を勘案して計算した金額を控除する（72条の22第1項）。

　平成15年度税制改正によっていわゆる**外形標準課税**が導入され，付加価値割および資本割という課税標準が創設された。なお，資本金等の額・出資金の額が1億円超の普通法人以外の法人の行う事業（電気供給業，ガス供給業および保険業を除く）に対する事業税の課税標準についても，事業の情況に応じ，所得と併せて，資本金額，売上金額，家屋の床面積・価格，土地の地積・価格，従業員数等を用いることができるとされている（地税72条の24の4）。

　第三に，**所得割**は，各事業年度の所得を課税標準とし（地税72条3号・72条の12第3号），各事業年度の法人税の課税標準である所得の計算の「例により」算定された上で，一定の修正を加えることが定められている（72条の23第1項）。これは，所得計算および調査の二度手間を防ぐためである。この点は，付加価値割額における単年度損益についても同様である（72条の18）。なお，国外の事業に帰属する所得は控除される（72条の24）。

　第四に，**収入割**は，各事業年度の収入金額を課税標準とする（地税72条4号・72条の12第4号）。電気供給業およびガス供給業にあっては，公益事業として価格規制が実施されているために，所得割によっては事業規模に応じた十分な税収があげられないことを考慮したものである（72条の24の2第1項参照）。また，保険業にあっては，資産運用益として受け取る配当等が益金に算入されず（法税23条参照），また相互会社形態をとる生命保険業は契約者配当金が損金に算入され（60条），法人税の課税標準と同様に計算した場合には所得が過少に算定されると考えられたためである（地税72条の24の2第2項・3項）。

　標準税率は，法人の区分に応じ，それぞれ課税標準ごとに定められている（地税72条の24の7第1項～3項）。納付すべき事業税額は，法人税法上損金算入

図表 5-8　法人事業税の分割基準

事　業	分割基準	
製造業	従業者数 ただし，資本金の額・出資金の額が 1 億円以上の法人：工場の 　従業者数を 1.5 倍する	
電気供給業	発電事業	固定資産の価額
	一般送配電事業 送電事業 特定送配電事業	電線路の電力容量 　および固定資産の価額
	小売電気事業	事業所等の数および従業者の数
ガス供給業・倉庫業	事業所等の固定資産の価額	
鉄道事業・軌道事業	軌道の延長キロメートル数	
その他の事業（非製造業）	課税標準の 1/2：事業所数 課税標準の 1/2：従業者数	

が認められる（法税 38 条参照）ため，超過課税は国および他の地方団体の税収に影響を与えることになる。そこで，制限税率が設けられている（72 条の 24 の7 第 8 項）。

　分割法人については，課税標準額の総額を，事業の内容に応じて定められた分割基準に応じて，関係都道府県ごとに按分して分割することとしている（地税 72 条の 48 第 3 項）（⇨**図表 5-8** 参照）。

3　特別法人事業税（特別法人事業譲与税）

　法人の事業に対する各都道府県の課税権は分割基準により調整されるが，応益原則の下で税源の偏りに対応するには限界がある。そのため，地方法人特別税および地方法人特別譲与税が創設され，従来の法人事業税の所得割・収入割の一部を国税化した上で（地方法人特別税等に関する暫定措置法 2 条・9 条参照），その 2 分の 1 に相当する額を各都道府県の人口に，残りの 2 分の 1 に相当する額を各都道府県の従業者数に按分して，両者の合算額を各都道府県に対して譲与する仕組みが作られていた（同法 33 条 1 項）。

　その後，消費税率 10％ への引上げを機に地方法人特別税が廃止される一方で，令和元年度税制改正により，地方法人課税における偏在是正のため，特別

法人事業税および特別法人事業譲与税制度が創設された。消費税率10％段階において復元された法人事業税の一部が分離され，法人事業税（所得割または収入割）の納税義務者に対して，国税として特別法人事業税が課されている（税率については，特別法人事業税及び特別法人事業譲与税に関する法律7条参照）。

　また，特別法人事業税の税収は，人口を譲与基準として各都道府県に譲与される（ただし，不交付団体については譲与制限の仕組が設けられている）。

読書ガイド 📖

第1節

《法人税の課税単位について》

○中里実「法人課税の時空間（クロノトポス）──法人間取引における課税の中立性」杉原泰雄教授退官記念論文集『主権と自由の現代的課題』（勁草書房，1994年）361頁

○増井良啓『結合企業課税の理論』（東京大学出版会，2002年）

《法人税と個人所得税の統合について》

○金子宏「法人税と所得税の統合──統合の諸類型の検討」同『所得課税の法と政策』（有斐閣，1996年）429頁

《法人以外の事業体課税について》

○佐藤英明「新しい組織体と税制」フィナンシャル・レビュー65号（2002年）93頁

第2節

《公正処理基準について》

○武田昌輔『法人税回顧六〇年──企業会計との関係を検証する』（TKC出版，2009年）99〜156頁

《無償取引について》

○渕圭吾「適正所得算出説を読む」金子宏編『租税法の発展』（有斐閣，2010年）209〜228頁

《時価評価課税について》

○中里実「法人税における時価主義」金子宏編『租税法の基本問題』（有斐閣，2007年）454〜475頁

第3節

《配当課税について》

○小塚真啓『税法上の配当概念の展開と課題』（成文堂，2016年）

第 4 節

《組織再編税制について》

○渡辺徹也『企業組織再編成と課税』（弘文堂，2006 年）

《連結納税制度について》

○小塚真啓「連結におけるインサイド・ベイシスとアウトサイド・ベ
　イシス：序説」岡山大学法学会雑誌 70 巻 3・4 号（2021 年）590 頁

第 5 節

《法人事業税について》

○吉村政穂「事業税の沿革・再考」横浜国際経済法学 11 巻 2 号（2003
　年）69 頁

消費税

第 1 節　消費課税の特徴と分類

1　様々な消費課税

(1)　直接消費税と間接消費税

　消費課税（一般的意味での消費税）とは，物品・サービスの消費に担税力の基準を見出して，消費支出に着目をして課される租税である。消費課税は，消費を行った者に直接課税をする「直接消費税」と，消費対象となる物品・サービスの提供等を行った小売事業者などを納税義務者とする「間接消費税」に分類される。直接消費税の例として，ゴルフ場利用税や，入湯税がある。間接消費税の例は，日本の消費税法における消費税である。間接消費税の下では，納税義務者と消費者が乖離する。納税義務者である小売事業者などがその税負担を価格に上乗せすることで，消費者に税負担を転嫁することが予定されている（**租税の転嫁**⇨第 2 章第 2 節 **4**(2)(a)）。

(2)　個別消費税と一般消費税

　間接消費税は，「個別消費税」と「一般消費税」に分類することができる。個別消費税は，たばこ税・酒税・揮発油税のように特定の物品・サービスに対して課される消費税である。これに対して，一般消費税は，原則としてすべて

図表6-1　様々な消費税

	単段階消費税	多段階消費税
個別消費税	酒税，たばこ税	
一般消費税	小売売上税（sales tax）	取引高税（累積売上税）， 付加価値税（日本の消費税）

の物品・サービスに対して課される消費税である。一般消費税の代表例は，わが国の消費税（付加価値税）である。

（3）　単段階消費税と多段階消費税

　消費税は，製造・卸売・小売といった複数の取引段階において課税をする「多段階消費税」と，一つの取引段階においてのみ課税をする「単段階消費税」に分類できる。

　単段階の個別消費税の例としては，日本の酒税やたばこ税がある。単段階の一般消費税の例としては，小売段階でのみ一般消費税を課する小売売上税（sales tax，アメリカの州税が典型例）がある。

　多段階一般消費税の例としては，次に説明する取引高税（turnover tax）や，日本の消費税法における（消費型）付加価値税（value added tax：VAT）がある。

2　付加価値税の基本構造

（1）　取引高税と付加価値税の比較

　多段階一般消費税として，**取引高税**と**付加価値税**がある。

　取引高税では，各取引段階の売主に対して，その売上額を課税標準として，税を課す。これは，取引段階が進むごとに税負担の累積が生じることを意味する（⇨**図表6-2**参照）。この税負担の累積は，カスケード効果と呼ばれる。このような税の累積を回避するために，事業の垂直的統合が促進されることになる。したがって取引高税は，製造・卸売・小売を包括的に行う巨大企業やコンツェルンにとって有利な税制となる。そのため，垂直的統合の進んだ巨大企業による市場の独占・寡占につながる恐れが指摘されてきた。別の問題として，取引高税の下では取引段階によって税額が異なるため，輸出免税など国際的二重課税排除のための国境税調整（⇨**(4)**参照）が困難になるという問題がある。取

図表 6-2　取引高税（税率 10%）

	製造段階	卸売段階	小売段階	合　計
売　上	30	73	110.3	
税込仕入	—	33	80.3	
売上税	3	7.3	11.03	21.33
税込販売価格	33	80.3	121.33	

図表 6-3　付加価値税（税率 10%）

	製造段階	卸売段階	小売段階	合　計
売　上	30	73	107	
税込仕入	—	33	77	
付加価値	30	40	30	100
付加価値税	3	4	3	10
税込販売価格	33	77	110	

引高税はヨーロッパ諸国で用いられていたものの，競争中立性の観点から望ましくないため，次第に付加価値税に移行されることとなる。

　付加価値税は，売主に対して各取引段階で発生した付加価値を課税標準として税を課す。各取引前段階で納めた税額の控除（**仕入税額控除**）を行うため，税の累積が生じない（⇨**図表 6-3** 参照）。

(2)　付加価値とは何か？

　(a)　控除法と加算法　　付加価値とは，製造・卸売・小売といった各段階の事業が国民経済に新たに付加した価値のことである。たとえば，製造業を営む企業は，仕入れた原材料に，生産要素（土地・資本・労働）を投入することで，価値を高めて売却する。付加価値を算出するには，「控除法」と「加算法」の二つがある。両者は計算方式が異なるだけであり，結果は一致する。

　控除法は，売上総金額から仕入額を引いた差額を付加価値として算出する方式である。100 万円で仕入れた原材料を加工して，150 万円で売却すれば，50 万円の付加価値が生まれたことになる。間接税として課される付加価値税は，基本的に控除法の考え方に依拠している。

　これに対して，加算法は，企業が付加価値を生むために利用した生産要素に

着目をし，付加価値を生産要素所得（土地への対価である地代，資本への対価である利子・配当等，労働の対価である賃金等）の和として捉える方式である。すなわち，企業は生み出した付加価値を地主，資本提供者（債権者・株主），人的資本提供者（役員・従業員）などに分配することになる。それらの分配を加算することで付加価値を算出しているのである。なお，付加価値の把握と密接に関係するものとして，フラット税やX税などがある（⇨第4節**3**）。

　(b)　付加価値税の三類型　　控除法に依拠して付加価値を把握する場合，売上（売上にかかる税額）から差し引く仕入れ（仕入税額）として何を認めるかについて，①消費型付加価値，②所得型付加価値，③売上型付加価値という三つの立場がありうる。

　まず①消費型付加価値は，付加価値の算定の際に，仕入れとして「原材料費」および「資本財購入費」を控除する考え方である。ここでは，機械設備のような資本財の購入費全額の**即時償却**を認めることになる（全額即時損金算入：expensing について⇨**COLUMN 5-5**）。つまり，付加価値の合計は，国内総生産（GDP）から投資額（I）を控除した消費支出（C）に等しくなる（C＝GDP－I）。

　②所得型付加価値は，仕入れとして「原材料費」および資本財の当期使用分である「減価償却費」の控除を認める考え方である。この考え方の下では，付加価値の合計は，国内純生産（NDP）と等しくなる（NDP＝GDP－減価償却）。

　③売上型付加価値は，仕入れとして「原材料費」のみの控除を認める考え方である。この考え方の下では，付加価値の合計額は国内総生産（GDP）と等しくなる。

　日本の消費税を含む付加価値税は，①の消費型付加価値の考え方を前提にしている。そのため，所得税における金銭の時間的価値への二重課税が，消費税（付加価値税）では生じないことになる（所得税：貯蓄への二重課税⇨第4章第1節**1(2)**）。

(3)　付加価値税の執行面

　付加価値税において，税の累積を排除するための方式として①「**仕入税額控除方式（前段階税額控除方式）**」と②「**前段階売上控除方式**」がある（本書での分類は，Alan Schenk & Oliver Oldman, *Value Added Tax: A Comparative Approach* (2007) による）。

ヨーロッパ諸国や日本では、①仕入税額控除方式が用いられている。この方式は、総売上高に税率を乗じた金額から、同じ課税期間における仕入れに含まれていた税額を控除する方式である。仕入税額の計算につき、ヨーロッパで主流の@インボイス方式（credit-invoice VAT）と、日本が従来採用してきた⑥帳簿方式（アカウント方式。credit-subtraction VAT without invoice）がある。@インボイス方式の下では、インボイス（仕送状）等に税額が明記されていることを条件に税額の控除を認める。これに対して、⑥帳簿方式は、インボイス等を要求せずに、帳簿等の記載にもとづいて仕入総額に税率を乗じた金額の控除を認める。

この帳簿方式は、日本独特の制度であるところ、インボイス方式と比較していくつかの問題を抱えている。たとえば、帳簿方式の下では、売主が免税事業者であって実際には国庫に納税していなくても、買主側は税額控除を行うことが可能となる。そのため全体として、課税が過少になってしまう（なお、過少納税の利益を売主と買主のどちらがどれだけ享受するかは、状況による）。（日本でのインボイス方式の導入予定⇨第3節）

②前段階売上控除方式（sales-subtraction VAT）は、課税期間における売上高から仕入高を控除した金額に税率を乗じた金額を、納税額として算出する方式である。これは先に(2)(a)で解説した控除法で付加価値税の課税標準を算出しようとするものである。

仕入税額控除方式：
納税額＝(売上高×税率)−(仕入高×税率)

前段階売上控除方式：
納税額＝(売上高−仕入高)×税率

(4)　国際的二重課税排除の方式

物品・サービスが国境を越えて取引される場合、付加価値税が物品・サービスの生産地国と消費地国の双方で課される可能性があり、国際的二重課税という問題を生じることになる（**国際的二重課税**については⇨第8章第1節参照）。

間接税である付加価値税の国際的二重課税を排除するためには、国境税調整が必要であり、その方法として①**原産地主義**と②**仕向地主義**がある。①原産地主義（源泉地主義。origin principle）は、原産地国（源泉地国）に課税権があると

する考え方で，②仕向地主義（destination principle）は，仕向地国（消費地国）に課税権があるとする考え方である。間接税である付加価値税（日本の消費税）については，国際的なルールとして仕向地主義が採用されている。原産地主義は，直接税で用いられることが多い。間接税で仕向地主義をとり消費地国で課税するためには，輸出品については税抜きでの輸出（輸出免税），輸入品については税関で消費税の課税（輸入課税）が必要となる。

　仕向地主義が採用されている理由の一つとして，経済活動に対して中立的である点をあげることができる。次のケースを考えてみよう。

CASE 6-1　仕向地主義と原産地主義

　今，A国が5%，B国が10%，C国が20%の付加価値税を課しているとする。A国の企業が製品aを，B国の企業が製品bを，C国の企業が製品cを自国内で製造している。製品a，製品b，製品cは類似の製品であり，税抜きの価格は100ドルとする（なお，為替の問題を捨象するために，A国，B国，C国ともドルを法定通貨として使用していると仮定する）。

　国際的二重課税排除のルールとして，①各国が原産地主義を採用した場合に各企業の製品の税込価格はいくらになるか。②各国が仕向地主義を採用した場合，各企業の製品の税込価格はいくらになるか。

　各国が①原産地主義を採用した場合，A国産の製品a（税抜価格100ドル）はどの国でも105ドル（税込）で売られる。B国産の製品bはどの国でも110ドルで売られる。C国産の製品cはどの国でも120ドルで売られる。この状況下では，低税率の国（A国）の製品の競争条件が有利になる。そのため，国家間で過度な税率引下げ競争（**有害な税の競争**）が助長される可能性があり，望ましくない。

　各国が②仕向地主義を採用した場合，製品aはA国内では105ドルで売られるが，輸出免税により100ドルで輸出される。製品aはB国の輸入時に10%の課税がなされ，B国内では110ドルで売られる。同様に製品aはC国輸入時に20%の課税がなされ，C国内では120ドルで売られる。製品bは，B国内では110ドルで売られるが，輸出免税により100ドルで輸出される。製品bは，A国輸入時に5%で課税がなされA国内では105ドル，C国輸入時に20%の課税がなされC国内では120ドルで売られることになる。同様に，

図表6-4　原産地主義：各国における各製品の税込価格

	A国内（5%）	B国内（10%）	C国内（20%）
製品a	105	105	105
製品b	110	110	110
製品c	120	120	120

（単位ドル）

図表6-5　仕向地主義：各国における各製品の税込価格

	A国内（5%）	B国内（10%）	C国内（20%）
製品a	105	110	120
製品b	105	110	120
製品c	105	110	120

（単位ドル）

C国の製品cは，A国では105ドル，B国では110ドル，C国では120ドルで販売されることになる。どの国で生産された製品も，消費地国の税率で課税されるため，競争に関して中立的になる。

　上記の例が示唆するように，仕向地主義は，GATT（WTO）やIMFが志向する自由貿易体制と合致することになる。

COLUMN 6-1　通商法と法人税・付加価値税──米仏貿易摩擦

　今，アメリカ企業がアメリカ国内で製品a（税抜価格100）を，フランス企業がフランス国内で製品f（税抜価格100）を製造しているとしよう。アメリカには付加価値税がなく，フランスには付加価値税（税率20%）があると想定する。この状況下では，アメリカ製品aは，アメリカ国内では100，フランス国内では120で売られる（税関で20の付加価値税）。フランス製品fはフランス国内では120，アメリカ国内では100で売られる。何の問題もなさそうである。

　ここで，アメリカは付加価値税0%であるものの法人税負担が相対的に高く，フランスは付加価値税が20%と高いため法人税負担が相対的に低いと想定してみよう。もしも，アメリカにおいてフランスよりも法人税の負担が製品価格に多く転嫁されるのであれば（たとえば10の転嫁），アメリカ製品aはアメリカ国内で110で売られる。GATT/WTOのルールで，直接税である法人税については，輸出時還付（輸出補助金）が禁止されている。そのため，アメリカ製品aは110でフランスに輸出され，フランス輸入時に20%の付加価値税を課され，フラン

ス国内では 132 で売られる。フランスでは法人税負担が相対的に軽く，ほとんど価格に転嫁されないとすれば，フランス製品 f は，フランス国内で 120 で売られ，アメリカ国内では 100 で売られることになる（なお，所得税に関してアメリカは，原則として全世界所得課税を採用している。アメリカは，輸出企業について国外所得免税をする FSC〔Foreign Sales Corporations〕制度を導入したものの，WTO パネルで輸出補助金に該当すると判断された〔WT/DS108/R〕）。

　法人税の負担は価格に転嫁されても，輸出免税ができない。フランスは法人税負担が相対的に軽く，アメリカと比べてあまり価格に法人税が転嫁されない。国家歳入の柱が付加価値税の場合は，全額を輸出免税できるため，法人税が国家歳入の柱の一つである場合と比較して競争条件が有利になる。このように，通商法と租税の関係を総合的に考えると，「高い付加価値税・低い法人税」が自国産業にとって競争上有利になり，「低い付加価値税・高い法人税」は競争上不利となる可能性がある。

第 2 節　消費税法の構造

1　課税物件（課税の対象）

（1）　基本構造

　現行消費税（法）は，理念的には「消費」を課税対象としている（税制改革法 10 条 1 項）。ここでいう「消費」とは，消費行為自体ではなく消費支出のことである。

　しかし，技術上の理由から，現行消費税法は「消費」を課税物件として直接的に規定する代わりに，事業者が行う取引に着目をして規定が作られている。すなわち消費税法は，課税物件に関して，国内取引について「国内において事業者が行つた資産の譲渡等」（消税 4 条 1 項）に，輸入取引について「保税地域から引き取られる外国貨物」（同条 2 項）に消費税を課すると規定している。

　そもそも消費税法の課税要件を満たしていない場合，消費税が課されることはない。たとえば，国外で行われた取引や，事業として行われていない取引である。このような取引は「課税対象外の取引」であり，一般に「不課税取引」と呼ばれる。具体的には，家庭で使用しているテレビ等家財の売却，保険金の受領，配当，損害賠償金，国外取引などがある。

図表6-6　消費税法の基本イメージ

　課税要件を満たすような取引であっても，消費税の性質上または社会政策的
配慮から，消費税法で特に課税しない旨が規定されている取引がある（消税6
条）。これを**非課税取引**と呼ぶ（非課税取引⇨**(2)**）。

　これに対して，一定の要件を満たすことで消費税を免除される取引がある
（消税7条）。これは**免税取引**と呼ばれる（免税取引⇨**(3)**）。

　免税取引の場合は，通常の税率ではなく，特別に税率0％（ゼロ税率）で消
費税が課されていると考えることができる。税率0％の消費税が課されつつ，
仕入税額の控除・還付が認められるため，事業者としては税負担がゼロになる。
これに対して，非課税取引の場合は，売上が課税の対象から除外されるだけで，
仕入税額の控除は認められない（仕入税額控除⇨**4(2)**）。

　(a)　国内取引　　「国内において事業者が行つた資産の譲渡等」が消費税の
課税対象となる（消税4条1項）。資産の譲渡等とは，「事業として対価を得て
行われる資産の譲渡及び貸付け並びに役務の提供」である（2条1項8号）。

　つまり，課税対象の取引は，①国内において，②事業者が事業として，③対
価を得て行われる，④資産の譲渡および貸付けならびに役務の提供ということ
になる。これらの点について，順に概観する。

　①　国内において行われる取引　　わが国の消費税は，国内で行われる取引
が課税の対象となり，国外で行われる取引は課税対象外（不課税取引）となる。
ここでいう「国内」とは，消費税法の施行地域である（消税2条1項1号）。

　ある取引が国内において行われたかどうかを判定する基準（**内外判定基準**）
は次のように定められている。資産の譲渡・貸付けについては，譲渡・貸付け
が行われる時に資産が所在していた場所が原則的な基準となる（消税4条3項1

号）。ただし，船舶・航空機・特許権などについては登録機関の所在地が，一定の金銭債権については債権者の事務所等の所在地が基準となる（同号かっこ書，消税令6条1項）。

役務の提供については，原則として役務の提供地が判定基準となる（消税4条3項2号）。ただし，役務の提供が，運輸・通信など国内および国外以外の地域にわたって行われる場合，出発地・発送地または到着地，差出地または配達地などを基準に判定する（消税令6条2項）。これは，発着のどちらかが国内であれば，国内取引に該当するとした上で，輸出免税による調整を前提としている（輸出免税⇨**(3)**）。

ただし，インターネットによる電子書籍・音楽の配信サービス等の「電気通信利用役務の提供」については，当該役務の提供を受ける者の住所等が判断基準となる（消税4条3項3号。電子配信と消費税⇨ **COLUMN 6-2**）。

COLUMN 6-2　電子書籍・音楽・広告等の電子配信と消費税

平成27年度改正前までは，国境を越えて提供される一定の役務について，消費税の課税対象となるか否か（＝国内取引であるか否か）の内外判定基準として，「役務の提供に係る事務所等の所在地」を用いていた。このため，インターネット等を通じた電子書籍・音楽・広告等の配信サービス等に関して，(A) 役務提供者が国内事業者である場合には，国内取引として消費税が課されるのに対して，(B) 役務提供者が国外事業者である場合には，国外取引として消費税が不課税となり，同様のサービスであっても提供者によって課税関係が異なるという問題が生じていた。そこで，国内外の事業者間の競争条件の不均衡を是正する観点から，OECD等における電子商取引課税の議論（仕向地主義）も踏まえつつ，平成27年度税制改正において次の見直しが行われた。

(1)　内外判定基準の見直し

まず，電気通信利用役務の提供（消税2条1項8号の3）の概念を新設した上で，当該「役務の提供を受ける者の住所」等で内外判定をすることとした（4条3項3号）。これにより，国外事業者が，日本の事業者や消費者に対して提供する電気通信利用役務については，国内取引として課税対象になった。

(2)　課税方式の見直し：リバースチャージ方式と登録国外事業者制度

しかし，事業者に消費税の納税義務を課す従来の課税方式では，（日本に拠点がない）国外事業者に対する執行上の困難を抱える。そこで，役務の提供者が国外事業者である場合の課税方式として，① BtoB取引である事業者向け電気通信利用役務（消税2条1項8号の4）については，納税義務者を「役務の提供者」から「役務の受領者」に転換する**リバースチャージ方式**を導入し，②それ以外の

取引（いわゆる消費者向け電気通信役務の提供：BtoC 取引）については，従来通り納税義務者を役務の提供者とする**国外事業者申告納税方式**を導入した。

① リバースチャージ方式は，特定課税仕入れを行った事業者（＝役務の提供を受ける国内事業者）に納税義務を課している（消税 4 条 1 項・5 条 1 項）。なお，課税売上割合が 95％ 以上の事業者や簡易課税事業者等については，事業者の事務負担軽減の観点から，当分の間，リバースチャージ対象取引を申告対象から除外している（改正法附則 42 条・44 条 2 項）。

② 消費者向け取引については，国外事業者申告納税方式のため，国外事業者が納税しないにもかかわらず，国内事業者が仕入税額控除を適用するという新たな問題が生じる。そこで，(i)原則として，国外事業者から受けた「消費者向け電気通信利用役務の提供」については，当分の間，仕入税額控除を認めないこととした（改正法附則 38 条 1 項）。(ii)ただし，適切な納税申告を行う蓋然性が高い一定の国外事業者（**登録国外事業者**）から受けた当該役務の提供については，一定の要件の下，仕入税額控除が認められることとなった（同条 1 項但書・2 項・3 項。令和 5 年 10 月 1 日以降は，登録国外事業者制度は適格請求書発行事業者登録制度に吸収される予定⇨第 3 節 **3(2)**）。

② **事業者が事業として行う取引** 「事業者以外」が行う取引や，事業者が行う「事業外の取引」は，消費税の課税対象とはならない。事業外の取引が課税の対象となっていないのは，捕捉が困難であり，税収上の影響も小さいからだとされる（金子 792〜793 頁）。

> **CASE 6-2** **事業の範囲**
> サラリーマンである A は，親から相続した土地・建物を，工場経営者である叔父 B に月額 3 万円で貸している。この賃貸は，「事業」といえるか？

消費税法における「事業」は，所得税法における事業概念よりも広く解されており，反覆性・継続性・独立性があれば足り，経済活動の規模は問わないと考えられている（金子 792 頁）。

裁判例にも「消費税法の『事業』の意義内容は，所得税法上の『事業』概念と異なり，その規模を問わず，『反覆・継続・独立して行われる』ものである」旨判示したものがある（名古屋高金沢支判平成 15 年 11 月 26 日税資 253 号順号 9473）（所得税法上の事業所得について⇨第 4 章第 2 節 **8**）。このように，消費税法における「事業」概念を広く捉える考え方の背後には，本来，消費課税におい

て財・サービスの提供者側の属性は問題にならないはずであり，消費税法における「事業」という文言は消費税の執行可能性の観点から便宜上付加された制限にすぎず，本質的な制限ではないとの考えが存在している。このような考え方の下，裁判例などでは「事業」の範囲を広く解することで，消費支出に対する公平な課税を実現しようとする判断がなされていると理解できる（佐藤英明・税研148号〔2009年〕171頁）。

なお，事業に付随して対価を得て行われる資産の譲渡および貸付けならびに役務の提供も，事業の一環として課税対象になっている（消税令2条3項）。

「事業者」とは，法人および個人事業者のことを指す（納税義務者について⇨**2**）。法人が行う取引はすべて事業に該当する。これに対して，個人事業者は事業者と消費者の立場を兼ねており，消費者として行う取引については「事業」に該当しないと解されている（消基通5-1-1）。

③　対価を得て行われる取引　　課税の対象は，対価を得て行われる取引に限定されている。無償で行われる取引は課税の対象とならない。対価を伴わない資産の譲渡の場合，資産の譲受人の仕入税額が減少する結果，その分だけ次段階での納付税額が増加することになる。他方，最終消費者に対して無償で資産が譲渡された場合，課税しないことをどう考えるべきか。この点，消費税は消費行動自体への課税を目的としているのではなく，消費支出に着目をして課税をしていると捉えるのであれば，支出の伴わない資産の譲渡が課税対象とならないと解することもできる（金子793頁）。

CASE 6-3　自家消費

青果店を営む個人事業主のAが，売物のメロンをAの家庭で消費した場合，「対価を得て行われる資産の譲渡」といえるか？

ただし，個人商店の八百屋が，売物の野菜を自分で消費したような場合，事業として対価を得て行われた資産の譲渡とみなして消費税を課すことになっている。これを「みなし譲渡」という。消費税法4条5項は，みなし譲渡として，ⓐ個人事業者が棚卸資産または棚卸資産以外の資産で事業の用に供していたものを家事のために消費または使用した場合（自家消費について⇨第4章第3節**4**参照）と，ⓑ法人が資産をその役員に贈与した場合を規定している。

④　資産の譲渡および貸付けならびに役務の提供　　消費税法における「資産」は，広い概念であって，棚卸資産・固定資産・著作権・商標権・特許権など有形資産と無形資産で取引対象となりうるすべての資産を含むと解されている（金子 791〜792 頁）。

「資産の譲渡」は，資産につきその同一性を保持しつつ，他人に移転させることと解されている（消基通 5-2-1）。「資産の貸付け」には，「資産に係る権利の設定その他他の者に資産を使用させる一切の行為」が含まれる（消税 2 条 2 項）。なお，賃貸借契約の合意解除は，資産の譲渡等に含まれない（東京地判平成 9 年 8 月 8 日判タ 977 号 104 頁〔百選 6 版 85〕）。

課税対象取引の判定に関して，弁護士会が受け取る(i)法律相談センター等に関する受任事件負担金，(ii)弁護士法 23 条の 2 に基づく照会の手数料，(iii)弁護士協同組合等からの事務委託金，(iv)司法修習生研修委託費は，役務提供の対価であり消費税の課税標準に含まれる旨の判断を示した裁判例がある（大阪高判平成 24 年 3 月 16 日訟月 58 巻 12 号 4163 頁）。

(b)　輸入取引　　輸入取引については，「保税地域から引き取られる外国貨物」が課税対象とされており（消税 2 条 1 項 11 号・4 条 2 項），輸入（保税地域からの引取り）の時点で課税されることになる。これは，消費税法が国際的二重課税排除の方法として，仕向地主義（⇨第 1 節 **2(4)**）を採用していることに起因する。

なお，輸入取引については，事業として対価を得て行われる取引でなくとも消費税が課される。また，輸入取引の納税義務者には，事業者だけでなく最終消費者も含まれる。

このような輸入取引への課税については，国内で製造・販売される物品（原材料，事業用資産，最終消費物品）との間の競争条件を等しくするという考え方が背後に存在している（金子 797 頁）。

保税地域において外国貨物が消費または使用された場合，その消費・使用をした者がその時点で保税地域から当該外国貨物を引き取ったとみなされる（みなし引取り。消税 4 条 6 項）。

(2)　非課税取引

消費税の課税要件を満たす取引であっても，性質上，消費税の課税になじま

ない取引や，政策的配慮から課税取引から除外されている取引がある（消税6条）。

　非課税取引は，売上が課税対象から除外されるのみであり，仕入税額控除を認められない（仕入税額控除⇨ **4(2)**）。

　消費税の課税になじまない取引の例として，①土地の譲渡・貸付け，②有価証券・支払手段等の譲渡，③金融・保険取引，④郵便切手類・印紙・物品切手（商品券）等の譲渡，⑤国・地方公共団体等が法令に基づいて手数料等を徴収して提供する役務（登記・裁判など），⑥外国為替業務としての役務の提供などがある。政策的配慮から除外されている取引の例として，⑦公的医療保険制度に基づく医療・療養，⑧埋葬料・火葬料，⑨学校教育にかかる役務の提供（授業料など），⑩教科用図書の譲渡，⑪住宅の貸付けなどがある。

　平成29年度改正において，資金決済に関する法律の改正により仮想通貨が支払いの手段として位置づけられたことや，EU等では仮想通貨の譲渡を非課税としていること等から，仮想通貨の譲渡について消費税を非課税とした（消費税が非課税とされる支払手段に類するものの範囲に，一定の仮想通貨が追加された〔消税令9条4項〕）。

　上述のように，大学等の授業料や病院の医療行為は社会政策的観点から，消費税が非課税とされている。そのため，消費税率が上昇する際に，大学・病院等は，仕入れにかかる消費税負担増加部分について，（授業料や診療報酬の改定により消費税負担相当額を上乗せできなければ，転嫁することができず）大学・病院等が自ら負担を強いられる可能性がある（医療法人に仕入税額控除が認められないことは，憲法14条等に反しない旨を判示したものとして神戸地判平成24年11月27日税資262号順号12097参照）。

　なお，宗教法人が収受する墓石等の対価相当額は資産の譲渡等に該当するとともに，御廟等の管理料等については役務提供の対価に該当することから，双方とも消費税の課税標準に含まれる旨の判断を示した裁判例がある（東京地判平成24年1月24日判タ1384号139頁，東京高判平成25年4月25日LEX/DB 25502691参照）。

 COLUMN 6-3　金融取引と付加価値税（消費税）
　たとえば，銀行が預金者から利子率年0.5％で預金を集めて，年2％で企業に

貸付けをしているとしよう。この預金金利と貸出金利の差（スプレッド）である1.5％には，何の対価が含まれているのであろうか。それは，①金銭の時間的価値，②貸出先の企業の倒産リスクやインフレリスクなど各種リスクの対価（リスク・プレミアム），③金融仲介機関である銀行の手数料相当額などから構成されている。

理論上，③手数料相当額は，金融仲介取引という役務提供の対価であるから，消費税の課税対象になりうる。しかし，現行法では，執行の簡便さなどを重視して，非課税扱いになっている（中里実『キャッシュフロー・リスク・課税』〔有斐閣，1999年〕21頁以下参照）。

（3）　免税取引（輸出免税）

仕向地主義（⇨第1節**2(4)**）の下では，物品が輸出されたり，サービスの提供が国外で行われたりする場合，国内で財・サービスが消費されないことから，消費税の課税対象にはならない。仕向地主義に依拠するわが国の消費税法でも，輸出取引および輸出類似取引は，免税とされている（消税7条・8条）。これは「輸出免税」と呼ばれる。輸出取引については，輸出取引以前の消費税額を控除・還付することになる（ゼロ税率⇨**COLUMN 6-4**）。

なお，国内旅行会社が，訪日ツアーを主催する海外旅行会社に対して，訪日旅行客向けに国内の飲食場所・宿泊先・交通手段等を手配する取引は，輸出免税取引に該当しないとした裁判例がある（東京地判平成27年3月26日訟月62巻3号441頁〔百選89〕，東京地判平成28年2月24日判時2308号43頁参照）。

2　納税義務者

（1）　誰が納税義務を負うのか

消費税の納税義務者は，国内取引の場合，課税資産の譲渡等を行った事業者である（消税5条1項前段）。なお，ネット広告の配信など「事業者向け電気通信利用役務」（2条1項8号の4）については，役務の提供を受ける事業者（特定課税仕入れを行った事業者）が納税義務者となる（5条1項後段。リバースチャージ方式⇨**COLUMN 6-2**）。輸入取引の場合，納税義務者は外国貨物を保税地域から引き取る者であり，事業者に限定されない（同条2項）。

事業者とは，個人事業者および法人のことであり（消税2条1項4号），国・

地方公共団体なども含まれる（60条）。なお，人格のない社団も法人とみなされる（3条）。

　信託については，別途規定が設けられており，信託の受益者が納税義務者となる（消税14条1項本文）。なお，いわゆる「ただし書信託」（集団投資信託，法人課税信託，退職年金等信託など）については，受託者が納税義務者となる（同項但書）。

（2）　納税義務の免除（免税事業者制度）

　小規模事業者の事務負担等を軽減する目的から，基準期間における課税売上高が1000万円以下の事業者は，「消費税を納める義務を免除」される（消税9条1項）。これは，**免税事業者制度**と呼ばれる。なお，適格請求書発行事業者（⇨第3節**3(2)**）は免税事業者から除外される（令和5年10月1日より施行）。基準期間とは，課税年度・事業年度の前々年度を意味する（2条1項14号）。ただし，資本金1000万円以上の新設法人は，基準期間が存在しないため，設立当初の2年間は，納税義務が免除されない（12条の2）。

　なお，平成23年税制改正において，特定期間（≒上半期）における課税売上高が1000万円を超えるときは，（基準期間の課税売上高が1000万円以下であっても）その翌期から免税事業者制度は適用されずに，課税事業者とする旨の改正がなされた（消税9条の2第1項）。この判定に際して，課税売上高に代えて支払給与等の額で判定することもできる（同条3項。なお，同改正は平成25年1月1日以降に開始する個人事業者のその年または事業年度について適用されている）。

　基準期間における免税事業者の判定基準たる「課税売上高」とは，課税資産の譲渡等の対価の額（消税9条2項）のことであり，税込対価から消費税相当額を控除した金額である（28条1項かっこ書）。

　ただし，事業者が基準期間において免税事業者であった場合，課税売上高の計算において，消費税相当額を控除できるか否かが問題となる。この点，最判平成17年2月1日（民集59巻2号245頁〔百選90〕）は，「消費税の納税義務を負わず，課税資産の譲渡等の相手方に対して自らに課される消費税に相当する額を転嫁すべき立場にない免税事業者については，消費税相当額を……控除することは，法の予定しないところというべきである」と判示しており，これは非控除説の考え方に立脚していると解される。

消費税法9条1項は「免除」という文言を用いているものの，いわゆる免税ではなく「人的非課税」に該当する（金子803頁）。

COLUMN 6-4　非課税とゼロ税率の差異

次の簡単な状況を想定してみよう。消費税（＝付加価値税）の税率を一律10％とし，事業者Bが仕入先Aから財・サービスを40（税抜き）で仕入れ，加工をするなど付加価値を加えて，顧客Cに財・サービスを100（税抜き）で売却する。ここで，①前段階仕入税額控除方式，②人的非課税（≒免税事業者制度），③ゼロ税率（≒輸出免税・還付）のケースを比較してみよう。

① 　前段階仕入税額控除方式【原則】

事業者Bは，仕入時に本体価格40＋消費税4の合計44を仕入先Aに支払うことになる。事業者Bは，顧客Cから，本体価格100＋消費税10の合計110を受け取ることになる。

前段階仕入税額控除方式の下では，事業者Bは，仕入税額として4を控除することが可能であるので，実際には，国に6（＝100×10％－40×10％）の消費税を納税する義務を負う。

```
              財・サービス              財・サービス
 仕入先A ──────────→ 事業者B ←────────── 顧客C
            40＋4    【納税額6】   100＋10
```

② 　人的非課税（≒免税事業者制度）

事業者Bにのみ人的非課税措置が適用される場合でも，仕入先Aは消費税の納税義務を負っているため，事業者Bは仕入れに際して，本体価格40＋消費税4の合計44を支払うことになる。一方，非課税事業者であるBが財・サービスに付加した付加価値60に対しては，消費税（付加価値税）は「非課税」となる。

非課税事業者Bは，消費税の納税義務がないため，前段階仕入税額控除が認められない。Bは，既に負担している仕入税額4を転嫁するためには，顧客Cから，本体価格100＋仕入税額4の合計104を受け取る必要がある。

もしも，非課税事業者Bが，顧客Cから本体価格100＋消費税10の合計110を受け取った場合，Bには納税義務がないため，仕入段階で既に4の消費税を負担していることを勘案すれば，差し引き6（＝10－4）の「益税」を享受することができる──非課税事業者であっても，仕入段階で一定の消費税を負担しているので，10全額が益税になるわけではない──。

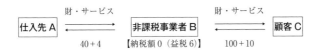

```
              財・サービス                    財・サービス
 仕入先A ──────────→ 非課税事業者B ←────────── 顧客C
            40＋4    【納税額0（益税6）】   100＋10
```

③　ゼロ税率（≒輸出免除・還付）

　　人的非課税としばしば混同される類型として，ゼロ税率（≒輸出免税・還付）がある。今，輸出業者Bが国外取引先のCに財・サービスを提供する場合を想定してみよう。

　　輸出業者Bは仕入先Aに，本体価格40＋消費税4の合計44を支払う。仕向地主義（⇨参照，第1節**2(4)**）の下では，BはCへの輸出取引について，ゼロ税率（税率0％）の適用を受けることになるので，本体価格100を受け取ればよいことになる。

　　上記②の人的非課税とは異なり，ゼロ税率の場合には，輸出業者Bには，前段階仕入税額控除が認められるため，Bの納税額は「−4」（＝100×0％−40×10％）となり，国から税額還付として4を受け取ることができる。

| 仕入先A | 財・サービス → ← 40＋4 | 輸出業者B 【還付額4】 | 輸出 → 100 | 国外取引先C |

3　課税標準・課税期間・税率

（1）　課税標準

　国内取引の場合，消費税の課税標準は，課税資産の譲渡等の「対価の額」である（消税28条1項本文）。ここでいう「対価の額」は，「対価として収受し，又は収受すべき一切の金銭又は金銭以外の物若しくは権利その他経済的な利益の額」を指す（同項かっこ書。強調は筆者）。「収受すべき」金銭等の額とは，原則として，課税資産の時価ではなく，当事者間で合意した取引価格である。

　ただし，法人が役員に資産を低額譲渡する事例に対処すべく，法人が資産を役員に「著しく低い」対価で譲渡した場合，その時価を対価の額とみなすことにしている（消税28条1項但書）。「著しく低い」対価とは，おおむね時価の50％未満の額をさすと解されている。

　個人事業者の家事消費・家事使用や，法人の役員に対する贈与に関する「みなし譲渡」（⇨**1(1)**(a)③）については，資産等の時価が，対価の額とみなされる（消税28条3項）。

　なお，その課税資産の譲渡等につき課されるべき消費税相当額は除かれるため，「税抜きの対価の額」が課税標準となる。これに対して，酒税・たばこ税・揮発油税などの個別消費税額は，税負担の転嫁が予定されており，対価の

図表 6-7　中間申告の区分

直前の課税期間の確定税額（国税分）	中間申告
6か月相当額が24万円以下 （年48万円以下）	中間申告不要
6か月相当額が24万円超，200万円以下 （年48万円超，400万円以下）	年2回申告（中間申告1回）
3か月相当額が100万円超，1200万円以下 （年400万円超，4800万円以下）	年4回申告（中間申告3回）
1か月相当額が400万円超 （年4800万円超）	毎月申告（中間申告11回）

一部を構成すると考えられていることから，消費税の課税標準に含まれると解されている（消基通10-1-11）。

　輸入取引の場合，課税貨物の課税標準は，関税の課税価格を基礎として，それに関税額および（酒税などの）個別消費税額を加算したものである（消税28条4項）。

（2）　課税期間と中間申告・中間納税

　国内取引の場合，消費税は，個人所得税や法人税と同様に，一定期間（課税期間）における課税標準の額を基礎として税額を算出する期間税である。なお，輸入取引の場合，消費税は期間税ではなく，輸入時点で随時課税される随時税となる。

　個人事業者の課税期間は，原則として暦年である（消税19条1項1号）。法人の課税期間は，原則として事業年度である（同項2号）。

　ただし，事業者の任意の選択により，課税期間を3か月ごとまたは1か月ごとに短縮することが認められている（消税19条1項3号以下）。これは，恒常的に輸出還付の生ずる輸出業者等にとって，課税期間を一律1年間とすると，仕入れに係る消費税額が還付されるまでの間の資金負担が大きくなるため，その負担を軽減することを意図している。

　事業者が納付すべき消費税額を取引のたびに受領していることから，消費税は，預かり金的な性格が強いといわれる。そのため事業者は，課税期間が長いほど，そこからより多くの運用益を享受することが可能となる。その観点からは，可能な限り課税期間を短くすることが望ましいということになる（なお，

インボイス方式を採用しているフランスの課税期間は1か月，イギリスの課税期間は3か月である）。しかし，帳簿方式を採用する日本で，すべての納税者に短い課税期間を適用するのは事務負担が重くなるとの配慮から，上記の3か月ないし1か月の課税期間を選択しない事業者で，かつ，直前の課税期間の消費税額が一定額以上の場合にのみ，1か月，3か月または6か月ごとに中間申告および中間納付を義務づけている（消税42条・48条）。

（3）税　率

　消費税の税率は，当初3%であったが，平成6年の税制改革の一環として4%に引き上げられるとともに，地方消費税が導入された。地方消費税は，国税である消費税額を課税標準として税率25%で課されることから，実質的な税率は1%であった。そのため，国税たる消費税と地方消費税の合計で税率5%となった。

　平成24年8月に「社会保障の安定財源の確保等を図る税制の抜本的な改革を行うための消費税法等の一部を改正する等の法律」（以下，「抜本改革法」）が可決・成立した。同法は，社会保障の安定財源と財政健全化の同時達成をめざす観点から消費税法を改正し，消費税収の使途を明確化するとともに，平成26年4月以降に2段階での消費税率引上げを主な内容としていた。税率については，まず平成26年4月に消費税の税率を現行の4%（地方消費税を含めた税率は5%）から6.3%（地方消費税を含めた税率は8%）に引き上げられた。続けて，令和元年10月に税率を6.3%（地方消費税を含めた税率は8%）から7.8%（地方消費税を含めた税率は10%）に引き上げた（**図表6-8**参照）（軽減税率とインボイス方式⇨第3節）。

　また消費税収の社会保障財源化に関しては，消費税の税収が，地方交付税法に定めるところによるほか，毎年度，制度として確立された年金，医療および介護の社会保障給付ならびに少子化に対処するための施策に要する経費に充てることが法律に明記された（消税1条2項）。

図表 6-8　消費税率の段階的引上げ

	平成 9 年 4 月 1 日以降	平成 26 年 4 月 1 日以降	令和元年 10 月 1 日以降
税　　率	5%	8%	10%
消費税（国）	4%	6.3%	7.8%
地方消費税	1% （消費税額の 100 分の 25）	1.7% （消費税額の 63 分の 17）	2.2% （消費税額の 78 分の 22）

出典：「平成 25 年版　改正税法のすべて」975 頁より一部改変

4　税額の計算と仕入税額控除

（1）　課税標準額と売上税額

　ある課税期間における消費税の納税額は，基本的に，次の手順で算出する。①国内における課税資産の譲渡等の対価の合計額（課税標準額）を算出する（消税 45 条 1 項 1 号）。②課税標準額に税率を適用して，売上税額を求める。③売上税額から仕入れに含まれていた税額を控除する（仕入税額控除。消税 30 条）。この仕入税額控除によって，取引の各段階で課される消費税の負担が累積せずに済むことになる（取引高税と付加価値税の違い⇨第 1 節 **2(1)**）。

　課税標準額の算出において，ⓐ税込経理方式（売上の会計処理が税込）を採用している場合，課税標準額は，課税売上高の合計額を（1＋税率）で割った金額となる。これは，税抜きの課税売上高相当額にあたる。ⓑ税抜経理方式（売上の会計処理が税抜き）の場合，税抜課税売上高がそのまま課税標準額となる。

（2）　仕入税額控除

　（a）　実額による控除　　仕入税額控除は，概算控除である簡易課税制度（⇨(c)）の選択を行わない限り，原則として実額による控除が行われる（インボイス方式の導入⇨第 3 節）。

　国内取引については，課税期間中における課税仕入れの税込対価の額に法所定の割合（令和元年 9 月 30 日までは 108 分の 6.3〔特定課税仕入れは 100 分の 6.3〕，令和元年 10 月 1 日から令和 5 年 9 月 30 日までは 110 分の 7.8〔特定課税仕入れは 100 分の 7.8〕）を乗じて，課税仕入れ等に係る消費税額を算出することになる（消税 30 条 1 項）。令和 5 年 10 月 1 日以降は，適格請求書等に記載されている消費税額等を基礎に課税仕入れ等に係る消費税額を算出する。

　非課税取引については，売上が課税の対象から除外されるものの，当該取引に関して仕入税額控除を行えない（非課税取引⇨**1 (2)**）。ただ現実には，事業者が，課税取引と非課税取引の双方を行うことが考えられるため，認められる税額控除と認められない税額控除の区別が必要となってくる。

　現行消費税法は，運用の簡便さの観点から，総売上高に対する課税売上の割合が，① 95% 以上の場合と，② 95% 未満の場合で異なる取扱いをしている。

　（ア）　総売上高に対する課税売上の割合が 95% 以上の場合（非課税売上の割合が 5% 未満の場合），計算の簡略化を図るために，仕入税額の全額控除が認められている（消税 30 条 1 項）。これは「95% ルール」と呼ばれる。たとえば，総売上高の 3% が非課税取引であった場合，当該非課税取引に対応する仕入税額控除額の分だけ，事業者に益税が発生することになる。なお，平成 23 年税制改正により，（平成 24 年 4 月 1 日以降に開始する課税期間から）当該課税期間の課税売上高が 5 億円（その課税期間が 1 年に満たない場合は年換算）を超える事業者については，この制度（95% ルール）が適用されないこととなった（30 条 2 項）。課税期間における課税売上高が 5 億円超の事業者は，次の（イ）と同じ取扱いを受けることになる。

　（イ）　総売上高に対する課税売上の割合が 95% 未満または課税売上高が 5 億円超の場合，ⓐ個別対応方式またはⓑ一括比例配分方式のどちらかを選択し，控除可能な仕入税額を算定することになる（消税 30 条 2 項）。ⓐ個別対応方式とは，①課税売上用の仕入税額，②非課税売上用の仕入税額，③双方に共通する仕入税額を区分した上で，①の額と③の額に課税売上の割合を乗じた額の合計額を，仕入税額として控除を認める方式である。ⓑ一括比例配分方式とは，課税仕入税額に課税売上割合を乗じた額を，仕入税額として控除を認める方式である。なお，個別対応方式と一括比例方式の一方を選択して申告した後に，他方で計算すると納税額が少なくなるという事実は，更正の請求を認めるべき事由に該当しない（福岡地判平成 9 年 5 月 27 日判時 1648 号 60 頁〔百選 4 版 83〕）。

　（b）　帳簿・請求書の保存義務　　仕入税額の控除が認められるためには，所定の事項が記載された「帳簿及び請求書等」を保存していることが要件となっている（消税 30 条 7 項。強調は筆者）（平成 9 年 3 月 31 日までは，帳簿または請求書等の保存義務であった）。なお，災害その他やむを得ない事情がある場合，こ

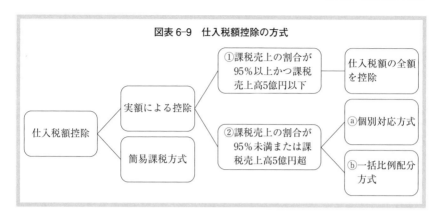

図表 6-9　仕入税額控除の方式

[図中のテキスト]

仕入税額控除

実額による控除

①課税売上の割合が95％以上かつ課税売上高5億円以下 → 仕入税額の全額を控除

②課税売上の割合が95％未満または課税売上高5億円超 → ⓐ個別対応方式 / ⓑ一括比例配分方式

簡易課税方式

の要件は緩和される。

　帳簿に記載が求められる事項は，課税仕入れの相手方の氏名・名称，課税仕入れの年月日，資産・役務の内容，税込みの支払対価の額などである（消税 30 条 8 項）。請求書については，書類作成者の氏名・名称，課税資産の譲渡等の年月日，資産・役務の内容，税込みの支払対価の額，書類の交付を受ける事業者の氏名・名称などが記載されている必要がある（同条 9 項。令和 5 年 10 月 1 日以降は適格請求書または適格簡易請求書となる。⇨第 3 節 **3(2)**）。

　帳簿等の保存義務に関して，税務調査時における帳簿等の「不提示」が，それらを「保存」していないことに該当するかが問題となる。この点，最判平成 16 年 12 月 16 日（民集 58 巻 9 号 2458 頁〔百選 94〕）は，「所定の期間及び場所において……税務職員による検査に当たって適時にこれを提示することが可能なように態勢を整えて保存していなかった場合は，法 30 条 7 項にいう『事業者が当該課税期間の課税仕入れ等の税額の控除に係る帳簿又は請求書等を保存しない場合』に当たり，事業者が災害その他やむを得ない事情により当該保存をすることができなかったことを証明しない限り（同項ただし書），同条 1 項の規定は，当該保存がない課税仕入れに係る課税仕入れ等の税額については，適用されない」と判示している（同旨，最判平成 16 年 12 月 20 日判時 1889 号 42 頁〔滝井裁判官の反対意見あり〕，最判平成 17 年 3 月 10 日民集 59 巻 2 号 379 頁〔百選 110〕）。

　（c）　簡易課税制度と益税問題　　実額による仕入税額控除は，より正確な

図表 6-10　平成 27 年 4 月以降のみなし仕入率

	代表的な業種	みなし仕入率
第一種事業	卸売業	90%
第二種事業	小売業	80%
第三種事業	農業，林業，漁業，建設業，製造業など	70%
第四種事業	第一・二・三・五・六種業種に該当しないもの	60%
第五種事業	運輸通信業，金融業および保険業，サービス業	50%
第六種事業	不動産業	40%

　課税を行える反面，記録・計算が煩雑であることや，帳簿および請求書等の保存が要件とされており，消費税の導入に際して事業者にとっての納税事務負担は軽くないと考えられていた。

　そこで，納税事務負担の軽減を図る観点から，所定の要件を満たす中小事業者に対して，実額ではなく，概算での仕入税額控除を認める**簡易課税制度**が存在する（消税 37 条）。簡易課税制度を選択した場合，事業者は，売上に係る消費税額の一定割合（みなし仕入率）を乗じた額を仕入税額とみなして控除することができる。

　平成 27 年 4 月 1 日以降に開始する課税期間については，事業を 6 種類に分類した上で，それぞれ異なるみなし仕入率が設定されている（消税令 57 条）。

　消費税導入当初，この簡易課税制度の利用は，消費税の円滑な導入のために，課税売上高 5 億円以下の事業者に認められていた。当初のみなし仕入率は，原則 80%（卸売業は 90%）であった。平成 3 年度税制改正で，適用範囲が課税売上高 4 億円以下の事業者に引き下げられるとともに，みなし仕入率についても，それまでの 2 区分から 4 区分（卸売業 90%，小売業 80%，製造業等 70%，その他の事業 60%）に変更された。さらに，平成 6 年度税制改正で，適用範囲が 2 億円以下の事業者に限定され，平成 15 年度税制改正では，5000 万円以下に引き下げられた。これと適用範囲の見直しと並行して，みなし仕入率の細分化も行われており，平成 8 年度税制改正で従来の 4 区分に加え不動産業・運輸通信業・サービス業（50%）を新設し 5 区分とした。平成 26 年度税制改正では，金融業および保険業を 60% 区分から 50% 区分に変更するとともに，不動産業については第 6 の区分（40%）を新設した。平成 27 年度以降は，5000 万円以下の事業者が適用対象であり，6 区分（卸売業 90%，小売業 80%，製造業等 70%，その

他の事業 60%，運輸通信業・金融業および保険業・サービス業 50%，不動産業 40%）
のみなし仕入率が用いられている（消税令 57 条）。

　このように消費税導入以降，簡易課税制度の縮小が行われた背後には，簡易
課税制度はあくまで特例的措置であって，基本的にはすべての事業者に対して
実額による控除を適用すべきとの考えがある。これは簡易課税制度が生み出す
「益税」を縮減しようという意図に基づいている。

CASE 6-4　簡易課税制度における「益税」

　事業者 A は，卸売業を営んでいる。A の課税売上高は 5000 万円で，実際の
仕入額は 3500 万円（売上に対する仕入れの比率 70%）であった。この場合に，
簡易課税制度を選択する場合と選択しない場合で，どちらが A にとって納付
すべき消費税額が少なくなるか（なお，議論の簡略化のために，消費税・地方消
費税を一括して 8% として考えよ）。

　実際の仕入額が，みなし仕入率にもとづく仕入額よりも小さい場合，納税す
べき消費税額が小さくなる。事業者 A が取引相手である小売業者に資産を譲
渡する際に，消費税 400 万円（地方消費税を含む）を徴収している。実際の仕入
額は 3500 万円であり，実額による控除の下では 280 万円を仕入税額控除し，
最終的に① 120 万円（＝ 400 万円 − 280 万円）を納付することとなる（この 120 万円
は，事業者 A 段階における本来の付加価値である 1500 万円の 8% に相当する）。

　これに対して，簡易課税制度を利用した場合，卸売業のみなし仕入率は
90% であることから，事業者 A は 360 万円（＝（5000 万円 × 90%）× 8%）を仕入
税額として控除できる。その結果，納付すべき金額は，② 40 万円（＝ 400 万円
− 360 万円）ですむ。これは，観念上，課税対象たる付加価値額（＝売上額 − 仕
入額）が過小評価されることを意味する。そのため，簡易課税制度を利用する
事業者 A は，取引相手（上記例では小売業者）から通常通り消費税（400 万円）
を徴収しているにもかかわらず，（実際の仕入額に基づいて）本来納めるべき消
費税（① 120 万円）よりも，少額の消費税（② 40 万円）だけ納税すればすむこと
となる。①と②の差額である 80 万円部分が，業者 A の収入になり，これを
「益税」と呼んでいる。

第 3 節　消費税法における複数税率とインボイス方式

1　平成 28 年度税制改正による軽減税率と適格請求書等保存方式の導入

　抜本改革法では，三党合意に基づき，消費税率 10%（国 7.8%・地方 2.2%。以下，本節では国・地方合計税率で表記）への引上げ（⇨第 2 節 **3(3)**）に伴う低所得者対策として，給付付き税額控除の措置と併せて，複数税率の導入が候補に挙げられていた。そして，平成 28 年度与党税制改正大綱では，「痛税感の緩和」に他の候補に比べた利点（？）が見出され，同年度税制改正において，複数税率が軽減税率として導入されることが決定された。これに合わせて，仕入税額控除を適正に行えるよう，インボイス方式として，適格請求書等保存方式も導入されることとなった。軽減税率は，10% への税率引上げ時（増税再延期により令和元年 10 月 1 日）から導入され，適格請求書等保存方式は，事業者の準備期間を考慮し，令和 5 年 10 月 1 日から実施予定である。なお，軽減税率導入に係る財源（毎年度 1.1 兆円）については，平成 30 年度末までに安定的な恒久財源を確保することとされていた（平成 28 年度税制改正に係る改正法附則〔以下，本節では平成 28 年度改正法附則といい，他年度についても同様に表記〕170 条 1 号）が，給与所得控除の改正（⇨第 4 章第 2 節 **6(3)**）等による所得税増税，たばこ税増税，総合合算制度の見送り，インボイス制度の導入，社会保障費抑制によって賄われることとなった。

　これまで，わが国の消費税法は，輸出免税等を除いて単一税率を維持し，インボイス方式をとらずに帳簿方式を採用してきた点が，諸外国と比較した場合の特徴とされてきた（⇨第 1 節 **2(3)**）が，そのような特徴に変化が生じることとなる。

2　軽減税率の導入

　軽減税率は，10% への税率引上げ時に，一定の対象品目への税率が 8% に据え置かれる形で実施された（令和元年 10 月 1 日から令和 5 年 9 月末までは平成 28

改正法附則 34 条 1 項。令和 5 年 10 月 1 日以降は消税 29 条 2 号。以下，本節では消費税法および同施行令につき令和 5 年 10 月 1 日施行法で表記）。軽減税率の対象となるのは，**軽減対象課税資産の譲渡等**（消税 2 条 1 項 9 号の 2）および保税地域から引き取られる**軽減対象課税貨物**（同項 11 号の 2，別表第 1 の 2）である。軽減対象課税資産の譲渡等となるのは，大まかには，①飲食料品（食品表示法 2 条 1 項に規定する食品から酒税法 2 条 1 項に規定する酒類を除いたもの）の譲渡から外食・一定のケータリングを除いたものと，②週 2 回以上発行される定期購読契約に基づく新聞の譲渡である（消税別表第 1）。なお，令和 5 年 10 月 1 日までは，（平成）「31 年軽減対象資産の譲渡等」と定義される（平成 28 改正法附則 34 条 1 項）が同内容である。

COLUMN 6-5　軽減税率の対象の線引き

　軽減税率の導入は，対象品目の線引きの問題を生じるが，合理的な線引きが難しいこと，ロビー活動の標的となること，制度を複雑化し税務執行コスト・納税協力コストを大きくすること，が問題視される（その他の問題も合わせて⇨第 4 節 **4(2)**）。消費税法に具体化された線引きからもこの問題をみてとれる（以下参照，財務省「平成 28 年度税制改正の解説」781〜784 頁）。

　たとえば，おもちゃ付きのお菓子，高級な器に入った状態で販売される食品など，標準税率適用品と軽減税率適用品が一体となって販売されている場合がある。消費税法上，このような一体資産については，その税抜価額が 1 万円以下であり，かつ，当該一体資産の価額のうちに当該一体資産に含まれる食品部分の価額の占める割合として合理的な方法により計算した割合が 3 分の 2 以上のもの，であれば軽減税率の対象にするという線引きを行っている（平成 28 改正令附則 2 条，消税令 2 条の 3）。他方で，課税関係の異なる二以上の資産を同一の者に同時に譲渡する一括譲渡の場合は，それぞれの価額に基づき按分して消費税額を計算する必要がある（たとえば値引き販売における煩雑さに関し，消費税の軽減税率制度に関する取扱通達 15）。

　また，軽減税率の対象から除かれる「外食」とは，飲食店営業などを営む者が，テーブル，椅子，カウンターその他の飲食に用いられる設備のある場所において飲食料品を飲食させる役務の提供のことをいい，テイクアウトは含まない（平成 28 改正法附則 34 条 1 項 1 号，消税別表第 1 第 1 号）。たとえば，映画館，野球場等の施設内の売店に設置されたテーブル・椅子等の設備のある場所や旅客列車の食堂車で顧客に飲食させる場合には外食に当たるが，これらの設備がない売店での販売や，売り子販売，ワゴンサービスは軽減税率の対象になると解されている。

　テイクアウトの意思表示をした消費者にテイクアウト用の飲食料品を提供した

後，その消費者が何らかの事情で店内飲食をした場合であっても，消費税の納税義務は個々の課税資産の譲渡等をしたときに成立するため，事業者は軽減税率の対象としたままでよいとされる。

さらに，新聞の電子版は，インターネットを介して行われ，電気通信利用役務の提供に該当するため軽減税率の対象となる新聞の譲渡には該当しない。そもそも雑誌や書籍は軽減税率の対象とはならない。

はたしてこれらの数々の線引きは，低所得者対策という当初の政策目的を達成しうる適切な線引きとなっているであろうか。そもそもそのような線引きは可能であろうか。

図表 6-11　軽減税率制度の対象品目（飲食料品）

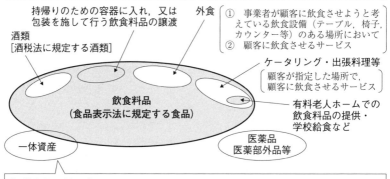

飲食料品（食品表示法に規定する食品（酒税法に規定する酒類を除く）をいい，一体資産のうち政令で定めるものを含む）の譲渡（外食等を除く）

持帰りのための容器に入れ，又は包装を施して行う飲食料品の譲渡

外食
① 事業者が顧客に飲食させようと考えている他の資産と一体として販売される飲食設備（テーブル，椅子，カウンター等）のある場所において
② 顧客に飲食させるサービス

酒類
[酒税法に規定する酒類]

ケータリング・出張料理等
顧客が指定した場所で，顧客に飲食させるサービス

飲食料品
（食品表示法に規定する食品）

有料老人ホームでの飲食料品の提供・学校給食など

一体資産

医薬品
医薬部外品等

【一体資産の取扱い】
○　例えば，おもちゃ付のおかしや紅茶とティーカップの詰め合わせ等，軽減税率の対象である食品が，あらかじめ他の資産と一体として販売される場合は，一体資産の販売価格（税抜）が 1 万円以下のもので，その価額のうち食品に係る価額が 2/3 以上を占めているときに限り，その全体が軽減税率の対象となる（一体資産全体の価格のみが提示されている場合に限る）。

出典：財務省「平成 28 年度税制改正の解説」779 頁

3　インボイス方式の導入

（1）　適格請求書等保存方式導入までの経過措置

軽減税率導入後，適格請求書等保存方式導入までの間は，経過措置として，**区分記載請求書等保存方式**が用いられる（平成 28 改正法附則 34 条 2 項）。具体的には，仕入税額控除（⇨第 2 節 **4(2)**）を受けるにあたって保存が要求される請

求書等および帳簿への追加記載事項として，31 年軽減対象資産の譲渡等である旨や，税率の異なるごとに区分して合計した課税資産の譲渡等の対価の額や課税仕入れに係る支払対価の額を記載することが求められる。課税資産の譲渡等を行う売り手側に請求書等の発行を義務づけておらず，また，その発行者についても課税事業者に限定していない。請求書等の追加記載事項については，当該請求書等の交付を受けた事業者が追記することが認められる（34 条 3 項）。区分経理が困難な場合も想定されることから，基準期間における課税売上高が5000 万円以下の中小事業者で，売上げや仕入れについて税率の異なるごとに区分して合計することにつき困難な事情があるときは，売上税額，仕入税額それぞれについて一定期間（売上税額 4 年，仕入税額 1 年），法定の簡便計算が認められる（38 条・39 条）。また，簡易課税制度（⇨第 2 節 **4(2)**(c)）を選択するには，原則として事前届出が必要だが（消税 37 条 1 項），税率 10% への引上げ日から 1 年間は事後選択が認められた（平成 28 改正法附則 40 条 1 項）。

(2)　適格請求書等保存方式

　売り手側と買い手側との適用税率の認識を一致させるため，わが国でも，軽減税率導入に伴い，諸外国の付加価値税において採用されているインボイス方式を適格請求書等保存方式として導入することになった（法令解釈通達として，「消費税の仕入税額控除制度における適格請求書等保存方式に関する取扱通達」）。

　令和 5 年 10 月 1 日以降は，仕入税額控除のためには，帳簿のほかに，原則としてインボイスとしての**適格請求書**（消税 57 条の 4 第 1 項）または**適格簡易請求書**（同条 2 項）の保存が必要となる（30 条 7 項・9 項）。国内において課税資産の譲渡等を行い，または行おうとする事業者であって，適格請求書の交付をしようとする事業者（免税事業者を除く）は，税務署長の登録を受ける（57 条の 2第 1 項）ことで**適格請求書発行事業者**（2 条 1 項 7 号の 2）となる。一定の場合に，税務署長は登録を拒否し（57 条の 2 第 5 項），また，登録を取り消すことができる（同条 6 項）。わが国では平成 27 年度税制改正によって，国外事業者についてのみ部分的に登録制が導入されていた（平成 27 改正法附則 39 条。⇨**COLUMN6-2**）が，国内事業者にも登録制が導入されるのに伴い，登録国外事業者制度は適格請求書発行事業者登録制度に吸収される（平成 28 改正法附則 45 条 1 項）。

　適格請求書発行事業者は，国内において課税資産の譲渡等を行った場合，課

税資産の譲渡等を受ける他の事業者（免税事業者を除く）から求められたときは適格請求書の交付義務を負う（消税57条の4第1項）。適格請求書の記載事項は，①適格請求書発行事業者の氏名または名称および登録番号，②課税資産の譲渡等を行った年月日，③課税資産の譲渡等に係る資産または役務の内容（軽減対象課税資産の譲渡等である場合には，資産の内容および軽減対象課税資産の譲渡等である旨），④税抜価額または税込価額を税率の異なるごとに区分して合計した金額および適用税率，⑤消費税額等，⑥書類の交付を受ける事業者の氏名または名称，である。適格請求書発行事業者の国内において行った課税資産の譲渡等が小売業その他の政令で定める事業に係るものであるときは，適格請求書に代えて，適格簡易請求書を交付できる（同条2項）。適格簡易請求書の記載事項は，適格請求書のそれと比べ，書類の交付を受ける事業者の氏名または名称の記載が不要である点，消費税額等と適用税率のいずれか一方の記載で足りる点が異なる。売上げに係る対価の返還等を行う適格請求書発行事業者は，適格返還請求書の交付義務を負う（同条3項）。

　適格請求書発行事業者以外の者は適格請求書類似書類等の交付を禁止される（消税57条の5）。したがって，これまでわが国の消費税では，免税事業者（⇨第2節 **2(2)**）からの仕入れについても仕入税額控除を認めてきたが，適格請求書等保存方式導入後の経過措置期間（平成28改正法附則52条・53条）終了後は，これが認められなくなる。免税事業者は，適格請求書および適格簡易請求書を発行できないことによる取引からの排除を避けるためには，免税事業者としての地位を捨て，適格請求書発行事業者として登録を受ける必要がある。免税点を高く設定する制度は，税務執行コスト・納税協力コストを下げる点で効率的であるが，他方で，インボイスによる付加価値税の鎖を途切れなくするためには，課税事業者を広く設定することが望ましいといわれる。かかる観点からは，中小事業者の納税協力コストの負担を，軽減税率対策補助金等の手段により緩和することは政策的に正当化される。

第 4 節　消費課税と税制改革

1　本節の構成

　貯蓄・投資に二重課税を及ぼす所得課税（包括的所得概念）よりも，消費課税の方が，「現在の消費」と「現在の貯蓄（将来の消費）」を中立的に扱うという点で優れているといわれる。しかし，消費課税に対して，租税負担の逆進性に対する懸念が少なからず流布している。

　最適な課税ベースを巡る議論や，所得税と消費課税のバランスに関する議論は先進諸国において，税制改正に関する重要論点でありつづけている。本節では，諸外国における税制改革論を理解するのに役に立つ基礎理論および重要論点の一部を紹介する。そのため本節では，主として解釈論ではなく，立法論的観点から叙述がなされる。なお，本節では，消費を課税ベースにする租税を広く「消費課税」と呼ぶことにする。

　2 において，消費課税と勤労所得税の類似点（**COLUMN 6-6** では包括的所得税と消費課税の類似点）について簡単に解説する。**3** では，直接税の消費課税化について著名な提案であるフラット税（および X 税）を紹介する。**4** では，逆進的租税負担との関係で，累進的な消費課税の可能性について紹介をする。

2　勤労所得税（wage tax）と消費課税の類似性

　課税のタイミングによって消費課税を大きく次の二つに分類できる。それは，消費時点で租税を課す**後払消費課税**と，所得獲得時点で租税を前取りする**先払消費課税**である。

　後払消費課税の典型例は，消費税（付加価値税）である。先払消費課税の典型例は，**勤労所得税**（wage tax）である。勤労所得税は，勤労性所得のみに課税し，利子・配当など資本性所得には課税しないため，一定の条件下（累進税率ではない，経済的レント〔超過利潤〕が存在しない等）では，消費税と同じ課税ベースを有することになる。

> ### CASE 6-5　勤労所得税と消費税
> 　税率を一律 30％，利子率を 10％ とする。2 期モデル（「年度 1」と「年度 2」の 2 年間）の下で，個人 A は，年度 1 に（税引前）給与所得として 100 万円を得て，全額を貯蓄し，年度 2 の消費に回すと仮定する。
> 　先払消費課税（勤労所得税）のみが課される場合，年度 2 の税引後消費可能額はいくらか。また，後払消費課税がなされる場合は，いくらになるか。

　勤労所得税（先払消費課税）の下では，A は年度 1 に 30 万円の租税を納付し，税引後受取額の 70 万円を貯蓄に回す。そして A は，年度 2 に元利合わせて 77 万円を受け取り，消費に回すことができる。

　消費税（後払消費課税）の下では，A は年度 1 に納税義務を負わず，100 万円全額を貯蓄に回すことができるため，年度 2 の税引前受取額は 110 万円となる。年度 2 に 33 万円の租税を納付し，税引後受取額の 77 万円を消費に回すことができる。

　所得税の視点から眺めてみると，先払消費課税は**投資収益非課税**（yield exemption），後払消費課税は**課税繰延べ**（tax deferral）ということになる。所得税の視点からすると，課税繰延べは，納税者への恩恵であるため，一定の条件下では，課税繰延べは投資収益非課税型の租税優遇と同じということが理解できる。

COLUMN 6-6　包括的所得税と消費課税の差異は意外と小さい？
　一般的に，消費課税と包括的所得税の最大の差異は，「貯蓄（投資）部分への二重課税の有無」であるといわれる（⇨第 4 章第 1 節 **1**）。しかし，本当にそうなのであろうか。
　投資の収益は，①無リスク金利部分（金銭の時価的価値），②リスクへのリターン，③経済的レント（アブノーマル・リターン），④インフレ部分から構成されている。

　　投資のリターン
　　　＝①無リスク金利＋②リスクへのリターン＋③レント＋④インフレ部分

　消費課税（後払消費課税）の下では，③のみ課税の対象となっており，①②④は実質的な課税の対象からは除外されている。
　理念的な包括的所得概念の下では，①〜④のすべてが課税されるのであろうか。まず，純粋な包括的所得概念の下では，④は課税されるべきではない。また，②について，一定の条件が満たされれば，納税者は（所得税がない場合と比べて）

リスクの大きい投資の比率を増大させることで，結果的に，所得税がないのと同じ経済状況を生み出せることが知られている（たとえば David Weisbach, *The (Non) Taxation of Risk*, 58 TAX L. REV. 1 (2004) 参照）。

図表 6-12　課税ベース間の差異

	課　税	課税なし
包括的所得概念	①③	②④
消費課税	③	①②④
Cf. 現行所得税	①③④	②

　もしそうであれば，包括的所得税と消費課税の理論上の差異は，①無リスク金利部分への課税の有無だけということになる。純粋な無リスク金利はかなり低いとの指摘もあり，もしそうであれば，両者の間には，従来考えられていたほど，大きな差異がないのかもしれない。

3　直接税の消費課税化

(1)　フラット税とX税

　所得税の改革論として，「直接税型の付加価値税」に変更することが提唱されることがある。代表例として，**フラット税**（Flat tax）がある（Robert E. Hall & Alvin Rabushka, *The Flat Tax* (2nd ed., 1995)；提唱者の名前を冠して，H-R flat tax と呼ばれる）。

　フラット税は，法人段階で「売上−仕入れ−投資−支払賃金」（＝消費型付加価値−支払賃金）を課税ベースとし，個人段階で受取賃金（勤労性所得）を課税ベースとして，法人と個人に同一の税率を適用する租税である。個人段階では，利子，配当，キャピタル・ゲインなどの資産性所得は課税ベースに含まれない。

　法人課税と個人課税を統合的に観察すると，フラット税全体の課税ベースは消費型付加価値と一致する。フラット税において，個人段階で基礎控除（exemption）を認めることで，賃金部分について（平均税率ベースで）累進課税が可能となる（累進性については⇨**4(1)**参照）。この場合には，フラット税の課税ベースは，当該基礎控除の分だけ，純粋な消費型付加価値から乖離することになる。

　フラット税の派生系として，個人課税の段階での税率（限界税率）を一律の比例税率ではなく，累進税率に変更することで累進性を高める **X税**（X-tax）も提唱されている（David F. Bradford, *The X Tax in the World Economy* (2004)）。

（2）　支出税

　個人所得税の改革論として，課税ベースを「一定期間における所得」から「一定期間における消費」にすることも提案されている。間接税である付加価値税と異なり，直接税である支出税においては，個人は課税期間における所得から貯蓄を引いた額を申告し（各種控除を適用して課税標準を算出し），これに累進税率が適用される（Nicholas Kaldor, *An Expenditure Tax* (1955)）。1950年代・60年代に支出税は，インドやセイロン（現スリランカ）において一時期導入されたものの，現在では導入している国はない。理由の一つとして，途上国など公正かつ厳格な税務執行体制が確立していない国では，直接税タイプの支出税よりも，間接税タイプの付加価値税の方が執行上簡便である点が指摘される。

4　累進的な消費課税は可能か？

（1）　累進性のメルクマール：限界税率と平均税率

　一般的に累進的な租税とは「課税標準が大きくなるに応じて税率が高くなっていく仕組みの租税」と理解されている（『経済辞典〔第5版〕』〔有斐閣，2013年〕。強調は筆者）。

　「税率」については，課税標準（所得や消費支出）が一単位増加した場合に納税者が直面する税率である**限界税率**（marginal tax rate）と，課税標準全体と租税負担全体の比率である**平均税率**（average tax rate）を区別しなければならない。

　ここで，**図表6-13**のような超過累進税率（課税標準を段階的に区分して，上の段階に進むに従って逓次的に高い限界税率を適用する方式）を想定してみよう。

　納税者Aの課税標準額は50万円，納税者Bは400万円，納税者Cは1000万円だとする。納税者Aの租税負担は0円（＝50万円×0％），納税者Bは30万円（＝100万円×0％＋（400万円－100万円）×10％），納税者Cは190万円（＝100万円×0％＋（500万円－100万円）×10％＋（1000万円－500万円）×30％）となる。

　この数値例において，納税者A，B，Cの限界税率は，それぞれ0％，10％，30％となる。これに対して，平均税率は，納税者Aが0％，納税者Bが7.5％（＝30÷400），納税者Cが19％（＝190÷1000）となる。

　累進性を論じる際には，限界税率（とりわけ最高税率）に衆目が寄せられる。

図表 6-13　超過累進税率の例

課税標準の額	適用税率（限界税率）
0 円～100 万円以下の部分	0%
100 万円超～500 万円以下の部分	10%
500 万円超の部分	30%

しかし，租税負担が累進的か否かを論じる際には，限界税率ではなく「平均税率」を基準にするのがより適切だとされる（Louis Kaplow, *The Theory of Taxation and Public Economics*（2008））。

　世間では，消費課税は「逆進的」な租税であるといわれることがある。この考えの背後には，所得が低い個人ほど，消費性向が高くなるという前提が存在している。言い換えると，消費課税の逆進性を唱える論者は，所得に対する租税負担割合が，低所得者の場合に相対的に重くなる点に着目をしている場合が多い。

　しかし，所得ではなく「消費」に担税力を見出す消費課税において，累進性の判断基準として「所得」を基準として持ち出すこと（課税ベースと累進性の判断基準が乖離すること）が，果たして適切なのかとの疑問が生じる。一般論として，累進性・逆進性の判断については，「課税標準」（所得課税の場合は所得，消費課税の場合は消費）に対する平均税率を基準にする方が，より適切な判断枠組みではないだろうか。そうだとすれば，税率が一定の消費税（付加価値税）は，消費に対して「比例的」な租税ということになる。

　また，所得のうち「現在の消費」に回さずに「貯蓄」に回した部分は，「将来の消費」への転換にすぎないと考えることもできる。そうであれば，あくまで所得獲得時点での消費と貯蓄の選択は，今消費するか将来消費するかの好みの問題にすぎないと考えることもできる（なお，所得税は貯蓄に二重課税をするので，貯蓄〔将来の消費〕に対して，現在の消費を有利に扱っていることになる）。

　仮に，遺産・贈与の存在を捨象すれば，割引現在価値ベースで考えると「生涯所得＝生涯消費」となる。平均税率を基準に累進性を判断すれば，税率が一律の消費税（付加価値税）は，（仮に生涯所得を累進性の判断基準にしたとしても）累進的でも逆進的でもなく，「比例的」な租税ということになる。

（2） 複数税率とその問題点

　低所得者への配慮から，複数税率を導入し，食品等の生活必需品に低税率を課すことで，消費課税を累進的にしようと主張されることがある。しかし，消費課税に複数税率を導入する場合，一般論として，次のような問題が生じる（消費税法における複数税率⇨第3節 **2**）。

　（a） **帳簿方式の問題**　現在の日本の消費税は，仕入税額控除方式であるものの，インボイスではなく帳簿等に基づいて税額を計算している。複数税率の下で仕入税額を正確に反映するためには，帳簿方式からインボイス方式への転換が必要となる。

　（b） **低税率と高税率が適用される対象の区別**　たとえば，生活必需品や通常の食料品には低税率（ないしゼロ税率）を適用するとした場合，どこまでが生活必需品・食料品かの基準が難しくなる。牛乳や小麦粉はそうだとしても，ガムや高級コーヒーは嗜好品の可能性が高い。さらに，フォアグラ，神戸ビーフ，キャビアなど高級食材についても判断が難しくなる。卵は低税率対象の食料品としても，卵を入れるパックや運送用のトラック，鶏の飼料は食料品扱いかという問題が延々と派生してくることになる。このような基準を巡って各種業界団体によるロビー活動が展開されることで，消費税の課税ベースが徐々に浸食される恐れがある。加えて，議会審議の貴重な時間が，低税率対象の線引き問題等の対応に毎年繰り返し費やされることも危惧される（消費税法における軽減税率の対象⇨**COLUMN 6-5**）。

　（c） **消費活動に対する非中立性?**　一般消費税の下で一律の税率が適用されている場合，特定の財・サービスに対して租税負担が増減することはない。複数税率が採用されると，消費財の間での選択に歪みがでる可能性がある。

　（d） **簡易課税制度のみなし仕入率**　現在，簡易課税制度の下では，事業の種類に応じて6種類のみなし仕入率を設定している。複数税率が導入されると，このみなし仕入率と現実の仕入税額との乖離が過大になり，本来あるべき納税負担からの乖離がより大きくなる可能性が高い。

　（e） **誰が恩恵を享受するのか?**　消費者が税込価格で消費行動を決定している場合，軽減税率が適用されても，税抜価格を事業者が値上げするのであれば，軽減税率の恩恵は消費者ではなく事業者が享受する可能性がある。

（3）　定額給付金による消費税の累進化

　消費課税を累進的な構造にする別の方策として，定額給付（消費税の定額還付）とセットにする方策が主張されることがある。

　次の数値例を考えてみよう。仮に，代表的な個人が，最低限度の生活を営むためには，（税抜ベースで）年 100 万円の消費支出が必要だと想定しよう。税率を 10% と想定すれば，100 万円の消費のために年 10 万円の消費税を負担する必要がある。そこで，全個人納税者に一律年 10 万円の給付（消費税の定額還付）を行えば，100 万円の消費に対する消費税負担は実質的にはゼロになる（消費税負担と定額給付の時期が乖離すると，利子相当額の誤差が生じる。また，納税者は，流動性不足の問題に直面するかもしれない）。これは，生活に必要最低限の水準の消費支出については，消費税相当額を還付することで実質的に非課税にする仕組みだといえる。

　ここで，消費支出ごとの平均税率を見てみよう。税率 10% で年 10 万円の定額給付をした場合，年 100 万円消費する個人の消費税の純租税負担はゼロなので，平均税率 0% となる。年 200 万円消費する個人の純租税負担は 10 万円なので，平均税率は 5% となる。同様に消費支出と平均税率を算出すると，**図表6-14** のようになる。

図表 6-14　平均税率の変化（消費税率 10%，定額給付金 10 万円）

消費支出	（定額給付金と相殺後の）純消費税負担	平均税率
100 万円	0 円	0%
200 万円	10 万円	5%
500 万円	40 万円	8%
1000 万円	90 万円	9%
5000 万円	490 万円	9.8%

　この表から，消費支出が多くなるほど，平均税率が適用税率である 10% に近づいていくことが読み取れる。これは，消費税が定額給付金とセットで活用されると，純租税負担が累進的な構造になりうることを意味している。

読書ガイド📖

第 1 節

《付加価値税の比較法的分析について》

○ Alan Schenk et al., Value Added Tax: A Comparative Approach (2nd ed. 2015)

第 2 節

○大島隆夫＝木村剛志『消費税法の考え方・読み方〔5 訂版〕』（税務経理協会，2010 年）

第 3 節

○吉村典久「消費税の改正——軽減税率制度とインボイス方式導入の衝撃」ジュリスト 1493 号（2016 年）26 頁

○増井良啓「今後の消費税法上の解釈問題」ジュリスト 1539 号（2019 年）54 頁

第 4 節

《資産性所得に対する消費課税と所得課税の差異について》

○ Alvin C. Warren, Jr., *How Much Capital Income Taxed Under an Income Tax is Exempt Under a Cash-Flow Tax?*, 52 Tax L. Rev. 1 (1996).

《先払消費課税と後払消費課税の関係について》

○神山弘行『所得課税における時間軸とリスク——課税のタイミングの理論と法的構造』（有斐閣，2019 年）第 1 編第 3 章

第 7 章

資産税

第 1 節　相続税・贈与税

1　総　説

（1）　相続税の意義

　相続税は，人の死亡によって財産が移転する機会にその財産に対して課される租税である。相続税の課税対象には，現金，預貯金や株式などの金融資産のほか，動産や不動産などのあらゆる資産が含まれる。

　相続税は，歴史的に古くから存在する租税であるが，その課税根拠は必ずしも明確でない。もっとも有力な見解は，相続等により財産を無償で取得したことに担税力を見出すという考え方である。この見解によれば，相続税は，所得の稼得に対して課される個人所得課税を補完するものとも考えられる。そのほかにも，相続税を被相続人の生前所得に対する清算課税と位置づける見解や，資産の引継ぎの社会化を図るものと位置づける見解等がある。いずれの見解によるとしても，相続財産に課税することにより，富の集中排除・再分配を図ることは，相続税の役割として重視されている。

　相続税には，**遺産税型**と**遺産取得税型**という二つの類型がある。遺産税型とは，人が死亡したときに，その遺産を対象として課税するものである。アメリカやイギリスがこちらを採用している。これに対して，遺産取得税型とは，人

が相続等によって取得した財産を対象として課税するものである。ヨーロッパ大陸諸国が伝統的にこちらを採用している。

　日本の相続税は，遺産取得税型であるといわれるが，後述するように大きな修正をされており，実質的には遺産税型と遺産取得税型との折衷である。

　相続税の税収は，諸外国をみてもそれほど大きなものではない。日本では，令和2年度予算で約2兆3410億円であり，これは国税収入の約3.4%を占める。ただ，国の税収としては少ないが，納税者からみると一時に多額の租税を支払わなければならず，その際に納税資金があるとは限らないため，問題になりやすい。

　また，日本では，平成30年に約136万人が死亡しているが，そのうち相続税の課税対象となったものは11万6341件で，課税割合は約8.5%である。従来は課税割合は4%台であったが，平成25年度税制改正により平成27年から相続税が強化された結果としてこのようになった。

(2)　日本の相続税・贈与税の特徴

　日本では，無償による財産の移転が，すべて相続税または贈与税に服するわけではない。

　個人が相続または遺贈によって財産を取得したときには，相続税が課される。それに対して，法人が遺贈によって財産を取得したときには「無償による資産の譲受け」（法税22条2項）として益金に算入され，法人税が課される。

　個人が個人から生前贈与によって財産を取得したときには，贈与税が課される。それに対して，個人が法人から贈与によって財産を取得したときには，一時所得として所得税が課される。また，法人が贈与によって財産を取得したときには，上記のように法人税が課される。

　このように，無償による財産の移転に対して，相続税，贈与税，所得税，法人税の四種の租税が課される可能性があり，その四種の課税の仕組みが大きく異なっている。相続税と贈与税は相続税法という一つの法律に規定されているものではあるが，それら二つの仕組みがまったく異なる点は重要である。

2　相続税・贈与税の納税義務者

　相続税の納税義務者は，相続または遺贈によって財産を取得した個人である（相税1条の3）。遺贈には，死因贈与も含まれている。遺贈によって財産を取得した法人は，相続税ではなく法人税が課される。

　贈与税の納税義務者は，贈与によって財産を取得した個人である（相税1条の4）。法人が贈与によって財産を取得したときには，法人税が課される。

　相続等により財産を取得した者が国内に住所を有するときは，その財産が国内にあるか国外にあるかを問わず，すべての財産が課税対象となる（相税1条の3第1項1号・1条の4第1項1号・2条1項・2条の2第1項。財産の所在について10条参照。住所の意義について，最判平成23年2月18日判時2111号3頁〔百選14，武富士事件〕⇨第3章第1節**3(4)**，第8章第2節**1(2)**(b)）。

　また，相続等により財産を取得した者が国内に住所を有しないときでも，日本国籍を有する場合には，当該個人または被相続人もしくは贈与者が相続または贈与の前10年以内に国内に住所を有していたときには，すべての財産が課税対象となる。さらに，当該個人が日本国籍を有しない場合でも，被相続人または贈与者が国内に住所を有するときも同様である（相税1条の3第1項2号・1条の4第1項2号・2条1項・2条の2第1項）。

　ただし，平成29年度税制改正により，一時的に日本に住所を有する外国人同士の相続等については，国外財産を相続税等の課税対象としないことになった。さらに，令和3年度税制改正により，日本に居住する外国人に係る相続等については，その居住期間にかかわらず，外国に居住する家族等が取得する国外財産を相続税等の課税対象としないこととされた（相税1条の3第3項・1条の4第3項）。

　相続等により財産を取得した者が国内に住所を有せず，かつ上記のいずれにも該当しない場合には，国内にある財産のみが課税対象となる（相税1条の3第1項3号・1条の4第1項3号・2条2項・2条の2第2項）。

　なお，相続税・贈与税についても外国税額控除の規定がある（相税20条の2・21条の8）。

3　相続税の課税物件

　相続税の課税物件は，相続または遺贈（死因贈与）によって取得した財産である（相税 2 条）。ここには，財産権の対象となる一切の物，権利が含まれる。

　なお，相続税の非課税財産として，①墓所，霊びょう，祭具等，②公益を目的とする事業を行う者が相続または遺贈により取得した財産で，公益を目的とする事業の用に供することが確実なもの等がある（相税 12 条）。

　また，相続税法 3 条・4 条・7 条〜9 条の 6 は，**みなし相続財産**について定めている。これらは，法律的には被相続人から相続または遺贈によって取得したとはいえないが，経済的には一定の利益が被相続人から移転しているとみられるものである。具体的には以下のもの等があり，これらも相続税の対象とされている。

① 生命保険金等（相税 3 条 1 項 1 号）：被相続人の死亡により支払われる生命保険金等のうち，被相続人が保険料を負担したもの。ただし一定の非課税額が認められている（12 条 1 項 5 号）。

② 退職手当金等（相税 3 条 1 項 2 号）：被相続人の死亡により支給される退職手当金等。ただし一定の非課税額が認められている（12 条 1 項 6 号）。

③ 民法 958 条の 3 第 1 項に基づく特別縁故者に対する相続財産の分与（相税 4 条 1 項）および，民法 1050 条に基づく特別寄与者が支払いを受ける特別寄与料（相税 4 条 2 項）。

④ 遺言による財産の低額譲受け（相税 7 条）。

⑤ 遺言による債務の免除，引受け，第三者弁済等による利益（相税 8 条）。

⑥ その他の利益（相税 9 条）：遺言によって，対価を支払わないで，または著しく低い価額の対価で利益を受けた場合。

⑦ 信託による利益（相税 9 条の 2〜9 条の 6）。

4　相続税の課税標準と税額の計算

（1）　相続税額の計算方法

　相続税の税額は，以下の方式により計算される。これは，**法定相続分課税方式**と呼ばれる。

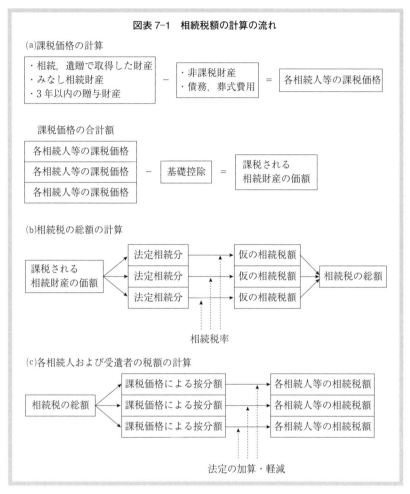

図表 7-1　相続税額の計算の流れ

(a)課税価格の計算

・相続，遺贈で取得した財産
・みなし相続財産
・3 年以内の贈与財産

－

・非課税財産
・債務，葬式費用

＝

各相続人等の課税価格

課税価格の合計額

各相続人等の課税価格
各相続人等の課税価格
各相続人等の課税価格

－

基礎控除

＝

課税される
相続財産の価額

(b)相続税の総額の計算

課税される
相続財産の価額

→ 法定相続分 → 仮の相続税額
→ 法定相続分 → 仮の相続税額 → 相続税の総額
→ 法定相続分 → 仮の相続税額

相続税率

(c)各相続人および受遺者の税額の計算

相続税の総額

→ 課税価格による按分額 → 各相続人等の相続税額
→ 課税価格による按分額 → 各相続人等の相続税額
→ 課税価格による按分額 → 各相続人等の相続税額

法定の加算・軽減

（a）　課税価格の計算　　まず，各相続人または受遺者について課税価格を計算する（相税 11 条の 2）。これは，各人が相続または遺贈によって得た財産の価額の合計額である。ただし，被相続人から相続した債務および葬式費用は控除される（13 条）。なお，控除される債務は確実なものに限られる（14 条）。たとえば住宅ローンなどが挙げられる。

　また，相続の開始前 3 年以内に，被相続人から贈与により財産を取得していたときには，その財産の価額は課税価格に含まれる（相税 19 条）。これは，相

続開始の直前に財産を贈与して，相続税を免れることを防ぐための規定である。なお，贈与時において贈与税が課されているときは，贈与税相当額は，相続税額から控除される。

　（b）　相続税の総額の計算　　ここではまず，各相続人および受遺者の課税価格を合計し，そこから基礎控除の金額を控除する。基礎控除の金額は，3000万円と，相続人数に 600 万円を乗じた金額との合計額である（相税 15 条 1 項）。なお，相続人数に含まれる養子の数は，制限されている（同条 2 項）。

　次に，基礎控除後の残額を，法定相続人が法定相続分に応じて取得したものと仮定して，各法定相続人が取得する金額を求める。その金額に税率表を適用して，税額を算出し，それを合計する（相税 16 条）。これを相続税の総額という。

　相続税の税率は，10％ から 55％ までの 8 段階であり，6 億円超から最高税率が適用される（相税 16 条）。

　（c）　各相続人および受遺者の税額の計算　　ここではまず，相続税の総額を，各相続人および受遺者に，その課税価格に応じて按分する。

　次に，一定の要件を満たす相続人または受遺者については，以下のとおり税額の加算または軽減がなされる。

　相続人または受遺者が，被相続人の 1 親等の血族および配偶者以外の者であるときは，税額が 20％ 加算される（相税 18 条）。

　被相続人の配偶者は，法定相続分に相当する金額または 1 億 6000 万円のいずれか大きい金額まで，非課税とされている（相税 19 条の 2）。

　被相続人の法定相続人に当たる未成年者または障害者については，特別の控除が認められている（相税 19 条の 3・19 条の 4）。これを未成年者控除，障害者控除という。

　被相続人が，相続の開始前 10 年以内に，相続により財産を取得していたときは，税負担が軽減される（相税 20 条）。これを相次相続控除という。この規定の趣旨は，同じ財産に相続税が頻繁に課されることを避けることである。

（2）　法定相続分課税方式の趣旨

　このような税額計算方式が採用されている趣旨は，相続財産の分割方法によって税負担が大きく変わらないようにすることである。この方式においては，

遺産分割をどのように行っても，上記の相続税の総額はほとんど変わらない。

　これに対して，遺産取得税型の相続税においては，長男が相続財産の大部分を取得するなど，遺産分割が不均等になされると，累進税率の効果により，均分相続の場合より相続税の負担が相当大きくなる。これは一面では，均分相続を促進し富の集中排除に資するが，他方で遺産分割の仮装が行われる，農業や中小企業の承継を難しくする等の問題も生じうる。そこで昭和33年の改正で現在の課税方式に改められたのであるが，これに対しては個々の相続人の相続額に応じた課税がなされないことや，富の集中排除という機能が低下すること等について，従来から強い批判がある。

5　贈与税の意義

　贈与税は，贈与によって財産が移転する機会にその財産に対して課される租税である。贈与税は一般に，相続税を補完するものであるといわれる。

　相続税に遺産税型と遺産取得税型という二つの類型があるように，贈与税も，贈与者に課税する方式と受贈者に課税する方式がある。日本の贈与税は後者を採用している。

　日本の贈与税は，1年間に贈与によって取得した財産について，異なる贈与者から取得したものであっても，その価額を合算して課税している。

　諸外国の贈与税をみると，異なる贈与者からの贈与はそれぞれ別個に課税する一方で，同じ贈与者から異なる時期に受け取った贈与については累積的に課税をするという例が多い。**累積的課税**とは，贈与に対して課税するに際して，過去の贈与の価額を合算して課税標準を計算し，税率を適用するというものである。なお，過去の贈与に係る贈与税額は，税額控除される。このようにして，贈与者が贈与を分割して行うことにより，基礎控除や段階税率の低い部分を繰り返し利用することを防止している（渋谷雅弘「相続税・贈与税の一体化課税の是非」税研151号〔2010年〕46頁参照）。

6　贈与税の課税物件

　贈与税の課税物件は，贈与によって取得した財産である（相税2条の2）。こ

こには，財産権の対象となる一切の物，権利が含まれる。

　ただし，相続税法は以下のもの等を贈与税の非課税財産としている（相税 21 条の 3）。①法人からの贈与により取得した財産（これは一時所得として所得税の対象になる）。②扶養義務者相互間において生活費・教育費に充てるためにした贈与により取得した財産のうち，通常必要と認められるもの。③公益を目的とする事業を行う者が贈与により取得した財産で，公益を目的とする事業の用に供することが確実なもの。④公職の候補者が選挙運動に関し贈与により取得した金銭，物品その他の財産上の利益。その他，租税特別措置法により，直系尊属からの住宅取得等資金の贈与（租特 70 条の 2），教育資金の一括贈与（租特 70 条の 2 の 2），結婚・子育て資金の一括贈与（租特 70 条の 2 の 3）について一定の非課税措置が設けられている。

　贈与の有無や時期，その金額等は，しばしば納税者と課税庁との争いの対象となる。これは事実認定の問題であるが，贈与は家族間・親族間で行われることが多いので，その認定が難しいことが少なくない（名古屋高判平成 10 年 12 月 25 日訟月 46 巻 6 号 3041 頁〔百選 81〕参照）。

　また，相続税法 5 条〜9 条の 6 は，以下のもの等を**みなし贈与財産**としている。①財産の低額譲受け（相税 7 条）。②債務の免除，引受け，第三者弁済等による利益（8 条）。③その他の利益（対価を支払わないで，または著しく低い価額の対価で利益を受けた場合。9 条）。④信託による利益（9 条の 2〜9 条の 6）。

7　贈与税の課税標準と税額の計算

　贈与税の課税標準は，納税義務者が 1 年間に贈与によって取得した財産の価額の合計額である。これを，贈与税の課税価格という（相税 21 条の 2）。

　贈与税の基礎控除の金額は，110 万円である（租特 70 条の 2 の 4）。

　婚姻期間が 20 年以上である配偶者から，居住用財産またはその取得に充てるべき金銭が贈与された場合には，一定の控除額が認められる。これを贈与税の配偶者控除という（相税 21 条の 6）。

　贈与税の税率は，10％ から 55％ の 8 段階であり，最高税率は 3000 万円超から適用される（相税 21 条の 7）。ただし，20 歳以上（令和 4 年 4 月 1 日から 18 歳以上）の者が直系尊属から贈与を受けた場合には，贈与税の税率構造が緩和

されている（租特 70 条の 2 の 5）。このように税率は相続税より高いが，相続による財産移転と異なり，生前贈与は年をまたげば何度でも分割して行うことができるので，基礎控除や段階税率の低い部分を繰り返し使うことが可能である。

8　相続時精算課税制度

　従来は，贈与税のほうが相続税よりも税率が著しく高かったため，生前贈与による財産の移転が妨げられていた。しかし，高齢化の進展により，相続による次世代への資産移転の時期が従来より大幅に遅れるようになった（相続人も既に高齢者である）。また，高齢者の保有する資産の有効活用を通じて経済社会の活性化にも資するといった社会的要請が生じてきた。そこで，生前贈与の円滑化を図り，生前贈与と相続との間で資産移転の時期の選択に対して税制の中立性を確保するために，**相続時精算課税制度**が平成 15 年度税制改正により導入された（相税 21 条の 9 以下）。

　本制度は，贈与者が満 60 歳以上であり，かつ受贈者が満 20 歳以上（令和 4 年 4 月 1 日から 18 歳以上）の贈与者の直系卑属である推定相続人または孫であるときに適用を受けられる（相税 21 条の 9 第 1 項，租特 70 条の 2 の 6）。

　本制度の適用は選択制であり（相税 21 条の 9 第 2 項），受贈者である兄弟姉妹が別々に，贈与者である父，母ごとに，選択可能である。いったん本制度の適用を受ける旨の選択をすると，相続時まで本制度の適用が継続される。

　本制度の適用を受けた場合には，適用対象である贈与財産は，他の贈与財産と区別して贈与税が課される。まず，2500 万円の特別控除が適用される（相税 21 条の 12 第 1 項）が，これは贈与者ごとに一度だけ与えられる。同じ贈与者から 2 回以上の贈与を受けた場合には，2 回目以降の贈与に対しては特別控除のうち未利用の金額のみが適用される。特別控除を超える金額については，20％の税率で課税される（21 条の 13）。

　本制度の選択をした受贈者は，贈与者につき相続が開始した時に，それまでの贈与財産と相続財産とを合算して相続税額を計算する（相税 21 条の 15・21 条の 16）。ただし，過去の贈与に対して贈与税が課されていた場合には，その贈与税相当額が税額控除され，控除しきれなかった金額は還付される。

　平成 30 年において，相続時精算課税制度を利用した受贈者は約 4 万 3 千人

である。

9　申告・納付

(1)　申　告

　相続税の申告期限は，相続の開始があったことを知った日の翌日から 10 か月以内である（相税 27 条 1 項）。また，相続人等は共同で申告書を提出することができる（同条 5 項）。

　相続財産の全部または一部がまだ分割されていないときは，相続分の割合に従って当該財産を取得したものとして課税価格を計算する。ただし，その後に異なる割合で当該財産が分割された場合には，更正の請求等ができる（相税 55 条）。

　また，申告の後に，認知等により相続人に異動を生じるなど一定の事由が生じたときには，修正申告または更正の請求ができる（相税 31 条・32 条）。

　贈与税の申告期限は，翌年の 3 月 15 日である（28 条 1 項）。

(2)　納　付

　相続においては，現物で財産を取得することが多い。また，相続税の納税義務者は，一時に多額の租税を納付しなければならない。

　これらのことから生じる相続税納付の困難を軽減するため，延納および物納という制度がある。税務署長は，相続税額が 10 万円を超え，かつ金銭で納付することを困難とする事由がある場合において，納税義務者の申請により，5 年以内の年賦延納を許可することができる（相税 38 条 1 項）。納税義務者が取得した財産に土地・立木等が含まれている場合には，延納期限はさらに延長されうる。延納期間中は，利子税が課される（52 条）。

　また，税務署長は，納税義務者が相続税額を延納によっても金銭で納付することを困難とする事由がある場合において，納税義務者の申請により，相続財産からの物納を許可することができる（相税 41 条 1 項）。

(3)　連帯納付義務

　相続税法は，一定の場合に相続税または贈与税の**連帯納付義務**を定めている

（最判昭和 55 年 7 月 1 日民集 34 巻 4 号 535 頁〔百選 79〕参照）。共同相続人間の相続税についての連帯納付義務（相税 34 条 1 項），贈与者の贈与税についての連帯納付義務（同条 4 項）等がある。

10　税負担の不当な減少の防止

相続税法は，相続税・贈与税負担の不当な減少の防止のため，以下のような規定を設けている。

① 相続人の数に算入される養子の数の制限（相税 63 条）。

② 同族会社の行為・計算の否認（相税 64 条 1 項）。

③ 法人組織の再編成に関する行為・計算の否認（相税 64 条 4 項）。

④ 持分の定めのない法人でその設立者等に対し特別の利益を与えるものに対して財産の贈与または遺贈があった場合に，当該法人から特別の利益を受ける者が，その受ける利益の価額に相当する金額を贈与または遺贈により取得したものとみなす（相税 65 条 1 項）。

⑤ 人格のない社団等は，他の租税法規においては法人とみなされることが多いが，相続税法はこれを個人とみなして，贈与税または相続税の課税対象としている（相税 66 条 1 項）。

⑥ 持分の定めのない法人を一定の要件の下に個人とみなして，贈与税または相続税の課税対象とする（相税 66 条 4 項）。

⑦ 一定の要件を満たす一般社団法人等の理事が死亡した場合に，当該一般社団法人等がその純資産額の一定割合を当該被相続人から遺贈により取得したものとみなし，当該一般社団法人等を個人とみなして，当該一般社団法人等に相続税を課税する（相税 66 条の 2。平成 30 年度税制改正により導入された）。

11　財産の評価

相続税・贈与税の課税標準を決定するためには，相続等により取得した財産を評価し金銭に換算する必要がある。

相続税法 22 条は，取得の時における時価により財産を評価する旨を定めて

おり，これを**時価主義**という。ここにいう時価とは，課税時期において，それぞれの財産の現況に応じ，不特定多数の当事者間で自由な取引が行われた場合に通常成立する価額をいう（東京高判平成7年12月13日行集46巻12号1143頁）。財産の取得後に，その価値上昇や下落が生じても，それは考慮されない（大阪地判昭和59年4月25日行集35巻4号532頁〔百選85〕）。

　個々の財産の具体的な評価方法は，地上権，永小作権，配偶者居住権など一部の財産についてのみ相続税法に規定されている（相税23条〜26条）。それ以外の財産の評価方法は，国税庁の通達（**財産評価基本通達**）により定められている。これは通達であるので，法的拘束力はないが，実際には納税者も従い，裁判所もその内容を尊重する傾向にある（⇨第2章第2節**4(1)**(h)）。

COLUMN 7-1　土地の評価

　土地の評価方法も，財産評価基本通達に定められている。特に重要な評価方法として路線価方式があり，そのため相続税評価額が路線価と呼ばれることがある。

　土地の公的な評価額としては，相続税評価額のほか，固定資産税評価額，地価公示法に基づく公示価格等があるが，従来はそのいずれも実勢価格を著しく下回っていた。実勢価格に対して公示価格が7割程度，相続税評価額が5割以下，固定資産税評価額が1割程度といわれており，一物四価と評されていた。

　そのために，借金による土地購入等の方法で，相続税の回避がしばしば行われた。たとえば，1億円の預貯金を持つ者が，1億円の借入金と合わせて実勢価格2億円の土地を購入したとする。このとき，その土地の相続税評価額は1億円程度であり，1億円の債務と相殺されて相続税・贈与税の課税対象がなくなることになる。他方で，このような相続税回避に対抗するため，様々な立法や実務上の運用が行われ，その合法性をめぐって多くの訴訟が提起された。

　平成のバブル崩壊後は，地価が下落する一方で相続税評価額が引き上げられたため，従来よりも実勢価格との差が小さくなり，この問題はある程度解消されている。

　なお，この事例は，相続税・贈与税においてその価額が過小に評価される財産があると，相続税の回避策に利用されやすいということを示している。最近も，タワーマンションを利用した相続税節税策が話題となった。

12　特別措置

（1）　小規模宅地の負担軽減措置

　相続開始の直前において，被相続人または被相続人と生計を一にしていた親族が，事業または居住の用に供していた宅地については，一定面積まではその価額の一定割合のみを課税価格に算入することとしている（租特69条の4）。現在は，居住用宅地については330平方メートルまで，事業用宅地については400平方メートルまで，その価額の20％のみが課税価格に算入される。これは，バブル期までの地価高騰により，相続税の負担が過重になったことに対応した措置である。

（2）　非上場株式等に係る納税猶予制度

　中小企業の事業承継を円滑化するため，平成21年度税制改正により，**非上場株式等に係る納税猶予制度**が導入された（租特70条の7〜70条の7の4）。これは，「中小企業における経営の承継の円滑化に関する法律」（以下「経営承継円滑化法」という）に基づく措置の一つである。なお，農地，山林，医療法人の持分，美術品および個人事業者の事業用財産についても，納税猶予制度が設けられている。

　（a）　贈与税の納税猶予制度　　贈与税の納税猶予制度の適用を受けると，非上場会社の経営者からその後継者へその会社の株式等が贈与された場合に，その株式等（発行済株式総数の3分の2が限度）に係る贈与税がすべて納税猶予される。そして，贈与者の死亡など一定の要件が満たされれば，猶予された贈与税が免除される。ただし，この場合には贈与により取得した株式等が，相続または贈与により取得したものとみなされる。そして，下記(b)の要件を満たせば，相続税の納税猶予制度の適用を受ける（贈与税の納税猶予を相続税の納税猶予に切り替える）ことが可能である。

　この制度の適用を受けるためには，経営承継円滑化法12条に基づき，経済産業大臣により「中小企業者の事業活動の継続に支障が生じていると認められること」の認定を受けなければならない。また，贈与の後5年間は，後継者が株式を継続保有すること，平均して雇用の8割以上を維持すること等が必要である。

（b）　相続税の納税猶予制度　　相続税の納税猶予制度の適用を受けると，非上場会社の後継者が相続または遺贈によりその会社の株式等を取得した場合に，その株式等（発行済株式総数の 3 分の 2 が限度）に係る相続税の 80% 相当額が納税猶予される。そして，その後継者の死亡など一定の要件が満たされれば，猶予された相続税が免除される。

　この制度の適用を受けるためには，贈与税の納税猶予制度と同様に，経営承継円滑化法 12 条に基づく経済産業大臣の認定を受けなければならない。また，相続後 5 年間は，後継者が株式を継続保有すること，平均して雇用の 8 割以上を維持すること等が必要である。

（c）　事業承継税制の特例制度　　平成 30 年度税制改正により，上記の事業承継税制に加えて，さらに優遇を拡大した事業承継税制の特例制度が創設された。この特例制度の適用を受けるためには，特例承継計画の提出が必要である。この特例においては，対象となる株式等について，発行済株式総数の 3 分の 2 という限度がない。また，相続税についても，当該株式等に係る相続税の 80% 相当額ではなく，その全額が納税猶予の対象となる。さらに，贈与税・相続税ともに，5 年平均の従業者数が 8 割を下回った場合でも，その理由が記載された書類が提出されれば，納税猶予が維持される（租特 70 条の 7 の 5 ～ 70 条の 7 の 8）。

第 2 節　固定資産税

1　固定資産税の意義

　固定資産税は，固定資産（土地，家屋および償却資産）を課税物件とする市町村税である。昭和 25 年に，シャウプ勧告に基づいて，地租，家屋およびいくつかの償却資産に対する租税を統合する形で生まれた。固定資産税は，市町村の税収の大きな割合を占めており，市町村独自の財源として重要性は高い（令和 3 年度地方財政計画で 9 兆 628 億円であり，市町村税収の 42.9% を占める）。さらに，固定資産税には，地域間の税収偏在度が比較的低いという特徴もある。

　固定資産税は，固定資産の価格を課税標準とすること（地税 349 条・349 条の

2・341 条 5 号）から，固定資産の所有の事実に着目して課される財産税の性質を有する（最判平成 15 年 6 月 26 日民集 57 巻 6 号 723 頁〔百選 97〕）。また，固定資産税は，市町村が提供する行政サービスに対する応益性を根拠とする物税である。

固定資産の所在する市町村が固定資産税を課すのが原則であるが（地税 342 条 1 項），都の特別区の存する区域内においては都が課税する（734 条 1 項・736 条 1 項）。ただし，大規模の償却資産については，特別区および政令指定都市を除く市町村は一定の限度額に対してのみ固定資産税を課すことができる（349 条の 4・349 条の 5）。

固定資産税は賦課課税方式を採用しており，普通徴収の方法により徴収される（地税 364 条 1 項）。なお，市町村が，固定資産税と同様に土地および家屋に対して課す目的税として**都市計画税**があり，固定資産税とあわせて賦課徴収が行われる（702 条～702 条の 8）。

2　台帳課税主義

市町村は，固定資産の状況および固定資産の価格を明らかにするため，固定資産課税台帳を備えなければならず（地税 380 条 1 項），固定資産税の課税は，この固定資産課税台帳に登録されたところに従って行われる（**台帳課税主義**）。したがって，固定資産課税台帳に登録されない限り，課税されることはない。固定資産課税台帳は，土地課税台帳，土地補充課税台帳，家屋課税台帳，家屋補充課税台帳および償却資産課税台帳の総称である（341 条 9 号）。

3　課税物件（課税客体）

固定資産税の課税物件は，固定資産である（地税 342 条 1 項）。固定資産とは，土地，家屋および償却資産の総称である（341 条 1 号～4 号）。償却資産は，土地および家屋と異なり，事業用資産である場合に限って課税の対象となる。

COLUMN 7-2　償却資産に対する固定資産税
　償却資産に対する固定資産税は，一方で，地方税の応益課税の観点から正当化

の余地も示されているが，他方で，事業者に対する一種の外形標準課税とも言えるため批判が強い。

　このようにかねて議論があったが，平成28年度税制改正によって，地方団体等の意見を考慮し，償却資産に対する固定資産税の制度は堅持するとしつつも，地域の中小事業者等の設備投資を後押しするための固定資産税の時限的な特例措置が創設された（平成30年法律第3号による改正前の地税附則15条43項）。さらに，平成30年度税制改正によって，生産性革命集中投資期間中における臨時・異例の措置として，償却資産に対する固定資産税について更なる特例措置が講じられた（令和2年法律第5号による改正前の地税附則15条47項）。この特例措置の適用期限（令和3年3月31日）は2年延長されたが（地税附則64条），延長後の適用期限（令和5年3月31日）をもって廃止することになっている。

4　納税義務者

（1）　土地・家屋

　固定資産税の納税義務者は，賦課期日（毎年1月1日）現在における固定資産の所有者である（地税343条1項・359条）。所有者とは，土地および家屋については，登記簿または土地補充課税台帳もしくは家屋補充課税台帳に所有者として登記または登録されている者をいう（343条2項前段）。これを**名義人課税主義**という。このような形式的外観に着目するのは，市町村がその真の所有者を逐一正確に把握することは事実上困難であるという課税上の技術的考慮に基づく。ただし，所有者として登記または登録されている個人が賦課期日前に死亡している場合等については，当該土地または家屋を賦課期日において現に所有している者が納税義務者となる（343条2項後段）。この場合，賦課期日における所有権の帰属を確定することなく，納税義務を負わせることは認められない（最判平成27年7月17日判時2279号16頁）。

　このように理念的には固定資産税を真の所有者が負担すべきであるとしつつ，地方税法が名義人課税主義を採っていることから，その調整が必要となる。まず，賦課期日において登記簿等に土地または家屋の所有者として登記または登録されている者は，たとえ賦課期日時点における真の所有者でないとしても，固定資産税の納税義務を負うが，真の所有者に対して不当利得返還請求権を有する（最判昭和47年1月25日民集26巻1号1頁〔百選95〕）。また，土地または家

屋が賦課期日の時点において登記簿等に登記または登録されていない場合，賦課決定処分時までに賦課期日現在の所有者として登記または登録されている者は，当該年度における固定資産税の納税義務を負う（最判平成 26 年 9 月 25 日民集 68 巻 7 号 722 頁）。

なお，所有者が不明な一定の場合については，その使用者を所有者とみなして，固定資産税を課すことができる（地税 343 条 4 項・5 項）。

(2)　償却資産

償却資産については，償却資産課税台帳に所有者として登録されている者が納税義務者となる（地税 343 条 1 項・3 項）。また，償却資産の所有者は，賦課期日（毎年 1 月 1 日）現在における償却資産について，償却資産課税台帳の登録および価格の決定に必要な事項を 1 月 31 日までに申告しなければならず（383条），その申告を基礎として償却資産課税台帳が作成される。

5　非課税

(1)　人的非課税

国および地方団体等（都道府県，市町村，特別区，これらの組合，財産区および合併特例区）に対しては固定資産税を課すことができない（地税 348 条 1 項）。これは，国および地方団体等の公的性格に着目し，これらが所有する固定資産の性格やその用途を問わず，非課税とするものである。

ただし，国または地方団体等についても，私人の固定資産と同様の状態で使用収益されているもの（たとえば，住宅等の貸付資産，民間空港の用に供する固定資産等）については，固定資産税相当額の負担を求めることが適当であることから，固定資産税に準ずるものとして，国有資産等所在市町村交付金法に基づき，交付金を固定資産が所在する市町村または都道府県に交付することとされている。

また，非課税独立行政法人，国立大学法人等および日本年金機構が所有する固定資産も，固定資産税の課税対象から除かれている（地税 348 条 6 項）。ただし，これら以外の者が使用している場合等については，課税の対象となる（同項かっこ書参照）。

（2）　物的非課税

　一定の公共性または公益性の強い法人がその用に供する固定資産，その他公共性または公益性の強い一定の固定資産には，固定資産税を課すことができない（地税348条2項各号）。ただし，当該固定資産を有料で借り受けた者が使用する場合，当該固定資産の所有者に固定資産税を課すことができる（348条2項但書。「有料」の意義については，最判平成6年12月20日民集48巻8号1676頁〔百選96〕）。また，当該固定資産を非課税とする目的以外の目的に使用する場合，固定資産税を課すこととされている（348条3項）。

　各種の協同組合や共済組合等が所有し，かつ，使用する事務所および倉庫に対しても，固定資産税を課すことはできない（地税348条4項）。

6　課税標準

　固定資産税の課税標準は，賦課期日（毎年1月1日）現在における固定資産の価格として固定資産課税台帳に登録されたものである（地税349条・349条の2）。ここにいう価格とは，「適正な時価」であり（341条5号），正常な条件の下に成立する当該土地の取引価格，すなわち，客観的な交換価値を意味する（前掲最判平成15年6月26日）。

（1）　土地・家屋

　土地と家屋は，税負担の安定と行政事務の簡素化を図るため，原則として3年ごとに基準年度（地税341条6号）を設け，再評価を行って価格を決定している。昭和33年度から起算して3の倍数の年度を経過したごとの年度である基準年度（直近では，令和3年度）以外の年においては，原則として評価替えは行わず，3年間評価を据え置く仕組みを採用している（349条1項〜3項）。ただし，基準年度以外の年度においても，地価が下落し，かつ，市町村長が固定資産税の課税上著しく均衡を失すると認める場合には，その価格を修正することができる特例措置が設けられている（地税附則17条の2）。

　宅地に関しては，基準年度の前年1月1日における地価公示価格や鑑定価格を活用し，これらの価格の7割を目処として標準宅地の適正な時価を評定するものとされている（固定資産評価基準第1章第12節一）。この7割評価は，固定

資産の価格調査基準日と賦課期日の間に1年間の時間的隔たりがあることから，地価が下落する可能性を考慮に入れて堅めの評価をするものである。もっとも，実際は，半年前までの地価下落の状況も考慮に入れて評価を行うことになっている（固定資産評価基準第1章第12節二）。さらに，宅地等（住宅用地および商業地等）については，負担水準の均衡化を図るために，負担調整措置が設けられている（地税附則18条）。

また，住宅用地については，政策上の見地から税負担を軽減しており，課税標準額が本来の3分の1または6分の1とされている（地税349条の3の2）。ただし，空家対策の観点から，空家等対策の推進に関する特別措置法の規定によって所有者等に対し勧告がなされた特定空家等に係る土地は，この特例の適用対象から除外されている（349条の3の2第1項第1かっこ書）。

平成24年度税制改正により，地方税の特例措置に関して，国が一律に定めていた内容を地方団体が自主的に判断し，条例で決定できるようにする地域決定型地方税制特例措置（わがまち特例）が導入された。これにより，参照すべき割合および上限と下限は定められているものの，課税標準の特例割合を地域の実情に応じて条例で決めることが可能となった（地税349条の3第27項〜29項，地税附則15条27項等）。

COLUMN 7-3　土地の評価と固定資産税負担

上に述べたように，現在，土地は7割を目処として評価されているが（土地の評価について⇨COLUMN 7-1），従来，土地の評価額は時価を著しく下回るものであった。

昭和39年以来，その是正が図られてきたが，バブルによる時価高騰もあり，土地の評価額は時価に比べて大幅に低い水準にとどまっていた。また，評価額の引上げに伴う税負担の急激な増加を緩和するため，負担調整措置が導入され，評価額と課税標準額との間にも差が生じていた。さらに，市町村間における評価の不均衡という問題もあった。

その後，土地に関する適正な税負担を求めるべきという意見が強くなり，土地税制の改革の一環として，平成6年度から地価公示価格等の7割を目処として評価されることとなり，固定資産評価基準に取り入れられ，現在に至っている。そして，平成9年度から負担水準の均衡化を図るための負担調整措置が導入された。

現在では，土地評価の適正化と負担水準の均衡化が達成されつつある。もっとも，住宅用地と商業地とでは特例措置等によって負担水準が異なるという課題は残る。実際にどのような者が固定資産税を負担しているかを見極めつつ，検討を

進めていく必要がある。さらに，税率なども含めた今後の固定資産税のあり方については，渋谷雅弘「固定資産税の現状と課題」租税法研究 43 号（2015 年）69 頁参照。

(2)　償却資産

償却資産は，土地や家屋と異なり，毎年評価を行って課税標準を決定する（地税 409 条 3 項）。これは，償却資産の価値の減耗が資産によって異なる上に，その減耗が急であることや，償却資産についてはその所有者が固定資産課税台帳の登録および価格の決定に必要な事項について申告義務を負っているという事情があるためである。以前は，法人税法等の償却方法に基づき計算された価額を下回ることができないと規定されていたが（旧地税 414 条），減価償却制度の見直し等があったことから，この規定は削除された。

なお，償却資産に対して課す固定資産税の課税標準には，税源の偏在を是正するための大規模償却資産の特例等が設けられている（地税 349 条の 3・349 条の 4・349 条の 5 等）。

(3)　固定資産の評価および価格等の決定

固定資産の価格等は，固定資産評価員の作成した評価調書に基づいて，市町村長が毎年 3 月末までに決定し，これを固定資産課税台帳に登録しなければならない（地税 410 条 1 項・409 条 4 項・411 条 1 項。なお，特別区については 734 条 1 項参照。以下同じ。）。

地方税法は，総務大臣が固定資産の評価の基準ならびに評価の実施の方法および手続を定め，告示しなければならないものとしており（地税 388 条 1 項），この規定に基づいて**固定資産評価基準**が告示されている。この固定資産評価基準を定めるには，地方財政審議会（固定資産評価分科会）の意見を聴かなければならない（388 条 2 項）。また，総務大臣と都道府県知事は，固定資産の評価に関して市町村長に対し，それぞれ一定の技術的援助と助言等の援助を与えなければならないこととされている（388 条 4 項・401 条。ただし，402 条参照）。

そして，市町村長は，この固定資産評価基準によって，固定資産の価格を決定しなければならない（地税 403 条 1 項）。これは，全国一律の統一的な評価基準によることによって，市町村間の評価の均衡を図り，個人間の評価の不均衡

を解消するためである。ただし，固定資産評価基準は，適正な時価を算定するための技術的かつ細目的な基準の定めを委任したものであり，固定資産課税台帳等に登録された価格が，賦課期日における客観的な交換価値としての適正な時価を上回る場合には，その価格の決定は違法となる（前掲最判平成15年6月26日）。

　固定資産評価基準の法的拘束力についてはかねて議論があったが（⇨第2章第2節 **4(1)**(d)），固定資産評価基準は，行政庁を拘束するだけでなく，納税者の固定資産評価基準に従って公正な評価を受ける利益を保護していると解されている（最判平成25年7月12日民集67巻6号1255頁〔百選98〕）。したがって，固定資産課税台帳に登録された価格が，固定資産評価基準によって決定される価格を上回る場合には，その価格がたとえ時価を下回っていたとしても，違法となる（同最判）。

　そして，この固定資産評価基準による価格は，特別の事情がない限り，適正な時価を上回るものではないと推認されている。ただし，固定資産評価基準によって定める評価方法が適正な時価を算定する方法として一般的な合理性を有するものではなく，またはその評価方法によって適正な時価を適切に算定することのできない特別の事情が存する場合には，上記推認が及ばず，登録価格が賦課期日における適正な時価を上回るとき，登録価格の決定は違法となる（同最判）。これらを前提とすると，納税者が鑑定意見書等を提出して，登録価格の決定の違法を争うには，特別の事情等についての主張立証も必要になるであろう。

　市町村長は，固定資産の価格等を決定した場合，その結果の概要調書を作成し，毎年4月中に都道府県知事に送付しなければならない（地税418条）。また，都道府県知事は，市町村における固定資産の価格の決定が，固定資産評価基準によって行われていないと認める場合，その市町村長に対して，固定資産課税台帳に登録された価格を修正して登録するよう勧告するものとされている（419条1項）。都道府県知事は，すべての概要調書の送付を受けた後1か月以内に，都道府県内の固定資産価格等の概要調書を作成して，総務大臣に送付しなければならない（422条）。総務大臣は，市町村における固定資産の価格の決定が固定資産評価基準によって行われていないと認める場合，地方財政審議会（固定資産評価分科会）の意見を聴いた上で，都道府県知事に対し，その市町村

長に固定資産課税台帳に登録された価格を修正して登録するよう勧告するように指示するものとされている（422 条の 2 第 1 項・2 項）。

　このように固定資産の評価とその価格の決定については，総務大臣と都道府県知事が事前および事後に関与することが認められている。

（4）　情報開示制度

　市町村長は，毎年 3 月 31 日までに，土地および家屋について，その所在や当該年度の固定資産税に係る価格を記載した帳簿（土地価格等縦覧帳簿および家屋価格等縦覧帳簿）を作成しなければならない（地税 415 条 1 項）。これらの帳簿またはその写しは，固定資産税の納税者が，同一市町村内の他の土地または家屋の価格と比較できるよう，毎年 4 月 1 日から 4 月 20 日または当該年度の最初の納期限のいずれか遅い日以後までの間，縦覧に供しなければならない（416 条 1 項）。課税標準額は記載されていないものの，これらにより納税者に自己の資産の評価が適正であるか確認する機会を与え，評価の均衡を図っている。また，市町村長は，納税義務者その他の者（借地借家人等）の求めに応じ，固定資産課税台帳のうち，これらの者に係る固定資産に関する事項が記載されている部分またはその写しをこれらの者の閲覧に供しなければならない（382 条の 2）。

　以上に加えて，固定資産課税台帳に固定資産の価格等を登録した旨の公示（地税 411 条 2 項），課税明細書の交付（364 条 3 項）や宅地の標準的な価格（路線価等）の閲覧制度（410 条 2 項）を設け，納税者の理解と信頼を確保している。

（5）　審査の申出および不服申立て

　固定資産課税台帳に登録された価格について不服のある納税者は，固定資産の価格等の登録の公示の日から納税通知書の交付を受けた日後 3 か月以内に，文書で，**固定資産評価審査委員会**に対して審査の申出をすることができる（地税 432 条 1 項）。固定資産評価審査委員会は，固定資産課税台帳に登録された価格に関する不服を審査決定するために市町村が設置する合議制の機関であり，その構成や手続については地方税法に定められ（423 条以下），専門的な問題について中立的な立場で客観的な審査と判断を示すことが期待されている。

　審査の申出を受けた場合，固定資産評価審査委員会は，申出を受けた日から

30 日以内に審査の決定をしなければならない（地税 433 条 1 項）。この決定の通知を受けた市町村長は，これに沿った措置を講ずる義務を負っている（435 条 1 項）。また，納税者は，固定資産評価審査委員会の決定に不服があるときは，その取消しの訴えを提起することができる（434 条 1 項）。

　なお，登録価格に対する不服申立てはこの方法に限られ（地税 434 条 2 項），固定資産税の賦課に対する不服申立てにおいては，登録価格に対する不服を理由とすることはできない（432 条 3 項）。このように登録価格の不服について，裁決主義および不服申立前置主義を採っているが，審査決定の取消訴訟において固定資産評価審査委員会による審査の際に主張しなかった事由を主張することは認められている（最判令和元年 7 月 16 日民集 73 巻 3 号 211 頁〔百選 99〕）。また，既存家屋の評価を争う際に，建築当初の評価に誤りがあったことを主張できると解されている（金子 752 頁）。

　さらに，この手続を経なくても，固定資産の価格を過大に決定したことについて国家賠償請求は可能である（最判平成 22 年 6 月 3 日民集 64 巻 4 号 1010 頁〔百選 121〕）。この損害賠償請求権の除斥期間（平成 29 年法律第 44 号による改正前の民法 724 条後段）の起算点は，各年度の固定資産税等に係る賦課決定がされ所有者に納税通知書が交付された時である（最判令和 2 年 3 月 24 日民集 74 巻 3 号 292 頁）。

7　税率および免税点

　固定資産税の標準税率は 1.4% である（地税 350 条 1 項）が，地方団体は財政上その他の必要がある場合には，異なる税率を定めることができる（1 条 1 項 5 号）。ただし，特定の納税義務者の課税標準の総額がその市町村の固定資産税の課税標準の総額の 3 分の 2 を超える場合に，1.7% を超える税率で課税する条例を制定するときは，市町村議会はその納税義務者の意見を聴かなければならない（350 条 2 項）。

　固定資産税は，免税点制度を設けており，市町村は，同一の者がその市町村の区域内において所有する土地，家屋または償却資産に対して課する固定資産税の課税標準が，それぞれ一定の金額に満たない場合，固定資産税を課すことができない（地税 351 条）。なお，同一の市町村内に複数の固定資産を有する場

合には，これらを合算して免税点を判断するため，土地および家屋については土地名寄帳および家屋名寄帳（387 条 1 項）を基に判断する。

　新築された住宅その他の一定の家屋については，固定資産税額を政策的に減額する特例措置が講じられている（地税附則 15 条の 6・15 条の 7）。なお，税額の特例措置についても，特例割合を条例で定めることができるわがまち特例が導入されている（地税附則 15 条の 8 第 2 項）。

読書ガイド

第 1 節

○三木義一＝末崎衛『相続・贈与と税〔第 2 版〕』（信山社，2013 年）

○『相続税・贈与税の諸問題』日税研論集 61 号（2011 年）

第 2 節

○碓井光明『要説　地方税のしくみと法』（学陽書房，2001 年）第 5 章　第 1 節，第 2 節

○海外住宅・不動産税制研究会編著『主要先進国における住宅・不動産保有税制の研究──歴史的変遷と現行制度ならびに我が国への示唆』（日本住宅総合センター，2011 年）

○金子宏「固定資産税の改革──手続の整備と透明化に向けて」『租税法理論の形成と解明　下巻』（有斐閣，2010 年，初出 2000 年）537 頁

○佐藤主光『地方税改革の経済学』（日本経済新聞出版社，2011 年）

○渕圭吾「所有者不明土地・手続保障・固定資産税（上）（下）」法律時報 92 巻 7 号 87 頁・8 号 109 頁（2020 年）

《償却資産に対する固定資産税について》

○小林庸平＝佐藤主光＝鈴木将覚「設備投資に対する固定資産税の実証分析」日本財政学会編『消費税率 10% 後の租税政策（財政研究第 16 巻）』（有斐閣，2020 年）172 頁

国際課税

第1節　国際的二重課税はなぜ生じるか

1　国際課税をめぐる問題状況

　国際課税・国際租税法とは，租税制度・租税法の国際的側面に関する領域である。21世紀の初めまでは，国際課税・国際租税法の中心は，所得課税に関する実体法の国際的側面であった。すなわち，同一の法主体（あるいは，経済的に一体と見られる一団のそれ）に対して複数の国家が所得課税を行うことによって生じる国際的二重課税をできるだけ避けるために，各国の国内法および二国間租税条約を通じた二重課税回避のための実体法のルールが論じられてきたのである。

　しかし，近年，いわゆる多国籍企業や裕福な個人が，タックス・ヘイブンや銀行の守秘義務，複雑な金融商品等を利用することにより，世界のどの国においても租税を納めていない，という（それ自体は以前から存在していた）問題に注目が集まり，各国および国際組織が協調してこの問題に対処しようという動きが進んでいる。また，所得課税のみならず消費税の国際的側面についての議論も進展している。本章では，第1節でやや一般的な事項について述べ，第2節から第4節で，主として実体法のルールを説明する。第5節で，手続法ないし争訟法における問題に簡単に触れることにする。

2　国家管轄権と課税管轄権

（1）　管轄権の及ぶ範囲

　国家の一般的な法的権能（主権）のうち，司法・立法・行政に関わる権能を**管轄権**（jurisdiction）と呼ぶ。管轄権は原則として国家の領域に及ぶが，領域外に管轄権を及ぼすことが国際法上認められている場合もある。また，管轄権は，立法管轄権（jurisdiction to prescribe），司法管轄権（jurisdiction to adjudicate），執行管轄権（jurisdiction to enforce）に分類されることが多い（たとえば，アメリカ第 4 次対外関係法リステイトメント。「司法」管轄権と訳したが，ここには法適用作用が広く含まれる）。

　執行管轄権についていえば，国家の行為はそれが他国の主権を簒奪する場合に国際法違反となる。ある国の領域内で，その国の公務員（officials）のみができる行為（たとえば，租税の徴収）を他国の公務員が行うことは国際法上原則として許されない。また，他国における情報収集自体は国際法に反しないが，情報収集が税務調査という目的のために行われる際には，場合によっては国際法違反となるかもしれない。

　立法管轄権についていえば，税法は「国家との密接な関係（a close connection with the State concerned）」がある人に対してのみ適用される。慣習国際法によれば，国家が租税を賦課することができるのは，国家と納税義務者との間に国籍・居住地・長期的滞在等の真正な結びつき（a genuine connection）が存在する場合，あるいは国家と取引もしくは財産との間に真正な結びつきが存在する場合に限られる。

　所得課税に関する立法管轄権（以下，**課税管轄権**と呼ぶ）を及ぼす基準としては，当初は政治的帰属（国籍）が考えられたが，これは 19 世紀末から 20 世紀初頭に活躍した社会科学者セリグマンの批判もあり，一般的にはならなかった。セリグマンが課税管轄権を及ぼす基準として推奨したのが経済的帰属であったが，これが多くの国の国家実行と合致していた。ただし，経済的帰属に基づくといってもその具体的な基準としては様々なものがありうる。このうち，所得の**源泉地**と納税義務者の**居住地**とが実際に各国が採用する課税管轄権の基準である。なお，所得の源泉地とは，さしあたり，所得の発生原因が存在すると考えられる場所のことであると理解しておこう（詳しくは⇨第 2 節 **2**(2)～**3**）。

（2）　例外としての主権免除

　外国国家・外国の公共団体は，法人税法4条2項にいう公共法人には当たらない。しかし，国際法の一般原則である主権免除の考え方に従い，法律の規定を待たずにこれらは納税義務を免除されると考えられる。外国国家等の主権的行為（*jure imperii*）から生ずる所得が課税の対象とならないことは問題ない。これに対して，実務においてはかねてより外国国家の商業的行為（*jure gestionis*）からの利得が法人税の課税対象となってきたという。つまり，実務では課税権について相対免除主義（制限免除主義）が採用されてきた。

　裁判権について日本は古くから絶対免除主義を採用してきたが，最判平成18年7月21日（民集60巻6号2542頁）は「外国国家は，その私法的ないし業務管理的な行為については，我が国による民事裁判権の行使が当該外国国家の主権を侵害するおそれがあるなど特段の事情がない限り，我が国の民事裁判権から免除されない」と述べ，裁判権について制限免除主義に与することを明言した。また，平成22年には「国及びその財産の裁判権からの免除に関する国際連合条約」を受けた「外国等に対する我が国の民事裁判権に関する法律」が施行されたが，これは制限免除主義を採用している。このため，現在においては，裁判権と課税権とで平仄が合っているということになろう。

　なお，平成18年最判以前の判決ではあるが，アメリカ合衆国大使館に勤務する職員の所得税申告義務に関する東京高判平成16年11月30日（訟月51巻9号2512頁）は，アメリカ合衆国大使館に勤務する日本人職員の所得税申告義務の存否について判断する前提として，「課税権についても，国家が他の国家の課税権に服するのは条約その他の合意がある場合に限られ，国家が他の国家に対して，一方的に課税権を行使することは原則としてできないとするのが，国際法上の法原理というべきである」としてアメリカ合衆国は所得税の源泉徴収義務を負わないと判断した。

3　国際的二重課税とその排除

（1）　国際的二重課税とは何か

　所得課税の分野において，国際的二重課税とは，同一の所得が複数の国によって所得課税の対象とされることである。課税管轄権を及ぼす基準として所得

の源泉地と納税義務者の居住地という二つが存在するため，同一の所得が複数の国によって所得課税の対象とされる可能性がある。また，納税義務者ないし所得の性質決定の基準が国によって異なる場合にも，国際的二重課税（あるいは課税の空白・多重課税）が生じうる。

　国際的二重課税が生じないようにするためには，いくつかの点について国際的なコンセンサスが形成されている必要がある。現在のところ，次の二点については，国際的な合意が存在するといってよい。

　第一に，国際的二重課税を排除するための措置をとる責務は基本的には納税義務者の居住地国にあるということである（⇨(2)参照）。第二に，源泉地国としての資格に基づいて行う課税に対しても一定の制約が存在するということである（⇨(3)参照）。

(2)　国際的二重課税を排除するための方法——国内法・租税条約

　国際的二重課税を排除するための方法として，理念型としては，**国外所得免除方式**（exemption method）と**外国税額控除方式**（credit method）がある。

　前者においては，居住者・内国法人に対してそもそも自国の国内源泉所得についてのみ課税を行う。一見したところ，この方式は居住者・内国法人に対しても源泉地国としての資格で課税管轄権を及ぼしているようにも思われる。しかし，そうではない。この方式はあくまで居住地国としての資格で課税管轄権を及ぼし，その上で国際的二重課税の排除を行っているのである。国外所得は課税管轄権が及ばないことを理由に非課税とされるのではなく，国際的二重課税排除のためにその課税が免除されるにすぎない。

　これに対して，後者においては，居住者・内国法人の全世界所得（すなわち，源泉地を問わず，すべての所得）に対して課税することを前提に，外国において支払った所得税を自国の所得税額の計算の際に税額控除する。

　なお，全世界所得課税を行う場合，外国で支払った租税が必要経費（ないし損金）に算入されることは，国際的二重課税排除を考えるまでもなく，当然である。

　いずれにせよ，国際的二重課税を排除するのは居住地国の任務である。日本は，基本的には外国税額控除方式によって国際的二重課税を排除してきたが，近年，国外所得免除方式の要素が強まってきている（⇨第3節**5**）。

　もっとも，国内法による一方的な国際的二重課税排除措置によっては十分に国際的二重課税を排除できない可能性がある。このため，各国は二国間**租税条約**を締結して，国際的二重課税を完全に排除しようとしている。租税条約においては，ポートフォリオ投資所得（portfolio investment income or portfolio income）に対する源泉徴収の税率が国内法よりも低く設定されていることが多い。ここでは，国際的二重課税排除のために，源泉地国がその課税権を一部放棄しているとみることができよう。

(3)　源泉地国課税の考え方と内国民待遇

　源泉地国としての資格で課税管轄権を行使する際の指針となるのが，**内国民待遇**（national treatment）である。非居住者・外国法人の事業からの所得（その意義については⇨第2節 **2(2)**）に対して課税を行う際には，「**PE なければ課税なし**」という考え方に従わなくてはならない。非居住者・外国法人が自国に**恒久的施設**（PE：Permanent Establishment）を有している場合に限ってこれらへの事業所得課税を行うことができる，というのである。この考え方は，源泉地国課税のためのいわば閾値を定めるものとして理解されてきたが，元来，非居住者・外国法人の恒久的施設に対して居住者・内国法人と同等の待遇を保障する考え方であった。つまり，「PE なければ課税なし」は，内国民待遇の表明にほかならなかった。

(4)　国際的な投資・通商を促進するための道具としての税法・条約

　外国からの投資に対する課税を確保するために，各国は投資所得に対する課税方式として源泉徴収を採用している。このため，投資所得は源泉地国で源泉徴収の方法により課税され，さらに居住地国で総合課税の方法で課税されることになる。ところが，源泉徴収の税率を大幅に引き下げることにより，自国に対する外国からの投資を促進することが可能である（たとえば，アメリカ合衆国は国外の投資家に対して支払われる国内源泉の利子に対する源泉徴収課税を廃止した）。もっとも，このような投資受入国による一方的な投資促進税制に対する対抗措置を備えている国もある。

　前述（⇨**(2)**参照）のとおり，国際的二重課税を排除するために，二国間租税条約では源泉徴収税率を国内法よりも軽減している。この税率の軽減は国際

的二重課税を排除するためのものであるが，一歩進めて税率軽減によって国際的な投資の促進を図ることが考えられる。たとえば，現在の日米租税条約（2004年3月30日発効）においては，配当（10条）・利子（11条）に対する税率が国内法と比べて軽減され，使用料（12条）に対して源泉地国は課税できないことになっている。

　ただし，国際的二重課税の存否や程度は必ずしもはっきりとはわからないため，国内法・租税条約を通じた国際的二重課税の排除と，国内法・租税条約を通じた投資・通商の促進との境界は，それほど明確ではない。

（5）　国際課税における条約の役割

　国際課税の分野では，国内法と並んで租税条約が重要な法源である（⇨第2章第2節**4(1)**）。租税条約の規定と国内法の規定とは，その枠組みにおいてかなりの程度似通っている。これは，各国の国内法と二国間租税条約とが相互に影響を及ぼしながら発展してきたという歴史的経緯に由来する。しかし，租税条約と国内法の規定ぶりが異なる場合もある。その場合の両者の適用関係について日本では通常，次のように考えられている。

　そもそも，条約は，その規定が明確であり，また締約国がその国内における適用を排除する意思を持たない場合，国内において**直接適用可能**（self-executing）であると考えられている。また，一般に条約が国内法に優先する。租税条約についても同様であって，租税条約の規定は特段の国内措置を待たずに国内法秩序に編入され，また，租税条約はそれと抵触する国内法の規定の適用を排除する。

　なお，租税条約の規定を解釈するに際して，条約自体において定義されていない概念の意義については，国内法における対応する概念の意義が参照される。

　国内法と租税条約の関係については，「租税条約等の実施に伴う所得税法，法人税法及び地方税法の特例等に関する法律」（租税条約実施特例法）があり，実体法と手続法の両面につき，租税条約がある場合の国内法の読み替え等を定めている。租税条約について注目されるのは，2017年6月に，政府が「税源浸食及び利益移転を防止するための租税条約関連措置を実施するための多数国間条約」（BEPS防止措置実施条約）に署名したことである（その後，2019年1月1日に日本との関係で発効）。この条約は，二国間租税条約の規定を一括して変更

する，いわばメタレベルの条約である。二国間租税条約とそれに関するモデル租税条約に依拠し，それゆえ漸進的であった国際課税の分野の政策形成のあり方が，メタレベルの条約という新たな法技術によって，大きく変わっていくかもしれない。

第2節　非居住者・外国法人に対する課税

1　非居住者・外国法人の定義

（1）　二つの課税方式

（a）　なぜ二つの課税方式が存在するのか　非居住者・外国法人に対する課税においては，二つの課税方式が存在する。

一方では，非居住者・外国法人が国内に有する資産や事業を居住者・内国法人の有するそれと中立的に扱うことを目指して，こうした資産や事業を有する非居住者・外国法人をその限りで居住者・内国法人と同視した所得課税が行われる（⇨第1節**3(3)**参照）。すなわち，非居住者・外国法人は，（前述の指針に基づいて定められる）一定範囲の所得について，居住者・内国法人と同様の**申告・納付**を行う。当然のことながら，課税標準は収入金額（益金）から必要経費（損金）を控除した純（net）額である。

他方では，国内での活動が間接的なものにとどまる一定の種類の所得（ポートフォリオ投資所得）について，非居住者・外国法人が支払いを受ける金銭に対する**源泉徴収**の方法によって，所得課税が行われる。ここでは，課税標準は支払いを受けるべき金額というグロス（gross）の額が基準となる（たとえば，所税169条参照）。課税標準が大きい分，税率は一般に申告・納付の場合よりも低くなる。また，源泉徴収の方法によるので，15％あるいは20％といった比例税率が採用される。

所得を課税物件とする所得税・法人税にとっては，所得の純額を課税標準とすることが理論的には望ましいはずである。にもかかわらず，なぜ，グロスの額を課税標準とする課税が行われるのか。その理由は，伝統的には次の二点にあった。第一に，課税管轄権のうち執行管轄権が自国の領域内に限られ，申

告・納付の方式による徴収が困難だからである。第二に，執行管轄権が自国の領域内に限られるので，所得の純額を決定するのに必要な税務調査を源泉地国が行うことができないからである。グロスの額に対する比例税率での課税は，いわば，純額に対する課税の代用物なのである。もっとも，近年では，一方では非居住者・外国法人によるポートフォリオ投資所得に対しては課税を軽減することで投資を呼び込むことを目指し，他方では（非居住者・外国法人自体というよりも）彼ら・これらが国内に有する「事業」ないし「恒久的施設」（⇨**2**(1)）と居住者・内国法人との中立性がヨリ厳密に追求される。この結果，純額に対する課税が可能であってもあえてグロスの額に対する比例税率での課税の枠組みが選択されることがある。

　(b)　**以下の叙述の順序**　居住者・内国法人と非居住者・外国法人では，納税義務の対象となる所得の範囲が異なる。さらに，非居住者・外国法人の納税義務の範囲および課税方式は，大きく二つに分けられる。そこで，以下，次の三つに分けて検討する。

　第一に，国内法により，居住者と非居住者，内国法人と外国法人がどのように区分されているか（⇨(2)(3)）。

　第二に，非居住者・外国法人が所得税・法人税の申告・納付を行うべきなのはいかなる場合であり，また，課税の対象となる所得の範囲はどこまでか。ここでは，まず，申告・納付が求められる要件である，非居住者・外国法人が国内に有する「恒久的施設」の意義が問題となる（⇨**2**(1)）。次に，「恒久的施設」に帰属する所得（「恒久的施設帰属所得」）の範囲を決めるルールについて理解する必要がある（⇨**2**(2)(3)）。最後に，「恒久的施設」に帰属するわけではないが申告・納付の対象となる所得（「その他の国内源泉所得」）の範囲について検討する（⇨**2**(4)）。

　第三に，非居住者・外国法人が所得税を源泉徴収されるのはいかなる場合であり，また，課税の対象となる所得の範囲はどこまでか（⇨**3**）。

(2)　居住者・内国法人と非居住者・外国法人

　所得税法2条1項3号は「居住者」につき「国内に住所を有し，又は現在まで引き続いて1年以上居所を有する個人をいう」とし，同項5号は「非居住者」につき「居住者以外の個人をいう」と定義している。国内（所税2条1項1

号）に住所を有するか否かの判断基準は所得税法3条2項により政令に委任されている（所税令14条・15条参照）。

「国内に本店又は主たる事務所を有する法人」が内国法人であり，それ以外の法人が外国法人である（法税2条3号・4号）。

　（a）「国内」の意義　　所得税法2条1項1号・法人税法2条1号は「国内」とは「この法律の施行地をいう」と定義している。オデコ大陸棚事件（東京高判昭和59年3月14日行集35巻3号231頁〔百選70。原審：東京地判昭和57年4月22日行集33巻4号838頁〕）では日本の沿岸に隣接しているが日本の領海外にある大陸棚が「この法律の施行地」であるか否かが争点となった。控訴審判決は「日本国沿岸の大陸棚については，本件各係争年度当時日本国が大陸棚条約に加入していなくても，確立した慣習国際法により，海底及びその下の鉱物資源を探索・開発する目的・範囲内においては，日本国の領土主権の自然的な延長である主権的権利が及び，鉱物資源の探索・開発行為及びこれに関連する行為は当然に日本国の管轄・統制に服するのであり，右の主権的権利には右行為（事業）から生じた所得に対する課税権も含まれるというべきである。したがつて，右のような内容の慣習国際法が成立したことにより，当然に，日本国沿岸の大陸棚は法人税の『施行地』となったと解すべきである」と判示した。

　（b）「住所」の意義　　「住所」について判断した裁判例としては，次のようなものがある。「所得税法上の『住所』とは，個人の生活の本拠，すなわちその者の社会生活上の諸問題を処理する拠点となる地をいう」という一般論に基づき，アメリカ合衆国海軍省極東管区海上輸送司令部（MSTS）に雇用されている軍隊上陸用舟艇（LST）の乗組員が「居住者」に当たるとしたもの（東京地判昭和56年3月23日判時1004号41頁，同旨の控訴審判決として東京高判昭和59年9月25日訟月31巻4号901頁）。所得税法2条1項3号にいう「住所」の意義につき当時の民法21条〔現在の22条〕にいう住所の意義（「各人の生活の本拠」）と同一に解した上で，兵庫県芦屋市に自宅を所有する実業家が「居住者」に当たるとしたもの（神戸地判昭和60年12月2日判タ614号58頁，同旨の控訴審判決として大阪高判昭和61年9月25日訟月33巻5号1297頁）。高知県室戸市に土地・建物を所有し同地に住民登録をしており，遠洋まぐろ漁船を運航する台湾の法人（ないし個人）に雇用され遠洋まぐろ漁船の乗組員としての給与を得ている者が「居住者」に当たるとしたもの（東京地判平成21年1月27日税資259号順号

11126)。

　株式譲渡に係る課税処分の是非が争われた事案において東京地判平成 19 年
9 月 14 日（判タ 1277 号 173 頁）は，直接には公職選挙法上の住所の意義に関す
る最高裁判例を参照し，「およそ法令において人の住所につき法律上の効果を
規定している場合，反対の解釈をなすべき特段の事由のない限り，その住所と
は各人の生活の本拠を指すものと解するを相当とする」（最判昭和 29 年 10 月 20
日民集 8 巻 10 号 1907 頁）という一般論が所得税法 2 条 1 項 3 号にいう「住所」
にも妥当するという。そして，住所の判断に際してはいわゆる客観主義に基づ
くべきであるとする。その上で，日本国内のマンションからシンガポール共和
国へと転出したと主張する経営コンサルタント（元弁護士，元会社役員）が日本
国内に住所を有していたとは認められないと判断した。これに対して課税庁は
控訴審段階でこの者が国内に現在まで引き続いて 1 年以上居所を有していたか
ら所得税法 2 条 1 項 3 号にいう「居住者」に当たるという予備的主張を行った
が，控訴審判決（東京高判平成 20 年 2 月 28 日判タ 1278 号 163 頁）はこの者が国内
に現在まで引き続いて 1 年以上居所を有していたとはいえないと判断した。

　なお，最判平成 23 年 2 月 18 日（判時 2111 号 3 頁〔百選 14，武富士事件〕⇨第 3
章第 1 節 **3(4)**，第 7 章第 1 節 **2**）においては，相続税法との関係での「住所」
の認定が行われた。最高裁は相続税法にいう「住所」につき民法や公職選挙法
にいう住所と同義と解した。しかし，少なくとも，1 年間の所得を対象とする
所得税と，基本的には一生に一度の財産移転を対象とする相続税（および贈与
税）とで，「住所」の意義は異なりうるとも考えられる。

　（c）　そもそも「法人」といえるか　　外国法人であるためには「法人」で
あることが前提となっているので，まず，そもそも法人であるかどうかが問題
となる。この点については，最判平成 27 年 7 月 17 日（民集 69 巻 5 号 1253 頁
〔百選 23〕）がある。日本の投資家が米国デラウェア州法に準拠したリミテッ
ド・パートナーシップを通じてカリフォルニア州所在の集合住宅に投資してい
たという事案において，日本の税法上，この投資家が（組合に関するパス・スル
ー課税により）自ら直接カリフォルニア州の集合住宅を購入しそこから所得を
得ていたと見るべきか，それとも，この投資家はデラウェア州の「法人」の持
分を有しているにすぎず，この「法人」が集合住宅の所有者であると見るべき
か，ということが問題になった（さらにこれら以外の見方も可能であるが，省略す

る）。前者の見方によれば，不動産賃貸事業からの計算上の損益が毎年直接投資家に帰属する（不動産所得の収入金額および必要経費となる）。後者の見方によれば，投資家は「法人」からの分配を受けた都度，出資した元本の払戻し以外の部分につき配当所得として課税を受けることになる。最高裁は，次のような一般論を述べた。「外国法に基づいて設立された組織体が所得税法2条1項7号等に定める外国法人に該当するか否かを判断するに当たっては，まず，……①当該組織体に係る設立根拠法令の規定の文言や法制の仕組みから，当該組織体が当該外国の法令において日本法上の法人に相当する法的地位を付与されていること又は付与されていないことが疑義のない程度に明白であるか否かを検討することとなり，これができない場合には，次に，……②当該組織体が権利義務の帰属主体であると認められるか否かを検討して判断すべきものであり，具体的には，当該組織体の設立根拠法令の規定の内容や趣旨等から，当該組織体が自ら法律行為の当事者となることができ，かつ，その法律効果が当該組織体に帰属すると認められるか否かという点を検討することとなるものと解される」。そして，②の基準に従って，デラウェア州法上のリミテッド・パートナーシップは「法人」に当たると判断した。

　(d)　内国法人と外国法人の区別　　内国法人と外国法人の区別について，日本の法人税法は本店所在地を基準としている。すなわち，法人税法2条3号によれば，「国内に本店又は主たる事務所を有する法人」が内国法人であり，それ以外の法人が外国法人である（法税2条4号）。

　日本法に基づいて法人を設立する場合，本店の所在地ないし主たる事務所の所在地において設立の登記をすることが必要である（会社49条，一般法人22条〔一般社団法人〕・163条〔一般財団法人〕）。日本の登記所は日本国内にしか存在しないので，日本法を準拠法として設立された法人は，法人税法との関係では内国法人となる。日本法以外を準拠法として設立された法人も，本店を日本国内におけば，内国法人となりうる。しかし，会社法はこのような法人を「擬似外国会社」として扱い，「日本において取引を継続してすることができない」とする（会社821条1項）。このため，日本法以外を設立準拠法とする内国法人を想定する必要はほとんどない。

　比較法的にみると，本店所在地・設立地といった国内法の規律を基準とする立法例と，事業活動の管理支配が行われている場所を基準とする立法例に分か

れている。前者の方が形式的な基準であるが，後者においても取締役会の開催地といった何らかの基準を設定せざるをえないため一定の操作可能性は残る。英連邦諸国では伝統的に後者の考え方によっていたが，1988 年以来，英国では前者の考え方をも併用している。

　(e)　複数の国で居住者・内国法人と扱われる問題　　居住者と非居住者，内国法人と外国法人を区分する基準が国によって異なるので，複数の国で居住者・内国法人と扱われる個人・法人が存在する可能性がある。租税条約が排除する国際的二重課税は居住地国による課税と源泉地国による課税の競合によって生じる二重課税である（⇨第 1 節 **3**(1)(2)）。このため，租税条約によっては，居住地国による課税が重複することによって生じる国際的二重課税は排除されない。そこで，租税条約に居住者を振り分けるルールが置かれることがある。国によっては国内法で，複数の国で居住者・内国法人と扱われる問題への手当てを行っている。近年では，むしろ，どの国でも居住者・内国法人として扱われないことの問題が注目を集めている。

　(f)　納税義務者の地位の変更　　居住者と非居住者，内国法人と外国法人とで，課税される所得の範囲が異なる。このため，納税義務者の地位の変更（居住者⇔非居住者，内国法人⇔外国法人）により，何らかの課税（ないし租税の還付）を行ったり，一定の租税属性（⇨第 4 章第 2 節 **3**(6)）についての評価を行ったりする必要が生じる。平成 27 年度税制改正では，一定額以上の有価証券等を保有する者が国外転出する場合に，みなし譲渡課税が行われることになった（所税 60 条の 2）。

(3)　租税条約における納税義務者の分類

　(a)　租税条約上の「居住者」　　租税条約における居住者・非居住者の概念は，国内法におけるそれらとは当然には一致しない。そもそも，租税条約においては個人に対する所得課税と法人に対する所得課税が一括して扱われているから，租税条約においては内国法人・外国法人という概念は登場しない。個人も法人も，どちらかの締約国の**居住者**（resident of a Contracting State）であるか，どちらの居住者でもないか，そのいずれかである。

　租税条約上の「居住者」は，次のように定義されている。たとえば，日米租税条約 4 条 1 項柱書によれば「『一方の締約国の居住者』とは，当該一方の締

約国の法令の下において，住所，居所，市民権，本店又は主たる事務所の所在地，法人の設立場所その他これらに類する基準により当該一方の締約国において課税を受けるべきものとされる者」をいう。前述のとおり（⇨第1節 **2(1)**），現在広く受け入れられている国際課税に関する考え方によれば，課税管轄権を及ぼす基準としては所得の源泉地と納税義務者の居住地の二つしかない。このことを踏まえると，住所等の基準により課税を受けるべきものとされるというのは，やや同語反復的であるが，一方締約国が（所得の源泉地国としてではなく）居住地としての資格で課税管轄権を及ぼしているということ（納税義務者から見れば，無制限納税義務を負うこと）を意味しており，実際に租税債務が発生しているかどうかは問わないと考えるべきであろう。

　(b)　多様なエンティティの扱い　　私法上は権利義務の主体であるにもかかわらず，所得課税については納税義務の主体として扱われず，代わりにその equity holders（以下，「構成員」という）が納税義務者とされることがある。たとえば，日本の民法上の組合（民 667 条以下）は，私法上は権利義務の主体であると言ってもよいにもかかわらず，それ自体は法人税の納税義務者ではない。そして，組合の「所得」はその持分に応じて組合員に配賦される。

　このようにどのレベルの法主体が納税義務者と判定されるかにつき複数の可能性がある場合には，居住地国が自国の税法上の基準に基づいて納税義務者を判別してしまうと，国際的二重課税の排除がうまくできない可能性がある。すなわち，居住地国において納税義務者であるエンティティ A に対して外国税額控除の資格を与えても，源泉地国においては A ではなくその構成員である a を納税義務者として課税が行われている場合には，A と a に関する国際的二重課税は排除できない。そこで，租税条約において，所得の源泉地国における納税義務者（この例では a）を居住地国においても納税義務者として扱うこととされていることがある。最近，以上のような国際的二重課税よりも，むしろ，同じ仕組みを納税者がうまく利用することによって生じる国際的な課税の空白の方が，注目を集めている（ハイブリッド・ミスマッチ・アレンジメントと呼ばれる）。

2　申告・納付の対象となる所得の範囲とその計算

（1）「恒久的施設」とは何か

（a）「恒久的施設」概念の起源　　20世紀の最初の四半世紀において，所得課税を導入した諸国は自国に進出してきた非居住者・外国法人に対しても課税を行っていた。当時の所得課税の主流は分類所得税（所得をその種類・源泉ごとに別々に課税する方式）であり，事業（ないし営業）に対する課税は自国の企業に対しても外国の企業に対しても等しく行われた。ところが，諸国の所得課税が総合所得税（ある納税義務者の一定期間の所得というものを把握し，これに対して課税する方式）に近づいてきて，それにより事業に対する課税ではなく個人ないし法人に対する課税として認識されるにつれて，非居住者・外国法人に対していかなる場合にいかなる範囲の所得について源泉地国が課税を行うことができるのかはっきり決める必要が生じた。

1920年代に始まり1940年代のモデル租税条約草案に至る国際連盟における議論は，このために行われた。その際に指導原理とされたのが，外国人・外国法人を自国の個人・法人より不利に取り扱わないという内国民待遇の考え方であった。そして，具体的には，（従来，分類所得税の対象となっていた事業に該当するような）一定の水準を超える活動をしている場合にのみ，またそこから生じる所得に限って，源泉地国は（源泉地国としての資格で）課税を行うことができる，という結論が示された。

さらに，一定の水準を超える活動の意義について，各国の国内法の「事業」概念に委ねるのではなく，モデル租税条約において明確化が図られた。そこで各国の国内法の「事業」に代わって用いられる概念が「**恒久的施設**」である。OECD モデル租税条約5条が，現時点において標準的な恒久的施設の定義を示している。

現在の日本法では，外国法人の総合課税の対象となる所得の範囲が「恒久的施設」（所税2条1項8号の4，法税2条12号の19）に帰属する所得へと限定されている。それ以外の所得については，グロスの額に対する源泉徴収で課税が終了する。恒久的施設の範囲については，所得税法施行令1条の2および法人税法施行令4条の4が，詳細に定めている。平成30年度税制改正に伴い，恒久的施設の認定は国内で行われている経済活動の重要性を実質的に判断して行わ

れることが，規定の上でも明確にされた。

　(b)　支店 PE　　以下，国内法における恒久的施設（PE）の内容を紹介する。所得税法 2 条 1 項 8 号の 4 イ・法人税法 2 条 12 号の 19 イは，「支店，工場その他事業を行う一定の場所で政令で定めるもの」を掲げている。これを本書では「支店 PE」と呼ぶことにする。支店 PE の内容は，所得税法施行令 1 条の 2 第 1 項および法人税法施行令 4 条の 4 第 1 項に規定されている。

　すなわち，第一に国内にある「事業の管理を行う場所，支店，事務所，工場又は作業場」，第二に国内にある「鉱山，石油又は天然ガスの坑井，採石場その他の天然資源を採取する場所」，第三に国内にある「その他事業を行う一定の場所」が恒久的施設に当たる（所税令 1 条の 2 第 1 項，法税令 4 条の 4 第 1 項）。所得税法施行令 1 条の 2 第 4 項〜6 項および法人税法施行令 4 条の 4 第 4 項〜6 項（いずれも，平成 30 年度税制改正により従来よりもかなり詳細に規定された）が，上記の原則に対する例外およびその例外を定めている。

　近年，支店 PE に該当するか否かが問題となる事例がしばしば見られる。厳密にいうと租税条約に関する事案であるが，ここで紹介することにしよう。

　日本ガイダント事件（東京高判平成 19 年 6 月 28 日判時 1985 号 23 頁〔原審：東京地判平成 17 年 9 月 30 日判時 1985 号 40 頁〕）においては，内国法人である日本ガイダント株式会社と外国法人（オランダ法人）である X との間で日本の商法に基づく匿名組合契約が締結され，それに基づいて日本ガイダントから X に対して 45 億 2000 万円余が支払われた。Y（麻布税務署長）はこの金員が，X がその日本国内に有する恒久的施設を通じて得た法人税法 138 条 1 号に規定する国内源泉所得（かつ，日蘭租税条約 8 条 1 項にいう「企業の利得」）に当たるとして，X に対して各事業年度の法人税の決定を行った。

　訴訟での争点は多岐にわたるが，恒久的施設に関しては，本件契約が本当に匿名組合契約か，また，匿名組合契約であるとしても「非典型匿名組合契約」として日本に恒久的施設があるとされるか，といった点が争われた。本件契約がたとえば日本の民法上の組合であると認定されると，組合についてはパス・スルー課税が行われているため，組合員が事業活動の行われている場所（日本）に恒久的施設を有すると認定されることになる。これに対して，長年にわたり課税実務において通用してきた理解によれば，匿名組合契約に基づく分配金は日蘭租税条約 23 条（当時）の「その他所得」とされ，所得の源泉地国で

ある日本の課税権は全く及ばない。このため，Y は X が日本国内に恒久的施設を有し自ら事業活動を行っていると主張したのである。判決は，結論として，X は日本に恒久的施設を有しないと判断した。

東京高判平成 28 年 1 月 28 日（訟月 63 巻 4 号 1211 頁〔百選 72〕。同旨の原審判決として，東京地判平成 27 年 5 月 28 日税資 265 号順号 12672）では，米国から国内に輸入した自動車用品を専ら日本国内の顧客に対してインターネットを通じて販売する事業を営んでいた非居住者が，日本国内のアパートおよび倉庫を本件販売事業の用に供していた。このアパート等が日米租税条約 5 条にいう「恒久的施設」に該当するかどうかが争点の一つとなった。とりわけ，納税者は，「企業に属する物品又は商品の保管，展示又は引渡しのためにのみ施設を使用すること」は「恒久的施設」には含まれないという 5 条 4 項(a)号該当性を主張した。裁判所は，同号に該当するためには当該場所での活動が準備的または補助的な性格であることを要すると解釈した上で，本件のアパート等は同号に該当せず，「恒久的施設」に当たると結論づけた。

（c）建設作業 PE　「非居住者又は外国法人の国内にある建設若しくは据付けの工事又はこれらの指揮監督の役務の提供を行う場所その他これに準ずるものとして政令で定めるもの」（所税 2 条 1 項 8 号の 4 ロ，法税 2 条 12 号の 19 ロ）は，恒久的施設である（「建設作業 PE」その範囲の詳細については，所税令 1 条の 2 第 2 項・3 項・6 項および法税令 4 条の 4 第 2 項・3 項・6 項）。

（d）代理人 PE　非居住者または外国法人が「国内に置く自己のために契約を締結する権限のある者その他これに準ずる者で政令で定めるもの」を有する場合，その非居住者または外国法人は国内に恒久的施設を有するとされる（代理人 PE。所税 2 条 1 項 8 号の 4 ハ，法税 2 条 12 号の 19 ハ）。非居住者・外国法人が代理人との間で何らかの法律関係に立ち，当該代理人が実際に日本国内で非居住者・外国法人のために一定の経済活動を行っている場合に，当該代理人が非居住者・外国法人の恒久的施設とみなされるのである。ここで，「代理」という言葉が使われているが，沿革からして，（日本の民法を含む）大陸法系の代理概念ではなく，英米法の agent 概念が参照されるべきであろう。所得税法施行令 1 条の 2 第 7 項・法人税法施行令 4 条の 4 第 7 項は，非居住者・外国法人に代わって反復的に契約を締結または契約の締結のために主要な役割を果たす者も代理人 PE となることを定めている。また，非居住者・外国法人の

ためにその事業に係る業務を非居住者・外国法人に対し独立して，かつ，通常
の方法により行う者（独立代理人）は，一定の例外を除いて，代理人 PE に当
たらない（所税令 1 条の 2 第 8 項，法税令 4 条の 4 第 8 項。例外についてはこれらの
規定の但書を参照）。

　（e）　租税条約における恒久的施設の定義　　租税条約における恒久的施設
の範囲は，国内法におけるそれと異なる場合がある。この点について，所得税
法 2 条 1 項 8 号の 4 柱書の但書および法人税法 2 条 12 号の 19 柱書の但書（い
ずれも，平成 30 年度税制改正により追加）は，条約の適用がある非居住者・外国
法人との関係では租税条約上の恒久的施設の定義が国内法上の恒久的施設の定
義になると定めた。国内法の同じ文言の意義がいわば属人的に異なるというこ
とになる。

（2）　ソース・ルールの意義と機能

　（a）　ソース・ルールをめぐる日本法の変遷　　所得税法 161 条 1 項・法人
税法 138 条 1 項は，国内源泉所得の範囲を定めている。これらのような国内源
泉所得の範囲に関する定めのことを，「**ソース・ルール**（source rules）」と呼ぶ。
ソース・ルールにおいては，所得の種類ごとに，いかなる場合に国内源泉所得
となるかが明らかにされている。

　ソース・ルールは，二つの機能を果たしている。第一に，非居住者・外国法
人の（所得税・法人税の）納税義務の対象となる所得の範囲を定めている。第二
に，非居住者・外国法人の源泉徴収所得税の納税義務の対象となる所得の範囲
を定めている。

　（b）　ソース・ルールの三つのカテゴリー　　所得税法 161 条 1 項・法人税
法 138 条 1 項が列挙する所得の種類は，その課税方式によって以下の三つのカ
テゴリーに分けられる（所税 164 条，法税 141 条）。なお，第一のカテゴリーと
第二のカテゴリーが重なることはないが，前二者と第三のカテゴリーが重なる
ことはありうる。重なる場合には，まず，第三のカテゴリーについての課税方
式である所得税の源泉徴収が行われた後，外国法人によって申告・納付が行わ
れることになる。

　第一は，所得税法 161 条 1 項 1 号・法人税法 138 条 1 項 1 号が定める「**恒久
的施設帰属所得**」である（⇨(3)）。これについては，所得税法 164 条 1 項 1 号

イ・法人税法 141 条 1 号イに基づいて，恒久的施設を有する非居住者・外国法人が，その純額を課税標準として（所税 165 条，法税 142 条），申告・納付義務を負う（所税 166 条，法税 144 条の 6）。

　第二は，所得税法 161 条 1 項 2 号・3 号・5 号〜7 号・17 号，法人税法 138 条 1 項 2 号〜6 号が定めているもの（ただし，「恒久的施設帰属所得」に該当しないものに限る）であって，恒久的施設帰属所得とは別に申告・納付されるべき国内源泉所得である（⇨(4)）。これらについては，所得税法 164 条 1 項 1 号ロ・法人税法 141 条 1 号ロおよび所得税法 164 条 1 項 2 号・法人税法 141 条 2 号に基づいて，恒久的施設を有する非居住者・外国法人および恒久的施設を有しない非居住者・外国法人が，（恒久的施設を有する非居住者・外国法人の場合は「恒久的施設帰属所得」とは区別して）その純額を課税標準として（所税 165 条，法税 142 条），申告・納付義務を負う（所税 166 条，法税 144 条の 6）。

　第三は，所得税の源泉徴収の対象となる国内源泉所得である（⇨**3(2)**）。非居住者については，所得税法 161 条 1 項 8 号〜16 号がこれに該当する（ただし，「恒久的施設帰属所得」に該当しないものに限る。所税 164 条 2 項 1 号・2 号）。これらについては，所得税法 169 条以下に基づいて，非居住者は他の所得（すなわち，上記の第一・第二のカテゴリーの国内源泉所得）とは区分された納税義務を負う（分離課税）。そして，所得税法 212 条 1 項により，源泉徴収の方法で課税が行われる。外国法人については，所得税法 161 条 1 項 4 号〜11 号および 13 号〜16 号がこれに該当する（所税 178 条）。これらについては，所得税法 178 条に基づいて，外国法人が納税義務を負う。そして，所得税法 212 条 3 項により，源泉徴収の方法で課税が行われる。

(3)　「恒久的施設帰属所得」

　(a)　「恒久的施設帰属所得」の意義　　法人税法 138 条 1 項 1 号は，「外国法人が恒久的施設を通じて事業を行う場合において，当該恒久的施設が当該外国法人から独立して事業を行う事業者であるとしたならば，当該恒久的施設が果たす機能，当該恒久的施設において使用する資産，当該恒久的施設と当該外国法人の本店等（当該外国法人の本店，支店，工場その他これらに準ずるものとして政令で定めるものであつて当該恒久的施設以外のものをいう。……）との間の内部取引その他の状況を勘案して，当該恒久的施設に帰せられるべき所

得（当該恒久的施設の譲渡により生ずる所得を含む。）」を国内源泉所得の類型
の一つとしている。

　また，所得税法 161 条 1 項 1 号は，「非居住者が恒久的施設を通じて事業を
行う場合において，当該恒久的施設が当該非居住者から独立して事業を行う事
業者であるとしたならば，当該恒久的施設が果たす機能，当該恒久的施設にお
いて使用する資産，当該恒久的施設と当該非居住者の事業場等（当該非居住者
の事業に係る事業場その他これに準ずるものとして政令で定めるものであつて
当該恒久的施設以外のものをいう。……）との間の内部取引その他の状況を勘
案して，当該恒久的施設に帰せられるべき所得（当該恒久的施設の譲渡により
生ずる所得を含む。）」を国内源泉所得の類型の一つとしている。

　恒久的施設帰属所得に係る所得の金額を算定するためには，以下の三段階を
踏んで考えるとよい。第一に，非居住者・外国法人が外部との取引を通じて実
現した損益の額のうち恒久的施設に帰属するものを確定する。第二に，恒久的
施設が本店等との間の「内部取引」を通じて実現したとみなされる損益の額を
確定する。第三に，恒久的施設に帰属する資産についての減価償却費の計上等
の，恒久的施設内部の「計算」を行う。

　平成 26 年度税制改正により追加された所得税法 166 条の 2 および法人税法
146 条の 2 は，恒久的施設帰属所得について，外部との取引（それぞれの第 1
項）および「内部取引」につき，これらの取引ないし事実に係る明細を記載し
た書類の作成（「文書化」）を義務づけている（⇨第 4 節 **2**(6)(a)）。文書化の導
入は，これらの取引ないし事実について，争訟の際に，その真の性質が何であ
るかが探求されるというよりも，むしろ，納税義務者によるこれらについての
性質決定が首尾一貫しているかどうかが重視されることを含意している。

　(b)　**恒久的施設帰属外部取引からの損益の額**　外国法人の恒久的施設帰
属所得に係る所得の金額の計算に際して，収益，費用および損失の額は，恒久
的施設を通じて行う事業に係るものに限られる（法税令 184 条 1 項 1 号）。すな
わち，当該外国法人が私法上の取引（たとえば，棚卸資産の売買）を行った結果
として計上される収益およびそれに対応する費用（売上原価等）は，当該取引
が恒久的施設に帰属すると判断される限りにおいて，恒久的施設に帰属する。
損失の額の計上についても，喪失した資産等が恒久的施設に帰属していたこと
が要件となる。これに対して，販売費，一般管理費その他の費用（法税 22 条 3

項 2 号参照）については，特定の収益との対応関係が見いだせないため，何らかの定式を用いて恒久的施設への配賦額を決定せざるを得ない（法税 142 条 3 項 2 号，法税令 184 条 2 項）。

(c)　本店等との「内部取引」を通じて実現したとみなされる損益の額

恒久的施設が**「本店等」**との間での**「内部取引」**（所税 161 条 1 項 1 号および法税 138 条 1 項 1 号。その意義につき，所税 161 条 2 項および法税 138 条 2 項参照。私法上の取引ではないことに注意）を通じて実現したと「みなされる」収益およびそれに対応する費用が，恒久的施設帰属所得に係る所得の金額に算入される。これは，恒久的施設を有する非居住者・外国法人に対する所得課税を，恒久的施設に帰属する所得の限りで，居住者・内国法人に対する所得課税と同様の課税方式で行おうという趣旨に基づくものである（2010 年の OECD モデル租税条約 7 条の改正が，このような考え方が国際的な潮流であることを示している）。未実現であっても本支店間の内部取引を認識しそれに対応する収益および費用を擬制することで，親子会社間取引（これは私法上の取引である）を通じて実現する収益およびそれに対応する費用との課税上の扱いが揃うというわけである。

(d)　恒久的施設内部の「計算」　最後に，恒久的施設に帰属する減価償却資産・繰延資産の償却費の計算等が「恒久的施設帰属所得に係る所得の金額」の算定の一環として行われる。

(4)　申告・納付の対象となるその他の国内源泉所得

(a)　国内にある資産の運用または保有により生ずる所得　「恒久的施設帰属所得」以外で申告・納付の対象となる国内源泉所得の第一のカテゴリーは，国内にある資産の運用または保有により生ずる所得である（所税 161 条 1 項 2 号，法税 138 条 1 項 2 号）。そこには，以下のような資産の運用，保有により生ずる所得が含まれる（法税令 177 条）。①公社債（所税 2 条 1 項 9 号）のうち日本国の国債・地方債・内国法人の発行する債券，または内国法人の発行するコマーシャル・ペーパー（金商 2 条 1 項 15 号），②居住者に対する貸付金に係る債権で当該居住者の行う業務に係るもの以外のもの，③国内にある営業所または国内において契約の締結の代理をする者を通じて締結した生命保険契約等に基づく保険金の支払いまたは剰余金の分配を受ける権利。

(b)　国内にある資産の譲渡により生ずる所得　第二のカテゴリーは，国

内にある資産の譲渡により生ずる所得として政令で定めるもの（所税161条1項3号，法税138条1項3号）である。法人税法施行令178条1項は，国内にある資産の譲渡により生ずる所得の基因となる資産を限定列挙している。

　なお，国内にある資産の譲渡により生ずる所得のうち，不動産譲渡の対価については特別に源泉徴収の対象とされている（所税161条1項5号）。

　（c）　人的役務の提供に係る対価　　第三のカテゴリーは，国内において人的役務の提供を主たる内容とする事業で政令で定めるものを行う者が受ける当該人的役務の提供に係る対価である（所税161条1項6号，法税138条1項4号）。たとえば，俳優や音楽家，弁護士の行う役務の提供を主たる内容とする事業が，ここでいう事業に当たる（法税令179条）。

　なお，このカテゴリーと次のカテゴリーの所得は，所得税法に基づいて源泉徴収の対象となった後，非居住者・外国法人による申告・納付の対象となる（源泉徴収された所得税額の控除については，所税166条が参照する同120条1項5号，法税144条が参照する同68条参照）。

　（d）　国内不動産等の貸付けによる対価　　第四のカテゴリーとして，所得税法161条1項7号・法人税法138条1項5号は，①国内にある不動産等の貸付けの対価，および②居住者・内国法人に対する船舶・航空機の貸付けによる対価，という二つの異なる性質のものをまとめて国内源泉所得として規定している。

　（e）　その他の国内源泉所得　　第五のカテゴリーは，「前各号に掲げるもののほかその源泉が国内にある所得として政令で定めるもの」である（所税161条1項17号，法税138条1項6号）。法人税法施行令180条は，国内において行う業務または国内にある資産に関し受ける保険金，補償金または損害賠償金に係る所得（1号），国内にある資産の贈与を受けたことによる所得（2号）等を掲げている。

3　源泉徴収の対象となる所得の範囲とその計算

（1）　所得税法による源泉徴収

　非居住者・外国法人の国内源泉所得のうち源泉徴収の対象となるものの範囲は，所得税法161条1項4号以下が定めている（所税212条1項）。このうち，

人的役務の提供に係る対価（6号）と国内不動産等の貸付けによる対価（7号）については既に紹介した。これから見ていく国内源泉所得のうち，最初の二つ（4号と5号）においては源泉徴収の後，非居住者・外国法人による申告・納付が予定されている。これに対して，8号以下の国内源泉所得については，所得税の源泉徴収をもって課税関係が終了する。

　ただし，源泉徴収の対象となる国内源泉所得のうち，重ねて恒久的施設帰属所得に該当するものは，非居住者・外国法人による申告・納付の対象となる。そこで，源泉徴収に加えて申告・納付を行うという二度手間を回避するために，所得税法180条は，一定の所得を源泉徴収の対象から除外している。

（2）　源泉徴収の対象となる国内源泉所得

　（a）　組合契約等に基づいて行う事業から生ずる利益で配分を受けるもの

　所得税法161条1項4号は，恒久的施設帰属所得（所税161条1項1号，法税138条1項1号）に含まれる，国内において民法上の組合契約等（所税令281条の2第1項参照）に基づいて行う事業から生ずる利益で当該組合契約に基づいて配分を受けるもののうち一定のもの（所税令281条の2第2項参照）を源泉徴収の対象としている。

　（b）　国内にある土地等の譲渡の対価　　所得税法161条1項5号は，国内にある資産の譲渡により生ずる所得として政令で定めるもの（所税161条1項3号，法税138条1項3号）のうち，国内にある土地等の譲渡の対価（ただし，所税令281条の3で定めるものを除く）について，源泉徴収の対象とする。非居住者から土地等を購入した場合には，この規定に基づいて源泉徴収義務が生じることがあるので注意が必要である（東京地判平成23年3月4日税資261号順号11635〔百選6版68〕。東京高判平成23年8月3日税資261号順号11727で維持〕参照）。

　（c）　債券・預貯金の利子等　　所得税法23条1項（利子所得）の規定する利子等のうち，①日本国の国債もしくは地方債または内国法人の発行する債券の利子，②外国法人の発行する債券の利子のうち当該外国法人の恒久的施設を通じて行う事業に係るもの，③国内にある営業所等に預け入れられた預貯金の利子，④国内にある営業所に信託された合同運用信託，公社債投資信託または公募公社債等運用投資信託の収益の分配は，所得税法161条1項8号により国内源泉所得とされ，源泉徴収の対象となる。

　(d)　配当等　①内国法人から受ける所得税法 24 条 1 項 (配当所得) に規定する剰余金の配当等，②国内にある営業所に信託された投資信託 (公社債投資信託および公募公社債等運用投資信託を除く) または特定受益証券発行信託の収益の分配は，所得税法 161 条 1 項 9 号により国内源泉所得とされ，源泉徴収の対象となる。

　(e)　貸付金の利子　所得税法 161 条 1 項 10 号は，「国内において業務を行う者に対する貸付金 (これに準ずるものを含む。) で当該業務に係るものの利子 (政令で定める利子を除き，債券の買戻又は売戻条件付売買取引として政令で定めるものから生ずる差益として政令で定めるものを含む。)」を国内源泉所得とし，源泉徴収の対象としている。

　ここにいう貸付金の利子の典型は，営利を目的として行われる金銭消費貸借契約に基づいて支払われる利子である。しかし，161 条 1 項 10 号は，①「これに準ずるもの」を含め，②「政令で定める利子」を除き，③一定の「政令で定めるものを含む」としている。

　まず，①「これに準ずるもの」とは，民法 588 条にいう準消費貸借のように消費貸借契約と同視できるような法律関係が存在する場合の目的物を指すものと考えられる。もっとも，いかなる場合に「これに準ずるもの」に該当するかは，必ずしも明らかでない。裁判例としては次のようなものがある。まず，上記③の規定が導入される前において，レポ取引におけるレポ差額が「貸付金 (これに準ずるものを含む。)」に該当するかということが問題となった事案がある (東京高判平成 20 年 3 月 12 日金判 1290 号 32 頁〔原審：東京地判平成 19 年 4 月 17 日判時 1986 号 23 頁〕)。裁判所は，レポ取引を構成するスタート取引とエンド取引がそれぞれ独立した二つの債券の売買取引であると認定した上で，レポ差額は「貸付金 (これに準ずるものを含む。)」に当たらないと判断した。ほかにも，大阪高判平成 21 年 4 月 24 日 (税資 259 号順号 11188〔原審：大阪地判平成 20 年 7 月 24 日判タ 1295 号 216 頁〕) においては，造船契約の解除に伴い，外国法人から前払いを受けていた金銭 (受領済みの分割払金) に約定に基づく金員を付して返還したという事案において，この金員が「貸付金 (これに準ずるものを含む。)」の「利子」に該当するか否かが争点となった。裁判所は，受領済みの分割払金は「貸付金 (これに準ずるものを含む。)」に該当しないと判断した。

　次に，②「政令で定める利子」が除かれているが，これは商取引またはその

決済に伴う短期の信用供与に際して源泉徴収を行うことが現実的でないためである（所税令283条1項参照）。

　最後に，③としては，レポ取引と称される取引のうち「債券現先取引」として定義される取引が含められている（所税令283条3項・4項参照）。

　（f）　工業所有権等・著作権の使用料またはその譲渡による対価　　国内において業務を行う者から受ける工業所有権等・著作権（以下，「知的財産権等」と呼ぶ）の使用料またはその譲渡による対価および機械・装置等の用具の使用料（所税令284条参照）で当該業務に係るものは所得税法161条1項11号によって国内源泉所得とされ，源泉徴収の対象となる。このように，所得税法161条1項11号は使用料の源泉地を知的財産権等の使用地にあるとしている（**使用地主義**）。しかし，先進国の締結している租税条約においては，使用料（royalties）の源泉地は知的財産権等を有している者の居住地にあるとされていることが多い（**債務者主義**。たとえば，OECDモデル租税条約12条1項，日米租税条約12条1項参照）。

　知的財産権等の使用料またはその譲渡による対価については，多数の裁判例が存在する。東京地判昭和60年5月13日（判タ577号79頁〔ジョン・イー・ミッチェル事件〕）においては，コンプレッサーの製造技術に関する特許権を有していた外国法人が，「本特許に基づき，世界のいかなる場所においてもコンプレッサーを製造し，使用し，販売する独占的なライセンス（サブライセンスを与える権利を含む）を与える」という内容の契約を内国法人と締結した。外国法人自らが源泉徴収された税額を誤納金であるとして国に対して返還を請求した訴訟において，この契約に基づいて内国法人から外国法人に対して支払われた「ロイヤリティ」が国内源泉所得であるかどうかが争点となった。裁判所は，一般に特許権の使用段階として最も重要なのは製品の製造段階であるとした上で，「本件契約におけるロイヤリティは，販売段階における特許の使用に着目して支払われるのではなく，特許の根源的使用である生産（製造）段階における使用に着目して支払われるもの」と認定し，本件において内国法人から外国法人に対して支払われたロイヤリティの全額が，日本国内において本件特許権が使用されたことの対価として国内源泉所得となると結論づけた。

　次に，最判平成16年6月24日（判時1872号46頁〔百選71，シルバー精工事件。原審：東京高判平成10年12月15日判タ1061号134頁，第一審：東京地判平成4年10

月27日行集43巻10号1336頁〕）は，次のような事案であった。内国法人が，外
国法人（米国法人）との間の米国特許権に関する紛争を解決してその製造する
製品を引き続き米国に輸出することを可能にするためにこの外国法人と和解契
約を締結した。この和解契約に基づいて，内国法人は外国法人に対して，過去
の米国特許権に対応するロイヤリティの支払いおよび今後の特許権許諾の対価
としてのロイヤリティの前払いを行った（これらを合わせて「本件各金員」とい
う）。このような事実認定に基づいて，上告審判決は「本件各金員は，米国内
における本件装置の販売等に係る本件米国特許権の使用料に当たるものであり，
被上告人〔内国法人〕の日本国内における業務に関して支払われたものという
ことはできない。そうすると，本件各金員は，所得税法161条7号イ〔現在の
所税161条1項11号イ〕所定の国内源泉所得に当たる使用料ではないというべ
きであるから，……〔外国法人〕には本件各金員に係る所得税の納付義務はな
く，したがって，被上告人には当該所得税の徴収納付義務はない」と判断した。

　著作権の使用料（所税161条1項11号ロ）に関する事案としては，東京高判
平成9年9月25日（判時1631号118頁〔テレプランニング事件。原審：東京地判平
成6年3月30日行集45巻3号931頁〕）がある。その事案は次のようなものであ
った。内国法人が，国外で開催されるスポーツ競技の主催団体等である複数の
外国法人（米国法人）からその「テレビ放映権」の許諾を受け，この放映権を
国内の放送事業者に譲渡する業務等を行っていた。この内国法人がこれらの外
国法人に対して「放映権料」として支払った金員が，当時の所得税法161条7
号ロ（現在の所得税法161条1項11号ロ）にいう著作権等の使用料に当たるかど
うかが問題となった。控訴審判決は，「本件におけるスポーツ競技を収録した
ビデオテープ及び生放送のための影像は，いずれも映画の著作物に当たり，放
映権料としての支払のうち右影像等を使用して日本でテレビ放送することに対
応する部分は，所得税法161条7号ロ〔現在の所得税法161条1項11号ロ〕に規
定する著作権等の使用料及び日米租税条約14条(3)(a)に定める著作権等の使
用の対価に該当すると解すべきである」と判示した。

　（g）　給与・報酬または年金　　所得税法161条1項12号は，国内におい
て行う勤務その他の人的役務の提供に基因する給与等の報酬，一定の公的年金
について，国内源泉所得として源泉徴収の対象としている（詳しくは，所税令
285条参照）。なお，人的役務の提供を行いうるのは個人に限られると考えられ

ているため，外国法人が 12 号に基づいて納税義務を負うことはない（所税 178 条で 12 号が除外されていることを確認せよ）。

　この規定が問題となった事例として，東京地判平成 22 年 2 月 12 日（税資 260 号順号 11378）がある。この事件では，内国法人が所有し運航する船舶に乗船している外国人漁船員の配乗等に関する業務を行った法人に対して内国法人の支払った金員の一部が本号（当時は平成 26 年度改正前のため 8 号）イに規定する国内源泉所得に該当するかどうかが争点の一つとなった。裁判所は，内国法人と外国人漁船員との間に雇用関係が存在していたと認定し，上記金員は国内源泉所得に当たるとした。

　（h）　広告宣伝のための賞金　　国内において行う事業の広告宣伝のための賞金として政令で定めるものは，所得税法 161 条 1 項 13 号により国内源泉所得とされ，源泉徴収の対象となる（所税令 286 条参照）。

　（i）　生命保険契約に基づく年金等　　国内にある営業所または国内において契約の締結の代理をする者を通じて締結した生命保険契約・損害保険契約等に基づいて受ける年金は，所得税法 161 条 1 項 14 号により国内源泉所得とされ，源泉徴収の対象となる（所税令 287 条参照）。

　（j）　金融類似商品の差益　　昭和 62 年度税制改正において，内国法人について一定の金融類似商品の差益が課税の対象とされたことと平仄を合わせるために，非居住者・外国法人の受ける一定の金融類似商品の差益が国内源泉所得として源泉徴収の対象となった（所税 161 条 1 項 15 号）。

　（k）　匿名組合契約に基づいて受ける利益の分配　　国内において事業を行う者に対する出資につき，匿名組合契約（これに準ずる契約として政令で定めるものを含む）に基づいて受ける利益の分配は，所得税法 161 条 1 項 16 号により国内源泉所得として源泉徴収の対象となる。かつては，匿名組合員の人数が 10 人以上の場合に限り源泉徴収の対象とされていたが，平成 14 年度税制改正においてこの限定が外された（所税令 288 条参照）。

（3）　租税条約とソース・ルール

　前述のように租税条約は国内法に優先するが（⇨第 1 節 **3(5)**），ソース・ルールについても租税条約が国内法を修正している場合がある。厳密に言うと，二つのパターンがある。第一に，所得の種類について，租税条約が国内法と異

なる切り分け方を採用している場合がある。第二に，所得の種類についての切り分け方は同じであるが，源泉地の判定基準が異なる場合がある。いずれについても，所得税法162条・法人税法139条が，租税条約の適用がある場合について，国内法（所税161条，法税138条）のソース・ルールを租税条約の規定に合わせて修正している。

4　課税される所得の範囲・課税方式についてのまとめ

（1）　はじめに

納税義務者の属性によって，課税される所得の範囲と課税方式が異なる。以下，納税義務者の属性ごとにその課税される所得の範囲と課税方式を説明するが，その際に次の二点を頭に入れておきたい。

第一に，源泉徴収についての規定は所得税法にのみ存在し，源泉徴収という課税方式で課される租税としての所得税の納税義務者には自然人のみならず法人も含まれる。

第二に，源泉徴収の果たす機能は納税義務者が申告・納付義務を負うか否かによって異なる。すなわち，申告・納付を行う納税義務者にとっては源泉徴収された所得税は申告・納付の対象となる所得税ないし法人税の税額から差し引かれるから，源泉徴収所得税は所得税ないし法人税の前どりとしての機能を果たす。これに対して，申告・納付を行わない納税義務者にとっては源泉徴収所得税をもって課税関係が終了する。

（2）　居住者・内国法人の場合

非居住者・外国法人の課税所得の範囲・課税方式を説明する前提として，居住者・内国法人の課税所得の範囲と課税方式を確認しておこう。

（a）　居住者　まず，個人については，課税される所得の範囲がもっとも広いのが（非永住者〔所税2条1項4号〕以外の）居住者で，すべての所得が課税の対象となる（所税5条1項・7条1項1号）。非永住者については，国内源泉所得およびそれ以外の所得で国内において支払われ，または国外から送金されたものが課税所得となる（所税7条1項2号）。

居住者に対して一定の支払いがなされる際に源泉徴収が行われることがある

が（所税 181 条〔利子・配当〕・183 条〔給与等〕・199 条〔退職手当等〕・203 条の 2〔公的年金等〕・204 条〔報酬・料金等〕・207 条〔生命保険契約等に基づく年金〕・209 条の 2〔金融類似商品による利益等〕・210 条〔匿名組合契約等の利益の分配〕），確定申告による納付の際には源泉徴収税額が控除される（128 条かっこ書，120 条 1 項 5 号参照。なお，還付につき 138 条参照）。

　なお，一定の場合には源泉徴収が免除されることになっている（所税 184 条・200 条・203 条の 7・206 条・209 条参照）。

　（b）　内国法人　　内国法人は，その各事業年度のすべての所得が法人税の課税の対象となる（法税 4 条 1 項・5 条）。内国法人は所得税法 174 条各号に掲げるものについて所得税の納税義務を負うが（所税 5 条 3 項・7 条 1 項 4 号も参照），この納税義務は同法 212 条 3 項の定める源泉徴収義務と完全に重なる。つまり，内国法人に対して所得税法 174 条各号所定の支払いを行う者が源泉徴収義務を負い，内国法人自体が所得税の申告・納付を行う必要はない。そして，各事業年度の所得に対する法人税の計算において，源泉徴収された所得税額は税額控除される（法税 68 条 1 項）。

（3）　非居住者・外国法人の場合

　非居住者・外国法人の課税所得の範囲・課税方式は次のとおりである。

　（a）　国内に恒久的施設を有する非居住者　　まず，国内に恒久的施設を有する非居住者については，恒久的施設帰属所得（所税 164 条 1 項 1 号イ）およびそれ以外の一定の国内源泉所得（164 条 1 項 1 号ロ）については居住者と同様の課税所得算定方法（総合課税）によって計算した金額が（165 条），それ以外の国内源泉所得（164 条 2 項 1 号）については「支払を受けた額」を基礎として計算した額が（169 条），それぞれ課税の対象となる（5 条 2 項 1 号・7 条 1 項 3 号も参照）。

　そして，所得税法 212 条 1 項は「非居住者に対し国内において第 161 条第 1 項第 4 号から第 16 号まで……に掲げる国内源泉所得……の支払をする者……は，その支払の際，これらの国内源泉所得について所得税を徴収し，その徴収の日の属する月の翌月 10 日までに，これを国に納付しなければならない」と定めているから，4 号以下の所得はいったん源泉徴収されるが，同法 166 条の準用する居住者に関する規定に従い，確定申告・納付に際して税額控除される

図表 8-1　外国法人に対する課税関係の概要

区分／所得の種類	外国法人				内国法人(参考)
	PE を有する外国法人		PE を有しない外国法人	源泉徴収	源泉徴収
	PE に帰属する所得	PE に帰属しない所得			
(事業所得)	① PE に帰せられるべき所得【法人税】			無	無
②国内にある資産の運用・保有(下記⑦〜⑭に該当するものを除く。)		【法人税】		無	無
③国内にある資産の譲渡(右のものに限る。)　国内にある不動産の譲渡				無(注1)	無
国内にある不動産の上に存する権利等の譲渡					
国内にある山林の伐採又は譲渡				無	無
買集めした内国法人株式の譲渡					
事業譲渡類似株式の譲渡					
不動産関連法人株式の譲渡					
国内のゴルフ場の所有・経営に係る法人の株式の譲渡　等					
④人的役務の提供事業の対価				20%	無 【法人税】
⑤国内不動産の賃貸料等				20%	無
⑥その他の国内源泉所得				無	無
⑦債券利子等	【源泉徴収のみ】			15%	15%
⑧配　当　金				20%	20%
⑨貸付金利子				20%	無
⑩使用料等				20%	無
⑪事業の広告宣伝のための賞金				20%	無
⑫生命保険契約に基づく年金等				20%	無
⑬定期積金の給付補填金等				15%	15%
⑭匿名組合契約等に基づく利益の分配				20%	20%
国内源泉所得以外の所得	課税対象外			無	

(注1)　土地の譲渡対価に対して 10% の源泉徴収。
(注2)　⑦から⑭の国内源泉所得の区分は所得税法上のものであり，法人税法にはこれらの国内源泉所得の区分は設けられていない。
＊財務省ウェブサイト「平成 26 年度税制改正の解説」686 頁をもとに作成した。

ことになる（所税 128 条かっこ書・120 条 1 項 5 号参照）。なお，所得税法 213 条が
徴収税額を定めている。もっとも，214 条 1 項は，一定の要件（所税令 330 条参
照）を満たす場合に，所轄税務署長により交付された源泉徴収の免除証明書の
提示を条件として，恒久的施設を有する非居住者に対する一定の種類の国内源

泉所得についての源泉徴収を免除している。

　(b)　国内に恒久的施設を有しない非居住者　　国内に恒久的施設を有しな
い非居住者は，所得税法 161 条 1 項 2 号・3 号・5 号〜7 号および 17 号に掲げ
る国内源泉所得について，総合課税の方式で課税される（所税 5 条 2 項 1 号・7
条 1 項 3 号・164 条 1 項 2 号・165 条）。また，所得税法 161 条 1 項 8 号〜16 号の
国内源泉所得については，分離課税が行われる（164 条 2 項 2 号・169 条以下）。

　所得税法 212 条 1 項が 161 条 1 項 4 号〜16 号の所得についてその支払者に
源泉徴収義務を課していることと併せて考えると，次のように整理される。ま
ず，所得税法 161 条 1 項 2 号，3 号および 17 号に掲げる国内源泉所得につい
ては総合課税が行われる。次に，5 号〜7 号の所得については，源泉徴収の上，
総合課税される。そして，8 号以下の所得については，源泉分離課税のみで課
税が終了する。

　(c)　国内に恒久的施設を有する外国法人　　国内に恒久的施設を有する外
国法人の課税所得の範囲・課税方式は，恒久的施設を有する非居住者のそれと
ほとんど同じであるが，源泉徴収課税は所得税法に基づいて行われるため，法
人税法と所得税法の両方を見る必要がある。

　国内に恒久的施設を有する外国法人は，法人税法 138 条 1 項 1 号に掲げる国
内源泉所得（恒久的施設帰属所得）と同項 2 号〜6 号に掲げる国内源泉所得とに
分けて（法税 141 条 1 号），それぞれ，所定の課税所得算定方法（恒久的施設帰属
所得につき 142 条，その他の国内源泉所得につき 142 条の 9 参照）に従って計算した
金額が，法人税の課税の対象となる（4 条 3 項・9 条 1 項も参照）。

　次に，外国法人が支払いを受けるべき所得税法 161 条 1 項 4 号から 11 号ま
でと，13 号から 16 号までの国内源泉所得は，外国法人に対して課する所得税
の課税対象となる（所税 5 条 4 項・7 条 1 項 5 号・178 条）。そして，所得税法 212
条 1 項は「外国法人に対し国内において同項第 4 号から第 11 号まで若しくは
第 13 号から第 16 号までに掲げる国内源泉所得……の支払をする者は，その支
払の際，これらの国内源泉所得について所得税を徴収し，その徴収の日の属す
る月の翌月 10 日までに，これを国に納付しなければならない」と定めている
から，所得税法 178 条の定める国内源泉所得はすべて源泉徴収の対象となる。

　所得税法 161 条 1 項 4 号〜7 号の国内源泉所得および同項 8 号〜16 号の国内
源泉所得のうち恒久的施設帰属所得でもあるものはいったん源泉徴収されるが，

法人税法 144 条の準用する同 68 条に従い，各事業年度の所得に対する法人税の計算に際して税額控除されることになる。

　もっとも，所得税法 180 条 1 項は，外国法人が一定の要件（所税令 304 条以下参照）を満たし，所轄税務署長により交付された証明書を提示する場合に，一定の国内源泉所得について納税義務を免除している。納税義務が免除されるので源泉徴収も行われないということになる（所税 212 条 1 項かっこ書参照）。ここで納税義務が免除される国内源泉所得は，161 条 1 項 4 号～7 号と 10 号・11号・13 号・14 号の各所得である（180 条 1 項）。

　(d)　国内に恒久的施設を有しない外国法人　　国内に恒久的施設を有しない外国法人は，法人税法 138 条 1 項 2 号～6 号に掲げる国内源泉所得につき，法人税の課税を受ける（法税 4 条 3 項・9 条 1 項・141 条 2 号・142 条の 9）。

　また，所得税法 161 条 1 項 5 号～11 号および 13 号～16 号の国内源泉所得については，所得税の納税義務がある（所税 178 条）。所得税法 212 条 1 項がこれらの所得についてその支払者に源泉徴収義務を課していることと併せて考えると，次のように整理される。

　まず，法人税法 138 条 1 項 2 号～6 号に掲げる国内源泉所得については法人税の課税が行われる。次に，所得税法 161 条 1 項 5 号～7 号の所得については，源泉徴収の上，法人税の課税が行われる。最後に，8 号～16 号の所得については，源泉徴収のみで課税が終了する。

第 3 節　居住者・内国法人等に対する国際的二重課税の排除

1　外国税額控除方式と国外所得免除方式

（1）　二つの理念型

　国際的二重課税の排除は居住地国の任務である。そして，国際的二重課税排除の方法の理念型として，外国税額控除方式と国外所得免除方式が知られている。このうち，日本では基本的には外国税額控除方式を採用している。居住者と内国法人の国際的二重課税排除の方式は基本的には同じであるので，以下，内国法人を例にとって説明する。

（2）　法人税法 69 条

　法人税法 69 条 1 項は，大要，次のような内容を定めている（所税 95 条 1 項もほぼ同じ）。すなわち，内国法人が各事業年度において「外国法人税」を納付することとなる場合には，「控除限度額」を限度として，その外国法人税の額（「控除対象外国法人税の額」に限る）を当該事業年度の所得に対する法人税の額から控除する，というのである。この規定については，まず「外国法人税」の意義が問題となる。また，「外国法人税」の額のうち一部は控除対象とならないことに注意が必要である。さらに，「控除限度額」の算定方法をしっかりと把握しておく必要がある。

　なお，以下の記述との関係で，外国において支払った租税は原則として損金に算入されることに注意されたい。法人税法 41 条は，外国税額控除の対象となる外国法人税の額を内国法人の各事業年度の所得の金額の計算上，損金に算入しない，と規定しているが，この規定は，外国法人税が本来損金に算入されることを前提としている。

2　税額控除されるべき外国の租税

（1）　「外国法人税」の意義

　まず，税額控除の対象となる「**外国法人税**」について見ていこう。

　第一に，そもそも「外国法人税」に該当するのはいかなる外国の租税かということが問題となる。

　法人税法 69 条 1 項は「外国法人税」につき「外国の法令により課される法人税に相当する税で政令で定めるものをいう」と定義しており，これを受けて法人税法施行令 141 条が詳細な定めを置いている。外国税額控除は内国法人の法人税に関する国際的二重課税を排除するための制度であるから，内国法人に対して課される日本の各事業年度の所得に対する法人税に相当する租税以外の租税公課（たとえば，事業用資産に対する，日本の固定資産税に相当する租税）については，たかだか損金算入を認めれば足りる。このため，法人税法 69 条 1 項・法人税法施行令 141 条は，日本の法人税と同等といえる租税のみを「外国法人税」として外国税額控除の対象としているのである。

　なお，タックス・ヘイブン対策税制（⇨第 4 節 **3**）においては「特定外国子

会社等」に該当するか否かを判定するために，法人税法 69 条 1 項にいう「外国法人税」の概念が用いられていた。この文脈で「外国法人税」の意義が問題になった事案として，ガーンジー島事件（最判平成 21 年 12 月 3 日民集 63 巻 10 号 2283 頁）がある。上告審判決は，チャネル諸島ガーンジーの税率を選択できる法人所得税について，まず「租税」であると言えるかどうか，次に「外国法人税」に該当するかどうか，という二点の判断を行った。その上で，「本件外国税は，ガーンジーの法令に基づきガーンジーにより本件子会社の所得を課税標準として課された税であり，そもそも租税に当てはまらないものということはできず，また，外国法人税に含まれないものとされている法人税法施行令 141 条 3 項 1 号又は 2 号に規定する税にも，これらに類する税にも当たらず，法人税に相当する税ではないということも困難であるから，外国法人税に該当することを否定することはできない」と判示した。この判決を受けた平成 23 年度税制改正で，税率が納税者と税務当局の合意で決まるような部分は「外国法人税」の範囲から除かれることになった（法税令 141 条 3 項参照）。

(2)　控除対象外国法人税の範囲

　第二に，「外国法人税」の額のうち① 「その所得に対する負担が高率な部分として政令で定める外国法人税の額」（法税令 142 条の 2 第 1 項～4 項参照），② 「内国法人の通常行われる取引と認められないものとして政令で定める取引に基因して生じた所得に対して課される外国法人税の額」（法税令 142 条の 2 第 5 項・6 項，法税 69 条 1 項参照），③ 「内国法人の法人税に関する法令の規定により法人税が課されないこととなる金額を課税標準として外国法人税に関する法令により課されるものとして政令で定める外国法人税の額」（法税令 142 条の 2 第 7 項参照），④ 「その他政令で定める外国法人税の額」（法税令 142 条の 2 第 8 項参照）を除いた，「控除対象外国法人税の額」のみが外国税額控除の対象となる（法税 69 条 1 項 5 番目のかっこ書）。①は，日本の実効税率を超える税率で課された外国法人税は，国際的二重課税排除という外国税額控除制度の趣旨からして，日本の法人税額から控除する必要がないという理由に基づくものである。②については，後述する（⇨**3(2)**）。

（3）「納付することとなる場合」

外国法人税が外国税額控除の対象となるのは，外国法人税を「納付することとなる」事業年度においてである（法税69条1項参照）。ここで，「納付することとなる」とは納税義務が確定することを意味すると解されている。

3　控除限度額

（1）　控除限度額の意義

「控除対象外国法人税の額」は「**控除限度額**」を限度として，各事業年度の所得に対する法人税の額から税額控除される。ここで「控除限度額」とは「当該事業年度の所得の金額につき第66条第1項から第3項まで……の規定を適用して計算した金額のうち当該事業年度の国外所得金額……に対応するものとして政令で定めるところにより計算した金額」のことである（法税69条1項）。

まず，「**国外所得金額**」とは，「国外源泉所得に係る所得のみについて各事業年度の所得に対する法人税を課するものとした場合に課税標準となるべき当該事業年度の所得の金額に相当するものとして政令で定める金額をいう」（法税69条1項3番目のかっこ書）。そして，「**国外源泉所得**」の内容は法人税法69条4項で規定されている。国外源泉所得から国外所得金額を導出する方法については，法人税法施行令141条の2が定めている。次に，国外所得金額から控除限度額を求めることになるが，その方法は法人税法施行令142条1項に規定されている。

極めて大まかに言えば，内国法人の「**本店等**」と「**外国事業所等**」（いずれも法税69条4項1号の用語である）が独立当事者であったと仮定した場合に「外国事業所等」に課されるはずの法人税額が，控除限度額となっている。

さて，日本法におけるこのような控除限度額管理の仕組みは，国外源泉所得をさらに国別に区分しておらず，また，国外源泉所得をさらに所得の種類ごとに区分していない点に特徴がある。アメリカや日本の採用するこのような仕組みは，**一括限度額方式**と呼ばれる。これに対して，イギリスやフランスでは，国外源泉所得を所得の種類で区分してそれぞれについて控除限度額を設ける，バスケット方式（所得項目別限度額方式）を採用している。ドイツやカナダでは，国外源泉所得を源泉地国で区分してそれぞれについて控除限度額を設ける，国

別限度額方式を採用している。また，アメリカも，1986年法以来，一括限度額方式にバスケット方式を併用している。

　もっとも，日本法は基本的には一括限度額方式を採用しているものの，「国外所得金額」から外国法人税が課されない国外源泉所得に係る所得の金額を控除するといった一定の修正を加えていることに注意が必要である（法税令142条3項以下参照）。

(2)　控除限度額を超えた外国法人税の扱い・余裕枠の扱い

　控除対象外国法人税の額が，控除限度額を超え，控除しきれない外国法人税の額が生じたらどうなるか。まず，法人住民税から税額控除される（地税53条24項・321条の8第24項。控除限度額につき法税令143条参照）。次に，前3年以内の各事業年度の控除余裕枠がもしあればそれが当該事業年度に繰り越され，この繰越控除限度額を限度として，外国法人税の額が税額控除される（法税69条2項，法税令144条）。

　それでも税額控除しきれなかった外国法人税の額は，その後3事業年度のうちに控除余裕枠が存在する場合には，この控除余裕枠を利用して税額控除することができる（法税69条3項，法税令145条）。

　さて，控除余裕枠が存在している場合，あるいは控除余裕枠の発生が見込まれる場合，新規に行う事業・投資からもたらされる国外源泉所得に係る所得についての限界税率は，外国税額控除を考慮に入れると，マイナスになってしまうことがある。具体的には，内国法人が，外国で事業・投資を行っておりいずれにせよ租税を支払わなくてはならないような国外の当事者と手を組んで，当該当事者の払うべき外国の租税を肩代わりし，支払った租税について日本で同額の外国税額控除を受けるとともに，当該当事者から多少の手数料を徴収することができれば，内国法人はこの手数料分の利益を得ることになる。このため，控除余裕枠のある内国法人には，外国税額控除前のリターンがマイナスであっても外国税額控除後のリターンがプラスになる，このような事業・投資を行うインセンティブが生じる。このような事業・投資は基本的には放任されているはずであるが，前述のとおり（⇨2(2)），法人税法69条1項かっこ書では「内国法人の通常行われる取引と認められないものとして政令で定める取引に基因して生じた所得に対して課される外国法人税の額」を外国税額控除の対象から

除外している。これは，平成 13 年度税制改正によって設けられた規定である。

　平成 13 年度税制改正前において，外国税額控除前のリターンがマイナスに
なるような国外源泉所得を得た場合に，それに対して課された外国法人税が外
国税額控除の対象となるかどうかが争われた事案が存在する（最判平成 17 年 12
月 19 日民集 59 巻 10 号 2964 頁〔百選 19，外国税額控除余裕枠りそな銀行事件〕⇨第 3
章第 1 節 **3**(3)）。この事件では，日本の都市銀行が，国外の支店において預金
の受入れおよび貸付けを行ったが，その際に貸付金の利子に対して課される租
税がこの預金および貸付けに際して銀行の得る手数料を上回っていた。そこで，
所轄税務署長は，この租税についての外国税額控除は認められないという内容
の更正処分を行った。上告審判決は，「本件取引に基づいて生じた所得に対す
る外国法人税を法人税法 69 条の定める外国税額控除の対象とすることは，外
国税額控除制度を濫用するものであり，さらには，税負担の公平を著しく害す
るものとして許されないというべきである」と判示した。

4　恒久的施設を有する外国法人に対する外国税額控除

　恒久的施設帰属所得に係る所得の金額に対する法人税の計算において，外国
税額控除が認められている（法税 144 条の 2 第 1 項）。ここでは，この目的のた
めに専用のソース・ルールが設けられており（同条 4 項），これに基づいて控除
限度額が設定されている。外国法人の恒久的施設帰属所得のうち，日本法に対
応させて言えば，外国において恒久的施設帰属所得以外の申告・納付の対象と
なる所得（⇨第 2 節 **2**(4)）および源泉徴収の対象となる所得（⇨第 2 節 **3**）に
ついて，当該外国の課税権を日本の課税権よりも優先させる，というのが現行
のルールである。

5　外国子会社への投資
——間接外国税額控除から外国子会社配当益金不算入へ

　内国法人が外国に子会社を設立し，子会社が外国で所得を得た場合，子会社
に対して外国で法人税の課税が行われる。さらに，親会社である内国法人が子
会社から配当を受け取る場合，外国での源泉所得税の課税が行われる。

　内国法人が子会社から配当を受け取る場合を考えてみると，まず，配当に対する源泉所得税は内国法人に対する「外国法人税」に該当するから，配当が行われた時点で外国税額控除の対象となる。それでは，子会社に対して課された外国法人税はどのように扱われるべきか。一つの考え方は，親会社の受け取る配当所得の原資である子会社の所得に対しても，親会社の居住地国としての資格で日本が課税して然るべきだ，というものである。この考え方によれば，子会社に対して課される外国法人税の税率が日本の法人税のそれを下回っている限りで，日本による法人税の課税が繰り延べられていると評価されることになる。もう一つの考え方として，法人税とは所得税の前どりであるという理解を前提に，親会社が子会社から受け取る配当はそもそも益金に算入されるべきではないから，子会社の所得に対する日本の法人税の課税を考える必要はないというものがある（内国法人から受ける配当が益金に算入されないことにつき法税 23 条 1 項参照）。

　法人税法は，昭和 37 年度税制改正以来，前者の考え方に従って，しかし，課税の繰り延べは容認して，内国法人が外国子会社から配当を受けた段階で，外国子会社の所得に対して課された外国法人税の額のうち当該配当に対応する金額を内国法人の納付する外国法人税額とみなして，外国税額控除の対象としてきた（平成 21 年度税制改正前の法税 69 条 8 項）。これを**間接外国税額控除**という。

　ところが，平成 21 年度税制改正で，**外国子会社**（発行済株式総数の 25% 以上保有している等の法税令 22 条の 4 の要件を満たす子会社）から受ける剰余金の配当についても内国法人の各事業年度の所得の金額の計算上，益金に算入しないこととなった（法税 23 条の 2 第 1 項）。これを**外国子会社配当益金不算入制度**という。後者の考え方を採用したのである。

第4節　節税インセンティブへの対抗措置

1　基本的視点

　これまで説明してきた国際課税の基本的な枠組みに加えて，租税特別措置法は，移転価格税制（66条の4），タックス・ヘイブン対策税制（40条の4以下・66条の6以下），過少資本税制（66条の5）および過大支払利子税制（66条の5の2）という4種類の制度を用意している。

　これらの制度を国内法・租税条約に基づく国際課税の基本的な仕組みとの関係でどのように位置づけるかということはそれ自体一つの大きな問題であり，租税回避に対する個別的否認規定であるという位置付け，国際的租税回避への対抗措置という位置付け等，いくつかの異なる考え方が存在している。

　ここでは，これらの制度に次のような複数の機能が存在することを指摘しておきたい。

　第一に，これらの制度は，私法上の法関係に従って課税要件規定が適用されることを前提に，課税庁の立証責任を緩和する機能を果たす。たとえば，納税者が関係する私法上の法関係を観察しても資産の帰属の所在や取引における対価がはっきりしない場合に，課税庁の立証抜きに一定の事実の存在が推定される。

　第二に，これらの制度は，私法上の法関係と異なる事実を擬制することによって，規範的に課税の対象となるべきと判断される一定の所得を課税対象に取り込む機能を果たす。要するに，租税回避の個別的否認が行われる。たとえば，過少資本税制は一定の負債を出資とみなし，移転価格税制は関連者間取引の対価を独立当事者間価格に引き直す。

　第三に，これらの制度は，諸国家がそれぞれ独自に課税に関するルールを定立できることを前提に，個人・法人に他国の課税ルールが与えるインセンティブを事前に減殺する機能を果たす。たとえば，タックス・ヘイブン対策税制が存在することによって，タックス・ヘイブンに子会社を設立するという（タックス・ヘイブン国の税制によって与えられていた）インセンティブが打ち消されて

しまう。

2　移転価格税制

（1）　移転価格税制とは何か

　世界は主権国家の集合体であるが，主権国家は，租税高権に基づいて独自に法人所得に対する課税のあり方を決定している。そのため，各国の法人所得に対する実効税率（いわゆる法人実効税率）は統一されておらず，その結果，グローバルに活動する多国籍企業には，法人実効税率が相対的に高いA国から相対的に低いB国に所得を移転するインセンティブが働くことになる。

　たとえば，法人実効税率が40％であるA国に所在するP社が，A国に所在する自社工場で製造された自動車を，法人実効税率が20％であるB国で販売するため，B国に販売会社であるS社を完全子会社として設立する場合を考えてみよう。この設例で，自動車の製造コストが50であり，そのB国における消費者への販売価格が100であるとし，同種の自動車（A国での製造コストは50，B国での消費者への販売価格は100とする）を，A国に所在するX社がB国に所在する資本関係等が全くない非関連者Y社に対して輸出する際に付している価格が75であるとしよう。この場合，P社は，S社への当該自動車の輸出価格を75ではなく50とすることで，その差額である75−50＝25についての租税負担を，P社とS社を一体としてみれば，実質的に25×(0.4−0.2)＝5だけ軽減させることができる。しかも，その際，A国は，P社がX社と同じ価格で輸出していたとすれば得られたであろう租税収入である（75−50)×0.4＝10を失うことになる。そして，そのことに対応して，B国は，P社がX社と同じ価格で輸出していたとすれば得られなかったはずの租税収入である（100−50)×0.2−(100−75)×0.2＝5を得られることになる。

　このように，企業は，二国間において存在する法人実効税率の差異を利用して，国外における関連者との内部取引に係る価格（**移転価格：transfer price**）を操作することにより，その企業グループ全体として租税負担を軽減させることができる。その反面として，そのような移転価格の操作を放置すれば，法人実効税率が相対的に高い国は，そのような移転価格の操作が行われなかった場合に本来得られるべき租税収入を喪失し，その分だけ，法人実効税率が相対的に

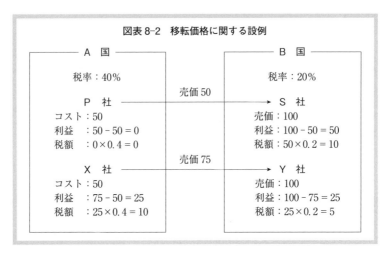

図表 8-2　移転価格に関する設例

低い国が租税収入を稼得できることになる。

　このような事態を防止し，関連企業との間で内部取引を行う企業のグループ全体としての租税負担と，同様の取引を非関連者との間で行う企業の租税負担との間におけるタックス・パリティ（tax parity：租税負担の公平性・平等性）を確保するために用いられるのが，**移転価格税制**（transfer pricing legislation）である。これを，主権国家の側から見ると，設例における A 国にとっては，移転価格税制は，多国籍企業が移転価格を操作することによって課税所得を他国に流出させることを防止するための制度と位置づけることもできる。

　なお，多国籍企業が移転価格を操作することによって課税所得を他国に流出させることを防止する制度をある国が構築しようとする場合，国家間で租税収入を適正に配分するための基準ないし方法が問題となる。これについては，大別して，独立当事者間基準を用いる考え方と定式分配法を用いる考え方とがある。

　前者の**独立当事者間基準**（arm's length standard）は，独立の当事者の間であれば行われたであろう取引を基準とするものである。基本的な考え方は，企業グループ内部における価格形成を審査するにあたり，外部市場における独立企業間価格を基準にするというものである。前掲の設例でいえば，X 社と独立当事者の Y 社との間で設定された輸出価格（独立企業間価格）である 75 を基準

として，A国とB国との間で税収を配分するという考え方である。この考え方は，わが国や米国をはじめ，世界の多くの国で採用されているもので，現在のOECDモデル租税条約9条の基礎にもなっている。移転価格税制は，関連当事者間の取引を，この独立当事者間基準に引き直して課税するための国内法である。

もっとも，課税当局が外部市場において比準（比較）すべき独立当事者間の取引を探索しても，実際には比準すべき独立当事者間取引を発見できないことも多いし，高度に組織化され，統合された企業は，それによる規模の利益や取引費用の節減により，単なる独立当事者の集合体よりも高い収益率を享受できることが多い。また，特に特許権や商標権などの無形資産（intangibles）に関しては，個々の財の個性が非常に強く，価値の算定も容易ではないため，効率的な市場が形成されにくく，多国籍企業は，通常，内部にそれらを蓄積すること（内部組織化）によって問題に対応している。その結果，無形資産に帰せられる超過収益の「適正な」額は，外部市場において比準すべき独立当事者間取引との比較によっては把握できないことが多い。以上の点が独立当事者間基準を用いる場合の難点である。

これに対して，後者の**定式分配法**（formulary apportionment）は，多国籍企業グループの全世界利益を，売上高，支払給与および資産といった諸要素に基づく一定の定式によって関係する各国に配分し，それにより租税収入を算定する方法のことをいう。この定式分配法は，透明性が高く，遵守のコストや紛争の可能性が低いというメリットを有しているが，税収配分のための定式について各国が合意することは実際上極めて困難である等の難点があるため，現在のところは，独立当事者間基準を用いる移転価格税制の方が，わが国を含め国際的に広く用いられている。

もっとも，独立当事者間基準には前述のような難点が存するため，1980年代末から米国において，独立当事者間基準を一部修正して，取引ベースだけでなく利益ベースで独立企業間価格を算定する方法が用いられるようになり，わが国でも，後述するように（⇨**COLUMN 8-1**），そのような流れが移転価格税制の中に取り入れられ，近時は，むしろ，利益ベースで独立企業間価格を算定する方法が中心となりつつある。

(2)　わが国の移転価格税制の概要

(a)　わが国の移転価格税制の構造　　わが国は，昭和 61 年度税制改正 (1986 年) によって，独立当事者間基準の考え方に基づき，企業が海外の特殊関係企業との間の取引に係る移転価格を操作して所得を海外に移転させることを防止するため，移転価格税制を導入した。

わが国の移転価格税制は，法令上，現在は**租税特別措置法 66 条の 4・66 条の 4 の 2・66 条の 4 の 4 および 66 条の 4 の 5 ならびに同法施行令 39 条の 12・39 条の 12 の 2 および 39 条の 12 の 4** に規定されているが，そのほかに，国税庁が発遣した，**解釈通達**（租特通〔法人税〕66 条の 4 関係および 66 条の 4 の 4 関係），ならびに執行上のガイドラインである，①平成 13 年 6 月 1 日査調 7-1 ほか 3 課共同「移転価格事務運営要領の制定について（事務運営指針）」（以下**「移転価格事務運営指針」**という），②上記①の平成 19 年 6 月 25 日付一部改正に際して，それに別冊として添付された，「移転価格税制の適用に当たっての参考事例集」（以下**「参考事例集」**という），③平成 13 年 6 月 25 日官協 1-39 ほか 7 課共同「相互協議の手続について（事務運営指針）」および④「移転価格ガイドブック――自発的な税務コンプライアンスの維持・向上に向けて」（国税庁ウェブサイトにおいて平成 29 年 6 月 9 日公表。以下**「移転価格ガイドブック」**という）等も，実務上の指針として重要な役割を果たしている。

また，わが国が締結している各国との租税条約や，そのモデルとなっている OECD モデル租税条約の移転価格に関係する部分についてのガイドラインである，**OECD 移転価格ガイドライン**（Transfer Pricing Guidelines for Multinational Enterprises and Tax Administrations：1995 年 7 月 27 日に採択後，複数回補訂されており，最新版は 2017 年 7 月 10 日に公表された内容に，2018 年 6 月 21 日公表の「利益分割法の適用に関する改訂ガイダンス」や 2020 年 2 月 11 日公表の「金融取引に関する移転価格ガイダンス」による加筆修正を反映したものである）も，わが国の移転価格税制の執行に際して，実務上大きな影響を及ぼしている。なお，2020 年 12 月 18 日に「新型コロナウイルス感染症の世界的感染拡大に関する移転価格執行ガイダンス」が公表されている。

(b)　わが国の移転価格税制の概要　　わが国の移転価格税制は，前述したとおり，関連当事者間の取引を独立当事者間基準に引き直して課税する制度であり，具体的には，内国法人およびわが国に恒久的施設（PE：Permanent Es-

tablishment）を有する外国法人等（以下単に「内国法人等」という）が，その国外
関連者との間で取引を行った場合に，その取引を独立企業間価格で行ったもの
とみなす，というものである（租特66条の4第1項）。つまり，実際の取引価格
が独立企業間価格と異なる場合に，内国法人等の課税所得が減少せしめられる
ことを防ぐため，当該取引が独立企業間価格で行われたものとみなして当該内
国法人等の法人税法上の課税所得を計算し直すものとされている。

　これは「みなし」規定であるので，納税者である内国法人等は，実際には取
引価格の操作等を行っていなくとも，法令に従って算定された独立企業間価格
で取引がなされたものとして，その課税所得を計算して申告する必要がある
（そして，当該申告が不適切である場合，課税庁が更正や決定を行う）ことになる。

　この移転価格税制が適用されるための要件として，所得移転の目的があるこ
とや租税回避目的が存すること，ないしは仮装隠蔽等が存したことは要求され
ておらず，単に，法令に従って算定された独立企業間価格と実際の取引価格と
の間に差異があり，その結果，課税所得が減少せしめられているのであれば，
それだけで移転価格税制が適用されることになる点には注意が必要である。

　なお，移転価格税制が適用された場合，法人税との関係で課税所得の引き直
しが行われるが，実際の取引価格が私法上変更されることになるわけではない。

(3)　移転価格税制の適用要件

　(a)　国外関連者　　わが国の移転価格税制は，個人が行う取引や国内取引
には適用がなく，内国法人等がその国外関連者との間で行う国際取引について
のみ，適用される（租特66条の4第1項）。

　「国外関連者」とは，外国法人で，当該内国法人等との間に「特殊の関係」
のあるものをいう（租特66条の4第1項第1かっこ書）が，「特殊の関係」とは，
大雑把にいうと，出資割合が50％「以上」（「超」ではない）である関係や，事
業の方針の全部または一部につき実質的に決定できる関係のことを意味する
（租特令39条の12第1項）。

　この国外関連者との取引が「国外関連取引」として移転価格税制の適用対象
とされているが，例外的に，国外関連者がわが国にPEを有しており，わが国
で法人税の課税対象とされているような場合は，そのような国外関連者との取
引は「国外関連取引」から除外されている（租特66条の4第1項第2かっこ書，

図表 8-3　独立企業間価格の算定方法

棚卸資産の売買取引	棚卸資産の売買取引以外の取引
基本三法	**基本三法と同等の方法**
独立価格比準法	独立価格比準法と同等の方法
再販売価格基準法	再販売価格基準法と同等の方法
原価基準法	原価基準法と同等の方法
基本三法に準ずる方法	**基本三法に準ずる方法と同等の方法**
独立価格比準法に準ずる方法	独立価格比準法に準ずる方法と同等の方法
再販売価格基準法に準ずる方法	再販売価格基準法に準ずる方法と同等の方法
原価基準法に準ずる方法	原価基準法に準ずる方法と同等の方法
その他政令で定める方法	**その他政令で定める方法と同等の方法**
利益分割法	利益分割法と同等の方法
利益分割法に準ずる方法	利益分割法に準ずる方法と同等の方法
取引単位営業利益法	取引単位営業利益法と同等の方法
取引単位営業利益法に準ずる方法	取引単位営業利益法に準ずる方法と同等の方法
DCF 法	DCF 法と同等の方法
DCF 法に準ずる方法	DCF 法に準ずる方法と同等の方法

租特令 39 条の 12 第 5 項）。これは，当該国外関連者の恒久的施設帰属所得がわが国法人税の課税対象であるため（⇨第 2 節 **2(3)**），当該取引に係る取引価格を操作して海外に利益を移転したとしても，結局，移転された利益はわが国法人税の課税対象となり，課税ベースは浸食されないためである。

　（b）　独立企業間価格の算定方法①──基本三法　　移転価格税制を執行する際の最大のポイントは，独立企業間価格をどのように算定するかであるが，これは非常な難問である。

　わが国の移転価格税制では，法令上，「独立企業間価格」に関する一般的な定義規定は存在せず，「独立企業間価格」とは，法令に規定された独立企業間価格の算定方法に従って算定された価格であるというほかない。

　法令で規定された独立企業間価格の算定方法は，**図表 8-3** に記載のとおりであるが，それに示されているとおり，問題となる国外関連取引が棚卸資産の販売または購入取引であるか否かによって分かれており，独立企業間価格の算定方法の選択については，「当該国外関連取引の内容及び当該国外関連取引の当事者が果たす機能その他の事情を勘案して，当該国外関連取引が独立の事業者の間で通常の取引の条件に従つて行われるとした場合に当該国外関連取引につき支払われるべき対価の額を算定するための最も適切な方法」によるものとさ

れている（租特 66 条の 4 第 2 項柱書参照。これを以下「『最も適切な方法』を用いるべき旨の原則」という。なお，当該原則が採用された契機につき⇨(d)参照）。

　この点，平成 23 年度税制改正前は「基本三法優先の原則」が採用され，①問題となる国外関連取引が棚卸資産（たとえば，販売用の自動車）の販売または購入取引であれば，まずは基本三法と呼ばれる算定方法を用いるべきものとされ，それ以外の算定方法は，基本三法を用いることができない場合に限って用いることができるとされる一方，②問題となる国外関連取引が棚卸資産の販売または購入取引以外の取引（たとえば，知的財産権のライセンス取引や金銭貸借取引）である場合には，まずは「基本三法と同等の方法」と呼ばれる算定方法を用いるべきものとされ，それ以外の算定方法は，「基本三法と同等の方法」を用いることができない場合に限って用いることができるとされていた（以上につき，平成 23 年度税制改正前の租特 66 条の 4 第 2 項 1 号柱書のかっこ書，同項 2 号柱書のかっこ書）。

　上記のとおり，平成 23 年度税制改正により独立企業間価格の算定方法につき「最も適切な方法」によるものとされたのは，2010 年 7 月 22 日に採択された 2010 年版 OECD 移転価格ガイドラインにおいて，独立企業間価格の算定方法につき，比較対象取引の存在を前提とするいわゆる伝統的な取引基準法（わが国における「基本三法」に相当）がその他の方法に優先して適用されるという原則が廃止される一方，事案に即して「**最も適切な方法（most appropriate method）**」を適用すべきものとされたことを受けたものであり，これによって，わが国の移転価格税制も，独立企業間価格の算定方法の選択について，各種の算定方法の間における優劣を予め定めず，ケース・バイ・ケースで最も適切な算定方法を用いるという，米国の「**best method rule**」に大きく歩み寄ることとなった。

　それでは，基本三法とはどのような算定方法なのであろうか。内国法人Ｐが国内でパソコンを製造して輸出し，その外国子会社Ｓがそれを国外で消費者に対して販売する場合を例にとって説明する（⇨**図表 8-4**）。

　この設例では，ＰにとってＳは国外関連者に該当するので，①の取引（パソコンの販売取引）が国外関連取引に当たる。そして，この設例のパソコンは棚卸資産に該当するため，①の取引に関する独立企業間価格を算定する場合，基本三法に該当する以下の三つの算定方法の適用が問題となる（租特 66 条の 4 第

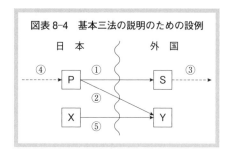

図表 8-4　基本三法の説明のための設例

2 項 1 号イ〜ハ）。

　第一は「**独立価格比準法**」（CUP 法：comparable uncontrolled price method）である。これは，特殊の関係にない売り手と買い手とが，同種の棚卸資産を，取引段階および取引数量その他が同様の状況の下で売買した取引の対価の額に相当する額を基準とする方法である（この方法の適用が問題となった事案に関する裁判例として，高松高判平成 18 年 10 月 13 日訟月 54 巻 4 号 875 頁〔今治造船事件控訴審判決〕参照）。この方法を用いるには，たとえば，P が独立の第三者である Y に対して同型のパソコンを同様の状況下で販売する取引（上記の②の取引。「**内部コンパラブル**」と呼ばれる）や，P と無関係な第三者である X が独立の第三者である Y に対して同型のパソコンを同様の状況下で販売する取引（上記の⑤の取引。「**外部コンパラブル**」と呼ばれる）のように，外部市場における比較対象取引（コンパラブル）を探索してきて，そこで設定されている取引価格を見出さなければならない。

　第二は「**再販売価格基準法**」（RP 法：resale price method）である。これは，国外関連取引に係る棚卸資産の買い手が，特殊の関係にない者に対してその棚卸資産を販売する際の対価の額（再販売価格）から，通常の利潤の額（売上総利益）を控除して計算した金額を基準とする方法である。この方法を用いるには，外部の比較対象取引のデータに基づいて通常の利益率を求め，それを基に買い手（**図表 8-4** の設例では S）にとっての通常の利潤の額を計算する必要がある。この通常の利潤の額を**図表 8-4** における③の取引（再販売取引）の価格（再販売価格）から控除したものが，国外関連取引である①の取引についての，RP 法を用いて算定された「独立企業間価格」ということになる。

　第三は「**原価基準法**」（CP 法：cost plus method）である。これは，国外関連

取引に係る棚卸資産の売り手の取得原価に，通常の利潤の額（売上総利益）を加算して計算した金額を基準とする方法である。この方法を用いるには，外部の比較対象取引のデータに基づいて通常の利益率を求め，それを基に売り手（**図表 8-4** の設例では P）にとっての通常の利潤の額を計算しなければならない。そして，このようにして算定された通常の利潤の額を，**図表 8-4** における④のP にとっての当該棚卸資産の取得原価に加算したものが，国外関連取引である①の取引についての，CP 法を用いて算定された「独立企業間価格」ということになる。

　このように，基本三法は，問題となる国外関連取引と比較可能な比較対象取引（コンパラブル）を探してきて，そのデータを直接用いるか（CUP 法）または計算要素の中で用いる（RP 法および CP 法）ことによって，独立企業間価格を求める方法である。言い換えれば，コンパラブルが発見できない場合には，基本三法を用いることはできない。結果として，実務上，基本三法はあまり用いられておらず，むしろ，その他の方法（⇨(c)）の重要性が増している。

　なお，ある独立当事者間取引をコンパラブルとして用いることができるためには，一定の適格性要件が満たされる必要があり（租特通〔法人税〕66 の 4(2)-1 および同(3)-1 参照），たとえば，裁判例においては，CP 法が用いられる場合には，当該要件は，「当該取引が，ア　比較されるべき国外関連取引との間，又はそれらの取引を行う企業間に存在するいかなる差異も，競争市場における通常の利益率に重大な影響を与えないものであるか，又は，イ　そのような差異による重大な影響を排除するために，相当程度正確な調整を行うことができるものであること」であると判示されている（大阪地判平成 20 年 7 月 11 日判タ 1289 号 155 頁〔日本圧着端子事件一審判決〕および大阪高判平成 22 年 1 月 27 日税資 260 号順号 11370〔同事件控訴審判決。確定〕）。

　また，問題となる国外関連取引とコンパラブルとの間で当事者の果たす機能に差異がある場合，所要の差異調整を行うことが必要となる（租特 66 条の 4 第 2 項 1 号イかっこ書，租特令 39 条の 12 第 6 項但書・7 項但書参照。なお，必要な差異調整がなされていないとして課税処分が取り消された例として，東京地判平成 29 年 4 月 11 日裁判所ウェブサイト〔百選 76，ワールド・ファミリー事件。確定〕）。

　(c)　独立企業間価格の算定方法②——その他の方法　「基本三法に準ずる方法」および「基本三法に準ずる方法と同等の方法」以外の政令で定める方法

は，大別すると，「**利益分割法**」（profit split method：PS 法と呼ばれる。租特令 39 条の 12 第 8 項 1 号参照），「**取引単位営業利益法**」（transactional net margin method：TNMM と呼ばれる。同項 2 号〜5 号参照）および「**ディスカウント・キャッシュ・フロー法**」（discount cash flow method：DCF 法と呼ばれる。同項 6 号参照）に分かれる。以下，それぞれにつき説明する。

　（ア）　PS 法　　PS 法は，国外関連者による国外関連取引に係る棚卸資産の販売等により，これらの者に生じた所得（租特通〔法人税〕66 の 4(5)-1 では，「**分割対象利益等**」と呼ばれており，原則として，内国法人等に係る営業利益または損失に国外関連者に係る営業利益または損失を加算した金額を用いるとされている）を，一定の基準によって分割して，当該法人および国外関連者に帰属するものとして独立企業間価格を算出する方法である。分割の方法に応じて，以下のとおり，①「比較利益分割法」，②「寄与度利益分割法」および③「残余利益分割法」の 3 種類が存在する。

　①「**比較利益分割法**」（租特令 39 条の 12 第 8 項 1 号イ）とは，比較対象取引に係る非関連者間における分割対象利益等に相当する所得の配分割合を基準に，分割する方法である。もっとも，適切な比較対象取引に係る所得の配分割合を把握することは通常は困難であるから，実務上，比較利益分割法を利用できるケースは限られる。

　②「**寄与度利益分割法**」（同号ロ）とは，国外関連取引の当事者における分割対象利益等の発生に寄与した程度を推測するに足りる要因（それぞれが支出した費用や使用した固定資産の価額等）を基準に，分割する方法である。この方法では，上記①と異なり，**比較対象取引を検討する必要がない代わりに，どのような分割要因を設定すべきかが実務上の論点となる**（適用事例として東京高判平成 25 年 3 月 28 日税資 263 号順号 12187〔エクアドルバナナ事件。上告不受理により確定（最決平成 27 年 1 月 16 日税資 265 号順号 12587）〕参照）。

　③「**残余利益分割法**」（同号ハ）とは，まず，(i)比較対象取引を用いて，CP 法，RP 法または TNMM によって「**独自の機能**」を果たさない非関連者間において得られる所得（**基本的利益**と呼ばれる。実務上は，CP 法および RP 法よりも比較対象取引を見出しやすいとされる後述の TNMM〔⇨(イ)〕により算定することが多いと思われる）を算出して，これを国外関連取引の当事者に配分した上で，(ii)分割対象利益等と基本的利益の合計額との差額である「**残余利益等**」（つまり，

国外関連取引の当事者が果たした「独自の機能」に基因した利益や，規模の利益・統合の利益等の必ずしも国外関連取引の各当事者の個別具体的な寄与によって発生したとは言いがたい利益に相当する部分）については，国外関連取引の当事者がその発生に寄与した程度を推測するに足りる要因（それぞれが支出した費用や使用した固定資産の価額等）を基準として配分するという，二段構えの方法である。実務上は，残余利益分割法の適用の可否に関連して，**国外関連取引の当事者の果たす「独自の機能」の意義や残余利益等の内容とその分割要因が論点となりやすい**（適用事例として東京高判平成 27 年 5 月 13 日税資 265 号順号 12659〔百選 77，本田技研工業マナウス自由貿易地域事件。確定〕，東京高判令和元年 7 月 9 日訟月 65 巻 12 号 1745頁〔上村工業事件（第 1 事件）控訴審判決〕，東京地判令和 2 年 2 月 28 日裁判所ウェブサイト〔上村工業事件（第 2 事件）第一審判決〕，東京地判令和 2 年 11 月 26 日判例集未登載〔平成 28 年（行ウ）第 586 号〕〔日本ガイシ事件（第 1 事件）第一審判決〕参照）。

　（イ）　TNMM　　TNMM とは，内国法人等と国外関連者のうち，機能が単純な方を**検証対象法人**として，検証対象法人の国外関連取引に係る営業利益率等と，比較対象取引を行う法人（**比較対象法人**と呼ばれる）の当該比較対象取引に係る営業利益率等とに着目して，独立企業間価格を算出する方法である。

　以下のとおり，「検証対象法人が国外関連取引における買手側の場合」と「検証対象法人が国外関連取引における売手側の場合」とに大別される。

　まず，「**検証対象法人が国外関連取引における買手側の場合**」の TNMM（租特令 39 条の 12 第 8 項 2 号）について説明する。

　この方法は，営業利益とは売上総利益から販売費・一般管理費を差し引いたものであり，売上総利益とは売上高から取得原価を差し引いたものである，という関係を整理することで，取得原価が以下の算式で表現できることを前提としている。

取得原価＝売上高－（販売費・一般管理費＋営業利益）

　すなわち，この算式を用いて，買手にとってのあるべき取得原価（独立企業間価格）を算定するのが，検証対象法人が国外関連取引における買手側の場合の TNMM である。

　具体的には，「売上高」には国外関連取引における買手から非関連者への販売価格（再販売価格）を用い，「販売費・一般管理費」は買手が当該国外関連取

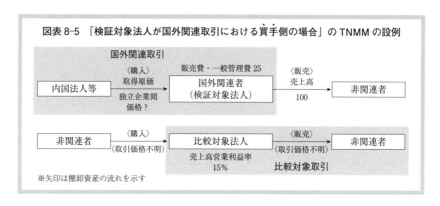

図表 8-5　「検証対象法人が国外関連取引における買手側の場合」の TNMM の設例

※矢印は棚卸資産の流れを示す

引に係る棚卸資産の販売等に要した販売費・一般管理費の額を用いることとされている。さらに，「営業利益」については，比較対象法人の比較対象取引に係る**売上高営業利益率**（営業利益の売上高に占める割合）に，再販売価格を乗じることで計算することとされている。

そこで，設例（⇨**図表 8-5**）の数値を当てはめると，独立企業間価格は以下のように 60 となる。

> あるべき取得原価（独立企業間価格）＝ 100 −（25 ＋ 100 × 15%）＝ 60

仮に，買手の売手からの実際の購入価格（取得原価）が 60 を下回った場合，検証対象法人たる買手（設例では国外関連者）の売上高営業利益率は，比較対象法人の売上高営業利益率 15% を上回ることになり，売手（設例では内国法人等）から買手（設例では国外関連者）に対する所得の移転があると評価されることになる。比較対象法人と非関連者との間の具体的な取引価格は不明であってもかまわない。その意味では，検証対象法人が国外関連取引における買手側の場合の TNMM とは，結局は，**検証対象法人と比較対象法人の売上高営業利益率を比較して独立企業間価格を算定する方法**ともいえる。

一方，「**検証対象法人が国外関連取引における売手側の場合**」の TNMM（同項3号）は，売上高が以下の算式で表現できることから，この算式を用いて，売手にとってのあるべき売上高（独立企業間価格）を算定する方法である。

> 売上高＝取得原価＋（販売費・一般管理費＋営業利益）

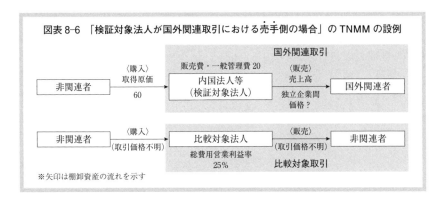

図表8-6　「検証対象法人が国外関連取引における売手側の場合」のTNMMの設例

　具体的には，「取得原価」については，売手の当該国外関連取引に係る棚卸資産の取得等の原価の額を用いることとされている。また，「販売費・一般管理費」には売手が当該国外関連取引に係る棚卸資産の販売等に要した販売費・一般管理費の額を用いることとされている。さらに，「営業利益」については，比較対象法人の比較対象取引に係る**総費用営業利益率**（営業利益が取得原価と販売費・一般管理費との合計額に占める割合）を，上記の当該国外関連取引の売手に係る「取得原価」と「販売費・一般管理費」との合計額に乗じることで計算することとされている。

　そこで，設例（⇨**図表8-6**）の数値を当てはめると，独立企業間価格は以下のように100となる。

あるべき売上高（独立企業間価格）＝60＋（20＋（60＋20）×25％）＝100

　仮に，売手の買手への実際の販売価格（売上高）が100を下回った場合，検証対象法人たる売手（設例では内国法人等）の総費用営業利益率は，比較対象法人の総費用営業利益率25％を下回ることになり，売手（設例では内国法人等）から買手（設例では国外関連者）に対する所得の移転があると評価されることになる。比較対象法人と非関連者との間の具体的な取引価格は不明であってもかまわない。その意味では，検証対象法人が国外関連取引における**売手側**の場合のTNMMとは，結局は，**検証対象法人と比較対象法人の総費用営業利益率を比較して独立企業間価格を算定する方法**ともいえる。

　このほか，「検証対象法人が国外関連取引における買手側の場合」および

「検証対象法人が国外関連取引における売手側の場合」のそれぞれについて，営業費用売上総利益率（いわゆるベリー比）を用いて，上記と同様の手順で独立企業間価格を算定する方法も法定されている（同項4号・5号）。

TNMMについても，比較対象取引に一定の適格性要件があり，比較対象法人と検討対象法人との間で果たしている機能に差異がある場合には所定の差異調整を要する点は，基本三法の場合と同じである。ただし，事業遂行に係る機能の差異は，一般的に機能の遂行に伴い支出される販売費および一般管理費の水準差として反映され，売上総利益のレベルでは大きな差があっても営業利益のレベルでは一定程度均衡すると考えられることから，取引の当事者が果たす機能に差異があっても調整が不要となる場合があるとして，TNMMは基本三法よりも，差異の影響を受けにくく公開情報から比較対象取引を見出しやすいと解されている（参考事例集 事例1参考2）。このため，最近の実務では，納税者の申告と課税当局の更正処分のいずれの局面においてもTNMMが多用される傾向にある（⇨**COLUMN 8-1**）。

（ウ）DCF法　DCF法は，概要，国外関連取引の時点で予測される当該取引の目的物の使用その他の行為による利益等の合計額の割引現在価値（⇨第4章第1節**1(2)**）をもって国外関連取引の対価の額とする算定方法である。無形資産を扱う国外関連取引に用いることが想定される。

COLUMN 8-1　移転価格税制と独立当事者間基準①──個別取引の価格から企業全体の利益水準へ

TNMMについては，実務上，あるセグメントに属するすべての取引や，ある企業の行うすべての取引を「一の取引」とみて（租特通〔法人税〕66の4(4)-1参照），セグメント単位の営業利益率や企業単位の営業利益率を比較することで，独立企業間価格を算定することが多いと思われる。この場合には，各企業の業績開示等で開示されているような，比較的入手が容易な情報で独立企業間価格を算定することが可能である。

納税者と課税当局の双方においてTNMM（またはTNMMを用いて基本的利益を算定する残余利益分割法）が多用される背景には，こうしたTNMMの使い勝手の良さがあると思われる反面，**入手可能な情報のみで独立企業間価格を算定することに固執するあまり，比較対象取引の適格性や差異調整の要否の検討が疎か**にならないか懸念される（藤枝純「移転価格税制における実務上の課題」金子宏ほか編『租税法と市場』〔有斐閣，2014年〕451頁）。

なお，こうした実務の傾向と相俟って，**個別取引の価格よりも，むしろ企業全**

体の利益水準に注目して，所得移転の有無を見極めようとする発想が強まってきている。たとえば，移転価格ガイドブック 24 頁では，課税当局は，以下の点を元に移転価格の調査の必要度を判定するとされている（強調は筆者による）。

- ・ 内国法人が**赤字又は低い利益水準**となっていないか
- ・ 国外関連者の**利益水準が高く**なっていないか
- ・ 国外関連者への機能・リスクの移転などの取引形態を変更している一方，それに伴い適切な対価を授受していないことや，**軽課税国の国外関連者に多額の利益剰余金**が存在すること等により，国外関連者に所得が移転していると想定されないか
- ・ 国外関連者に所得を移転させるタックスプランニングが想定されないか
- ・ 過去に移転価格課税を受けているにもかかわらず，**当事者の利益水準等に変化が見られない**などコンプライアンスに問題が想定されないか
- ・ 内国法人と複数の国外関連者間で連続した取引（連鎖取引）を行い，**利益配分状況**や国外関連者の機能などが申告書上では解明できず，確認を要さないか

　こうした発想は，企業グループ内部における個々の取引の価格形成を外部市場における独立企業間価格を基準に審査するという独立当事者間基準の原義（⇨ **(1)**）とは異なっている。そこで，租税特別措置法 66 条の 4 に定める制度を「移転価格税制」と呼称することは時代遅れになりつつあり，取引価格以外の基準を用いて所得を国家間に配分する方法をも包含する上位概念として，たとえば「所得移転対策税制」のように呼称する方が適合的であるとの注目すべき指摘もある（金子宏「序説──意義と内容」日税研論集 64 号〔2013 年〕22～23 頁）。

　(d)　独立企業間価格の算定方法の選択に関する立証責任　　前述したとおり（⇨(b)），平成 23 年度税制改正により，独立企業間価格の算定方法の選択については従来採られてきた「基本三法優先の原則」が廃棄され，代わって「『最も適切な方法』を用いるべき旨の原則」が採用されているが，当該原則の下では，具体的な事案に対して具体的にどの算定方法を用いるべきかという問題は，最終的に裁判所においてどのように決せられることになるのであろうか（一方，平成 23 年度税制改正前の，「基本三法優先の原則」の下での裁判例としては，たとえば，東京高判平成 20 年 10 月 30 日訟月 54 巻 8 号 1652 頁〔アドビシステムズ事件。確定〕および前掲東京高判平成 25 年 3 月 28 日〔エクアドルバナナ事件〕などがある）。

　この問題は，未だ十分に議論されているとはいい難い状況にあるが，課税を基礎づける事実の主張立証責任は課税当局側にあるという，通説となっている

考え方からすれば，課税当局は，少なくとも，自らが適用しようとする独立企業間価格の算定方法が「最も適切な方法」であることについても主張立証する責任を負うことになるものと解される。しかしながら，必要とされる立証の程度については，裁判例のみならず，学説でも議論が進んでいない。この点については，当該原則の採用の契機となった 2010 年版 OECD 移転価格ガイドライン（2010 年 7 月 22 日採択）において，事案に即して「最も適切な方法（most appropriate method)」を適用すべきとしつつも，「特定の方法が状況に適さないということを証明する必要もない」「最も適切な方法の選択に辿り着くのに，全ての移転価格算定方法の詳細な分析又は検証を行うべきであるということを意味するものではない」との指針が示されていることが参考になると思われるが，さらに進んで，具体的に，複数の算定方法（あるいは法令に定められたすべての算定方法）を（詳細でないにせよ）一応は試してみる必要があるのか，その必要があるとして，どの程度の調査を尽くしてトライする必要があるのか，等の問題については，最終的には，今後の裁判例と実務の蓄積を通じて何らかの指針が明らかとなってくるのではないかと思われる。

　(e)　評価困難な無形資産取引に係る価格調整措置　　**評価困難な無形資産**（Hard-To-Value Intangibles：HTVI と呼ばれる）の移転価格税制上の取扱いは，従来より独立当事者間基準を用いる場合の難点とされてきたが（⇨(1)），平成31 年度税制改正で，評価困難な無形資産についての事後的な価格調整措置が導入された（租特 66 条の 4 第 8 項～11 項）。

　当該価格調整措置は，概要，国外関連取引を行った時において評価することが困難な無形資産として政令で定められている「**特定無形資産**」（租特令 39 条の12 第 14 項）の譲渡・貸付けまたはこれに類する取引である「**特定無形資産国外関連取引**」に関して，当該特定無形資産国外関連取引を行ったときに納税者たる法人が予測した，当該取引の対価の額を算定するための前提となった事項（以下「**対価算定の前提事項**」という）について，「その内容と相違する事実が判明した場合」には，税務署長は，「当該相違する事実及びその相違することとなつた事由の発生の可能性」をも勘案して，当該取引に係る最適な価格算定方法により算定される金額を，当該特定無形資産国外関連取引における独立企業間価格であるとみなして，更正等をすることができるという措置である（租特66 条の 4 第 8 項）。

　ただし，独立企業間価格であるとみなされる金額と当初の取引価格との乖離が20％を超えない場合には，この価格調整措置は適用されない旨のセーフハーバーが設けられている（同項但書，租特令39条の12第16項）。

　また，特定無形資産国外関連取引を行った事業年度の確定申告書に当該特定無形資産国外関連取引に係る所定の事項を記載した別表を添付しており，かつ，次の(i)と(ii)のいずれかの要件を満たすことを明らかにする書類を，課税当局の職員よりその提出等を求められた日から60日（同時文書化義務〔⇨(6)(c)〕のある書類の場合には45日）以内における当該職員が指定する日までに提出等した場合には，価格調整措置は適用されない（租特66条の4第11項）。

(i)　**文書化要件**：①対価算定の前提事項の内容，および②対価算定の前提事項について，「**相違事由**」（その内容と相違する事実が判明した場合における，その相違することとなった事由）が災害その他これに類するものであるために，特定無形資産国外関連取引の時にその発生を予測することが困難であったことまたは相違事由の発生の可能性（租特令39条の12第17項参照）を適切に勘案して対価の額を算定していたことを記載した書類を作成または取得している場合（租特66条の4第9項，租特則22条の10第10項）。

(ii)　**収益乖離要件**：特定無形資産の使用等により生ずる非関連者収益が最初に生じた日を含む事業年度開始の日から5年を経過する日までの期間における予測利益の額と実際の利益の額との乖離が，20％を超えない金額に収まっている場合（租特66条の4第10項，租特令39条の12第18項）。

　このような適用除外要件が設けられている結果，価格調整措置は，実質的には，相違事由が発生した際に，一定の期限までに独立企業間価格の算定に関する所定の書類を提出等しない場合に，課税当局が算定した金額をもって独立企業間価格とみなして課税する仕組みとなっており，この点では推定課税（⇨(6)(c)）と類似する側面がある。

COLUMN 8-2　移転価格税制と独立当事者間基準②──基礎概念の再考の必要性

　移転価格税制の指導理念は，企業グループ内部における価格形成を外部市場における独立企業間価格を基準に審査するという意味における独立当事者間基準であると説明されることが多く，本書もそれに従っている（⇨(1)）。他方で，評価困難な無形資産取引に係る価格調整措置（⇨(e)）に関しては，外部市場であれ

ば同様の価格調整措置を設ける取引がなされるとまでは言いがたい。このため，平成 31 年度税制改正により当該措置を導入する際は，当該措置と（上記の意味での）独立当事者間基準との関係が盛んに議論されたところである。

　たとえば，移転価格税制の最終的な目的は，異なる課税管轄に属する関連当事者間での人的および時間的な費用収益の対応を適正なものにすることにあり，当該目的を達成する観点から，そもそも，上記の意味での独立当事者間基準が「墨守すべき金科玉条」と考えられてきたわけではないとの指摘もなされている（渕圭吾「移転価格税制の法理上の基礎について」金子宏 = 中里実編『租税法と民法』〔有斐閣，2018 年〕311 頁。なお，文脈は異なるが，上記指摘と同様に，独立当事者間基準とは異なる基準による移転価格問題への対処を示唆するものとして，浅妻章如「BEPS: value creation と arm's length との異同，次に value creation 基準の難点」税大ジャーナル 27 号〔2017 年〕35〜48 頁も参照）。

　評価困難な無形資産取引に係る価格調整措置といった近時の法改正や，個別取引の価格ではなく企業全体の利益水準に注目する傾向の強まり（⇨**COLUMN 8 -1**）を踏まえると，「移転価格税制は関連当事者間の取引を独立当事者間基準により引き直して課税する制度である」という一見わかりやすい説明は段々と通用しがたくなっており，移転価格税制の基礎にある考え方は何かを再考すべき時期が来ているといえるのかもしれない。

（4）　移転価格税制適用の効果

　（a）　損金面における処理　　移転価格税制が適用されることの効果は，国外関連取引の取引価格を，法令に従って計算された独立企業間価格に引き直し，それによって，法人税との関係で課税所得を計算し直すというものである。この趣旨を貫徹するため，国外関連取引における実際の対価の額と独立企業間価格との差額（たとえば，国外関連者に対してライセンス料を 20 支払ったときに，独立企業間価格が 15 とされた場合における超過支払額の 5）は，損金の額に算入されない（租特 66 条の 4 第 4 項）。

　（b）　対応的調整　　わが国が移転価格税制を適用した場合，国外関連者が所在する国が当事者間で設定されたとおりの移転価格を前提に課税を行うと，国際的な二重課税（経済的二重課税）が生じることになる。そのような事態を防止するため，租税条約に対応的調整を行うべき旨が規定されている場合がある（日米租税条約 9 条 2 項など。BEPS 防止措置実施条約 17 条も参照）。

　これは，租税条約を締結している二国間にまたがる国外関連取引に対して一

方の締約国（または両方の締約国）が移転価格課税を行った結果として，経済的な二重課税の状態が生じることとなった場合に，当該当局間の相互協議によって両国間で当該取引に係る独立企業間価格について合意が成立したときに，それに従って一方の締約国がなす移転価格課税に対応して，他方の締約国においてなされる課税の調整措置のことである。このような対応的調整が行われることで，両国間で異なる独立企業間価格が用いられることによって生じる経済的二重課税が排除されることになる。

　なお，対応的調整は，**図表8-4** の例では，P からの更正の請求を受けて，わが国の課税当局が減額更正をすることによって行われる（租税条約実施法 7 条 1 項）。

(5)　事前確認手続（APA）

　独立企業間価格の決定は非常に困難であるため，いったん紛争になると，納税者としてはその解決のために多大な労力，時間および費用を費やさなければならなくなる。このような事態を防止するため，わが国でも，米国などに倣って，移転価格税制が導入された翌年である 1987 年に，国税庁による**事前確認制度**（APA：advance pricing arrangement）が創設されている。これは，納税者が課税当局に申し出た独立企業間価格の算定方法等について，課税当局が，その合理性を検証し確認を与えた場合には，納税者がその内容に基づいて申告を行っている限り，移転価格課税を行わないという制度であり，現在は，（法律ではなく）移転価格事務運営指針に規定されている。

　APA には，国外関連取引の一方当事者の所在国の課税当局だけから確認を得る片面的なもの（**ユニラテラル APA** と呼ばれる）と，他方当事者の所在国の課税当局も巻き込んだもの（二か国の関係課税当局との間でなされるものを**バイラテラル APA**，三か国以上の関係課税当局との間でなされるものを**マルチラテラル APA** と呼ぶことがある）とがある。この後者のタイプの APA（バイラテラル APA とマルチラテラル APA）は，租税条約上の**相互協議**（MAP：Mutual Agreement Procedure）と連動して，相互協議による合意に基づいて，関係する課税当局が納税者に対して確認を与えるものであり，**MAP/APA** とも呼ばれる。

(6)　移転価格文書化と推定課税等

（a）　総　論　　移転価格税制においては，納税者が設定した国外関連取引の対価が「独立企業間価格」であるか否かが問題となるところ，当該取引の条件が決定された時点において準備された，当該取引に係る対価の算定根拠や当該条件が決定される経緯等に関する資料等が整備され，事後的に検証可能な状態で保管されていることは，納税者にとっても課税当局にとっても，移転価格問題の効率的かつ迅速な解決の観点から有益である。

　一般に，移転価格税制における独立企業間価格の算定の根拠となる書類等を作成し，保存することを「**文書化**」といい，当該書類等を国外関連取引が行われた時点において作成することを「**同時文書化**」という。

　わが国で本格的な移転価格文書化制度が導入されたのは平成28年度税制改正においてであり，これは，2015年10月5日にOECDによって公表された，いわゆる**BEPS最終報告書**（特に，その行動13「移転価格文書化制度及び国別報告書（Transfer Pricing Documentation and Country-by-Country Reporting）」）において，移転価格関連の文書化は，ⓐ多国籍企業グループの活動の全体像に関する定性的な基本情報を記載するマスターファイル，ⓑ多国籍企業グループが活動を行っている国ごとの所得や納税額など，多国籍企業グループの全体像に関する定量的な情報を記載する国別報告書（CbCレポート），およびⓒそれぞれの国に居住する企業が国外関連者との間で行う取引の移転価格分析に焦点を絞ったもので，それら取引の独立企業間価格を算定するために必要と認められる情報を記載するローカルファイル，という三層構造の形でなされるべきであるとされた（いわゆる三層構造文書化）ことを受けたものである。

　その結果，現在は，以下で概説するように，移転価格関連の文書化に関して，一定の多国籍企業グループに対し，①**事業概況報告事項**（マスターファイル）および②**国別報告事項**（Country-by-Country Report。以下「**CbCレポート**」という）の作成および提供等が義務づけられるとともに，③いわゆる**ローカルファイル**（独立企業間価格を算定するために必要と認められる書類等）についても，国外関連取引を行った内国法人等に対して，原則として確定申告書提出期限までの作成（同時文書化）が求められることとされている（その概略については，**図表8-7**参照。また，移転価格ガイドブックにはローカルファイルのサンプルが収録されている）。なお，BEPS最終報告書に基づいて各国が移転価格関連の三層構造文書化を導入

図表 8-7　移転価格税制等に係る文書化制度の概要

	独立企業間価格を算定するために必要な書類 （ローカルファイル）	国別報告事項 （CbC レポート）	事業概況報告事項 （マスターファイル）
目的	個々の国外関連取引とその独立企業間価格の算定内容を詳細に提供	大局的な移転価格リスク評価に有用な情報を国別に整理して提供	移転価格リスク特定のためグループの全体像を提供
主な記載事項	各国外関連取引の詳細や対価の設定経緯，取引当事者の機能・リスク分析や無形資産の使用状況，切出損益，市場の分析，独立企業間価格の算定プロセスの説明等	グループの事業が行われる国ごとの収入金額，税引前当期利益の額，納付税額，資本金の額，従業員数，有形資産の額等	グループの組織構造，事業の概要，財務状況（資本関係図やサプライチェーンの説明，一定のグループ内の取決めの一覧表等）
作成時期	同時文書化義務（確定申告書の提出期限までに作成し 7 年保存）	なし（提供義務・提供期限のみ）	なし（提供義務・提供期限のみ）
提出方法	税務調査の際に，調査対象法人が，当局から要請があれば提出（提出期限は要請から 45 日以内の当局が指定する日。※（a）ローカルファイル以外の関連事項等の提出期限や（b）同時文書化義務が免除されている場合の提出期限は，要請から 60 日以内で当局が指定する日）	最終親会社等が内国法人の場合は，当該内国法人が，その会計年度終了後 1 年以内に提供 最終親会社等が外国法人の場合は，原則，提供義務なし（外国当局との情報交換で入手する想定⇒※情報交換が困難なときはグループの在日子会社〔または在日 PE を有する外国法人〕に提供義務を課して対応）	グループの在日子会社（または在日 PE を有する外国法人）が，最終親会社等の会計年度終了後 1 年以内に提供
言語	指定なし（実務では訳文も利用）	英語のみ（日本語不可）	日本語または英語
媒体	紙（電磁的記録を含む）を提出	電子データを e-Tax で送信	電子データを e-Tax で送信
適用免除	少額取引につき同時文書化義務を免除（前期の取引合計額 50 億円未満，かつ，無形資産取引合計額 3 億円未満⇒※個々の国外関連者ごとに判定）	連結グループ収入 1,000 億円未満であれば適用除外	連結グループ収入 1,000 億円未満であれば適用除外
実効性担保策	当局が指定した提出期限までに提出がない場合には推定課税・同業者調査が解禁される	法人の代表者等への 30 万円以下の罰金（情状により免除可・両罰規定あり）	法人の代表者等への 30 万円以下の罰金（情状により免除可・両罰規定あり）

しているが，各国間で提出義務の有無を判断する基準に異同が見られる点には，実務上注意が必要である。

　（b）　事業概況報告事項（マスターファイル）　　わが国の移転価格文書化制度の下では，「**特定多国籍企業グループ**」の構成事業会社等である内国法人または恒久的施設（いわゆる PE）を有する外国法人（以下，本項において「内国法人等」という）は，当該グループの組織，事業概要，財務状況および納税状況その他必要な事項（事業概況報告事項＝マスターファイル）を，最終親会社等の会計年度終了の日の翌日から 1 年以内に，電子情報処理組織を使用する方法（以下「e-Tax」という）により税務署長に提供しなければならないものとされている（租特 66 条の 4 の 5，租特則 22 条の 10 の 5）。

　なお，上記でいう「**特定多国籍企業グループ**」とは，大雑把にいって，連結財務諸表を作成すべき企業集団であって，税務上の居住地国が二以上にまたがる事業体を含み，直前の最終親会計年度における当該グループの総収入金額が1000 億円以上であるものをいう（租特 66 条の 4 の 4 第 4 項 1 号～3 号参照）ものとされている。したがって，いわゆる中小企業は，たとえ国際的な事業展開を行っていても，この事業概況報告事項の提供義務を負わない（CbC レポート〔⇨(d)〕についても同様である）が，後述するとおり，同時文書化対象国外関連取引を行う場合には，ローカルファイルの同時文書化義務を負うものとされている。

　（c）　ローカルファイル（独立企業間価格を算定するために必要と認められる書類）と推定課税および同業者調査　　わが国の移転価格文書化制度の下では，基本的に，一の国外関連者との前期における取引（受払合計）が 50 億円以上であるか，または当該一の国外関連者との前期における無形資産取引金額（受払合計）が 3 億円以上であれば，当該一の国外関連者との当期における国外関連取引（**同時文書化対象国外関連取引**）について，当該取引に係る独立企業間価格を算定するために必要と認められる書類（電磁的記録を含む。以下同じ。以下「**ローカルファイル**」という）を，確定申告書の提出期限までに作成し，7 年間（欠損金額が生じた事業年度に係る書類にあっては，10 年間），納税地または当該法人の国内の事務所，事業所その他これらに準ずるものの所在地（「納税地等」）に保存しなければならないものとされており（租特 66 条の 4 第 6 項・7 項，租特則 22条の 10 第 7 項・8 項），一定の範囲で同時文書化義務が導入されている。

　このローカルファイルの同時文書化義務は，親会社であれ子会社であれ，同時文書化対象国外関連取引を行っているあらゆる法人に課されている（つまり，親会社だけがこの同時文書化義務を負わされているわけではない）。したがって，たとえば，親会社が国外関連者 X 社に対して原材料や部品等を年間 25 億円分供給（販売）して，当該 X 社がそれらを使って製造等した製品を 25 億円分当該 X 社から購入した場合には，当該親会社はそれら取引について同時文書化義務を負うことになるし，また，子会社が，海外の兄弟会社 Y 社（租特 66 条の 4 第 1 項，租特令 39 条の 12 第 1 項 2 号参照）に特許権等の知的財産権をライセンスし，年間 3 億円のロイヤルティを受領しているような場合にも，当該子会社は当該ライセンス取引について同時文書化義務を負うことになる。

　なお，同時文書化義務が課されていない国外関連取引（**同時文書化免除国外関連取引**）についても，課税当局が，（ローカルファイルの作成の基礎となる資料および関連する資料等の）「独立企業間価格を算定するために重要と認められる」書類の提出等を求めた場合において，60 日以内の期日で課税当局が指定する日までに提出等がなかったときには，推定課税および同業者調査を行うことができるものとされている（租特 66 条の 4 第 14 項・18 項）点に注意が必要である。

　この**推定課税**とは，国税庁，国税局または税務署の当該職員が，法人に，独立企業間価格を算定するために重要と認められる書類またはその写しの提示または提出を求めた場合に，法人がこれらを当該職員が指定する日までに提示し，または提出しなかったときに，所定の方法により算定した金額を独立企業間価格と推定して行われる課税であり，**同業者調査**とは，上記のとき（法人が上記書類等を当該職員が指定する日までに提示し，または提出しなかったとき）に，対象となる国外関連取引に係る事業と同種の事業を営む者に対して行われる質問検査のことであって，納税者の資料提供への協力を担保し，適正公平な執行を確保するために設けられている制度である（推定課税が問題となった事案に関する裁判例として，東京高判平成 25 年 3 月 14 日訟月 60 巻 1 号 149 頁〔エスコ事件控訴審判決〕参照）。

　したがって，移転価格税制の適用を受けるわが国企業としては，たとえば，特に（「独立企業間価格を算定するために重要と認められる」書類として代表的なものと考えられる）「選定した法第 66 条の 4 第 2 項に規定する〔独立企業間価格の〕算定の方法，その選定に係る重要な前提条件及びその選定の理由を記載した書

類」に相当する書類（租特則 22 条の 10 第 6 項 2 号イ参照）については，同時文書
化義務が課されていない場合でも，実務上は，できるだけ速やかに当該書類を
整備しておくべきものと考えられる。

　なお，**同時文書化対象国外関連取引**についても，①ローカルファイルについ
ては，課税当局がその提出等を求めた場合に，45 日以内の期日で課税当局が
指定する日までに提出等がなかったときには，推定課税および同業者調査を行
うことができるものとされ，さらに，②課税当局が，（ローカルファイルの作成
の基礎となる資料および関連する資料等の）独立企業間価格を算定するために「重
要と認められる」書類（租特則 22 条の 10 第 6 項）の提出等を求めた場合に，60
日以内の期日で課税当局が指定する日までに提出等がなかったときにも，同様
に，推定課税および同業者調査を行うことができるものとされている（租特 66
条の 4 第 12 項・17 項）。

　（d）　**国別報告事項（CbC レポート）**　　わが国の移転価格文書化制度の下で
は，特定多国籍企業グループの最終親会社等（または同社が指定した「代理親会
社等」）である内国法人等は，当該グループが事業を行う国ごとの収入金額，
税引前当期利益の額，納付税額その他必要な事項（国別報告事項）を，最終親
会社等の会計年度終了の日の翌日から 1 年以内に，e-Tax により税務署長に
提供しなければならないこととされている（租特 66 条の 4 の 4）。ここでいう
「代理親会社等」は，大雑把にいって，当該特定多国籍企業グループの国別報
告事項を，その居住地国（最終親会社等の居住地国以外の国であることが前提）の
課税当局に提供するものとして，当該最終親会社等に指定された会社等をいう
（租特 66 条の 4 の 4 第 4 項 6 号参照）ものとされている。

　この CbC レポートの提供は，基本的に，当該グループの最終親会社等が自
社の居住地国の課税当局に提供し，当該課税当局から，租税条約に基づく情報
交換（⇨第 5 節 **2**）により，当該グループを構成する各子会社等の居住地国の
課税当局に対して提供される方法（いわゆる「条約方式」）によって，それらの
課税当局間で共有される。ただし，そのような租税条約が存在しない場合など，
条約方式が機能しない場合には，補完的方式として，（最終親会社等がかかる
CbC レポートを作成して）上記の各子会社等がその居住地国の課税当局に対して
提供する義務を負う「子会社方式」等が用いられることになる。

> **COLUMN 8-3　国別報告書（CbC レポート）導入のインパクト——税務ガバ ナンスのパラダイムシフトの可能性**
>
> 　上述した国別報告書（CbC レポート）の仕組みは，多国籍企業グループのグロ ーバルな損益配分に係る情報を各国の税務当局で共有することを目的とするもの であるから，移転価格課税にあたって個別取引の価格ではなく各企業の利益水準 に注目する傾向（⇨**COLUMN 8-1**）が一層強まることが見込まれる。
>
> 　さらに，課税当局間で各企業の利益水準に関する情報の共有が進展することで， 多国籍企業グループとしても，グループの各現地法人・拠点に各国の移転価格税 制への対応を個別に委ねる手法（ボトムアップ方式）ではなく，**グローバル規模 で整合性のとれた一貫性のある移転価格ポリシーをトップダウンで構築する体制 への変革**を迫られることになる（角田伸広『BEPS 移転価格文書の最終チェック Q&A100』〔中央経済社，2017 年〕256 頁）といった，国別報告書（CbC レポート） の導入が税務ガバナンスに関するパラダイムシフトを引き起こすのではないかと の予想もなされている。

（7）　国外関連者に対する寄附金課税

　内国法人等が国外関連者に対して支出した寄附金については，原則として， その全額が損金の額に算入されないこととされている（租特 66 条の 4 第 3 項）。 この制度は，利益を海外に移転することによるわが国課税ベースの浸食を防止 することを目的としており，移転価格税制を補完するものである。

　なお，国税庁は，この寄附金課税の場合には，基本的に国内問題に該当し， わが国が他国との間で締結している租税条約に定める相互協議の対象外として 取り扱うという立場を堅持している。

（8）　外国法人の内部取引に係る移転価格課税

　わが国に恒久的施設（いわゆる PE）を有する外国法人に対する課税に関する 箇所（⇨第 2 節 **2(3)**）で別途論じているとおり，わが国に恒久的施設を有する 外国法人の課税標準である恒久的施設帰属所得に係る所得を算定する際には， 当該恒久的施設が本店等との内部取引を通じて実現したとみなされる損益の額 が算入されることになるが，その額は，申告納税制度の趣旨等を踏まえ，納税 者自身が設定した内部取引の価格を基礎として計算されるのが原則である。

　他方で，多国籍企業グループ内におけるクロスボーダー取引を利用したわが

国課税ベースの浸食の問題に対処する目的で移転価格税制が設けられているのと同様に，かかる内部取引についてもわが国の課税権を確保する観点から，わが国に恒久的施設を有する外国法人の本店等と当該恒久的施設との間の内部取引（法税138条1項1号参照）の対価の額とされた額が，独立企業間価格と異なる結果，当該外国法人の恒久的施設帰属所得に係る所得の計算上益金の額に算入すべき金額が過少となる場合（または損金の額に算入すべき金額が過大となる場合）には，当該内部取引は独立企業間価格でなされたものとして，当該恒久的施設帰属所得に係る所得の金額が算定されるものとされている（租特66条の4の3第1項）。

　この内部取引に係る独立企業間価格は，移転価格税制における独立企業間価格の場合と同様に算定するものとされており（租特66の4の3第2項，租特令39の12の3第1項），そのほか，恒久的施設から外国法人の本店等に対する内部寄附金についての損金不算入（租特66条の4の3第3項），比較対象企業に対する質問検査等（租特66条の4の3第6項・7項等），内部取引に係る独立企業間価格を算定するために必要と認められる書類またはその写しの作成（いわゆる文書化）および当該書類もしくはその写しの提示または提出がない場合における推定課税（租特66条の4の3第14項において準用されている租特66条の4第12項・14項，租特則22条の10の3）についても，それぞれ移転価格税制の場合と同様の取扱いがなされている。

3　タックス・ヘイブン対策税制（外国子会社合算税制・CFC 税制）

（1）　タックス・ヘイブン対策税制（外国子会社合算税制・CFC 税制）とは

　タックス・ヘイブン（tax haven：租税回避地）とは，一義的な定義はないが，おおむね，所得または一定の種類の所得に対して，課税をしないか，著しく低い税率による課税をする国・地域であって，それにより誘致される企業が自国・地域内において実質的な活動をすることを要求していない，透明・公正な税務行政が行われていない，他国との税務情報の交換が行われていない等の理由から，租税負担の高い先進諸国の居住者・法人により租税負担の回避・軽減に利用されることが多い国・地域のことである。タックス・ヘイブン対策税制は，もともと，所得に対する課税がないまたは著しく低い国・地域にある法人

で，日本の法人・居住者により株式・出資の保有を通じて支配されている法人の所得を，その持分に応じて当該法人の株主・出資者である日本の法人・居住者の所得に合算して課税する制度として設けられた。昭和 53 年に本制度が導入された当初は，本制度の対象となる国・地域を限定列挙していたが，平成 4 年度税制改正により限定列挙方式を止め，一定の実効税率以下の（および法人所得に対する課税のない国・地域の）外国法人を本制度の対象とした。近時，諸外国が法人の実効税率を下げるなかで，タックス・ヘイブンとは一般的に認識されていない国・地域にある外国法人についても本制度の対象となる場合が生じており，本制度を「外国子会社合算税制」または「CFC 税制」（「CFC」とは，controlled foreign corporation/company〔被支配外国法人〕の頭文字をとったもの）と呼ぶこともある。そして，外国子会社の経済実態に即して課税するという OECD の BEPS プロジェクトの基本的な考え方に基づき，平成 29 年度税制改正により，従来の制度との連続性を考慮しながらも，外国法人の租税負担割合から，外国法人の所得や事業内容によって合算課税の対象を把握する制度に改められた。

　わが国のタックス・ヘイブン対策税制は，会社単位の合算課税制度，すなわち，対象となる外国法人自体に着目して合算の対象となる法人を区分し，合算対象となる場合にはその外国法人の所得を，種類を問わずに，居住者・内国法人に合算する方式を原則としている。その上で，会社単位の合算課税制度が適用されない外国法人であっても，外国法人の獲得する所得の性質に着目して合算課税を行う方式，すなわち，部分適用対象金額に係る合算課税制度を適用するものとなっている。

COLUMN 8-4　租税条約とタックス・ヘイブン対策税制

　近時，諸外国が法人の実効税率を下げるなかで，わが国が租税条約を締結している国・地域にある子会社がタックス・ヘイブン対策税制の適用対象となる場合も生じている。タックス・ヘイブン対策税制により，租税条約相手国にある子会社の所得を日本の法人・居住者の所得に合算して日本で課税をすることとなるが，かかる日本の課税は，企業の利得に対して「PE なければ課税なし」という原則（⇨第 1 節 **3(3)**）を定める租税条約の規定に違反しないのだろうか。内国法人に係るタックス・ヘイブン対策税制が日星（シンガポール）租税条約 7 条 1 項に違反するか否かが争われた事案において，最判平成 21 年 10 月 29 日（民集 63 巻 8 号 1881 頁〔百選 74〕）は，「恒久的施設〔PE〕なくして課税なし」という原則を

確認する趣旨の規定である日星租税条約7条1項は相手国の企業に対する課税を禁止するものであり，タックス・ヘイブン対策税制は，わが国の内国法人に対する課税権の行使として行われるものであって，また，一定の適用除外や外国法人税額控除を認めるなど全体として合理性のある制度であるから，日星租税条約7条1項に違反しないとした。

(2)　タックス・ヘイブン対策税制の制度趣旨

　タックス・ヘイブン対策税制は，タックス・ヘイブン等に設立した子会社等を利用したわが国の税負担の不当な軽減・回避を防止する制度であると説明される。

　すなわち，居住者・内国法人が海外に支店を設けて事業活動を行う場合には，支店の所得はわが国の所得税・法人税の課税対象となる（⇨第2節 **4(2)**(b)参照）が，居住者・内国法人が海外に子会社を設けて事業活動を行う場合，子会社の所得は，株主たる居住者・内国法人に配当されるまでわが国で課税されない。そのため，居住者・内国法人は，タックス・ヘイブンにある子会社を通じて事業活動を行うことにより，当該居住者・内国法人が直接に行う場合よりも税負担を軽減し，わが国での課税を免れることができる。

　もっとも，所得課税がない，または著しく低い海外の子会社であっても，当該子会社が独立企業としての実体を備え，その所在する国・地域において事業活動を行うことに十分な経済的合理性がある場合にまで合算課税の取扱いを及ぼすとすれば，わが国の民間企業の海外における正常かつ合理的な経済活動を阻害することになりかねない。そのため，外国法人の事業や所得の内容等の実態に即して，合算課税の対象を定めるものとなっている。

COLUMN 8-5　課税繰延べの防止のための制度か？

　タックス・ヘイブン対策税制の制度趣旨は，課税繰延べの防止にあると説明されることがある。税負担のないまたは著しく低いタックス・ヘイブンに子会社を設けて事業活動を行って当該子会社に利益を留保すれば，居住者・内国法人は当該子会社の利益が自己に配当されるまでの間，課税を繰り延べることができる。平成21年度税制改正前は，タックス・ヘイブン子会社が支払った配当等の金額は居住者・内国法人に合算される当該子会社の所得金額から控除することとされており，タックス・ヘイブン子会社の留保所得のみを合算の対象としていた。このような取扱いは，本制度の趣旨を課税繰延べの防止と理解する考え方と整合的

であった。しかしながら，平成 21 年度税制改正により，外国子会社配当益金不算入制度（⇨第 3 節 **5**）が導入され，一定の外国子会社から内国法人が受け取る剰余金の配当等は，内国法人の益金に含まれないこととなった。また，外国子会社受取配当益金不算入制度の導入により，タックス・ヘイブン対策税制が引き起こす国際的な二重課税を調整する方法が変更され，現在の制度では，タックス・ヘイブン子会社の支払配当等の金額は，居住者・内国法人に合算される当該子会社の所得金額から控除されない。さらに，平成 29 年度税制改正では，OECD における BEPS プロジェクトの進展を踏まえ，タックス・ヘイブン対策税制の大幅な改正が行われた。現在では，タックス・ヘイブン対策税制を日本の課税ベースの浸食への対抗措置と捉える考え方も有力である。

（3）　対象となる外国法人（外国関係会社）

タックス・ヘイブン対策税制により合算課税の対象となりうる外国法人（「**外国関係会社**」という）は，（a）わが国の居住者・内国法人による株式等の保有によるもの（**株式等保有基準**）と，（b）わが国の居住者または内国法人との間の実質支配関係によるもの（**実質支配基準**）がある。

（a）　**株式等保有基準**　わが国の居住者および内国法人ならびに特殊関係非居住者および実質支配関係のある外国法人（⇨後述(b)）が直接・間接に有する株式等保有割合の合計・議決権保有割合の合計・請求権保有割合（請求権に基づき受けることができる剰余金の配当等の額のその総額に占める割合）の合計のいずれかが 50% 超である外国法人は，外国関係会社に該当する（租特 40 条の 4 第 2 項 1 号イ・66 条の 6 第 2 項 1 号イ）。

特殊関係非居住者とは，所得税法上の非居住者のうち，居住者の親族や内国法人の役員など，居住者・内国法人と特殊の関係があることから，外国関係会社の判定において，居住者・内国法人と同様に扱われるもののことである（租特令 25 条の 19 の 2 第 1 項・39 条の 14 の 2 第 1 項）。外国関係会社の判定における株式等保有割合・議決権保有割合・請求権保有割合については，間接保有割合は，掛け算方式ではなく，連鎖方式により計算する（租特令 25 条の 19 の 2 第 2 項〜4 項・39 条の 14 の 2 第 2 項〜4 項）。たとえば，内国法人 A が外国法人 B の株式の 60% を保有しており，外国法人 B が外国法人 C の株式の 60% を保有している場合，外国法人 C の外国関係会社の判定において，内国法人 A の間接保有株式等保有割合は 60%（内国法人 A が 50% 超を保有する外国法人 B の外国

法人Ｃに対する株式等保有割合）となり，外国法人Ｃは外国関係会社に該当することとなる。

　（b）　実質支配基準　　わが国の居住者または内国法人との間に実質支配関係がある外国法人が外国関係会社に該当する（租特40条の4第2項1号ロ・66条の6第2項1号ロ）。実質支配関係は，居住者または内国法人が，外国法人の残余財産のおおむね全部について分配を請求する権利を有しているか否か，外国法人の財産の処分の方針のおおむね全部を決定することができる旨の契約その他の取決めが存在しているか否かによって判断する（租特令25条の21第1項・39条の16第1項）。

（4）　外国関係会社の所得を合算する居住者・内国法人

　タックス・ヘイブン対策税制により外国関係会社の一定の所得を合算する居住者・内国法人（納税義務者）は，当該外国関係会社について，①株式等保有により10％以上を直接・間接に保有する居住者・内国法人，②実質支配関係のある居住者・内国法人，③実質支配関係のある外国関係会社を通じて株式等保有により10％以上を直接・間接に保有する居住者・内国法人，④株式等保有により10％以上を直接・間接に保有する一つの同族株主グループに属する居住者・内国法人である（租特40条の4第1項・66条の6第1項）。

　株式等保有は，直接および間接の株式等保有割合の合計・議決権保有割合の合計・請求権保有割合の合計のいずれか最も高いものによる。タックス・ヘイブン対策税制の納税義務者の判定における株式等保有割合・議決権保有割合・請求権保有割合については，間接保有割合は，掛け算方式で計算する。たとえば，内国法人Ａが外国法人Ｂの株式の60％を保有しており，外国法人Ｂが外国法人Ｃの株式の60％を保有している場合，内国法人Ａが納税義務者か否かの判定において，内国法人Ａの間接保有株式等保有割合は36％（＝60％×60％）となる。ただし，直接および間接の株式等保有割合・議決権保有割合・請求権保有割合の計算において，居住者・内国法人との間に実質支配関係がある外国法人は，実質支配関係のある居住者・内国法人が当該外国法人の株式等を100％保有し，当該外国法人の他の株主は当該外国法人の株式等を有しない（保有割合はゼロ）ものとして計算する形となっている（租特令25条の19第5項〜7項・39条の14第3項〜5項）。

　同族株主グループとは，外国関係会社の株式等を直接または間接に保有する者および当該株式等を直接または間接に有する者との間に実質支配関係がある者のうち，一の居住者または内国法人，これらと実質支配関係がある者およびこれらと生計関係または支配関係を有する特殊の関係のある者（外国法人を除く）により構成される一団であり（租特40条の4第1項4号かっこ書・66条の6第1項4号かっこ書，租特令25条の19第8項・39条の14第6項），このような同族株主グループで10%以上の株式等を有する場合には，当該グループに属する株主は，それぞれの株主の株式保有割合にかかわらず，本制度の対象となる。

(5)　会社単位の合算課税の対象となる外国関係会社

　わが国のタックス・ヘイブン対策税制は，外国関係会社の事業活動の実体に着目し，会社単位の合算課税の対象となる外国関係会社を限定しており，具体的には，会社単位の合算課税の対象となる外国関係会社は，二つの類型が定められている。一つは特定外国関係会社であり，もう一つは対象外国関係会社である。

　（a）　特定外国関係会社　　**特定外国関係会社**は，租税回避リスクが類型的に高いと考えられる外国関係会社の類型であり，具体的には，事務所等の実体がなく事業の管理支配を自ら行っていない外国関係会社（いわゆる，ペーパー・カンパニー），受動的所得の割合が一定以上の外国関係会社（事実上のキャッシュ・ボックス），保険リスクの移転・分散機能が不十分なキャプティブ保険外国関係会社および情報交換に関する国際的な取組みへの協力が著しく不十分な国または地域に所在する外国関係会社が該当する（租特40条の4第2項2号・66条の6第2項2号）。持株会社である一定の外国関係会社（一定の子会社からの配当が収入の大宗を占めている外国関係会社），不動産保有に係る一定の外国関係会社（同一国内の実体のある会社の事業の遂行上不可欠な同一国内不動産の保有のみを目的とする一定の外国関係会社），資源開発等プロジェクトに係る一定の外国関係会社（同一国内の実体のある会社が行う同一国内資源開発等プロジェクトの遂行上不可欠な機能を果たしている一定の外国関係会社）は，いわゆるペーパー・カンパニーであっても，特定外国関係会社に該当しない（租特40条の4第2項2号イ・66条の6第2項2号イ）。

　（b）　対象外国関係会社　　**対象外国関係会社**は，能動的所得を得るために

必要な経済活動の実体（経済活動基準）を備えていないと考えられる外国関係会社の類型であり，具体的には，以下に掲げる①事業基準，②実体基準，③管理支配基準，④（主たる事業に応じた）非関連者基準または所在地国基準のいずれかを満たさない外国関係会社である（租特 40 条の 4 第 2 項 3 号・66 条の 6 第 2 項 3 号）。「主たる事業」は，外国関係会社のそれぞれの事業活動によって得られた収入金額または所得金額，事業活動に要する使用人の数，事務所，店舗，工場その他の固定的施設の状況等を総合的に勘案して判定する（最判平成 29 年 10 月 24 日民集 71 巻 8 号 1522 頁〔百選 75，デンソー事件〕）。

① **事業基準**：主たる事業が，株式等・債券の保有，工業所有権・著作権等の提供または船舶・航空機の貸付けのいずれでもないこと。

② **実体基準**：本店所在地国において，その主たる事業を行うために必要な事務所，店舗，工場等の固定施設を有すること。

③ **管理支配基準**：本店所在地国において，その事業の管理，支配および運営を自ら行っていること。管理支配基準を充足しているか否かは，当該外国会社等の重要な意思決定機関である株主総会および取締役会の開催・役員の職務執行・会計帳簿の作成および保管等の状況，業務遂行上の重要事項の意思決定の状況等の諸事情を総合的に考慮し，独立した企業としての実体を備えて活動しているといえるかどうかにより判断する（東京高判平成 3 年 5 月 27 日行集 42 巻 5 号 727 頁参照）。

④ **非関連者基準・所在地国基準**：主たる事業が，卸売業，銀行業，信託業，金融商品取引業，保険業，水運業，航空運送業または物品賃貸業（航空機の貸付けを主たる事業とするものに限る）の場合には，その主たる取引の 50% 超が関連者以外のものとの間で行われていること（非関連者基準）。主たる事業がそれ以外の事業である場合には，その事業を主として本店または主たる事務所の所在する国・地域において行っていること（所在地国基準）。

(c)　経済活動基準に係る特別な取扱い　（ア）　統括会社の特例　グローバルな事業活動を行う企業は，アジア・欧州等の地域ごとにその地域の海外拠点を統括する子会社を設けることがある。このような統括会社を置くことには，企業の海外ビジネスを効率的に組織・運営するための経済合理性がある。そのため，外国関係会社が法令の定める「統括会社」に該当する場合には，経

済活動基準の適用上，特別の配慮が払われている（租特令25条の19の3第13項
～18項・24項・39条の14の3第17項～22項・30項）。すなわち，一般に株式等の
保有を主たる事業とする外国関係会社は経済活動基準のうちの事業基準を充足
しない可能性があるが，外国関係会社が法令の要件を充足する統括会社であっ
て，法令の要件を充足する被統括会社の株式等の帳簿価額がその会社の有する
株式等の帳簿価額の50％超である場合には，株式等の保有を主たる事業とす
る外国関係会社であっても事業基準を充足しうる。また，統括会社である外国
関係会社が卸売業を主たる事業とする場合には，非関連者基準の判定上，その
被統括会社を関連者から除外することとされている。それゆえ，被統括会社と
の間の取引が過半を占める場合でも，非関連者基準を充足しうる。

　（イ）　航空機の貸付けを主たる事業とする外国関係会社　　航空機の貸付
けは，従来，わが国においても十分行いうるものであり，税負担の軽減以外に
軽課税国に本店を置いて事業を行う積極的な経済合理性を見出すことが困難と
いう考え方に基づいて，事業基準を充足しないものとされていた。しかし，近
年，単に税負担を軽減するためではなく，外国におけるノウハウや高度な人材
を活用して自ら航空機の調達および貸付けを行う外国関係会社が見られること
を踏まえ，航空機の貸付けを主たる事業とする外国関係会社のうち，一定の要
件を満たすものは，事業基準を充足するものとされている（租特令25条の19の
3第19項・39条の14の3第23項）。

　（ウ）　保険会社の特例　　わが国の保険会社が英国ロイズ市場などの海外
市場で保険事業を行う場合，現地の法規制に従って保険引受けをする子会社
（保険引受子会社）と管理運営をする子会社（管理運営子会社）とを別々に設けな
ければならない場合がある。これらの子会社は，法人を区分しない場合には経
済活動基準を満たす場合であっても，それぞれの法人ごとに経済活動基準を判
定する結果，経済活動基準を満たさない可能性がある。そのため，保険引受子
会社と管理運営子会社を別会社とした上でこれらが一体となって保険業を営む
場合には，管理支配基準の判定において，これらを一体として自ら管理支配を
行っているかどうかを判定することができる（租特令39条の14の3第26項）。
また，かかる保険引受子会社と管理運営子会社との間の取引は，非関連者基準
の判定上，関連者取引に該当しない（租特令39条の14の3第28項5号）。

COLUMN 8-6　来料加工取引とタックス・ヘイブン対策税制

　来料加工取引とは，外国法人が中国本土の企業に原材料を提供して製品の製造・加工を委託する取引である。内国法人の外国関係会社である香港法人が中国企業との間でかかる来料加工取引を行っていた事案において，当該外国関係会社に対して外国関係会社単位の合算課税が適用されるか否かが争われた。来料加工取引を行う香港法人の主たる事業は卸売業（非関連者基準を適用）か，製造業（所在地国基準を適用）か，所在地国基準を適用する場合に香港と中国本土は異なる国・地域と解すべきか，など，経済活動基準の充足の有無が争点となることが多い。東京地判平成 21 年 5 月 28 日（税資 259 号順号 11217）は，香港法人の行っていた来料加工取引は製造業に該当し，その主たる事業である製造業を域外の中国本土で行っていたことから所在地国基準を満たさないとして，当該香港法人の親会社である内国法人に対してタックス・ヘイブン対策税制を適用した更正処分を適法とし，東京高判平成 23 年 8 月 30 日（訟月 59 巻 1 号 1 頁）もこれを是認した。他方，来料加工取引を製造業としながらも，製造行為を主として所在地国にて行っていたとして所在地国基準の適用を認め，更正処分を取り消した事例もある（国税不服審判所裁決平成 20 年 2 月 20 日裁決事例集 75 集 415 頁参照）。なお，平成 29 年度税制改正にて，製造業に係る所在地国基準の整備がされ，「主として本店所在地国において製品の製造を行つている場合」に所在地国基準を満たす旨が明確化されるとともに，「製造における重要な業務を通じて製造に主体的に関与していると認められる場合」にも所在地国基準を満たすこととされ，このような取引への対応がなされている。

　(d)　会社単位の合算課税の適用免除　　特定外国関係会社および対象外国関係会社の適用対象金額（⇨後述(6)(b)）は，原則として，合算課税の対象となるが，特定外国関係会社については，各事業年度の租税負担割合が30% 以上の場合に，対象外国関係会社については，各事業年度の租税負担割合が20% 以上の場合に，当該事業年度の適用対象金額について合算課税の適用が免除される（租特 40 条の 4 第 5 項・66 条の 6 第 5 項）。

　租税負担割合は，当該国または地域で定められている一般的な税率ではなく，特定外国関係会社または対象外国関係会社の実際に課される外国法人税額（分子）の所得（分母）に対する割合をそれぞれの事業年度ごとに算出して行う。そのため，たとえば，その国の一般的な法人税率が20% 以上であっても当該対象外国関係会社の実際に課される外国法人税率が20% 未満となり会社単位の合算課税の適用が免除されないこともある。また，ある事業年度には租税負

担割合が20%以上となり会社単位の合算課税の適用が免除されたが，次の事業年度には租税負担割合が20%未満となり，会社単位の合算課税の適用が免除されないということも生じる。租税負担割合の計算における外国関係会社の税額および所得は，外国関係会社の本店または主たる事務所の所在する国または地域の外国法人税に関する法令の規定により計算した所得金額および外国法人税額に，以下のような一定の調整を行って算出する（租特令25条の22の2・39条の17の2）。

	本店所在地国で課される 外国法人税		+	本店所在地国以外で課される 外国法人税		
本店所在地 国の法令に 基づく所得	+ 本店所在国の法令で 非課税とされる所得 （一定の配当等を除く）	+ 損金算入 している 支払配当等	+ 損金算入 している 外国法人税	+ 一定の 保険準備金	− 益金に算入 している還付 外国法人税	

なお，タックス・ヘイブン対策税制は，外国関係会社ごとに適用されることが想定され，合算の対象となる所得や適用免除となる租税負担割合等も外国関係会社ごとに計算することが想定されているが，対象となる外国関係会社が現地で連結納税をしている場合や現地でパス・スルー課税を受ける（すなわち，当該外国関係会社の所得について，当該外国関係会社の所得ではなく，その出資者の所得と扱われる）場合には，企業集団等所得課税規定（本店所在地国または第三国における連結納税規定，パス・スルー規定。租特令39条の15第6項）の適用がないものとして計算する旨が明確化されている。

COLUMN 8-7　税率を選択できる外国法人税

　チャネル諸島にあるガーンジーには，0%から30%の範囲で税務当局に申請し承認された税率が法人の所得に対する適用税率となる税制がある。ある内国法人のガーンジー子会社は，かかる税制に基づき26%の税率（当時は合算課税が適用されない租税負担割合は25%超であった）で法人所得税を納付していた。最判平成21年12月3日（民集63巻10号2283頁〔ガーンジー島事件〕）は，このような税率を選択できる税でも外国法人税に当たるとした。そのため，現在では，複数の税率の中から納税者と税務当局等との合意により税率が決定される税については，最も低い税率を上回る部分は，外国法人税に該当しないこととする改正が行われた。

(6)　会社単位の合算課税において合算する金額

　会社単位の合算課税の適用免除（⇨**(5)**(d)）の要件を充足しない限り，特定外国関係会社・対象外国関係会社の所得の金額のうち，次の順序で計算された課税対象金額を居住者の雑所得の収入金額または内国法人の収益の額とみなして，特定外国関係会社・対象外国関係会社の事業年度の終了日の翌日から2か月を経過する日の属する年分または事業年度において，居住者の総収入金額または内国法人の益金の額に算入することとなる。

　(a)　基準所得金額　　**基準所得金額**は，課税対象金額を計算する基礎となる外国関係会社の所得金額であり，外国関係会社の各事業年度の決算に基づく所得の金額をもとに，日本の法人税関係法令または本店所在地国の法令を基礎として一定の調整を行って計算する（租特令25条の20第1項〜4項・39条の15第1項〜4項）。

　(b)　適用対象金額　　基準所得金額から，当該外国関係会社の前7年以内の繰越欠損金および納付法人所得税額を控除して，**適用対象金額**を計算する（租特令25条の20第5項・6項・39条の15第5項・6項）。

　(c)　課税対象金額　　適用対象金額（居住者の場合は，適用対象金額から一定の社外流出金額〔調整金額〕を控除した残額）に，当該外国関係会社の事業年度終了の時における，その居住者・内国法人の請求権等勘案合算割合を乗じて**課税対象金額**を計算する（租特令25条の19第1項・39条の14第1項）。請求権等勘案合算割合は，原則として，居住者・内国法人が直接および間接に有する外国関係会社の発行済株式等の割合であるが，特定外国子会社等が請求権の内容が異なる株式等を発行している場合には，請求権に基づき受けることができる剰余金の配当等の額のその総額に占める割合により計算する。タックス・ヘイブン対策税制の納税義務者の判定と同様，間接の保有割合（請求権等勘案間接保有株式等）は，掛け算方式で計算し，居住者・内国法人との間に実質支配関係がある外国法人は，実質支配関係のある居住者・内国法人が当該外国法人の株式等を100％保有し，当該外国法人の他の株主は当該外国法人の株式等を有しない（保有割合はゼロ）ものとして計算する。

　なお，特定外国関係会社・対象外国関係会社に欠損金があっても，かかる欠損金を居住者・内国法人の所得と通算することはできない（最判平成19年9月28日民集61巻6号2486頁〔百選29〕参照）。

（7）　部分合算課税

　外国関係会社が経済活動基準のすべてを充足する場合であっても，外国関係会社が有する一定の所得については，居住者・内国法人の請求権等勘案合算割合に応じて，居住者・内国法人の所得に合算して課税することとしている（租特 40 条の 4 第 6 項・66 条の 6 第 6 項）。かかる部分合算課税の制度は，もともと，平成 22 年度税制改正により，経済活動基準を充足して会社単位の合算課税を受けない外国関係会社に資産運用的な所得を付け替えることによって租税回避を行うことを防止するために導入されたが，平成 29 年度税制改正により部分合算の対象となる所得が拡大された。部分合算課税の対象となる外国関係会社は，「**部分対象外国関係会社**」と定義されている（租特 40 条の 4 第 2 項 6 号・66 条の 6 第 2 項 6 号）。

　（a）　部分合算する所得　　部分合算の対象となる外国関係会社の所得（「特定所得」）の概要は，以下のとおりである。

①　剰余金の配当等（保有割合 25％ 以上の法人から受ける剰余金の配当等など，一定のものを除く）

②　受取利子等（業務の通常の過程において生ずる預貯金の利子など，一定のものを除く）

③　有価証券の貸付けの対価

④　有価証券の譲渡損益（保有割合 25％ 以上の法人の株式等の譲渡によるものを除く）

⑤　デリバティブ取引に係る損益（ヘッジ取引として行ったデリバティブ取引など，一定のものを除く）

⑥　外国為替差損益（業務の通常の過程において生ずる為替差損益を除く）

⑦　その他の金融所得（①から⑥までに掲げる利益・損失を生じさせる資産の運用，保有，譲渡，貸付けその他の行為により生ずる利益・損失）

⑧　保険所得

⑨　固定資産の貸付けの対価（本店所在地国において使用に供される固定資産の貸付けによる対価など，一定のものを除く）

⑩　無形資産等の使用料（自ら行った研究開発の成果に係る無形資産等の使用料など，一定のものを除く）

⑪　無形資産等の譲渡損益（自ら行った研究開発の成果に係る無形資産等の譲渡

損益など，一定のものを除く）

⑫　異常所得（外国関係会社の資産規模や人員等の経済実態に照らして，通常生じ得ず，発生する根拠がないと考えられる所得）

上記の①から③，⑨，⑩および⑫の合計額と，④から⑧および⑪の合計額（ただし，前7年以内に開始した事業年度において発生した④から⑧および⑪に係る損失を繰越控除する）とを合算した金額が「**部分適用対象金額**」となり，部分適用対象金額に当該部分対象外国関係会社の事業年度終了の時における，その居住者・内国法人の請求権等勘案合算割合を乗じて計算した金額（「**部分課税対象金額**」）を，居住者の雑所得の収入金額または内国法人の収益の額とみなして，総収入金額または益金の額に算入する（租特40条の4第7項・66条の6第7項）。

（b）　外国金融子会社等の特例　　外国金融子会社等が得る金融所得（（a）①から⑦に対応する所得）については，部分合算課税の対象外とされる一方，外国金融子会社等に異常な水準の資本が投下されている場合には，異常な水準の資本に係る所得について部分合算課税の対象となる（租特40条の4第8項・66条の6第8項）。かかる特例の対象となる外国金融子会社等とは，本店所在地国の法令に準拠して銀行業，第一種金融商品取引業または保険業を行い，その本店所在地国において役員または使用人がこれらの事業を的確に遂行するために通常必要と認められる業務のすべてに従事している外国関係会社と，一定の金融持株会社である（租特40条の4第2項7号・66条の6第2項7号）。

（c）　部分合算課税の適用免除　　部分合算課税にも適用免除が設けられている。具体的には，部分対象外国関係会社の租税負担割合が20％以上の場合，部分適用対象金額が2000万円以下である場合，または部分適用対象金額が当該部分対象外国関係会社の当該事業年度の決算に基づく所得の金額の5％以下である場合には，部分合算課税の適用が免除される（租特40条の4第10項・66条の6第10項）。

(8)　二重課税の調整

外国関係会社の所得を居住者・内国法人に合算して課税を行う場合に，外国関係会社の所在地国においてその合算の対象となる所得に対して課税が行われたり，合算され課税済みの所得を原資として外国関係会社が居住者・内国法人に支払った配当に課税が行われると，同一の所得に対して二重に課税をするこ

ととなる。そのため，かかる二重課税を一定の限度で調整するための規定が設けられている。

　まず，外国関係会社の所得に対して課された外国法人税の額のうち，内国法人に合算される外国関係会社の所得金額（課税対象金額・部分課税対象金額）に対応する金額は，当該内国法人が納付した外国法人税とみなして外国税額控除の規定を適用することとされている（租特 66 条の 7 第 1 項。なお，外国関係会社の所得に対して課された日本の所得税および法人税の額も，類似の仕組みにより法人税の額から控除する。同条 4 項）。なお，居住者については，もともと，（本制度の立法時に存在した）外国税の間接税額控除制度が個人に対しては適用されないこととの権衡が図られ，外国関係会社に係る外国税額控除制度は設けられていない（⇨第 3 節 **5**）。

　また，居住者の場合，一般に，外国法人からの剰余金の配当等は配当所得となるが，合算課税の対象となった外国関係会社からの配当については，配当日の属する年分およびその前 3 年以内の各年分の課税対象金額・部分課税対象金額を枠として管理し，かかる金額の範囲内で配当所得の金額から控除することとされている（租特 40 条の 5 第 1 項）。内国法人の場合，一般に，外国法人からの剰余金の配当等について外国子会社配当益金不算入制度（⇨第 3 節 **5**）の適用がある場合には，配当等の金額の 5% 相当額，外国子会社配当益金不算入制度の適用がない場合には，配当等の金額の全額が課税の対象となる。しかしながら，外国関係会社からの配当については，内国法人の配当等を受ける事業年度およびその前 10 年以内の事業年度の課税対象金額・部分課税対象金額を枠として管理し，かかる金額の範囲内で，外国子会社配当益金不算入制度の適用がある場合の配当等の 5% 相当額または配当課税が生じる場合のその配当等の全額を益金に算入しないこととしている（66 条の 8 第 1 項〜4 項）。また，孫会社から子会社である外国法人を経由して居住者・内国法人に支払われる剰余金の配当等についても，外国関係会社である孫会社の所得の合算額を原資とする部分に関して一定の範囲で二重課税を調整し，居住者の配当所得の金額から控除し，内国法人の益金の額に算入しないこととしている（40 条の 5 第 2 項・66 条の 8 第 8 項〜11 項）。

4　過少資本税制

（1）　過少資本税制とは

過少資本税制とは，国外に親会社等を有する国内法人が親会社等に自己資本の額に比して過大な負債等を負っている場合（すなわち，資本が過少となっている場合）に，親会社等に対する利払いのうち過大な部分の損金算入を否認する制度である（租特 66 条の 5）。

法人における資金調達手段には大きく分けて資本と負債が存在するが，資本に対して支払われる配当は支払法人において税務上損金算入できず，他方で，負債に対して支払われる利子は支払法人において損金算入が可能とされている。そのため，税務上は，負債によって資金調達を行う方が資本によるよりも損金算入の点で有利であるといえる。

このようなことから，資金調達の手法が比較的自由に選択できるグループ内金融においては，グループ内での資金調達に際して負債を選択することで，調達した資金に対する支払額を利払いとして損金算入し，課税所得を圧縮するというインセンティブが生じうる。そして，このようなグループ内金融が国境をまたいで行われる場合，資金調達方法の選択いかんによって，調達した資金に対する支払額への課税権が帰属する国が変わることとなる。

このような事態に対応するため，外国親会社等から国内法人へのグループ内金融において過大に負債が積み上げられた場合の利払いにつき，そのうち過大な部分の損金算入を否定するのが過少資本税制である。

なお，次に見る過少資本税制の構造から明らかなとおり，子会社から親会社に対する過大な貸付けについては，過少資本税制ではこれを防止することはできない。

（2）　過少資本税制の構造

過少資本税制は，内国法人のある事業年度における国外支配株主等および資金供与者等に対する平均負債残高が国外支配株主等の資本持分の 3 倍を超えている場合に，国外支配株主等および資金供与者等に対して支払う利子のうち上記の超える部分に対応する金額の損金算入を否定する制度である（租特 66 条の 5 第 1 項本文）。上記それぞれの語については，次に述べるように詳細な定義が

設けられている。

　なお，内国法人は，上記 3 倍という倍数に代えて，同種の事業を営む内国法人で事業規模その他の状況が類似するものの総負債の額の純資産の額に対する比率として政令で定める比率に照らし妥当と認められる倍数を用いることができる（租特 66 条の 5 第 3 項，租特令 39 条の 13 第 10 項）。

(3)　過少資本税制の適用における関係当事者の定義

　(a)　国外支配株主等　　**国外支配株主等**とは，非居住者または外国法人で，内国法人の親会社その他直接または間接に内国法人に対し 50% 以上の出資比率を有する者，内国法人の兄弟法人，また，取引，資金，人事等を通じて実質的に内国法人を支配している者をいう（租特 66 条の 5 第 5 項 1 号，租特令 39 条の 13 第 12 項）。

　(b)　資金供与者等　　**資金供与者等**とは，①国外支配株主等が第三者を通じて内国法人に対して資金を供与したと認められる場合の第三者，②国外支配株主等が第三者に対して内国法人の債務の保証をすることにより内国法人に対して資金を供与したと認められる場合の第三者，ならびに，③国外支配株主等から内国法人に貸し付けられた債券や国外支配株主等が内国法人の債務の保証をすることにより第三者から内国法人に貸し付けられた債券が，他の第三者に担保として提供され，債券現先取引で譲渡され，または現金担保付債券貸借取引で貸し付けられることにより，当該他の第三者が内国法人に対して資金を供与したと認められる場合の第三者および他の第三者をいう（租特 66 条の 5 第 5 項 2 号，租特令 39 条の 13 第 14 項）。

(4)　過少資本税制の適用における金額要件の定義

　(a)　平均負債残高　　**平均負債残高**とは，当該事業年度の負債の帳簿価額の平均的な残高として合理的な方法により計算した金額をいう（租特 66 条の 5 第 5 項 5 号，租特令 39 条の 13 第 19 項）。

　なお，過少資本税制の過大な利払いによる租税回避の防止という制度趣旨に鑑み，負債は負債の利子等の支払の基因となるもの（利付負債等）に限る（租特 66 条の 5 第 5 項 4 号）。

　(b)　国外支配株主等の資本持分　　**国外支配株主等の資本持分**とは，内国法

人の各事業年度の自己資本の額にその事業年度の末日における国外支配株主等の内国法人に対する出資割合を乗じた金額をいう（租特66条の5第5項6号，租特令39条の13第20項）。

（c）　自己資本の額　　前述の国外支配株主等の資本持分の定義における自己資本の額とは，内国法人の各事業年度の総資産の帳簿価額の平均的な残高として合理的な方法により計算した金額から，内国法人のその事業年度の総負債の帳簿価額の平均的な残高として合理的な方法により計算した金額を控除した残額（残額が内国法人のその事業年度末日における資本金等の額に満たない場合には，資本金等の額）をいう（租特66条の5第5項7号，租特令39条の13第23項）。

(5)　過少資本税制の適用の外延

過少資本税制は，総負債についての平均負債残高が自己資本の額の3倍以内であれば適用されない（租特66条の5第1項但書）。なお，ここでの負債も，負債の利子等の支払いの基因となるものに限られる。

また，借入れと貸付けの対応関係が明確な現金担保付債券貸借取引（いわゆるレポ取引）や債券現先取引に関する負債については上記要件の適用に際して別途の計算方法が認められており，この場合における倍数は3倍ではなく2倍とされている（租特66条の5第2項）。

なお，課税権の国外移転が生じるという意味では，国内法人のみならず国内で納税をしている外国法人が国外の親会社などに対して利子を支払う場合も同様であるが，これについては，法人税法において別途の制度が設けられている（外国法人に関する恒久的施設に帰せられるべき資本に対応する負債の利子の損金不算入制度。法税142条の4）。

逆に，内国法人が負債の利子等を支払う国外支配株主等が国内に恒久的施設を有しており負債の利子等がわが国の法人税の課税対象に含まれる場合，当該負債の利子等については課税権の国外移転は起こらないため，その負債の利子等は過少資本税制の適用対象から除外される（租特66条の5第1項・5項3号・9号〔9号の施行は令和4年4月1日〕，租特令39条の13第29項）。

過少資本税制は，連結法人にも同様に適用される（租特68条の89）。

5　過大支払利子税制

（1）　過大支払利子税制とは

　国際グループ内金融における資金調達の手法選択や利払いの調整による課税権の国外移転は，過少資本税制の項目で述べたような場合以外にも起こりうる。

　すなわち，国際グループ内金融における利払調整を，子会社から親会社等への負債を過大に積み上げることで行う場合には過少資本税制での対応が可能である（過大な負債分の利払いの損金算入を否定）。また，利払調整を過大な利率によって行う場合には，移転価格税制で対応が可能である（利率を独立企業間利率に引き直し）。

　しかし，適切な資本負債比率かつ適正な利子率でグループ内金融を行っているものの，所得の額に比して利払いが過大であるというような場合には上記二者では手当てができない。また，過少資本税制の項目で述べたとおり，子会社から親会社に対する貸付けによる過大な利払いについても，利率が独立企業間利率である限り，過少資本税制でも移転価格税制でも対応することができない。

　このような状況を補完するための制度が過大支払利子税制である。

　わが国では平成24年税制改正によって過大支払利子税制が導入され，上記の趣旨から，親会社，子会社などの関連者への支払利子に焦点を当てた形で制度が設計された（かつての租特66条の5の2・66条の5の3）。

　しかし，近年，関連者への利子の支払いのみならず，第三者への利子の支払いによる租税回避行為が世界的に問題となっている状況などを受け，2015年に公表されたOECDのBEPS（税源浸食と利益移転）プロジェクトの最終報告書（行動計画4）では，過大支払利子税制につき固定比率ルールを基本とし，関連者に対する支払利子のみならず第三者に対する支払利子も損金算入制限の対象とすること，固定比率を10％から30％の間とすることなどが勧告されることとなった。

　これを受けて，わが国の過大支払利子税制も上記勧告に即した規律とすべく，令和元年の税制改正をもって，関連者への支払利子のみならず第三者への支払利子も対象とした構造に改正された（改正後の租特66条の5の2・66条の5の3）。

　以下，改正後の新たな過大支払利子税制について述べる。

（2）　過大支払利子税制の構造

　過大支払利子税制は，法人のある事業年度において対象純支払利子等の額が調整所得金額の 20% を超える場合，その事業年度の対象純支払利子等の額のうち上記を超える部分に相当する金額の損金算入を否定する制度である（租特 66 条の 5 の 2 第 1 項〔施行は令和 4 年 4 月 1 日〕）。

　ここで，**対象純支払利子等の額**とは，法人のある事業年度の対象支払利子等の額の合計額からその事業年度の控除対象受取利子等合計額を控除した残額をいう（租特 66 条の 5 の 2 第 1 項〔施行は令和 4 年 4 月 1 日〕）。

（3）　過大支払利子税制の適用における金額要件の定義

　（a）　対象支払利子等の額　　**対象支払利子等の額**とは，支払利子等の額のうち対象外支払利子等の額以外の金額をいう（対象支払利子等の額。租特 66 条の 5 の 2 第 2 項 1 号）。

　支払利子等には負債の利子，手形の割引料に加えて，リース取引によるリース資産の引渡しを受けたことにより支払うべき対価の額（1000 万円に満たないものを除く）のうちに含まれる利息に相当する金額，その他経済的な性質が支払う利子に準ずるもの等が含まれる（租特 66 条の 5 の 2 第 2 項 2 号，租特令 39 条の 13 の 2 第 2 項）。

　（b）　対象外支払利子等の額　　**対象外支払利子等の額**とは，支払利子等を受ける者の課税対象所得に含まれる支払利子等の額，一定の公共法人に対する支払利子等の額，特定債券現先取引等に関する支払利子等の額のうち一定の金額，親族，グループ会社等の関係者以外の多数の者に発行した債券に関する所得税の徴収が行われる等した支払利子等の額（または当該金額に相当する額として政令で定める金額。具体的には，国内で発行された債券については特定債券利子等の額の合計額の 95%，国外で発行された債券の場合，特定債券利子等の額の合計額の 25%）等をいう（租特 66 条の 5 の 2 第 2 項 3 号，租特令 39 条の 13 の 2 第 4 項～14 項）。

　これらが本制度の対象となる支払利子等から除かれているのは，受領者の側でわが国において課税対象となる支払利子等を本制度の適用の対象外とし，また，本制度によって正常な経済活動が不必要に阻害されることのないよう，類型的に恣意性の入りにくい取引に基づく支払利子等を本制度の適用の対象外と

する趣旨である。

　(c)　控除対象受取利子等合計額　　**控除対象受取利子等合計額**とは，法人の
各事業年度の受取利子等の額の合計額をその事業年度の対象支払利子等合計額
のその事業年度の支払利子等の額の合計額に対する割合で按分した金額をいう
（租特66条の5の2第2項6号）。

　なお，ここでいう受取利子等にも前述の支払利子等の箇所で列挙したものが
含まれる（租特66条の5の2第2項7号，租特令39条の13の2第25項）。

　(d)　調整所得金額　　**調整所得金額**とは，対象純支払利子等の額と比較す
るための基準とすべき所得の金額として政令で定める金額をいい，租税特別措
置法施行令において詳細な規定が設けられている（租特66条の5の2第1項，租
特令39条の13の2第1項）。

　規定の大枠としては，調整所得金額は，①様々な税務上の特別措置を適用せ
ず（なお，ここでいう特別措置には国内外の受取配当の益金不算入の措置は含まれない。
すなわち，国内外の受取配当の益金不算入額は調整所得金額に加算されない），②当該
事業年度に支出した寄附金の全額を損金算入した場合の当該事業年度の所得の
金額に，③対象純支払利子等の額，減価償却資産の償却費のうち当該事業年度
に損金算入される金額，金銭債権の貸倒損失額で当該事業年度に損金算入され
る金額，および，匿名組合契約による匿名組合員に分配すべき利益の額で当該
事業年度に損金算入される金額を加算した金額から，④外国関係会社に関する
課税対象金額または部分課税対象金額等および匿名組合契約等により匿名組合
員に負担させるべき損失の額で当該事業年度に益金算入される金額を減算した
金額（マイナスとなる場合はゼロ）とされている。

　これは，各種税法上の特別な取扱いを適用しない場合の，かつ，支払利子を
控除する前の所得金額を過大支払利子税制の適用の基準として用いることを狙
いとした調整である。なお，調整所得金額の定義には，そのような狙いに加え，
設備投資への阻害効果を回避するために減価償却費が加算項目とされているな
ど一定の政策的な配慮も加えられている。

（4）　過大支払利子税制の適用の外延

　過大支払利子税制によって損金算入を否定された金額は翌事業年度以降7年
間繰り越し，それぞれの事業年度における調整所得金額の20%から対象純支

払利子等の額を控除した額を限度として損金算入される（租特 66 条の 5 の 3 第 1
項）。

　過大支払利子税制は，①法人の事業年度の対象純支払利子等の額が 2000 万
円以下である場合，または，②法人の事業年度の国内グループ法人（50% 超の
資本関係など一定の資本関係がある内国法人）の対象純支払利子等の額の合計額か
ら対象純受取利子等の額（控除対象受取利子等合計額から対象支払利子等合計額を控
除した残額）の合計額を控除した残額が，それらの法人のその事業年度の調整
所得金額の合計額から調整損失金額の合計額を控除した残額の 20% 以下であ
る場合には，適用されない（租特 66 条の 5 の 2 第 3 項，租特令 39 条の 13 の 2 第 23
項～30 項〔23 項の施行は令和 4 年 4 月 1 日〕）。

　また，過少資本税制と過大支払利子税制の双方の適用を受ける法人について
はそれぞれの制度を適用し計算した場合における損金不算入額のいずれか大き
い方の額およびその制度が適用される（租特 66 条の 5 第 4 項・66 条の 5 の 2 第 6
項）。過大支払利子税制と外国子会社合算税制の双方の適用がある法人に関し
ては，過大支払利子税制における損金不算入額から関連者支払利子等の金額の
うち特定外国子会社等または特定外国法人への支払利子部分に相当する部分の
金額が控除される（租特 66 条の 5 の 2 第 7 項，租特令 39 条の 13 の 2 第 29 項・30
項）。

　なお，連結納税を行う法人にも過大支払利子税制が設けられている（租特 68
条の 89 の 2）。

第 5 節　租税手続法の国際的側面

1　基本的視点

　これまで紹介してきた国際課税の実体法上の諸問題に劣らず，租税手続法の
国際的側面も重要である。というのは，執行管轄権は国家の領域に制限される
と考えられているため，税務職員に認められている質問検査権（税通 74 条の 2
以下）は日本の領域外では原則として行使できない。また，国税を徴収するた
めの財産の差押え（税徴 47 条以下）も，国外にある財産に対しては行うことが

できない。このため，納税義務を基礎づける情報が記録された媒体を国外に置くことで脱税が発覚しにくくなるし，財産を国外に置くことで事実上租税の徴収を免れることができることになるのである。

そこで，租税条約等の（広い意味での）国家間の合意を通じての，情報交換や執行共助が試みられることになる。以下，これらについての法的規律の動向を紹介する。なお，国外における情報を確保するための手段のうち，国内において一定の行為（たとえば，金銭の支払い）を行う者に情報申告を行わせる場合には，執行管轄権の問題は存在しない。

2　国外における税務調査——租税条約を通じた情報交換

国外において税務情報を取得するために，外国政府の同意を得て，税務職員が自ら外国で情報を取得するということが考えられる。しかし，主として用いられているのは，租税条約を締結して，条約相手国政府の税務職員に税務調査を行ってもらい，その情報を条約に基づいて取得する，という方法である。この方法においては相手国の主権の侵害は生じないが，他国の税務情報を取得する際の納税者の権利保護，および，取得された情報のコントロールについて，配慮が必要である。

そこで，たとえば，日米租税条約 26 条では，両締約国の権限のある当局（competent authority）間における情報交換（1 項），交換された情報の取扱い（2項），締約国の義務の範囲（3 項），国内法上調査権限を創設する義務（4 項）を定めている。近年になって，タックス・ヘイブンとの間で情報交換を主眼とした租税協定が締結されるようになっている。さらに，日本は 2011 年 11 月に税務行政執行共助条約（「租税に関する相互行政支援に関する条約」）に署名し，2013年 10 月に同条約は日本との関係で発効したが，同条約の 3 本の柱の一つは情報交換である。

また，国内法においては，平成 15 年度税制改正で，条約相手国から特定納税者に関する情報提供の要請があった場合に当該納税者に対する質問・検査を認める規定が設けられた（租税条約特 9 条）。これは，純粋の任意調査のみならず，罰則（13 条 4 項）を背景とし納税者に受忍義務のある質問検査権を税務職員に認めたものである。さらに，平成 22 年度税制改正で，租税条約および行政取

極に基づく情報交換の根拠規定が創設されている（8 条の 2）。なお，OECD の
イニシアチブに従って，平成 27 年度税制改正により，非居住者の金融口座情
報を金融機関に報告させ，それを国家間の自動的な情報交換に供する仕組みが
始まっている（10 条の 5 以下）。

3　外国における租税債権の執行・保全，外国租税債権の執行・保全

　国外に存在する財産について滞納処分（税通 40 条，税徴 47 条以下）を行うこ
とはできない。しかし，一般の私債権に目を向けると，確定した執行判決のあ
る外国裁判所の判決は債務名義となる（民執 22 条 6 号）。また，「民事訴訟手続
に関する条約」，「民事又は商事に関する裁判上及び裁判外の文書の外国におけ
る送達及び告知に関する条約」があるため，民事訴訟法 108 条に基づいて外国
において送達することが可能である。

　そこで，租税債権についても，外国における執行・保全（以下，両者を合わせ
て「徴収」という）ができないかということが議論されてきた。また，外国にお
いて日本の租税に関する文書の送達（税通 12 条）ができないかということも議
論されてきた。

　平成 24 年 3 月の税制改正において，租税条約実施特例法が改正され，徴収
共助・送達共助に関する規定が整備された。まず，同法 11 条は外国の租税債
権の日本における徴収の手続を定めている。基本的には，日本の租税債権に関
する国税通則法・国税徴収法の規定が準用されているが，共助対象の外国租税
債権には日本の租税債権と異なって優先権が与えられていない。また，外国租
税債権の成立等については（日本法ではなく）当該外国法に従って判断される。
次に，同法 11 条の 2 は日本の租税債権について外国に徴収共助を依頼する場
合について規定している。最後に，同法 11 条の 3 は送達共助について定めて
いる。

　以上のような詳細な国内法上の根拠規定が存在するので，日本と徴収共助に
関する二国間条約を締結している諸国および前述の税務行政執行共助条約の締
約国との間では，日本は徴収共助を進めることができる。

4　相互協議

（1）　相互協議とは

　相互協議とは，二国間租税条約に定められる締約国の権限ある当局による協議のことである。なぜ，二国間租税条約に相互協議が定められるのか。たとえば，**図表8-8**のような事例を考えてみよう。

　日本にある親会社は100の所得を日本の税務当局に申告し，X国にある子会社も100の所得をX国の税務当局に申告している。しかし，日本の税務当局が親会社を調査したところ，親会社はその有する無体財産権を無償で子会社に使用させており，親会社は子会社から当該無体財産権の使用料として50を徴収する必要があると考えるに至った。そこで，日本の税務当局は，移転価格税制に基づき，親会社の所得を150に更正した。一方，日本の税務当局が考えるとおり，子会社から親会社に対して無体財産権の使用料として50が支払われるのであれば，X国にある子会社の所得は50とされるべきである。子会社の所得が100のままの場合には，親会社・子会社のグループ全体でみたときには，50の所得について，日本とX国と両方で課税されることとなり，経済的な二重課税が生じることとなる。しかしながら，X国の税務当局が，子会社の所得を50に減額してくれるかどうかは，わからない（子会社の所得を50に減額すれば，X国の税収はその分，少なくなる。X国の税務当局は，子会社は親会社の無体財産権を使用しておらず，親会社への使用料の支払いの必要もないと考えるかもしれない）。このような場合，日本の税務当局とX国の税務当局が直接に協議を行い，子会社は親会社へ使用料を支払う必要があるのか（また，支払うべき金額はいくらであるべきか）について理解を共通にし，それに基づき日本・X国において親会社・子会社に対して統一的な課税が行われることが望ましい。

　OECDモデル租税条約やわが国が締結している租税条約は，相互協議に関する条項，すなわち，締約国の権限ある当局が直接に協議をすることができる旨の条項を定めることにより，国際課税における問題を適切に解決するための道を設けている。上記の例でいえば，親会社は日本の税務当局に，租税条約の特殊関連企業条項に適合しない課税を受けたことを理由に相互協議の申立てをすることができる。

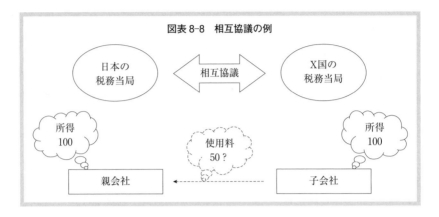

図表 8-8　相互協議の例

（2）　相互協議の三つのタイプ

　二国間租税条約では，三つの異なるタイプの相互協議を定めていることが一般的である。

　一つ目は，個別事案に関する相互協議である。これは，租税条約に適合しない課税を受けた，または適合しない課税を受けることとなる場合に，納税者の申立てにより，申立てを受けた権限ある当局がその適合しない課税を排除・回避するために，他方の締約国の権限ある当局と行う相互協議である。納税者の申立てを契機として具体的な個別事案に関して締約国の権限ある当局がその解決を協議するものといえる。「相互協議」といえば，この個別事案に関する協議を意味することが一般的である。

　二つ目は，租税条約の適用または解釈等に関する協議（解釈適用協議）である。二国間租税条約では，両締約国の権限ある当局が，租税条約の解釈または適用に関して生ずる困難または疑義を合意によって解決するよう努めるものとされ，権限ある当局がかかる目的のために直接，相互に協議することを定めている。

　三つ目は，租税条約に定めのない場合における二重課税を除去するための協議（立法的解決協議）である。二国間租税条約では，両締約国の権限ある当局が，租税条約に定めのない場合における二重課税を除去するため，相互に協議することができる旨を定めている。

　解釈適用協議および立法的解決協議は，必ずしも納税者の申立てを必要とし

ない。

(3)　相互協議の特徴

相互協議の特徴として，次の点を指摘することができる。

第一に，相互協議は二国間租税条約に基づく手続である。租税条約がある国・地域との国際的な二重課税の問題については相互協議による解決を模索することができるが，租税条約のない国・地域との問題には対処できない。

第二に，相互協議は外交ルートによらない権限ある当局間の直接協議であり，権限ある当局間のみの協議である。すなわち，納税者は相互協議に直接に参加することが認められているわけではなく，権限ある当局が協議を進める上で必要な資料の提供等により権限ある当局の協議に協力をするのみである。また，相互協議の相手方である国・地域の権限ある当局の対応能力によっては，相互協議がそもそも有効に機能しない可能性もある。

第三に，相互協議においては，権限ある当局は合意に達するように努力する義務はあるが，合意する義務は課されていない。そのため，合意に達しなかった場合には，別途に国内救済手続により課税処分等が取り消されない限り，国際的な二重課税が残ることになる。このように終局的な合意が保障されていないため，近時の租税条約では，権限ある当局が合意に達しない場合の仲裁付託に関する規定を定める場合もある。なお，わが国について 2019 年 1 月 1 日に発効した BEPS 防止措置条約（税源浸食及び利益移転を防止するための租税条約関連措置を実施するための多数国間条約）では，わが国は当該条約に定める仲裁付託に関する規定の適用を選択しており，租税条約の相手国・地域が同様の選択をしている場合には，当該条約の仲裁付託に関する規定の適用がある。

第四に，相互協議は非公開の協議である。国内の救済手続，特に訴訟においては裁判の公開が前提であるが，相互協議においては非公開であるため，納税者から提出される資料等が公になることはない。かかる観点から，秘密性が要求される事案については納税者が訴訟より相互協議での解決を望むこともあろう。

最後に，相互協議は，国内法に基づく救済手続（すなわち，異議申立て・審査請求，訴訟）とは別に租税条約に基づき認められる手続である。納税者は国内法に基づく救済手続を行うとともに，相互協議による解決を求めることも可

能である。しかしながら，国内救済手続と相互協議手続が同時に進行すると，相互協議による合意と国内救済手続による裁決・判決等の結論が異なる可能性もあり，それに伴うコスト（いずれかの手続は無駄かもしれない）も無視できない。そのため，実務的には，原則として相互協議を先行させ，国内救済手続は相互協議の結論が出るまで，事実上，進行を停止させるなどの対応がとられる。

（4）　個別事案に関する相互協議の一般的な流れ

　個別事案に関する相互協議は二国間租税条約に基づくものであるが，わが国におけるその具体的な運用は，租税条約実施特例法施行省令および平成13年6月25日官協1-39ほか7課共同「相互協議の手続について（事務運営指針）」に基づき行われている（⇨図表8-9）。

　（a）　相互協議の申立て　　租税条約の規定に適合しない課税を受け，または受けるに至ると認める居住者・内国法人は，国税庁長官に対して相互協議の申立てをすることができる。個別事案に関する相互協議の申立ては，租税条約の規定に適合しない課税を受けた場合だけではなく，「受けるに至ると認める」場合にも申立てをすることができる。租税条約によっては，相互協議の申立てに期間制限（多くは，条約に適合しない課税に係る措置の最初の通知の日から3年以内）が設けられている。

　個別事案に関する相互協議の申立ては，国籍に関する差別的取扱いに係る相互協議の申立てを除き，自己が居住者である締約国の権限ある当局に申し立てることができるとされているものが多い。しかしながら，OECDにおけるBEPSプロジェクトの最終報告書の提言に従い，近時の租税条約においては，いずれの締約国の当局に対しても，個別事案に関する相互協議を申し立てることができるとしているものもある。

　（b）　相互協議の実施から合意，国内実施まで　　国税庁は，相互協議の申立てに理由があると認める場合には，相手国の権限ある当局に相互協議を申し入れる。相互協議の結果，相手国の権限ある当局と合意に至ることが認められる状況（いわゆる，仮合意）になった場合には，国税庁は，合意に先立ち，合意案の内容を文書で申立者に通知し，その合意内容に同意するか否かを申立者に確認する。申立者がその合意内容に同意することを確認した後に，国税庁は相

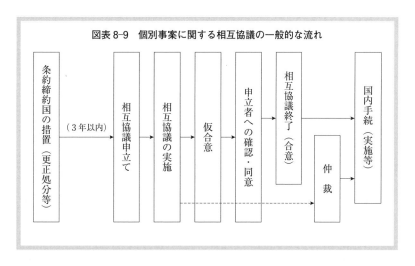

図表 8-9　個別事案に関する相互協議の一般的な流れ

手国の権限ある当局と合意することとされている。申立者が合意内容に同意しない場合，国税庁は相手国の権限ある当局と合意をせずに相互協議を終了させる。

　相互協議により相手国の権限ある当局との合意をした場合，かかる合意に基づいた国内での措置（対応的調整）を行う。更正の請求は，原則として法定申告期限から5年以内に行う必要があるが（税通23条1項），相互協議による合意がなされたときは，納税者はその合意がなされた日の翌日から2か月以内に更正の請求をすることができ（同条2項3号，税通令6条1項4号），課税当局も（一般の更正の期間制限にかかわらず）合意がなされた日から3年間は，これに対応する更正を行うことができる（税通71条1項2号，税通令30条・24条4項）。

　（c）　仲　裁　　前述のように，相互協議では，権限ある当局は合意をするように努力しなければならないが，合意をする義務は課されていない。かかる相互協議の枠組みの中では，双方の権限ある当局が交渉をしても最終的な合意には至らず，租税条約に適合しない課税がそのままとなることもありうる。そのため，相互協議の申立てから2年以内に権限ある当局が合意に達することができない場合，いずれかの締約国の裁判所・行政不服審判所が決定を下している場合を除き，申立者の要請により，当該事案の未解決事項を仲裁に付託する旨を定める租税条約もある。

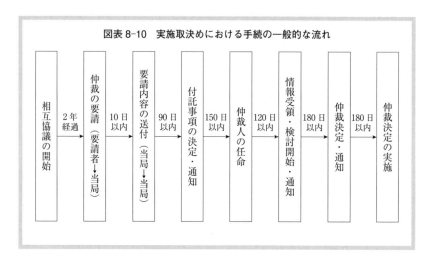

図表 8-10　実施取決めにおける手続の一般的な流れ

相互協議の開始 →2年経過→ 仲裁の要請（要請者→当局）→10日以内→ 要請内容の送付（当局→当局）→90日以内→ 付託事項の決定・通知 →150日以内→ 仲裁人の任命 →120日以内→ 情報受領・検討開始・通知 →180日以内→ 仲裁決定・通知 →180日以内→ 仲裁決定の実施

　たとえば，日本・オランダの間の仲裁手続の実施方法の取決め（「所得に対する租税に関する二重課税の回避及び脱税の防止のための日本国とオランダ王国との間の条約第二十四条5に係る実施取決め」）では，概ね，**図表8-10**のような流れにより仲裁が行われることが定められている。

読書ガイド

第8章全体

○増井良啓＝宮崎裕子『国際租税法〔第4版〕』（東京大学出版会，2019年）

○金子宏監修『現代租税法講座第4巻　国際課税』（日本評論社，2017年）

○浅妻章如「所得源泉の基準，及びnetとgrossとの関係(1)〜(3・完)」法学協会雑誌121巻8号1174頁，9号1378頁，10号1507頁（すべて2004年）

第2節

○中里実「外国法人・非居住者に対する所得課税」日税研論集33号（1995年）139頁

第 4 節

《移転価格税制全般について》

○中里実ほか編著『移転価格税制のフロンティア』（有斐閣，2011 年）

○藤枝純＝角田伸広『移転価格税制の実務詳解〔第 2 版〕』（中央経済社，2020 年）

○羽床正秀編著『移転価格税制詳解〔令和 2 年版〕——理論と実践ケース・スタディ』（大蔵財務協会，2020 年）

《移転価格税制に関する最近の論点について》

○増井良啓「事業再編」日税研論集 64 号（2013 年）69 頁以下

○藤岡祐治「移転価格とリスク・フリーの利子率」法学 84 巻 2 号（2020 年）1 頁以下

《タックス・ヘイブン対策税制について》

○岡村忠生「外国子会社合算税制の意義と課題」日本租税研究協会『税制の構造改革と国際課税への多面的な取組　（公社）日本租税研究協会第 68 回租税研究大会記録 2016』（日本租税研究協会，2016 年）109 頁

《過少資本税制・過大支払利子税制について》

○中里実ほか編著『BEPS とグローバル経済活動』（有斐閣，2017 年）第 4 節［伊藤剛志］等

第 5 節

○吉村政穂「国際的情報交換・徴収共助をめぐる諸問題」租税法研究 47 号（2019 年）61 頁

○藤谷武史「課税目的の情報交換制度のグローバル化と国内裁判所の役割」社会科学研究 69 巻 1 号（2018 年）39 頁

事 項 索 引

判例等索引

租税法概説〔第4版〕
Treatise on Japanese Taxation, 4th edition

2011 年 11 月 25 日　初　版第 1 刷発行
2015 年 4 月 15 日　第 2 版第 1 刷発行
2018 年 12 月 5 日　第 3 版第 1 刷発行
2021 年 12 月 25 日　第 4 版第 1 刷発行
2023 年 3 月 15 日　第 4 版第 3 刷発行

	中	里		実
	弘	中	聡	浩
編　　者	渕		圭	吾
	伊	藤	剛	志
	吉	村	政	穂

発 行 者　　江　草　貞　治

発 行 所　　株式会社　有　斐　閣
郵便番号 101-0051
東京都千代田区神田神保町 2-17
https://www.yuhikaku.co.jp/

印刷・株式会社理想社／製本・牧製本印刷株式会社
© 2021, M. Nakazato, A. Hironaka, K. Fuchi, T. Ito, M. Yoshimura.
Printed in Japan
落丁・乱丁本はお取替えいたします。
★定価はカバーに表示してあります。

ISBN 978-4-641-22819-1